# 뇌과학자가 들려주는
# 창의성의 비밀

Kenneth M. Heilman 저 | 조주연·김종안 공역

Creativity and the Brain

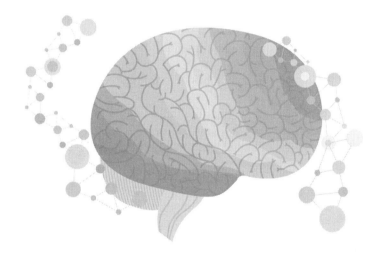

학지사

# 역자 서문

창의적인 사람은 과거 수백 년 동안에도 우리의 삶을 크게 변화시켜 왔다. 아인슈타인, 다윈, 쇼클리, 코페르니쿠스, 갈릴레이, 뉴턴, 플레밍, 하이젠베르크, 플랑크, 멘델, 라이트 형제와 같은 과학자 또는 발명가, 고흐, 피카소, 렘브란트, 다빈치, 미켈란젤로와 같은 화가, 베토벤, 모차르트, 차이코프스키와 같은 작곡가, 보네거트, 피츠제럴드, 스타인벡, 디킨슨, 울프, 스타인과 같은 소설가나 시인이 우리의 삶을 크게 바꾸어 놓았다. 이들은 우리에게 자주 소개되어 온 역사적인 사람이자 이 책에서 소개하고 있는 대표적인 창의적 인물이다.

창의성은 가장 중요한 인간 속성 중 하나이다. 특별히 위대한 인물이 지니고 있는 속성이 아니라, 평범한 우리도 지니고 있는 인간 특성 중 하나이다. 우리 모두는 거의 모든 영역에서 크고 작은 창의적인 성과를 만들어 낼 수 있다. 주말에 집의 가구를 재배치하는 방법을 생각해 내거나 집안 장식을 새롭게 꾸미는 경우에 우리는 창의성을 사용하게 된다. 심지어는 정신적으로 장애가 있었지만 클레이 테니스 코트 청소법을 개선한 젊은이(11장 참조)도 창의성을 발휘한 것이다! 인공지능과 로봇이 방대한 정보 처리를 대신하게 될 미래 사회로 나아갈수록 우리는 창의성을 더욱 발휘하게 될 것이다.

　창의성의 정의는 다양하며 창의성에 대한 접근법도 여러 가지가
있다. 창의성 학자도 다양하며, 창의성이 발현되기 위한 조건 또는
자원도 많다. 헬름홀츠와 윌러스, 프로이트, 캠벨, 아이젱크, 와이
즈버그, 사이먼턴, 칙센트미하이, 길포드, 토런스, 메드닉, 스턴버
그와 오하라 등 심리학이나 교육학 분야의 여러 학자는 각각의 접
근법으로 창의성을 연구해 왔다. 예를 들면, 프로이트는 정신역동
적 관점에서 창의성을 고찰했다. 스턴버그와 오하라는 "창의성은
여러 가지 개별 자원, 즉 지적 능력, 지식, 사고방식, 동기, 환경의
융합(confluence)을 필요로 한다."라고 주장했다. 소위 융합적 또는
통합적 접근이다.

　그런데 이와 같은 심리학적 또는 교육학적 접근과 달리, 창의성
의 신경생물학에 관한 포괄적인 연구 또는 최근의 이론은 없는가?
창의성을 낳는 뇌 메커니즘을 밝히려는 시도는 없었는가? 창의성
을 낳는 뇌 메커니즘이 있다면 그 정체는 무엇일까? 창의적인 사람
의 뇌에서 공통적으로 보이는 현상은 없는가? 창의적인 사람이 기
발한 발상을 할 때, 그들의 뇌에서는 어떤 일이 일어날까?

　뇌와 창의성 교육에 관심을 가진 지 40년이 되는 역자들에게는
늘 이와 같은 궁금증이 있었다. 그리고 국내외 논문 및 저서를 탐색
해 왔다. 마침내 역자들은 하일먼 교수의 저서 『뇌과학자가 들려주
는 창의성 이야기(Creativity and the Brain)』를 발견하였고 번역하기
로 즉각 결정을 하였다.

　이 책에서 저자는 기본적으로 '창의성을 낳는 뇌의 작동 원리'를
탐색하고 있다. 뇌의 해부학적 구조에 바탕을 두고 지능과 창의성
의 관계, 창의성의 재료로서 지식과 재능(또는 어느 한 분야의 기술),
창의성에 있어서 심상의 중요성, 좌우손잡이와 창의성, 성별에 따

른 창의성, 창의성에 영향을 주는 신경학적 장애와 신경전달물질, 창의적 사고에 있어서 전두엽의 중요성, 노화에 따른 창의성의 변화에 대해서 다루고 있다. 아울러 저자는 허용적인 사회 분위기, 문화 및 종교의 영향, 오른쪽 뇌 교육, 여유롭고 자유로운 시간 등과 같은 환경적 요소가 창의성에 끼치는 영향에 대해서도 다루고 있다.

이 책을 접하는 독자들도 알게 되겠지만, 창의성에 대한 다음과 같은 핵심 관점이 특별히 역자들의 눈길을 끌었다.

첫째, 창의성은 '다양성 속에 숨어 있는 통일성을 찾아내거나 그 다양성을 묶는 끈을 찾아내는 것'이다. 그러므로 창의적인 예술가와 작가가 우리에게 선물하는 예술적 아름다움은 '다양성 속의 통일성'이며, 창의적인 과학자는 '자연의 다양성 속에 숨어 있는 통일성을 발견하는 능력'을 가졌다.

둘째, 창의성이란 '참신하고 질서정연한 관계를 체계적으로 이해, 발전, 그리고 표현하는 능력'이며, 이를 위해서는 저장된 여러 지식을 뇌가 처리하는 과정이 필요하다.

셋째, 창의성은 연결성에 크게 의존한다. 즉, 창의성은 '더 커다란 개념망을 활성화시키는 능력'과 '서로 다른 지식을 저장하고 있는 멀리 떨어져 있는 독자적인 뇌 시스템 사이의 의사소통 능력'에 의존한다.

우리나라의 대표적 뇌과학자 중 한 명인 정재승 카이스트 교수의 저서 『열두 발자국』에서도 뇌의 연결 능력이 강조되고 있다. 정교수에 의하면, '굉장히 멀리 떨어져 있는 것을 서로 연결하는 능력'이 실제로 창의적인 사람의 뇌에서 공통적으로 보이는 현상이라고 한다. 예를 들면, 기발한 발상을 하는 순간 그들의 뇌를 기능적 자기공명영상으로 찍어 보았더니 '평소 신경 신호를 주고받지 않던, 굉장히 떨어져 있는 뇌의 영역이 서로 신호를 주고받는 현상이 벌어졌다.'는 것이다. 특정 과목이나 영역에 전문가가 되는 것도 중요하지만 창의적인 인재가 되려면 다른 영역의 정보도 알아야 한다는 것이다. 다른 전공의 책을 읽거나 새로운 곳으로 여행하거나 자신이 하고 있는 일과 전혀 다른 분야의 사람과 대화를 나누는 것이 도움이 된다는 것이다(한겨레신문, 2018. 7. 6.).

저자는 이 책에서 창의성 발휘에 중요한 '뇌의 작동 원리'에 대해 많은 뇌과학자가 연구해 온 결과를 바탕으로 창의성에 대해 이야기하고 있다. 그럼에도 불구하고, 아쉽게도 창의성의 신경생물학적 원리는 여전히 수수께끼로 남아 있다.

그 수수께끼를 풀 미래의 주인공은 바로 이 책을 읽게 될 뇌신경과학자, 심리학자, 정신과의사, 신경생리학자, 교육학자일 것이다. 아울러 창의성과 관련된 '뇌의 작동 원리'에 대해 알고 싶어 하는 교사, 학생, 그리고 일반인도 그 대열에 함께하게 될 것이다.

이 책이 번역 출간되도록 여러 번 윤독과 수정을 거듭해 준 서울교육대학교 박사과정의 이은정, 서동철 선생에게 특별히 감사를 드린다. 또한 이 책의 출판을 기꺼이 수락해 주신 학지사 김진환 대표이사님과 영업부 소민지 대리 및 편집부 박선민 사원에게도 깊이 감사를 드린다.

역자들은 지난 40년 동안 창의성과 뇌과학을 연구하고 학생을 가르쳐 온 교육연구 및 실천가이다. 이러한 역자들의 마음에 크게 와닿은 다음과 같은 저자의 말을 독자들과 함께 나누면서 역자 서문의 문을 닫고자 한다.

창의성 발달의 첫 단계는 준비이며, 준비의 가장 중요한 부분은 교육이다. 그리고 역사적으로 창의성의 중심지에서는 매우 우수한 교육이 이루어졌다.

서로 다른 경험, 사고, 표현 방법을 가지고 있는 사람이 너그럽지 못한 사회 속에 놓여 있다면 자신의 다름을 공유하지 않을 것이다. 독일은 나치 시대 이전에 위대한 작곡가, 작가, 과학자, 의사가 많았던 역사를 가지고 있다. 나치가 독일과 오스트리아를 지배했던 시기에 미국과 영국에서는 의학 분야에서 항생제, 수술 후 빠른 걷기, 정맥주사액과 같은 대단한 진전이 있었다. 미국이 원자물리학을 발전시키는 동안에도 독일은 이민족에 대해 엄청난 옹졸함을 보여 주고 있었다. 총알 하나로 얼마나 많은 유대인을 죽일 수 있을까에 대한 발견 이외에는 과학적, 의학적 또는 예술적 진전이 빈약했다. 닐스 보어와 함께 양자 역학을 창시했던 하이젠베르크가 나치 시대의 독일에 살았지만, 그는 중요한 연구의 대부분을 나치 시대 이전에 수행했었다.

창의적인 사람이 되기 위해서는 우선 각자가 선택한 창의성 영역에서 필요한 기술을 습득할 필요가 있다. 하지만 창의적인 사람은 종종 새로운 시각으로 문제를 바라보게 되는데, 이는 저장된 지식과 전략을 전통적인 방식과는 다르게 사용하여 문제를 해결할 수 있기 때문이다. 훌륭한 교육은 창의적인 잠재력 개발에 매우 중요하다. 그리고 이러한 교육은 우수해지기를 원하는 특정 영역에 어느 정도 초점이 맞추어질 수도 있겠지만, 광범위한 영역에서도 이루어져야 한다.

오체(Ochse, 1990)는 매우 뛰어난 창의성을 보여 주었던 사람 대부분이 전문적인 배경을 가진 출신이었음을 밝혀냈다. 일

반적으로 전문적인 계층은 지적인 활동과 예술적인 활동을 가치
있게 여기며, 재능 있는 사람을 격려하고, 교육뿐만 아니라 문화
적 자극(독서, 대화, 문화적 이벤트, 여행)의 가치를 매우 중요하
게 생각한다.

2019년 3월
옮긴이 조주연 · 김종안

# 서문

나는 25년 넘게 박사후특별연구원 프로그램의 지도교수로 지내 왔다. 이 프로그램은 신경학자, 심리학자, 언어병리학자를 대상으로 하여, 그들이 학문적 경험을 쌓도록 마련된 것이며 몇몇 비어 있는 연구원 자리에 여러 건의 지원서를 매년 받게 된다. 학자에게는 임상적 치료, 연구, 강의, 행정의 네 영역 모두에서의 역량이 필요하다. 우리 프로그램에 지원하는 사람은 이미 임상적 훈련—예를 들면, 인턴십과 신경학 레지던트—을 끝낸 최고 수준의 임상가이다. 우리 지도교수는 이들의 인지적 및 행동적 신경학자로서의 역량을 증대시키려고 노력하지만, 이러한 신경학자적 역량 자체는 우리의 특별연구원 프로그램이 강화시키고자 하는 주된 기술은 아니다. 그보다 우리는 그들의 연구 역량 자체를 보다 발전시키고 증진시키는 데 초점을 맞추고 있다.

박사후특별연구원 프로그램 지원자와 인터뷰를 하면서 나는 우리의 연구훈련 프로그램에서 누가 가장 많은 혜택을 얻게 될 것인지, 누가 가장 훌륭한 연구자로 발전할 것인지, 그리고 누구의 창의적 잠재력이 가장 큰지를 확인할 방법을 알고 싶었다. 창의적 잠재력을 측정하도록 고안된 일부 심리검사가 있지만, 신경심리학 연구 혹은 인지신경과학 연구 수행을 원하는 사람에 대한 그 검사의 타당도는 결코 높지 않다.

창의적인 신경과학자는 대체로 매우 지적이며, 우리 프로그램에 지원한 사람도 모두 매우 총명하다. 하지만 내 경험상 그들의 창의성 수준은 똑같지 않다. 게다가 지원자의 교수 역량이나 임상적 기술이 그들의 창의적 잠재력을 언제나 훌륭하게 예측해 주는 것은 아니다.

창의적 행위가 인간에게만 국한되는 것은 아니다. 예를 들면, 침팬지는 흰개미를 먹는 것을 좋아한다. 흰개미를 모으기 위해 침팬지는 흰개미 집 입구에 막대기를 집어넣어 흰개미가 그 막대기에 기어오르게 한 후 그들을 잡아먹는다. 제인 구달(Jane Goodall)은 침팬지 한 마리가 커다란 흰개미 집을 발견했으나 그 안으로 집어넣을 막대기가 근처에 없는 상황을 촬영한 적이 있다. 침팬지는 곧 땅에 떨어진 나뭇가지 하나를 찾아냈지만 잔가지가 많아서 흰개미 집 안으로 집어넣기가 어려웠다. 침팬지는 굵은 가지를 자세히 살펴본 후, 잔가지를 떼어 내고 나서 흰개미 집 안으로 넣었다 뺀 다음 간식을 즐겼다.

이 침팬지가 먹이를 구할 도구를 만들어 낸 것은 창의적인 행위였다. 역사에 남을 만한 제인 구달의 이 관찰은 창의성이 인간에게만 국한된 것은 아니며 우리와 가장 가까운 조상의 일부에게서도 발견될 수 있음을 시사한다. 하지만 일반적으로 창의성은 원숭이나 다른 동물의 삶에 큰 영향을 끼치지는 않는다. 반면에, 과거 수백 년 동안 창의적인 사람은 우리의 삶을 크게 변화시켜 왔다.

내 부친은 뉴욕의 스태튼섬(Staten Island, 미국 뉴욕만 입구 서쪽의 섬-역주)에서 태어났는데, 그 당시에는 보트를 이용해서만 그 섬에 닿을 수 있었다. 부친이 태어나서 93세의 나이로 돌아가실 때까지 이 세상은 극적으로 변했다. 나의 증조부는 말의 안장을 만드는 일이 직업이었는데, 당시에는 포드사가 자동차를 대량 생산하기 전이어서 자동차가 매우 비싸고 희귀했기 때문에 그 일이 필요했다. 나의 증조부가 태어나기 몇 달 전에 라이트 형제가 첫 비행에 성공하였지만, 비행기가 흔한 것은 아니었다. 텔레비전도, 컴퓨터도, 항생제도 없었다. 이런 것들은 돌연변이 및 적자생존이라는 다윈의 원리로 인해 등장한 것은 아니었다. 이러한 변화는 라이트 형제나 알렉산더 플레밍과 같은 창의적인 사람의 독창성(inventions of creative people, 창의적인 사람의 발명품)에 의해 이루어졌다. 결국 우리가 창의성을 연구할 수 있는 유일한 대상은 인간이다.

  30년 이상 뇌와 행동 사이의 관계를 연구해 왔던 나 자신은, 우리의 박사후특별연구원 프로그램 지원자 중 누가 가장 창의적인지 쉽게 결정할 수 없음을 깨닫게 되었다. 왜냐하면 창의성을 낳는 뇌 메커니즘에 대해 내가 아는 바가 거의 없었기 때문이었다. 그래서 창의성을 낳는 뇌 메커니즘에 대해 알아보기 위해 메드라인(Medline),[1] 사이크인포(PsycInfo),[2] 펍메드(PubMed)[3]와 같은 컴퓨터 검색 시스템을 사용했다. 그 결과, '창의성의 신경생물학'에 관한 특정 측면을 설명하는 몇몇 소논문 및 관련 장(章)을 찾을 수는 있었다. 하지만 많은 정보를 종합하려는 연구나, 창의성에 관한 신경생물학적 이론을 수립하려는 포괄적인 연구나 의미 있는 연구는 없었다. 그리하여 나는 창의성 자체의 신경생물학에 관한

---

1) 역주: 의학 정보 온라인 데이터 베이스(출처: 농업용어사전, 농촌진흥청)
2) 역주: 대부분의 심리학 학술지의 초록을 담고 있는 컴퓨터화된 데이터베이스(출처: 실험심리학용어사전, 곽호완 외 4인, 시그마프레스, 2008)
3) 역주: 생명과학 및 생물의학 주제에 대한 참조 및 요약을 담고 있는 MEDLINE 데이터베이스를 주로 접근할 수 있게 해 주는 자유 검색 엔진(출처: 위키백과)

간략한 소논문을 작성하기로 결심했고, 그 결과물이 『뉴로케이스 (Neurocase)』 저널에 실렸다(Heilman, Nadeau, & Beversdorf, 2003). 그 소논문은 이 책에 담겨진 내용의 일부와 같지만, 저널에 실리는 소논문은 간략해야 했으므로 제한적인 내용만을 담고 있었다. 그 논문을 제출한 이후 나는 뇌와 창의성 사이의 관계에 대해 계속 공부했다. 그 결과가 이 책으로서, 이 책에서는 그 논문에 담기지 않은 여러 주제도 다루게 되었다.

이 책의 초고를 끝낸 후에, 나는 제임스 E. 오스틴(James E. Austin) 의 책 『추구, 기회 그리고 창의성: 새로움에 대한 운 좋은 예술(Chase, Chance, and Creativity: The Lucky Art of Novelty)』(2003)의 페이지 조판 교정본을 받았다. 이 책에서 오스틴은 "창의적인 사람은 우리가 여러 방법으로 정답을 찾아내기 위해 시도해 볼 수도 있는 수수께끼이다. 그러나 늘 헛되게도 현대 심리학이 원래의 문제로 방향을 돌려 되돌아가게 만들었던 하나의 실체이다."라고 언급한 융(Jung) 의 말을 인용했다.

창의성의 신경생물학적 기반이 나에게는 여전히 수수께끼로 남아 있지만, 이전의 몇몇 연구자는 창의성에 중요할 수도 있는 뇌 메커니즘에 대해 연구해 왔다. 이 책에서 나는 이 이론의 일부에 대해 논의하면서 내 생각을 덧붙였다. 결국 이 책의 목적은 내가 획득해 온 지식의 일부를 독자와 함께 나누는 것이며, 검증 가능한 가설을 세우는 것이다. '이 책이 창의성의 신경생물학을 이끌어 내고 그것에 대해 더욱 연구하도록 북돋는 것을 도와줄 것'이라는 희망을 가지고서 말이다.

20세기의 가장 창의적인 사람 중 한 명인 알베르트 아인슈타인 은 "일은 더 이상 단순해질 수 없을 정도로 단순해져야 한다."라고 말한 적이 있다. 나는 창의성의 기저가 되는 뇌 메커니즘을 알고 싶어 하는 다양한 분야의 학자—단지 신경과학자, 신경심리학자, 신경학자만이 아닌 다양한 분야의 학자—가 있기를 소망한다. 결국 나는 아인슈타인의 제안을 따르기로 마음먹고, 이 책을 간결하게 그리고 더 이상 간단해질 수 없을 정도로 단순화시켰다. 신경과학에 대한 배경지식이 없는 사람이 이 책을 읽고 이해하는 것을 돕기 위해 몇몇 간단한 도표도 넣었다. 또한 이 책을 읽는 것을 한층 더 즐겁고 유의미하게 만들기 위해 책 곳곳에 개인적인 일화도 소개했다. 독자들이 이 책을 읽는 것에 즐거움을 느끼고, 그 내용이 지적 호기심을 불러일으킬 수 있음을 알게 되기를 소망한다. 그리고 이 책을 읽는 것이 독자로 하여금 창의적인 노력에 참여하도록 고무하기를 소망한다.

　내가 브루클린 벤손허스트에 위치한 뉴 위트레흐트 고등학교(New Utrecht High School) 10학년이었을 때, 기하학 선생님이셨던 굿맨 선생님께 이 책을 헌정한다. 굿맨 선생님의 기하학 수업에 참여하기 전까지, 학교는 늘 나에게 고역이며 감옥과 같았다. 나는 초등학교 3학년 때 학습부진아였는데, 철자법 학습에서 뒤처졌고 큰 소리로 읽어야 할 때 자주 실수를 했다. 초등학교 수업에서 아이가 기대하는 활동 중 하나는 철자 경기(spelling bee)였다. 그런데 내 철자 실력은 형편없어서 선생님이 내게 벌로 "자리에서 일어나 있어라."라고 말하곤 했다. 내 생각에 학교에서 하는 것은 오직 외우는 일이었는데, 그것은 결코 즐겁지 않았다. 정말 최악인 것은 하루 종일 책상에 앉아서 창밖을 바라보고, 수업이 끝난 후 브루클린의 가장 인기 있는 스포츠인 스틱볼 경기를 할 수 있기까지 시간이 얼마나 남았는지 재어 보는 것이었다.

　고등학교 1학년 때 나는 스페인어 과목에서 낙제를 했는데, 여전히 스페인어 단어를 정확하게 큰 소리로 읽을 수 없었기 때문이었다. 영어 과목에서도 형편없었는데, 여전히 철자 쓰기를 잘할 수 없었다. 그때 기하학을 수강했는데, 이 과목은 모든 사람에게 매우 어려운 과목으로 생각되던 것이었다. 왜냐하면 모든 정리(theorem, 이미 진리라고 증명된 일반 명제-역주)를 암기해야 하기 때문이었다. 굿맨 선생님은 우리 기하학반을 가르치셨다. 그런데 이 수업은 내가 수강했던 그 어떤 수업과도 달랐다. 우선 굿맨 선생님은 우리에게 서로 다른 두 가지 사고—귀납적 사고, 연역적 사고—와 논리학의 기초를 가르쳐 주셨다. 나는 그리스어 '로고스(logos)'가 학문과 추론의 수단이라는 의미를 포함하여 여러 의미를 갖는다는 사실을 알게 되었다. 선생님은 우리에게 정리를 풀기 위해 체계적인 사고를 사용하는 법을 보여 주셨으며, 암기하지 않고도 지식과 추론을 사용하여 정리를 푸는 방법을 알게 해 주려고 애쓰셨다.

　고등학교 시절과 관련된 가장 강렬한 추억 중 하나는 굿맨 선생님이 두 명의 여학생과 나에게 문제를 주고 그것을 칠판에 풀어 보라고 요구한 일이었다. 나는 초등학교 때부터 두 여학생을 알고 지냈다. 그들은 매우 총명했고, 시를 암송할 수 있었으며, 스페인어를 실수 없이 읽을 수 있었고, 어떤 단어든지 정확하게 쓸 수 있었다. 나는 또다시 학급에서 바보가 될 처지에 놓일 것이라는 확신이 들었다. 그래도 1~2분 후에 나는 마음을 가라앉혔고, 문제 풀이의 모든 단계를 써 내려갔으며 마침내 정답이라고 여겨지는 결론에 도달했다. 학창 시절 중 처음으로 '아하' 경험을 했다. 굿맨 선생님의 말씀에 따라 자리로 돌아간 후, 그 문제를 푼 유일한 사람이 나라는 사실을 알게 되었다. 선생님은 내 풀이 과정을 검토했고, 두

군데의 철자 오류를 고치고는 "아주 훌륭해, 하일먼. 잘했어."라고
말했다. 그런 다음 선생님은 두 여학생에게도 이 문제와 정답은 교
과서에 있지 않았던 것이므로 걱정하지 말라고 말씀해 주셨다.

이 일이 있은 후, 나는 매일같이 즐거운 마음으로 기하학 수업을
기대했고, 심지어는 기하학 숙제를 즐겼다. 그 숙제해결 과정 중에
도전과 발견의 감정을 즐길 수 있었기 때문이었다. 나는 생각하는
일을 즐겼으며, 문제해결과 함께 따라오는 중독성 있는 환희를 즐
겼다. 50년 전에 수강했던 것이라서 기하학 수업에 대해 기억나는
것이 많지 않지만, 당시에 나는 교육을 더 받기를 원했으며 문제를
해결할 수 있는 직업을 원하고 있는 스스로를 발견하게 되었다. 고
등학교 졸업앨범의 내 이름 옆에는 다음과 같이 쓰여 있다. "케니
(Kenny, 저자의 애칭-역주)는 다른 도시의 대학에 다닐 계획을 가지
고 있으며, 그 후에는 의학 연구 분야에 들어갈 것이다." 나는 발견
의 기쁨을 탐닉하고 있었으며, 그러한 환희를 내게 가르쳐 준 분이
그 당시의 굿맨 선생님이었다.

불행하게도 그 후에는 발견의 욕구를 채우느라 바빠서 굿맨 선
생님과 연락을 이어 가지 못했다. 그래서 그분이 살아 계신지, 살아
계시다면 나의 이 헌정사를 보실지 알 수 없지만, 그분께 "감사합니
다."라는 말을 여전히 전하고 싶다.

또한 나와 함께 연구를 했던 학생, 레지던트 그리고 박사후과정
의 동료에게 이 책을 바치고자 한다. 이들이 각각 놀랍게 기여했
던 내용을 소개한다면, 그 내용이 너무나 많아서 이 책에서 창의성
을 논의할 공간이 부족하게 될 것이다. 이들 대부분은 창의적인 직
업을 가지고 있으며, 이들이 성공하는 것을 보는 일은 내게 큰 기쁨
을 가져다주었다. 그들의 호기심과 연구를 좋아하는 마음은 내게

영감의 원천이 되었다. 내가 게인즈빌에 오게 된 것에 대해 그들에게 감사하는 방법으로 이 헌정사를 사용하고 싶다. 마지막으로 여러 제안과 지지 그리고 격려를 해 준 의학박사 멜빈 그리어(Melvin Greer M.D.)와 노먼 홀랜드 박사(Norman Holland Ph.D.)에게 고마움을 표하고 싶다.

# 차례

역자 서문 / 3

서문 / 9


**1** 창의성이란 _ 19

**2** 지능과 창의성의 관계 _ 51

**3** 지식과 재능은 창의성의 재료 _ 63

**4** 심상이 창의성에 중요한 이유 _ 115

**5** 왼손잡이가 더 창의적인가 _ 139

**6** 창의성은 남녀 사이에 차이가 있는가 _ 167

**7** 창의성에 영향을 끼치는 신경학적 장애 _ 193

**8** 창의적 영감을 높여 주는 잠재의식적 부화와 신경전달물질 _ 219

9   창의적 사고를 이끄는 전두엽 _ 245

10   나이가 들면 창의성이 약해지는가 _ 283

11   창의성을 북돋는 환경의 특성 _ 301


참고문헌 / 329

찾아보기 / 359

# 1

# 창의성이란

나의 초등학교 5학년 선생님이셨던 캐롤 선생님은 우리에게 '브루클린 어휘'를 가르쳐 주려고 애쓰셨다. 이 어휘 목록은 주로 네 글자로 이루어진 단어 모듬이었고, 선생님은 우리에게 각 단어의 뜻을 말해 보라고 요구하셨다. 어느 날 선생님은 나에게 'loquacious(말이 많은, 수다스러운)'이라는 단어의 뜻을 말해 보라고 하셨다. 나는 "그 의미를 알겠는데 표현할 수는 없어요."라고 대답하였다. 선생님은 "네가 정말 그 단어의 뜻을 안다면 내게 그 의미를 말할 수 있을 거야."라고 말씀하셨다.

35년 후, 나는 짐작컨대 알츠하이머병을 앓고 있는 기계과 은퇴교수 한 분을 만났다. 그의 명명 능력을 검사하기 위해 나는 보스턴 명명검사(Boston Naming Test)를 사용했다. 이 검사는 흔한 물건

(예: 침대)에서부터 희귀한 물건(예: 주판)에 이르기까지 사물 60개의 그림으로 이루어져 있다. 이 검사에서 환자는 60개 사물 중 59개의 이름을 정확히 말할 정도로 점수가 매우 높았다. 이러한 결과는 이들 사물과 연합되어 있는 단어의 소리에 대한 그의 기억 혹은 표상이 그가 앓고 있는 퇴행성 질병에 의해 파괴되지 않았음을 말해 주었다. 그러나 만일 이 환자에게 두 가지 그림(예: 침대와 주판)을 보여 주고서 둘 중 하나를 가리키라고 요구—예를 들어, "잠을 잘 때 사용하는 물건을 가리키시오."—한다면, 그는 주로 주판을 가리킨다. 환자는 문장을 반복하여 말할 수는 있었는데, 대화의 내용 자체는 이해하지 못했다. 그리고 자발적으로 말을 할 때 명료하고 올바른 영어 단어들을 사용하였으나, 그가 구사하는 문장들이 어떤 의미를 지니고 있지는 않았다.

우리 병원에서는 다른 부류의 환자들도 만난다. 앞 환자와 달리 이들은 많은 물건 그림의 이름을 대지 못하지만, 이들 물건을 간접적으로—에둘러 말하는 식으로—묘사할 수 있고 대화 내용도 간접적으로 이해한다. 이 두 부류의 환자에 대해 관찰하면서, 나는 우리 뇌가 마치 사전처럼 단어에 관한 지식을 담고 있는 독립된 저장소를 여러 개 가지고 있다고 믿게 되었다. 사전에서 당신이 단어 하나를 찾게 되면, 거기에는 그 단어를 어떻게 발음하는지에 대한 음운론적 서술이 있기 마련이다. 그런 다음에 그 단어의 뜻에 대한 설명이 나온다.

뇌의 왼쪽 대뇌반구에는 단어가 어떻게 발음되는지에 대한 기억을 저장하는 곳이 있다. 이 저장소를 음운론적 사전(phonological lexicon)이라고 부른다. 이곳은 '단어–발음'에 관한 지식을 지니고 있지만, 단어의 뜻을 저장하고 있지는 않다. 어쨌든 왼쪽 대뇌반구에는 또 다른 저장소인 '개념-의미 영역'이 있는데, 이곳은 단어의 뜻을 저장하고 있지만 그 단어의 음운적 조성에 대한 정보를 갖고 있지는 않다. 초등학교 5학년 때 내가 이러한 사실을 알고 있었다면 캐롤 선생님에게 다음과 같이 말했을 것이다. "저는 그 단어를 마음속에 떠올릴 수 있으며(have a lexical representation) 그것이 훌륭한 영어 단어임을 알고 있지만, 그 단어의 뜻에 관한 생각을 아직 갖고 있지 않은 것 같아요." 초등학교 5학년 때 나는 익숙함과 이해를 혼동했던 것이다. 그 선생님은 옳았다. 즉, 나는 'loquacious(말이 많은)'라는 단어가 무엇을 의미하는지 몰랐다.

사실 나 자신이 이 책에서 창의성에 대한 글을 쓰지만, 이 개념에 대해 더 많이 읽고 연구해야 비로소 이 용어가 무엇을 의미하는지를 완전히 이해하게 될 것 같다. 행동주의 과학자와 비전문가들은 주의, 정서, 창의성과 같은 심리학적 용어들을 종종 사용한다. 대부분의 사람은 이들 단어의 의미를 자신들이 알고 있다고 느끼지만, 이들 용어를 제대로 정의하기는 그리 쉽지 않다. 많은 책과 전문 저널이 창의성에 대해 기술해 왔지만, 그 대부분이 하나의 정의를 제시하지 못하고 여러 정의를 소개하고 있다.

창의성의 신경학적 기전에 대해 논의하기 전에, 나는 먼저 창의성의 정의에 대해 말하고 싶다. 먼저, 『웹스터 사전』(Soukhanov & Ellis, 1988)은 '창의적인(creative)'의 의미를 '창조하는 능력을 지닌 것'으로 정의하고 있다. 이 사전은 '창조하다(create)'를 '생기게 하다(낳다) 또는 산출하다'로 정의한다. 그러나 임산부가 아이를 낳고 사람들이 공장에서 물건을 생산하지만, 이들 행위 중 어느 것도 우리가 창의성을 논의할 때 생각하는 것은 아니다. '창조하다'의 두 번째 정의는 '예술적 노력을 통해 산출하다'이다. 이 정의가 정확한 것처럼 보이지만 과학자, 발명가, 기업가, 그리고 예술가가 아닌 사람들도 창의적일 수 있다. '창의적인'에 대한 또 다른 정의는 '독창성(originality)이 두드러진'이다. 유감스럽게도 이들 정의 중 그 어느 것도 저명한 과학자, 작가, 작곡가, 예술가들의 업적을 묘사하기 위해 우리가 사용하는 창의성이라는 용어의 의미를 완벽하게 포착하고 있는 것 같지 않다. 창의적인 사람은 종종 독창적인 산물을 만들어 낸다는 것이 사실이나, 독창적이지만 창의적이지 않은 그림, 조각품, 소설, 시, 과학 이론, 발명들도 많다.

　매우 창의적이면서 자신의 창의성에 대해 상당히 인정받고 있는 사람들을 종종 천재라고 부른다. '천재'라는 용어에는 많은 정의가 따른다. 최초의 영어 사전 창시자인 새뮤얼 존슨(Samuel Johnson)은 "진정한 천재는 거대한 일반적인 힘으로 구성된 지성이다."라고 서술했다(Simonton, 1999). 지능 혹은 IQ검사 점수가 130 또는 140 이상인 사람을 종종 천재라고도 한다. 스탠퍼드 대학의 루이스 터먼(Lewis Terman)은 높은 지능에 관한 가장 유명한 연구 중 하나를 수행한 바 있다. 터먼(1954)은 IQ검사 점수가 매우 높은 아동들을 가려내고는 이들을 천재라고 구분지었다. 매우 지적인 이 아동들은 성인이 될 때까지 추적되었다. 그들 대부분은 매우 성공했으나 매우 창의적인 사람으로 알려진 사람은 많지 않았다. 터먼의 검사를 받았던 아동들 중 기준 이하여서 천재 집단에 들어가지 않았던 인물로 윌리엄 쇼클리(William Shockley)가 있다. 훗날 쇼클리는 트랜지스터를 발명하여 노벨 물리학상을 받았다. 그러므로 지능이 매우 높은 사람들은 학업이 우수하고 인생에서 성공할 수 있지만, 이들 대부분이 매우 창의적이라고 말하기는 어려운 것 같다. 그리고 지능이 높지는 않지만 매우 창의적인 사람들도 많다.

나는 2장에서 지능과 창의성의 관계에 대해서 더 논의할 것이다. 3장에서 논의하게 되겠지만, 천재라고 알려진 많은 사람이 학습장애를 갖고 있다. 언어 학습장애 또는 수학 학습장애를 갖고 있는 천재들의 IQ검사 점수가 140 이상이라는 것은 의아하다. 근대 이후 가장 창의적인 과학자들 중 두 명인 아인슈타인과 다윈은 학습장애와 창의성의 관계를 보여 주는 실례가 되는 인물들이다. 아인슈타인은 읽기장애(발달성 난독증)와 셈장애(발달성 난산증)를 갖고 있었다. 자서전에서 다윈은 어린 시절 자신의 누이에 비해 학습 속도가 매우 느렸으며, 선생님은 그를 지력이 평균 이하인 매우 평범한 소년으로 여겼다고 적었다. 난독증을 포함하여 발달성 언어장애를 갖고 있는 아동은 종종 외국어 학습에 문제가 있다. 아인슈타인처럼 다윈도 발달성 언어장애를 갖고 있었을 가능성이 높다. 왜냐하면 자신은 어떤 언어도 완전하게 습득하지 못했노라고 자서전에 썼기 때문이다. 게다가 다윈은 성인이 되어서도 자신의 뇌 회전이 빠르지 않다고 말한 바 있다. 책을 읽을 때도 텍스트의 의미를 완전하게 이해하기 어려워했으며 완벽하게 이해하기 위해서는 되풀이해서 읽어야 했다.

지능지수가 130 이상인 천재만을 회원으로 받아들인다고 자랑하는 멘사라는 단체가 있다. 아인슈타인, 다윈, 쇼클리가 멘사 회원으로 가입하려고 지원을 했을지 의심스럽지만, 만일 그들이 지원했다고 해도 회원 자격을 지능지수만으로 따졌다면 그들은 모두 탈락했을 것이다.

『웹스터 사전』에서는 천재를 '특정 행동을 하는 선천적 경향성(inclination) 또는 재능을 가진 사람'으로 정의하고 있다. 대부분의 지능검사 도구는 다양한 재능(skill)을 측정한다. 예를 들면, 웩슬러

성인용 지능검사(Wechsler Adult Intelligence Scale; Wechsler, 1981)
는 언어(예: 정의하기), 시각-공간 기술(예: 블록 디자인), 그리고 작
동기억[예: 숫자-폭 검사(digit-span test, 숫자외우기 검사라고도 함-
역주)와 숫자-기호 바꾸기 검사]과 같은 영역을 측정한다. 보통 사람
들보다 월등한 작동기억을 가졌으나 이 지능검사의 다른 영역에서
점수가 형편없어서 낮은 IQ를 갖게 되는, 고(高)기능 자폐증인 사
람(savant, 전반적으로는 정상인보다 지적 능력이 떨어지나 특정 분야에
대해서만은 비범한 능력을 보이는 사람-역주)이 있다. 언어 검사보다
시각-공간 검사에서 훨씬 더 점수가 좋은 발달성 언어장애를 가진
아동들도 있다.

　어떤 사람이 창의적이기 위해서는, 자신의 분야에서 필요한 기
술과 지식을 가져야 한다. 자신의 분야에서 충분한 기술과 지식을
가진 창의적인 사람인데도 다른 영역에서 발휘하는 기술은 보통이
거나 보통 이하일 수도 있다. 가장 중요한 사실은, 어떤 사람이 특
정 기술이나 재능을 가졌다고 하여 그것들을 항상 창의적인 방식
으로 사용한다고 보장할 수는 없다는 점이다.

　프랜시스 골턴(Francis Golton, 1869~1978)은 그의 고전적 저서인
『유전적 천재(Hereditary Genius)』에서 천재성을 '저명함 또는 지속
적인 명성'이라고 정의했다. 딘 사이먼턴(Dean Simonton)은 자신의
저서인『천재의 기원(Origin of Genius)』(1999)에서 이러한 정의를 지
지했으며, 저명함이 천재의 기준이면서도 리더십보다는 창의성과
결합되어야 한다고 말했다. 많은 지도자가 매우 창의적이었으므로
사이먼턴이 리더십을 배제한 이유가 무엇인지는 잘 모르겠다. 사
이먼턴은 스스로의 정의를 선호했다. 그 정의가 이른바 '인정받지
못하는 천재'의 문제를 피하기 때문이다. 아울러 사이먼턴(1999)에

따르면, "아무도 인용하지 않는 과학 논문 또는 아무도 연주하지 않는 음악은 창의적인 산물로서의 자격이 없다." 창의성에 큰 관심을 가지고 있는 하워드 가드너(Howard Gardner)는 이러한 주제를 다룬 책을 여러 권 집필했다. 근래의 저서 중 하나인 『재구성된 지능(Intelligence Reframed)』('인간지능의 새로운 이해'라고도 번역되고 있음-역주)에서 가드너(1999)는 창의성이 개인의 지성 혹은 뇌로부터 나오는 것이 아니라 사회 구성원들 공동의 판단에 달려 있다고 제안한 칙센트미하이(Csikszentmihalyi, 1996)의 입장에 동의하는 것 같다.

역사적 관점에서 볼 때 '누가 창의적인 천재인가를 결정하는 것은 사회'라는 칙센트미하이의 주장이 옳을 수도 있다. 그러나 지금 이 책에서 정의하는 창의성은 개인 뇌의 산물이지 그 사회의 판단을 말하는 것은 아니다. 공식적인 인정 또는 저명함은 창의성 수준에 의해 직접적으로 결정되지는 않는다. 반 고흐처럼 현재는 천재로 여겨지는 많은 예술가가 그들의 살아생전에는 다른 사람들에게 인정받지 못했거나 유명하지 않았다. 이러한 사실은 그들이 죽은 다음에만 천재가 되며, 살아 있을 때에는 천재가 아니었다는 것을 의미할까? 반 고흐라는 인물이 발굴되지 않았다면 또는 그의 작품 모두가 파손되었다면 어떤 일이 일어났을까? 그는 전혀 천재가 아니었을까?

앞의 논의에 기초한다면 창의적 천재에 대한 명백한 기준은 없다. 게다가 많은 창의적 행위는 탁월함을 성취하지 않은 사람들에 의해 수행되었다. 어떤 사람들은 '탁월하지 않은 사람들에 의해 이루어진 이러한 많은 창의적 행위는 사소한 것'이라고 생각할 수도 있지만, 중대한 혁신 또는 토머스 쿤(Thomas Kuhn)이 말한 소위 패러다임의 변화와 사소한 창의적 행위 사이의 차이는 유형의 문제라기보다 정도의 문제이다. 따라서 창의적 행위가 크든 작든 그것을 가능하게 하는 뇌 메커니즘을 이해하고 그것에 대해 배우는 것은 중요하다.

이 책을 저술함에 있어 나의 목적은 창의성에 관련된 뇌 메커니즘을 설명하는 것이다. 저명하다는 명성은 내내 창의적이었던 사람에게 그 사회가 부여하는 것인데, 이 책의 목적은 한 사회가 그런 명성을 어떻게 부여하는지 알려는 것은 아니다. 사실 사람들은 대부분 나름대로 창의적인 행위를 할 수 있다. 어떤 사람들은 대중에 의해 창의성을 인정받을 수 있지만 어떤 사람들은 오직 일부 가족 또는 친구들이 알아줄 뿐이며, 어떤 경우는 아무도 인정해 주지 않고 심지어는 창의적인 행위를 한 그 자신도 인식하지 못하는 경우가 있다. 후자의 창의적인 사람들을 아무도 천재라고 부르지 않겠지만, 그들의 행위에 담겨 있는 창의성이 큰 것이든 아주 작은 것이든, 나의 목적은 창의적인 행위를 설명할 수 있는 뇌 메커니즘에 대해 논의하려는 것이다. 어떤 사람은 다른 사람들보다 더 창의적인 행위, 더 높은 질을 가진 행위를 한다는 점은 주지의 사실이다. 나는 사람들 간의 이러한 차이에 대해서도 논의하고자 한다.

내가 간략히 언급했던 것처럼, 많은 심리학자는 '한 개인의 IQ 점수가 그 사람의 창의성을 완벽하게 예측하지 않는다.'고 주장해 왔다(2장 참조). 어떤 심리학자들은 창의성을 예측하는 또 다른 심리측정법을 탐색했다. 그러한 심리측정적 접근을 소개한 길포드(Guilford, 1967)는 확산적 사고가 창의적 사고의 핵심 요소라고 생각했다. 그는 '다른 용도 검사(Alternative Uses Test)'를 개발하였는데, 이 검사에서 피검자는 벽돌과 같은 흔한 물건이 다른 용도로 쓰이는 방법을 모색하게 된다. 그 밖의 확산적 사고 검사에는 ① 가상의 이야기에 제목을 달아야 하는 제목 달기 과제, ② 어떤 상황의 결과가 무엇일지에 대한 반응 수와 그 내용의 독특함으로 점수가 매겨지는 '결과 검사', ③ 독창적인 반응의 수가 계산되는 로르샤흐 잉크반점검사(Rorschach Inkblots Test)와 주제통각검사(Thematic Apperception Test)와 같은 '투사 검사법', ④ 단어의 글자들이 앞다투어 빨리 움직여질 때 가능한 한 빨리 그 단어를 찾아내야 하는 '단어구성 검사', ⑤ 단어 50개가 주어지고 피험자들이 이야기를 만들기 위해 가능한 한 이 단어들을 많이 사용해야 하는 '단어 재배열 검사'가 포함된다.

길포드의 연구에 기초하여 토랜스(Torrance)는 토랜스 창의적 사고 검사(Torrance Test of Creative Thinking)라고 불리는 검사 도구를 개발하였다. 길포드의 '다른 용도 검사'에 덧붙여 토랜스 검사의 하위 검사 중 하나는 물건이 어떻게 개선될 수 있는지를 묻는다. 또 다른 하위 검사에서는 피검자에게 하나의 그림 장면을 보여 주고는 그 장면에 대해 묻고 싶은 질문을 모두 써 보라고 요구한다. 이 검사들은 독창성(반응의 희귀성), 유창성(적절한 반응의 수), 융통성(반응의 다양성), 정교성을 점수로 매긴다.

토랜스(1988)는 고등학생에게 자신이 개발한 검사를 실시한 후 그들이 성인이 될 때까지—즉, 검사 실시 후 12년 동안—추적함으로써 타당도를 검증하였다. 토랜스는 피검자의 이름을 알지 못한 채로 평가하는 판정관을 활용하여 피검자들이 이룩한 창의적 성취의 질과 양을 측정하였다. 그 결과 토랜스는 자신이 개발한 검사의 점수가 창의성 측정치와 유의미하게 상관되며 창의성 검사가 IQ검사보다 훨씬 더 예언력이 높다는 점을 발견했다.

이러한 심리측정적 접근에 대한 비판자들은 강력한 변별타당도와 예언타당도가 명확하게 입증되지 않아 왔다고 주장한다(비평과 추가적인 참고문헌에 대해서는 Plucker & Renzulli, 1999 참조). 이러한 검사들이 강한 예언타당도를 갖지 않을 수도 있는 이유에 대해 많은 의견이 있어 왔지만(예: 창의성은 영역 특수적이다), 토랜스 검사는 상당한 비판을 받았다. 왜냐하면 이 검사가 측정하고 있는 기량들은 창의성의 핵심적인 차원들을 가늠하고(assess) 있지 않는 것으로 여겨지며(Amabile, 1983), 우리가 이 장에서 창의성으로 정의한 과정의 일부를 평가하지 않고 있기 때문이다. 이 책에서 정의되는 창의성은 수렴적 사고와 확산적 사고의 조합이다. 일련의 임시 이론(예: 천동설)에 의해 설명되는 자료가 주어졌을 때, 창의적인 사고가(예: 코페르니쿠스)는 이 임시 이론으로부터 확산적 사고를 해야 하고 새 이론을 개발해야 한다. 그런 다음에 그 이론을 지지하는 수렴적인 증거(예: 코페르니쿠스와 갈릴레이의 태양계 이론)를 제시해야 한다.

자연을 이해하기 위해서 우리는 창의적이어야 한다. 그러나 '이해'와 '창의성'이 동일한 것은 아니다. 창의성에 대한 하나의 정의를 찾고자 할 때의 수단은 자연에 대한 더 큰 이해를 가능하게 했던 유명한 창의적인 인물들의 명단을 작성한 후 그들의 업적이 어떻게 유사한지 알아보는 것일지도 모른다. 이 명단에는 코페르니쿠스, 갈릴레이, 뉴턴, 아인슈타인이 포함될 수 있다. 이들은 모두 과학자들이다. 어떤 사람들은 과학이란 사실들의 집합에 불과하다고 말할지 모르겠지만, 어쨌든 과학계에 몸담고 있는 우리 중 많은 사람이 그러한 일을 했다. 과학 연구 분야에서 일하고 있는 사람들의 일부는 사실을 수집하는 것 이상의 일을 거의 하지 않지만, 그 사실들에 대한 창의적인 과학자들의 분석은 자연을 더욱 이해하게 해 주며 검증 가능한 예측을 만들어 낼 수 있게 한다. 아마도 밀레투스에 살았던 철학자 탈레스(Thales of Miletus, 기원전 580년)는 "여러 개처럼 보이는 것의 이면에는 통일성이 반드시 있다."라고 제안한 최초의 인물일지도 모른다. 창의적인 과학자란 자연의 다양성 안에 있는 통일성을 발견하는 사람이다.

어째서 창의성이 사회에 중요한지 그 이유는 많다. 사람은 자연을 통제하려는 갈망을 늘 가져왔다. 인간은 우리의 욕구—예를 들어, 음식과 물—를 충족할 수 있도록, 우리의 수명과 우리가 돌보고 있는 사람의 생명을 연장시킬 수 있도록, 우리의 운명을 통제할 수 있도록, 육체적인 통증과 육체적·정신적 고통을 줄일 수 있도록 하기 위해서 자연을 통제하고자 갈망한다. 중세시대에 마법사들은 자연의 힘을 통제하기 위해서 자연에 걸어 놓을 주술을 찾아나섰다. 통제가 안 될 때, 종교적인 광신자들은 조물주에게 자신들의 요구대로 자연을 변화시켜 줄 것을 요구한다. 어쨌거나 제이콥 브로노스키(Jacob Bronowski, 1972)가 말한 것처럼 "인간은 힘에 의해서가 아니라 이해를 통해 자연을 굴복시킨다."는 점을 역사는 가르쳐 주어 왔다.

20세기 중후반 시기에, 우리의 건강에 전반적으로 영향을 주었던 발전 중 의약에 있어 가장 큰 진전은 항생제의 발견이었다. 1908년 생리학 또는 의약 분야에서 노벨상을 수상했던 파울 에를리히(Paul Ehrlich, 1854~1915, 독일의 의학자로 화학 요법의 창시자-역주)는 이러한 업적의 기본 개념을 소개하였다. 에를리히는 의학 분야의 연구자들에게 "환자에게 심각한 해를 유발하지 않으면서도 병을 초래하는 감염 인자를 죽일 수 있는 '마법의 총알' 혹은 합성 화합물을 찾아보라."고 제안했다. 그는 합성 약물의 구조와 그 생물학

적 효과에 관한 연구를 개척하였다. 그는 비소 처치—비소 606 또
는 살바르산—를 소개하면서 이 약물로 매독을 치료한 최초의 성
공적인 결과를 소개했다. 어쨌든 에를리히 이론은 알렉산더 플레
밍의 연구로 결실을 맺게 되었는데, 플레밍은 최초의 항생제인 페
니실린을 발견하였다. 암 치료에 쓰이는 화학 치료제도 이와 동일
한 원리들을 사용하지만, 이들 치료제 중 많은 치료제가 환자들에
게 심각한 손상을 유발하며 대부분의 조건에서 보통 정도의 성공
만 있어 왔다.

　아울러 화학치료제와 항생제들은 퇴행성 질환을 치료하지 못한
다. 우리 병원에서 목격되는 고통받고 있는 많은 환자가 이러한 퇴
행성 질병을 앓고 있다. 앞으로 암과 퇴행성 질환 같은 많은 질병은
아마도 유전적 치료를 받게 될 것이다. 그러므로 앞으로 수십 년 동
안의 시기에 우리의 생명에 가장 많은 영향을 끼칠 과학 분야 중 하
나는 유전학이다.

　유전학 연구는 그레고르 멘델(Gregor Mendel)로부터 시작되었
다. 19세기 동안 많은 수도사가 자연에서 일어나는 일에 대한 엄청
난 양의 기록을 하였는데 그 정보를 노트와 금전출납부에 기재하
였다. 이러한 기록들의 대부분은 그 자료들을 수집한 수사들 이외
의 사람들에게는 읽히지 않았다. 이들 자료의 대부분은 자연에 대
한 더 나은 이해로 이어지지 않았기 때문에, 그 수사들은 과학에
거의 또는 전혀 영향을 끼치지 못했다. 어쨌든 자연에 관한 자료
를 수집하고 있던 수사들 중 한 명이 멘델이었다. 멘델은 과수원을
운영하는 아버지의 농장에서 자랐다. 성직자로 임명된 후에 비엔
나 대학에 다녔고 고등학교 교사가 되기를 원했다. 그는 교사자격
시험에 여러 번 응시하였으나 계속 낙방하였는데, 생물학에서 점

수가 가장 낮았다. 그는 작은 정원을 가진 수도원에 살면서 정원에 완두콩을 재배하였다. 그는 일부 완두콩이 다른 완두콩과 다른 모양을 가지고 있는 것을 관찰하게 되었다. 일부는 키가 컸고 다른 것들은 키가 작았다. 어떤 완두콩은 주름이 져 있었으나 다른 것은 모양이 둥글고 매끄러웠다. 사람과 마찬가지로 완두콩은 정자가 난세포와 수정하여 성적으로 결합하고 씨앗이 만들어짐으로써 번식을 한다. 부모세대에 해당하는 완두콩의 겉모습—표현형—에 기초하여 자손세대 완두콩의 키와 모양을 예측할 수 있는지 알고 싶어 했기에, 멘델은 완두콩을 재배하고 교배함으로써 관련 사실들을 수집하였다.

멘델은 점차 부모세대의 완두콩에 기초하여 자손세대 완두콩의 표현형을 예측할 수 있었으므로, 표현형의 형질은 유전에 의해 좌우되며 유전은 법칙에 의해 이루어진다고 제안했다. 각 완두콩은 각각의 형질에 대해 두 개의 조절 인자를 받는다고 그는 생각했다. 오늘날에는 이러한 인자들을 유전자라고 부른다. 인자 하나는 정자로부터 오며 다른 하나는 난세포로부터 온다. 이들 두 유전자가 동일한 특성(예: 키가 큰)을 전달한다면, 그 완두는 키가 클 것이다. 부모세대가 두 개의 서로 다른 유전자(예: 하나는 키를 크게 만들고 다른 것은 작게 하는 유전자)를 가진 씨를 만든다면, 두 유전자 중 하나가 그 씨앗의 표현형을 결정할 것이다. 이때 표현형을 결정하는 유전자를 우성 유전자라고 부르고, 표현형을 결정하지 못하는 유전자는 열성 유전자라고 한다. 우리가 키 큰 식물을 바라볼 때, 이 식물이 키를 크게 만드는 유전자를 두 개 갖고 있는지(동형접합체), 아니면 키를 크게 만드는 유전자와 키를 작게 하는 유전자를 둘 다 갖고 있는지(이형접합체) 우리는 알 수 없다. 이형접합체인 식물이 난세포 혹은 정자를 만들어 낸다면, 이 생식세포들은 키를 크게 만드는 유전자나 키를 작게 하는 유전자 중 어느 하나를 갖는다. 만일 암수 생식세포 모두 키를 크게 만드는 유전자를 갖고 있다면 그 후손은 키가 클 것이다. 그러나 둘 중 하나가 키를 작게 하는 유전자를 가진 생식세포라면 배우체의 유전자형에 따라 그 후손은 키가 클 수도 있고 작을 수도 있다.

앞에서 소개한 사례로부터 우리는 멘델이 자연의 다양성 속에 숨어 있는 통일성을 알아보는 능력을 가졌음을 확인할 수 있다. 그는 관찰을 하였고, 가설을 설정하였으며, 가설에 기초한 실험들을 수행하기 시작했던 것이다. 멘델의 실험 대상이었던 완두가 성장하기 위해 기름진 흙이 필요했듯이, 창의성은 종종 성장을 도와주는 환경을 필요로 한다. 운 좋게도 멘델이 연구를 수행했던 장소인 수도원에는 원예, 농사, 식물학에 관한 풍부한 책을 소장하고 있는 도서관이 있었다. 그에게는 또한 그의 연구 결과에 대해 관심을 가져주었고 격려했던 동료들이 많았다. 선구자적인 발견을 한 후 멘델은 그 수도원의 원장이 되었으며 이것은 그의 과학적 생산성을 완결 짓게 하였다.

멘델처럼 과학자들은 무작위적인 것처럼 보이는 현상들이 사실은 질서정연하며 법칙적이라는 점을 설명하기 위한 수단으로 과학 이론을 정립한다. 쿤(1996)은 『과학 혁명의 구조(The Structure of Scientific Revolution)』에서 "발견이란 비정상에 대한 인식, 예를 들면 자연이 왜 그런지는 모르겠지만 정상 과학을 지배하는 패러다임의 기대들을 어겨 왔다는 걸 인식함으로써 시작한다."라고 말한 바 있다. 즉, 어느 과학자에 의한 비정상에 대한 관찰은, 어느 한 체계 안의 질서를 설명하기 위해 시도되었던 이전의 과학적 이론이 부적절하며 비정상을 설명하는 새로운 이론을 고안해야 함을 제안하게 된다. 비정상에 대한 인식에 기초한 완전히 새로운 이론의 발달은 쿤이 '패러다임적 변화'라고 말했던 바로 그것이다.

이제까지의 논의가 주로 과학적인 창의성을 설명했지만, 과학자들만 유일하게 창의적인 사람들은 아니다. 반 고흐·피카소·렘브란트와 같은 화가, 베토벤·모차르트·차이코프스키와 같은 작곡가, 보네거트(Vonnegut)[1]·피츠제럴드(Fitzgerald)[2]·스타인벡(Steinbeck)[3]과 같은 작가도 창의적인 사람들이다. 브로노스키(1972)가 인용한 것인데, 콜리지(Coleridge)는 과학적 창의성에 대해 논의되었던 것과 유사한 설명을 예술적 창의성에 대해서도 다음과 같이 내놓은 적이 있다. "예술적 아름다움은 다양성 속의 통일성이다."

예술적 창의성에 대한 이와 같은 정의를 처음 읽게 되었을 때 나는 그 의미가 무엇인지를 이해하는 데 어려움을 겪었다. 그때 대학 2학년 때 들었던 화가들 사이의 대화 내용이 떠올랐다. 당시 나는 이론 화학자가 되고 싶었던 화학 학도였다. 나는 아주 멋진 화가인 아비바(Aviva)를 만났는데, 그녀의 세계와 생각은 나와 아주 달랐다. 한 번은 방학 동안 그리니치 마을(Greenwich Village, 뉴욕에 있는 예술가·작가가 많은 주택 지구-역주)에 있는 커피하우스에서 그녀의 예술 친구들과 함께 만났다. 로렌스 펠링게티(Lawerence Ferlinghetti)가 '마음속 코니아일랜드(A Coney Island of the Mind)'라

---

1) 역주: 현실주의, 풍자, 과학적 픽션이 혼합된 소설 및 단편을 저술한 미국의 소설가 (출처: 위키백과)
2) 역주: 미국의 소설가
3) 역주: 1962년 노벨문학상 수상 소설가

는 시를 암송하는 것과 비슷한 소리를 종종 내는 비트 시인들(beat poets)[4]의 낭송을 들으며, 이들 미술가는 유화 칠하기의 어려움에 대해 토론하게 되었다. 나는 그들이 칠하기의 기술적 문제들에 대해 토의할 것으로 예상했지만, 그들은 '칠하기 작업의 가장 힘든 부분은 칠하기를 끝낼 시점이 언제인지 아는 것'이라는 데에 의견의 일치를 보이는 것 같았다. 나는 유화에 대해서는 전문 지식이 없었고, "어째서 그것이 어렵지? 캔버스 전체를 다 칠하면 끝나는 것이잖아."라고 생각했다. 그들은 대화에서 '종결(closure)'(색칠하기의 끝, 유화 색칠의 종료 또는 완결, 완성의 의미-역주)에 대해 토론하기 시작했기 때문에, 운 좋게도 나는 내 의견을 제시하기보다는 그들이 말하는 내용을 듣게 되었다.

나는 이들 미술가가 대화를 나누는 동안에 어떤 질문을 던지기가 꺼려졌지만, 그날 저녁 늦게 퀸즈에 있는 아비바의 집으로 가는 열차를 타고 가면서 그녀를 포함한 동료 미술가들이 말하는 '종결'의 의미가 무엇인지를 그녀에게 물었다. 그녀는 그것이 무엇을 의미한다고 생각하는지 내게 되물었다. 나는 전체 캔버스가 물감으로 다 채워지면 그 그림은 완성되는 것으로 처음에 생각했다고 그녀에게 말했다. 이제는 이와 같은 나의 순진한 생각이 옳지 않다는 것을 알게 되었다고 그녀에게 말할 수가 있겠지만, 그 당시 그녀는 내게 다음과 같이 말했다. "소설가가 마지막 쪽까지 이야기를 다

---

4) 역주: 1950년대에 미국에 등장한 '비트' 시인의 시는 지하 클럽에서 행해진 시 낭송 공연에서 발전되었기에 구어체적이고 반복적이며, 읽을 때 더욱 큰 효과를 발휘함. 일부 사람은 비트 시가 1990년대에 널리 퍼진 랩 음악의 증조부쯤 된다고 보기도 함(출처: 미국의 문학, 미국 국무부).

쓰고 나면 그 소설은 완성된 것일까? 아니지. 그 이야기가 사람들에게 전해져 갈 때 비로소 그 소설은 완성되는 거겠지. 미술가들이 유화를 사용할 때 그들은 이전에 칠한 부분 위를 덧칠하곤 해. '종결'이란 이런 식으로 색칠하기가 다 되었을 때야." 나는 그녀의 설명이 순환논리적(circular)[5]이라고 말했다. 그러자 그녀는 "내일 우리 메트로폴리탄 미술관에 가보자. 너에게 보여 줄 것이 있어."라고 말했다.

　다음 날, 우리는 메트로폴리탄 미술관에 가게 되었고 마침 그곳에서는 인상파 화가들의 작품 전시가 열리고 있었다. 아비바가 내게 보여 준 첫 번째 작품은 르누아르의 〈목욕하는 여인들(The Bathers)〉이었다. 그 그림에서는 각기 완성되어 그려진 여인들이 함께 타원형을 이루고 있었다. 그녀는 이러한 형태가 각 여인의 모습을 보완하면서 동시에 등장인물 모두를 묶고 있다고 말해 주었다. 또한 그녀는 서로 다른 색깔로 칠해진 부분들이 어떻게 하여 서로를 보완해주고 있는지를 설명해 주었다. 그리고 그녀는 내게 르누아르가 그 여인들 주변의 배경을 더 칠했다면 그 그림이 더 좋아졌을 거라고 생각하는지 물었다. 나는 고개를 좌우로 흔들었다. 그녀는 "만약 르누아르가 여인 한 명을 더 추가하거나 없앴다면, 그 그림이 더 좋아졌을까?"라고 내게 물었다. 나는 또다시 고개를 좌우로 흔들면서 "아니."라고 대답했다. 그러자 그녀는 "그래, 그 그

---

5) 역주: 순환논법적의 의미임(역자). 순환논법이란 논증되어야 할 명제를 논증의 근거로 하는 잘못된 논증이며 따라서 결론의 진리와 전제의 진리가 서로 의존하여 논증의 형식을 가지고는 있으나 실제로 논증되지는 않음. 예를 들면 '그는 정직하다. 왜냐하면 그는 사람을 속이지 않기 때문이다.'와 같은 따위(출처: 표준국어대사전)

림은 완성된 거야."라고 말했다. 돌이켜 보니, 예술적 아름다움은 '다양성 속의 통일성'이라고 콜리지가 그렇게 간단명료하게 말했던 것을 그 당시의 그녀는 그림을 이용하여 나에게 설명하려 애쓰고 있었던 것이라 생각한다.

그날 우리가 감상했던 르누아르의 그림과 다른 인상주의 화가들의 그림은 아름다웠다. 그리고 각 작품은 그 스타일이 달랐지만 모두 다양성 속의 통일성 즉, 그녀가 완성이라고 말했던 것을 담고 있었다.

인상주의 화가들의 작품을 다 본 후, 아비바는 나를 현대 미술 작품이 전시된 방으로 데리고 갔다. 인상주의 화가들에 의해 표현된 아름다움을 감상하는 데는 어려움이 없었지만, 어째서 사람들이 현대 미술 작품을 아름답다고 하는지 이해하기는 약간 어려웠다. 그녀는 현대 미술 작품들이 묘사적이지 않기 때문에 내가 그 그림들을 아름답다고 생각하지 않는 것 같다고 말했다. 그리고 미술은 묘사적이어야 한다는 '제약'으로부터 화가들을 벗어나게 해 준 것이 바로 현대 미술이라고 설명해 주었다. 화가들은 어떤 인물이나 사물을 묘사하듯이 칠하지 않아도 되며 자신들이 원하는 대로 형태와 색깔을 자유롭게 사용하면서도 작품을 완성할 수 있다. 그래도 나는 다른 많은 사람처럼 여전히 비묘사적인 그림(nonrepresentational art, 비구상화-역주)에서 아름다움을 찾는 데 어려움을 갖고 있다. 브로노스키(1972)가 다음과 같이 말한 것은 이와 같은 문제를 설명하려는 것이라고 나는 생각한다.

미술이든 과학이든 자연을 그대로 옮기려고 한다는 말은……
얼마나 엉성한 말인지. ……미술과 마찬가지로 과학은 자연의 복사본이 아니며 자연을 재창조하는 것이다. 발견이라는 행위를 통해 우리는 자연을 리메이크하는 것이다. ……그리고 위대한 시와 심오한 수학의 정리가 모든 독자에게는 새로운 것이지만, 창작자 그 자신들이 시와 정리를 재창조하였기에 여전히 그들 자신의 경험에 해당할 뿐이다. 위대한 시와 심오한 수학의 정리들은 다양성 속의 통일성에 대한 흔적이다. 그리고 미술에서든 과학에서든 그 창조적인 사람들이 이 흔적을 단독으로 잡아채는 그 순간 심장은 멈출 것이다.

가장 위대한 화가들이 뇌에 대해 그리고 뇌가 어떻게 기능하는지에 대해 결코 공부한 적이 없었을 테지만, 뇌가 어떻게 작동하는지에 대한 암묵적인 지식을 지닌 것 같다. 그리고 그들은 그림을 그릴 때 이러한 지식을 사용함으로써 자신의 그림을 감상하는 대중이 완결성을 느낄 수 있도록 해 준다. 예를 들면, 화가들이 그린 대부분의 그림들은 좌우 비대칭이라고 배니치, 헬러와 레비(Banich, Heller, & Levy, 1989)가 언급한 바 있다. 이 연구자들은 화가들이 그린 그림에 묘사된 사물들의 좌우 위치가 사람들이 그 그림의 질을 판정하는 방법에 있어 차이를 만들어 내는지 알고자 했다.

이 연구자들은 유명한 화가들이 그린 많은 그림을 사진으로 찍었다. 어쨌든 그 그림들은 대중에게 잘 알려진 것들은 아니었다. 피험자 절반에게는 그림을 담은 슬라이드를 있는 그대로 보여 주었다. 다른 절반의 피험자들에게는 거울에 비추어진 각 그림의 이미지를 보게 함으로써 좌우가 바뀌게 하였다. 즉, 실제 그림에서 왼쪽에 있는 사물은 오른쪽에 위치하게 되었고 오른쪽에 있던 사물은 왼쪽에 놓이게 되었다. 연구자들은 피험자들에게 스크린에서 본 각 그림을 얼마나 좋아하는지 스스로 판정해 보라고 요구했다. 거울에 비추어진 그림의 슬라이드를 보여 준 경우가 미술가들이 실제 그린 그림의 슬라이드를 보여 준 경우와 어떻게 다른지를 연구자들이 분석하면서 한 가지 사실에 주목하게 되었다. '화가의 그림에 많은 사물이 그려질 때 주요 사물은 통상 캔버스의 오른쪽에 놓인다.'는 점이 그것이다. 그림을 바라볼 때 대부분의 사람은 문장을 읽을 때처럼 왼쪽에서 오른쪽 방향으로 훑어본다. 읽고 쓸 때 왼쪽에서 오른쪽 방향으로 읽고 쓰도록 배웠기 때문에 아마도 그림도 그런 방향으로 훑어보는 것이라고 몇몇 사람이 생각해 왔다.

히브리어나 아랍어와 같은 셈어(Semitic language)를 구사하는 사람들은 읽거나 쓸 때는 오른쪽에서 왼쪽으로 읽고 쓴다. 그러나 다른 행동을 하거나 주변을 훑어볼 때, 그들은 유럽 사람들이 읽고 쓸 때와 같은 방향, 즉 왼쪽에서 오른쪽으로 가는 방향을 택한다. 왼쪽에서 오른쪽 방향이라는 자연스러운 방식으로 그림을 훑어볼 때, 주요하거나 지배적인 사물로 시선을 유도하는 역할을 하는 왼쪽의 사물들을 응시하기 전에 주요하거나 지배적인 사물을 먼저 응시하게 되는 사람은 '선행 사물들(지배적인 사물로 시선을 유도하는 사물—역주)에 시선을 두지 않는 행위가 그 사물들의 준비된 가치를 빼앗는 셈'이라고 느낄 수도 있다. 주요하거나 지배적인 사물로 시선을 유도하는 역할을 하는 왼쪽의 사물들을 응시하기 전에 주요하거나 지배적인 사물을 먼저 응시하는 것은 성적 쾌감의 절정에 도달한 후에 전희를 하는 것에 비유할 수 있다. 책, 교향곡 또는 그림에서 절정이 너무 빨리 온다면, 그러한 작품들은 우리가 모든 요소를 합칠 때 얻을 수 있는 완결과 미적인 충만감을 앗아갈 수 있다.

하버드 대학교의 신경과학자이며 시각에 대한 연구를 수행하고 있는 리빙스턴(Livingstone, 2002)은『시각과 미술(Vision and Art)』이라는 아주 훌륭한 책을 저술했다. 이 책에서 그녀는 미술적 창의성의 또 다른 예들을 제시했다. 예를 들면 그 책 38쪽에는 모네가 그린 〈인상, 해돋이(Impression, Sunrise)〉라는 그림이 실려 있다. 그 그림에서 물에 반사된 석양은 수면 위에서 어른거린다. 물에 반사된 석양은 오렌지색으로 칠해져 있는 반면, 물은 녹색을 띤 푸른색이다. 물에 반사된 해와 물은 색깔이 다르지만, 둘 다 같은 양의 밝기(luminance)—우리의 안구 뒤쪽에 비추어지는 빛의 양—를 갖기 때문에 어른거리는 것처럼 보인다.

리빙스턴은 물 위에 비친 해의 반사 정도(reflectance)와 물 그 자체는 밝기의 양이 같다는 점을 실례를 들어 설명하기 위해 모네의 이 그림을 흑백 사진으로 찍었다. 흑백 사진은 빛의 밝기에 대한 차이만을 보여 준다. 그리고 이 사진에서 리빙스턴은 물에 반사되면 해가 거의 보이지 않음을 보여 주었다. 흰색은 회색보다 더 빛나며, 회색은 검정색보다 빛을 더 반사한다. 우리가 사물을 알아채고, 그 물체의 모양을 알아보고, 그 위치를 알게 해 주는 것은 색의 변화가 아니라 주로 밝기에 대한 변화라고 리빙스턴은 말했다. 그녀는 '색깔을 감지하는 신경체계의 뇌 부위와 빛의 밝기를 알아차리는 뇌 부위는 서로 다른 곳에 있다.'는 사실에 주목하게 되었다. 게다가 위치를 알아내는 뇌 부위는 후두엽과 측두엽 사이의 등쪽 부위(dorsal portion)에 있으며([그림 1-1] 참조) 색을 처리하는 부위는 후두엽의 배쪽 부위(ventral portion)에 위치한다. 위치를 알아내는 뇌 부위는 정보의 대부분을 색깔에서의 변화가 아닌 빛의 강도에 대한 변화로부터 얻는다. 즉, 물에 비친 해 전체는 빛의 밝기가 같으

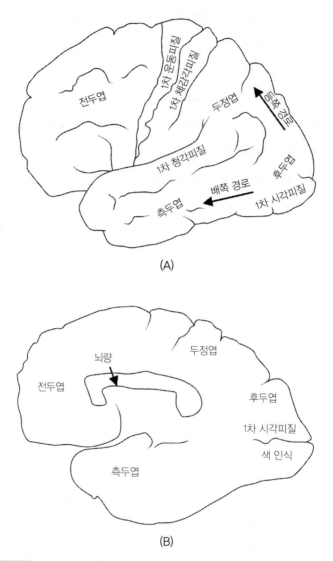

(A)

(B)

**그림 1-1** 뇌를 옆에서 본 모습을 보여 주고 있는 그림. (A)는 공간적 위치를 결정하는 뇌 부위가 후두엽 및 측두엽의 등쪽(위쪽) 부위(등쪽 경로)에 자리 잡고 있으며 사물의 정체를 결정하는 부위는 후두엽 및 측두엽의 배쪽(배쪽 경로)에 자리잡고 있음을 보여 주고 있다. (B)는 색깔을 처리하는 뇌 부위가 후두엽의 배쪽 중간 부위에 자리를 잡고 있음을 보여 주고 있다.

므로 위치를 알아내는 뇌 부위는 그 해의 위치를 알아내는 데 어려움을 겪는다. 그런 이유로 해는 수면 위에서 길게 어른거리는 것으로 보인다.

몇몇 인상주의 화가도 빛의 밝기와 색깔은 독립적이라는 사실을 대부분 직관적으로 알아 왔음이 틀림없고, 그리하여 그들은 색깔과 관계없이 빛의 밝기를 늘리거나 줄임으로써 그림자와 농담도(depth, 濃淡度)를 만들어 낼 수 있었다. 이 같은 지식은 화가들로 하여금 이미지를 묘사하도록 해 주며 심지어는 사물의 실제 색깔을 사용하지 않고도 그 이미지에 농담도를 부여하게 해 준다. 이와 같은 자유자재의 방법으로 그들은 그림의 묘사적인 특성들을 유지하는 가운데 미적 가치에 입각하여 색깔을 선택할 수 있었다.

리빙스턴은 레오나르도 다빈치의 모나리자에 관해 서술하면서 위대한 미술가가 지닌 또 다른 창의성의 예를 제시했다. 미술사학자들은 마치 살아 있는 것처럼 보이게 하는 가운데 그 표정이 달라져 보이는 모나리자의 얼굴 표정에 대해 누누이 언급해 왔다. 자신의 저서에서 리빙스턴은 곰브리치(E. H. Gombrich)[6]가 『서양미술사(The History of Art)』에서 언급한 바 있는 다음과 같은 내용을 인용했다.

> 먼저 우리를 충격에 빠뜨린 것은 모나리자가 살아 있는 것처럼 보이게 하는 정도, 즉 감탄스럽도록 놀라운 그 수준이다. ……마치 살아 있는 사람처럼 모나리자는 우리의 눈앞에서 변하

---

6) 역주: 오스트리아 출신(1909~2001)의 미술사학자이며 1950년에 저술한 『서양미술사』는 세계적인 베스트셀러가 되었음(출처: 네이버 인물검색).

는 것처럼 보인다. ……이따금 모나리자가 우리를 조롱하는 것
처럼 보이다가도 그녀의 웃음에서 슬픔과 같은 것을 우리는 포
착하게 된다. 이 모든 것은 차라리 신비스러운 것 같으며 실제로
그렇다. 위대한 미술 작품의 효과도 종종 그러하다.

리빙스턴이 모나리자의 입에 초점을 두었을 때는 모나리자가 심
각한 표정을 짓는 것으로 보였지만, 그 그림의 다른 부분에 초점을
두었을 때는 수없이 많은 사람이 서술해 왔던 바로 그 미소가 분명
해졌음을 그녀는 알게 되었다.

우리의 눈이 지닌 시각적 예민함이 최고조일 때는 물체의 상이
중심와(fovea)라고 불리는 망막의 중심 부위에 맺힐 때이다. 망막
에서 중심와 이외의 부위에 상이 맺힐 때는 시각적 예민함이 줄어
든다. 즉, 망막에 맺히는 상이 중심와에서 멀리 떨어질수록 시각적
예민함도 부실해진다. 그래서 우리가 모나리자의 입을 중점적으로
바라보게 될 때는 입술의 미세한 부분까지 볼 수 있지만, 그 그림의
다른 부분을 응시하게 되면 입술의 미세한 부분을 알 수 없다. 그리
고 입술의 정확한 측면 너비(lateral extent)를 알아보는 대신에 모나
리자 뺨의 그림자와 입술의 측면 부위를 하나로 묶어서 보게 된다.

우리 실험실의 연구(개관은 Heilman, Nadeau, & Beversdorf, 2003 참
조)에 의하면 특정인을 인식하는 것은 후두엽과 측두엽 사이의 배
쪽 경로('무엇, what') 시스템에서 처리되는 반면, 감정적 표정을 인
식하는 것은 등쪽 경로('어디, where') 시스템에 더 크게 의존한다
([그림 1-1] 참조). 시각적 예민함이 보잘것없는 시야 즉, 주변 시야
(peripheral vision, 시선의 바로 바깥쪽 범위로 주변시라고도 함-역주)
를 사용하고 있는 동안, 우리는 그 환경 내에 있는 물체들의 위치를

알아내고 그들의 움직임을 추적할 수 있다. 그러므로 모나리자 얼굴의 상들이 중심와에 놓이지 않을 때는 등쪽 경로('어디') 시스템이 감정을 추측함에 있어 더 나을 수도 있다.

미술가들은 어떤 특정 재료로 작품을 만드는 것이 다른 재료를 사용하는 경우보다 더 어렵다고 종종 말하곤 한다. 예를 들면, 대리석을 깎아서 어떤 작품을 만드는 것보다 찰흙으로 모델을 만드는 것이 더 쉬울 수도 있다. 이와 비슷하게, 어떤 화가들은 수채화보다는 유화가 더 쉽다고 생각한다. 찰흙으로 모델을 만드는 것과 유화가 더 쉬울 수도 있는 이유는 이들 재료로 만들 때는 작품을 변경할 수 있으나, 대리석이나 수채화 물감을 사용할 경우는 작품을 변화시킬 기회가 거의 없기 때문이다. 작품에 변화를 주고, 목표하는 작품에 알맞은 그러한 변화는 계속 유지시키되, 목표하는 작품을 손상시키는 변화는 제거하는 일련의 과정은 진화를 설명하기 위해 찰스 다윈이 제안했던 과정과 비슷한 것 같다.

캠벨(Campbell, 1960)과 사이먼턴(1999)은 창의성에 대한 다윈적 접근을 제안했다. 이 접근은 맹목적 변이(blind variation)와 선별적 유지(selective retention)[7]라는 개념을 포함한다. 찰흙으로 모델을 만드는 것과 유화를 그리는 것이 수채화를 그리는 것과 망치 및 끌을 사용하여 돌을 조각하는 것보다 맹목적 변이와 선별적 유지를 더 허락하는 것이다. 창의성에 대한 이와 같은 다윈적 은유는 창의적 과정의 몇몇 측면을 설명해 줄 수도 있다. 생물계에서 돌연변이

---

7) 역주: 약칭은 BVSR임. 자연계에서 종은 생존에 유리하다는 의미의 전략적 지향성조차 없이 마구잡이로 변이(맹목적 변이)해 가는데 이때 상당수는 도태되고 그중 환경에 우연히 적응한 개체들이 선별적으로 유지되며 생존한다는 것(출처: 인지인문학, 양혜림 외 7인, 충남대학교출판문화원, 2015).

유전자들은 무작위적이며, 어떤 돌연변이 유전자가 후손에게 전달될는지에 관해서는 생존이 결정하게 된다. 어쨌거나 창의적 과정에서 어떤 해결책이 다른 해결책보다 더 나을 수 있을지라도, 창의적 작업의 발달이 맹목적 변이와 선별적 유지에 의해 전적으로 설명될 수는 없다. 만약 맹목적 변이와 선별적 유지가 창의적 작업 과정을 모두 설명할 수 있다면, 미켈란젤로는 자신의 거작인 다비드를 계속 조각하기로 마음먹기 전에 얼마나 많은 대리석을 조각해야 했을까? 이 이론은 또한 선별적 유지를 허용하는 동일한 인지 체계들이 어째서 변이의 경계선에 놓인 것들에는 영향을 줄 수 없는지 설명하지 못한다.

어쨌거나 캠벨(1960)과 사이먼턴(1999)이 지지하는 창의성에 대한 다윈적 상정(postulate, 想定)이 지닌 주요 문제점은 다음과 같다. 생물학적 진화에서 가장 우수한 유전적 프로그램을 계속 유지하고 전파하는 것은 생존이지만, 창의적 노력에서는 생존이 의미하는 바가 무엇인지가 전혀 명백하지 않다는 점이다. 분명히 몇몇 창의적 발명에서는 실용적 유용성—더 나은 스크류 드라이버 고안하기—이 그 발명품의 생존을 보장하며, 아름다움은 그것을 보는 사람의 삶의 질을 풍부하게 만들기 때문에 우리는 위대한 예술 작품의 생존을 보장하게 되는 것이다. 그러나 이러한 실용적 생존과 미적 생존 메커니즘은 어째서 수백 년 동안 실용적 가치가 없었던 '코페르니쿠스의 이론'과 같은 이론들이 살아남았는지를 설명하지는 못한다.

윌슨(Wilson, 1999)은 자신의 저서인 『통섭(Consilience)』에서 소위 '이오니아의 마법(Ionian enchantment)'에 대해 서술했다. 윌슨에 의하면, 이 용어는 "과학의 통합성에 대한 믿음, 즉 세계는 질서 정연하며 적은 수의 자연 법칙들로 설명될 수 있다는 데 대한 강한 확신"을 의미한다. 윌슨은 이 개념의 뿌리가 기원전 6세기로 거슬러 올라가며 밀레투스—이오니아 연합국의 일부였던 서부 소아시아에 있던 여러 에게해 도시 중 하나—에 살았던 탈레스 덕분이기 때문에 이오니아의 마법이라고 불렀다. 아인슈타인과 같은 가장 위대한 물리학자들 중 많은 이가 우주는 질서 정연하며 법칙적—"신은 결코 주사위 놀이를 하지 않는다."—이라고 믿었을 뿐만 아니라 다양한 현상처럼 보이는 것들은 종종 동일한 법칙을 공유한다고 믿었다. 전자기(electro-magnetism) 법칙, 복사(radiation) 법칙, 중력(gravity)의 법칙은 각각의 힘에 대해 특수적일지라도, 그들 사이에는 유사성(예: 거리에 반비례하여 힘은 감소한다)도 있음을 아인슈타인을 비롯한 과학자들이 인지하였고 '그 법칙들을 묶는 실'을 발견하기 위해 통일장이론(unified field theory)[8]을 발전시키려고 시도하였다.

예술적 창의성과 과학적 창의성은 서로 다른 역량과 재능을 요구하지만, 두 유형의 창의성이 공유하는 몇몇 요소도 있다. 이 책에서 나는 서로 다른 영역에서의 창의성이 서로 다른 뇌 메커니즘에 의해 어떻게 중재되는지를 서술하려고 한다. 또한 모든 창의적인 행위에 있어 공통적으로 해당하는 뇌 메커니즘에 대해서도 논의함으로써 통섭을 시도하고자 한다.

헬름홀츠(Helmholtz, 1896)와 월러스(Wallas, 1926)는 창의성이 준비, 부화, 갑작스러운 발현, 검증이라는 네 단계를 거친다고 제안했다. 창의적인 사람은 첫 단계인 준비기에서 창의적인 작업을 할 수

8) 역주: 아인슈타인이 발전시킨 이론으로서 전자장, 중력장 및 그들에 의한 현상을 동일한 과정의 다른 위상 혹은 측면이라고 함(출처: 농업용어사전, 농촌진흥청).

있도록 해 주는 기술과 지식을 습득한다. 예를 들면, 아인슈타인은 자신의 위대한 발견을 하기에 앞서 물리학과 수학에서 최고의 기술들을 습득했으며, 피카소는 걸작을 그리기에 앞서 사물의 모양을 그리는 법과 색깔을 혼합하는 것을 배웠다. 아이젱크(Eysenck, 1995)는 자신의 저서인 『천재(Genius)』에서 우리가 문제를 해결할 수 있기 전에 문제를 인식할 필요가 있다고 언급했다. 즉, 그는 문제 발견이라는 단계가 있다고 믿는다. 그리고 그는 "원하는 분야에서 문제를 발견하기 위해서는 그에 대한 폭넓은 지식을 갖출 필요가 있다."라고 말했다.

다윈의 아들이 아버지 다윈을 묘사하면서, "그는 과학적 발견을 하는 데 매우 중요한 것처럼 보이는 우수한 지성적 자질을 갖추었다."라고 언급한 적이 있다. 찰스 다윈은 '법칙을 따르지 않는 예외가 중요하다.'고 생각했으며 결코 예외적인 현상을 그냥 지나치지 않았다. 아이젱크는 다윈의 이러한 행동을 '문제 발견'이라고 불렀을 것이다. 나는 동료 연구자들에게 "틀림없이 질문들이 될 것 같은 그런 질문거리들이 무엇인지 알려면 한 영역에서 알아야 할 거의 모든 것을 먼저 익힐 필요가 있다."라고 종종 말하곤 했다. 연구자들이 어느 한 영역에서 폭넓은 지식을 갖게 되면 이례적인 현상을 발견하게 되고, 그 이례적인 현상들은 이전의 연구자들이 통합의 끈을 완전하게 발견한 것이 아님을 인식하게 해 준다. 어쨌든 문제 발견은 여전히 준비 단계에 해당한다.

"기회는 준비된 마음을 좋아한다."라는 파스퇴르의 격언에 대한 가장 훌륭한 예들 중 하나는 알렉산더 플레밍에 관한 이야기이다. 20세기 의학에 있어 가장 위대한 진전 중 하나는 항생제의 발견이었다. 몇몇 사람은 이 발견이 완전히 우연에 의해 이루어진 것이라고 믿고 있지만, 사실은 준비된 마음에 의해 결실을 맺은 발견이었다.

스코틀랜드의 외과 의사였던 알렉산더 플레밍은 전염병과 소독약의 임상적 측면에 관심을 가지고 있었으며 실제로 세균학 연구를 수행하고 있었다. 그는 자신의 실험실에서 독성 박테리아인 포도상 구균을 배양하고 있었다. 이 박테리아는 페트리 접시라고 불리는 작고 투명한 유리 접시 안에서 자라고 있었다. 그는 꼼꼼한 사람은 아니었다. 그는 며칠 동안 실험실을 떠나 있었으며 그 배양균을 적절하게 보관하지도 않았다. 더욱이 실험실 창문을 열어 놓은 채로 자리를 비웠으며 포도상 구균이 자라고 있던 페트리 접시는 덮개가 씌워지지 않은 상태였다. 플레밍이 실험실로 돌아왔을 때, 그는 창문을 통해 날아온 곰팡이가 포도상 구균이 자라고 있던 페트리 접시 한편에 자리잡고 있는 것에 주목하게 되었다. 곰팡이가 자리잡은 부위에서는 포도상 구균들이 죽어 있었다. 그 곰팡이가 페니실륨[penicillium, 푸른곰팡이속(屬)의 곰팡이-역주]이었으며 이러한 현상이 항생제 발견으로 이어진 것이었다. 쿤의 용어를 빌린다면, 이러한 현상은 하나의 변칙이지만, 그것의 중요성을 인식한 것은 플레밍의 '준비된 마음'이었던 것이다.

창의성을 위해서는 지식만으로는 충분하지 않을 수도 있다. 어느 한 영역에서 지식을 아주 많이 가지고 있지만 창의적 업적을 이루지 못한 우수한 사람들이 많다. 이들은 자연의 아주 중요한 사건들을 볼 자세를 갖추고 있지 않았기 때문에 위대한 발견을 하지 못했을 것이라고 주장될 수 있다. 어쨌든 아직 설명되지 않은 그리고 변칙적인 현상들은 모든 영역에서 풍성하며 이러한 '자연의 속삭임'은 우리 주변 도처에 있다. 이러한 속삭임을 듣기 위해서는 지식보다 준비된 마음이 더 필요하다.

창의성—참신하고 질서 정연한 관계들을 체계적인 방식으로
이해하고 발전시키며 표현하는 능력—은 저장된 지식에 대한 뇌
의 처리 과정을 필요로 한다. 사람들이 지식을 무의식적으로 처리
하는 것을 월러스(1926)는 '부화(hatching)'라고 불렀다. 그는 하나
의 문제가 마침내 해결되는 것을 '갑작스러운 발현(illumination, 깨
달음, 통찰, 조명 등으로도 불림-역주)'이라고 칭했다. '부화'와 '발현'
이라는 월러스의 용어는 많은 비판을 받았다. 예를 들면, 창의성은
커다란 도약(예: 발현)을 필요로 하지 않으며 많은 위대한 발견으로
이끈 과정은 무의식적인 부화가 아니라 일련의 의식적 과정들이라
고 와이즈버그(Weisberg, 1986)가 제안했다.

월러스의 제안을 따른다고 할지라도, 갑작스러운 발현은 하나
의 독립된 요인이라기보다는 부화 과정의 정점인 것 같다. 그러
므로 부화와 갑작스러운 발현을 독립된 과정으로 논의하는 대신
에, 우리는 새로운 원리를 개발하고 이해하는 것을 '창의적인 혁신
(creative innovation)'이라고 부를 것이다. 창의적인 혁신은 지식을
의식적으로 처리하는 것에 기초하거나 아니면 무의식적으로 처리
하는 것에 기반을 둔다. 이러한 부화 과정은 이른바 쿤이 말한 '패
러다임적 변혁'에 해당하는 것, 즉 큰 도약이 될 수도 있는 가설의
발전을 낳을 수도 있고, 쿤이 말한 '정상 과학'과 같은 작은 도약을
낳을 수도 있다. 창의적인 혁신의 산물인 하나의 가설은 자연에서
일어나는 사건에 의해 검증될 수도 있고, 검증 과정의 일부분인 고
안된 실험에 의해 검증될 수도 있다. 플레밍이 자연계에는 박테리
아를 죽일 수 있는 천연 물질이 있다는 가설을 이미 설정했기 때문
에, 그가 페니실륨 곰팡이를 발견할 수 있었던 것이다.

헬름홀츠(1896)와 월러스(1926)의 제안과 대조적으로, 스턴버그

와 오하라(Sternberg & O'Hara, 1999)는 "창의성은 여러 가지 개별 자원들의 융합(confluence)을 필요로 한다."라고 주장했다. 즉, '지적 능력 및 창의적이고자 하는 영역에서의 지식처럼 월러스가 준비 단계에서 포함시킨 요소들뿐만 아니라 사고방식, 동기, 환경의 융합이 필요하다.'는 것이다. 다음 장은 지능과 이미 획득한 지식에 크게 의존하고 있는 준비 단계에 대한 논의를 포함할 것이다.

# 2
# 지능과 창의성의 관계

지능에 대한 정의는 많다. 이 개념을 좋아하지 않는 몇
몇 심리학자는 지능이란 단지 지능검사에서 얻어진
점수일 뿐이라고 농담 삼아 말한다. 어떤 이들은 지능이란 학업을
잘할 수 있는 능력이라고 정의한다. 그러나 대부분의 심리학자에
게는 『웹스터 사전』(Soukhanov & Ellis, 1988)에 정의된 것처럼 지능
이란 지식을 습득하고 적용할 수 있는 한 개인의 능력이다. 스턴버
그와 오하라(Sternberg & O'Hara, 1999)는 지능과 창의성의 가능한
관계를 다음과 같이 여러 가지로 제안했다. ① 둘은 같다. ② 하나
는 다른 것의 부분 집합이다(예를 들면, 창의성은 지능의 부분집합이
다). ③ 둘은 서로 관련이 없다. ④ 둘은 겹치지만 독립적인 개념이
다. 만일 지능이 어느 한 개인의 인지적 적용 능력이라면, 창의성이

란 더 잘 적응하도록 해 줄 수 있는 재능(gift)이다. 이와 같은 생각
은 어떤 종류의 창의성(예: 의학)에 대해서는 사실이지만, 다른 유
형의 창의성(예: 그림 그리기)에서는 그렇지 않다.

　지능검사의 창시자인 알프레드 비네(Alfred Binet)는 처음에 창의
성과 지능이 서로 같은 것이거나 밀접하게 겹친다고 생각했음에 틀
림이 없다. 왜냐하면 그가 1896년에 고안한 첫 지능검사에서 아동
의 상상력을 재기 위해서 잉크반점을 사용했기 때문이다. 스턴버그
와 오하라(1999)에 의하면 비네는 나중에 잉크반점 검사를 제외했
다. 그 이유는 채점 방법을 개발할 수 없었기 때문이라고 한다.

　창의성을 처음으로 연구하였으며 창의성에 대한 심리학자들의
관심을 불러일으키는데 일조한 초기의 연구자에 해당하는 길포
드와 크리스텐슨(Guilford & Christensen, 1973)은 창의성이란 지능
의 하위 세트라고 말했다. 길포드는 창의성을 측정할 수 있는 심리
측정적 검사를 개발하려고 시도했다. 그 검사는 토랜스(Torrance,
1974)가 개발한 것과 비슷하다. 이들 검사의 대부분은 흔한 물건의
새로운 용도를 생각해 내는 능력을 잰다. 예를 들면 앞에서도 언급
되었듯이, 피검자들은 주어진 시간 내에 벽돌의 새로운 용도를 다
양하게 말하도록 요구받는다. 낮은 지능지수를 가진 학생들은 이
러한 창의성 검사에서 점수가 일관되게 낮았다. 그러나 길포드는
지능지수가 높은 학생들의 경우 창의성 검사 점수가 그들의 지능
지수 점수와 높은 상관을 보이지 않음을 발견했다. 지능과 창의성
의 상관을 재검토한 후, 지능과 창의성은 단지 중간 정도로 관련된
다고 토랜스는 제안했다.

　창의성과 지능 사이의 관계를 연구하는 또 다른 방법은 창의
적인 사람들의 지능을 연구하는 것이다. 배런과 해링턴(Barron &

Harrington, 1981)이 건축가들을 대상으로 연구한 결과, 그들의 창의성과 지능 사이에는 약한 관계가 있는 것으로 밝혀졌다. 지능지수가 120 정도 혹은 그보다 높은 사람들의 경우에 지능지수가 창의성을 예측하는 정도는 지능지수가 120 이하인 경우에 지능지수가 창의성을 예측하는 정도에 이르지 못한다고 결론지었다. 이와 같은 연구 결과는 다음과 같은 지능지수 한계점(threshold)이 존재할수도 있음을 제안하고 있다. 자신의 창의성 영역에 대해 배울 만큼의 충분한 지능을 갖기 위해서는 개인의 지능지수는 120 이상일 필요가 있다. 그러므로 지능은 창의성의 필수 요소이지만 충분조건은 아니다.

또 다른 연구자들도 창의적인 사람으로 알려진 이들에 대해 연구해 왔으며 창조가로서 그들의 명성과 그들의 지능 사이에 강한 상관이 있는지를 알아보려고 시도했다. 사이먼턴(1994) 및 헤어, 무어와 헤이슨(Herr, Moore, & Hasen, 1965)과 같은 다른 연구자들도 지능과 창의성 사이의 상관은 약하다는 것을 발견했다. 어쨌거나 이와 같은 약한 상관은 지능 측정에 사용되었던 검사와 관련이 있을 수도 있다.

지능에는 '결정성(crystallized) 지능'과 '유동성(fluid) 지능'이라는 두 가지 유형이 있다고 커텔(Cattell, 1963)은 가정했다. 결정성 지능은 앨버니가 뉴욕주의 수도라는 사실을 아는 것과 같은 선언적 기억 또는 impale(뾰족한 것으로 찌르다)라는 단어가 무엇을 의미하는지를 아는 것과 같은 '어휘적-의미적' 지식이다. 반면에, 유동성 지능은 문제를 해결하는 능력이다. 웩슬러 성인용 지능검사(Wechsler, 1981)와 같은 대부분의 지능 검사는 결정성 지능(예: 어휘 정의)과 유동성 지능(예: "파리와 나무는 어떻게 닮았는가?"와 같은 유사성) 모두를

검사한다. 커텔은 창의성에 중요한 것이 결정성 지능일지라도 창
의성을 좌우하는 것은 유동성 지능이라고 생각했다. 유동성 지능
이 창의성에 대한 가장 좋은 예측 변수일 수도 있지만, 이 둘 사이
의 관계에 대한 정식 연구에 대해 나는 알고 있지 않다. 수학 문제,
운율 문제 또는 예술 작품에서의 형상화 문제 해결하기와 같이 유
동성 지능에는 여러 영역이 있을 수도 있다. 더욱이 유동성 지능과
인지적 융통성의 뇌 메커니즘에 대해서는 서술된 것이 거의 없다.

이 책의 주된 목적은 창의성의 뇌 메커니즘에 대해 논의하는 것이
다. 그리고 나는 지능이 창의성에 필요한 요소일 수도 있으므로 지
능의 뇌 메커니즘 일부에 대해서도 언급하고 싶다. 유감스럽게도
지능을 책임지는 뇌 메커니즘에 대해서는 아직 충분히 파악되고 있
지 않다. 헵(Hebb, 1949)에 의하면, 학습에 있어 결정적 요소는 뉴런
들 사이의 연결 강도를 변화시키는 능력이다. 이 가설의 필연적 결
과는 '한 개인이 부여받은 뉴런이 많을수록 학습 능력은 커진다.'가
될 수도 있다. 몇몇 지능 검사는 주로 어떤 학생이 학교에서 얼마나
잘 수행할지를 예측하기 위해 개발되었다. 어떤 학생이 학교에서 어
느 정도 수행하느냐는 그 학생의 학습 능력에 크게 좌우된다. 그러
므로 매우 지적인 사람은 덜 지적인 사람보다 더 많은 뉴런을 갖고
있을 수도 있으며, 이러한 차이는 그들의 뇌 크기에 반영될 수 있다.

위와 같은 가설에 대한 부분적인 지지가 로젠츠바이크와 동료들
(Rosenzweig, 1972; Rosenzweig & Bennett, 1996)의 연구로부터 나왔
다. 이들 연구자는 어렸을 때 풍부한 환경에 노출되지 않은 쥐(통
제군)보다 풍부한 환경에서 자라나 더 잘 학습할 수 있었던 쥐의 뇌
무게가 더 나가며, 심지어 머리 크기도 더 크다는 것을 발견했다.

뉴런의 수를 감소시키는 질병은 지능 저하와 관련이 있으며 매

우 작은 머리를 가지고 있는 사람들은 종종 정상 아래의 지능을 보인다는 사실을 인간 대상의 연구들이 밝히고 있다. 지능을 추정하기 위해 뇌의 크기를 재는 일은 많은 돈을 절약하게 해 주었을지도 모른다. 어쨌든 극단적인 경우(예: 뇌 왜소증)를 제외하고는 지능지수와 머리의 크기 혹은 뇌의 크기는 서로 약한 관계이거나 유의미한 관련성이 없다(Tramo et al., 1998).

머리 크기 또는 뇌 크기와 지능지수 사이에 단순한 관련이 없을지라도, 풍부한 환경에서 자란 동물들이 더 지적이라는 사실을 로젠츠바이크(1972)는 자신의 고전적인 연구에서 발견했다. 이들 연구자는 풍부한 환경에서 자란 동물들을 통제군 동물과 비교해 보았을 때 대뇌피질의 두께가 더 두꺼웠다는 사실을 해부 조사에서 알아냈다. 이처럼 증가된 대뇌피질 두께는 시냅스 연접 수의 증가를 반영할 수도 있다. 로젠츠바이크는 현미경을 통해 수상돌기 수([그림 2-1] 참조)도 풍부한 환경에서 자란 동물들이 더 많다는 사실을 발견하였다. 이는 뉴런 연접 수와 지능의 관련성에 관한 가정에 지지를 제공하는 것이다. 뉴런 연접의 이러한 증가는 학습과 지식 저장에 중요한 뉴런망의 발달 가능성을 증대시킨다.

지능에 대한 심리측정적 접근의 창시자인 스피어먼(Spearman, 1905)은 "나 자신 및 다른 연구자들이 지능을 측정하기 위해 사용했던 인지적 검사들과 별개로, 어느 한 인지 검사에서의 수행 정도는 다른 영역의 지적 능력들을 측정하는 인지 검사들에서의 수행 수준과 강한 상관을 갖는다."라고 말했다. 스피어먼은 이 같은 예측 가능성에 기초하여, 검사 수행에 요구되는 특정 능력(s요인) 이외에 소위 'g요인'이라는 일반지능이 존재한다고 가정했다. 쌍생아 및 형제자매에 대한 일치율 연구가 '서로 떨어져서 자란 일란성 쌍생아

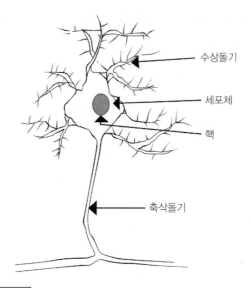

**그림 2-1**　세포체, 축삭돌기, 수상돌기를 보여 주고 있는 뉴런

는 함께 자란 형제자매보다 지능에 있어 더 큰 상관을 보인다.'는 사실을 밝혀낸 바 있다. 즉, 이와 같은 정적 일치(positive concordance)는 '환경적 노출 말고 일반지능을 결정하는 하나의 생물학적 요인 또는 생물학적 요인들이 존재할 수 있음'을 시사하고 있다.

　　칼리, 골딩과 홀(Carly, Golding, & Hall, 1995) 등은 인간 지능에 있어 차이를 설명해 줄 수도 있는 생물학적 요인들에 관한 연구를 검토하였으며, 다음과 같이 언급하였다. '사건 관련 전위(event-related potential: ERP)[1] 연구들은 지능지수가 높은 사람들이 몇몇

---

1) 역주: 특정 자극에 대하여 발생하는 대뇌의 전기적 반응을 두피 부위에서 기록한 뇌파 기록. 동일한 자극을 반복 제시하고 각 자극에 의해 유발된 전위들을 평균하여 측정치를 얻기 때문에 평균 유발 전위라고도 불림. 뇌 활동의 변화를 1/1,000초 단위로 보여 줄 만큼 시간적 해상도가 아주 높음(출처: 네이버 지식백과; 실험심리학용어사전, 곽호완 외 4인, 시그마프레스, 2008).

검사 조건에서 더 빠른 반응을 보이며 사건 관련 전위에서 변동성이 더 적을 수도 있음을 시사한다.'는 것이다. 칼리 등에 의하면 이러한 사건 관련 전위 데이터는 '높은 지능이 더 빠른 신경 전도 속도와 관련 있음'을 시사하는 것이다. 그리고 뇌 활동에 대한 기능적 영상 연구들은 '지능지수가 더 높은 사람은 정신적으로 활동 중인 동안에 더 낮은 뇌대사율(cerebral metabolic rates)을 보여 주고 있다.'고 한다. 이러한 연구 결과들은 총명한 사람이 그렇지 않은 사람들보다 더욱 효율적인 뇌를 가지고 있음을 시사하고 있다. 어쨌거나 칼리 등은 "인간 지능의 생물학적 기반 탐색에 있어 몇몇 잘 알려진 반복 연구 결과들에도 불구하고 인지 수행에 있어서의 차이를 뇌 메커니즘의 차이와 연결시키는 설명에는 부족함이 있다."라고 결론지었다. 비록 일반지능 혹은 g요인의 생물학적 토대가 무엇인지 확정되지 않았다 할지라도 몇몇 후보자는 있다.

신경성장인자(nerve growth factor, 신경 세포의 성장을 자극하는 단백질–역주)라고 불리는 중추신경계 단백질이 뉴런의 연결 정도에 영향을 줄 수 있으며, 이 연결 정도가 지능을 결정할 수도 있다. 예를 들면 신경성장인자 수준, 그 수용체, 인지기능에 대한 그들의 관계에 환경의 풍부함이 끼치는 영향에 관한 연구에서, 팸과 동료들(Pham et al., 1999)은 '풍부한 환경 조건에서 자란 동물들이 그렇지 않은 환경에서 자란 통제군 동물과 비교되었을 때 유의미하게 더 높은 수준의 신경성장인자를 갖는다.'는 사실을 발견했다. 그러므로 g요인을 좌우하는 생물학적 통제 요소들 중 하나는 신경성장인자라고 가정될 수 있었다. 뇌에서 신경성장인자의 수준은 아마도 유전과 환경 모두의 영향을 받을 것이다. 어쨌든 내가 아는 바로는, 그 어느 누구도 인간의 지능 차이가 시냅스 연접 수나 크기와 관련이 있다거나 신경성장인자에서의 차이와 관련이 있다고 입증하지는 못했다. 왜냐하면 이 변인들을 연구하는 방법이 아직 충분하게 개발되지 않았기 때문이다.

최근에 던컨과 동료들(Duncan et al., 2000)은 양전자 방사 단층 촬영법(positron emission tomography: PET)을 사용하여 '일반지능' 또는 스피어먼의 g에 대한 신경적 기반이 무엇인지 밝혀내려는 시도를 했다. 이들 연구자는 피험자들이 일반지능을 많이 사용하게 되는 공간적 · 시각적 · 지각-운동적 과제들을 수행하는 동안 그들 뇌를 생리학적으로 영상화했다. 아울러 피험자들로 하여금 일반지능을 적게 사용하는 대응적인 통제 과제들도 수행하게 하였다. g가 주요 인지적 기능들의 광범위한 표본을 반영한다는 일반적인 견해와는 상반되게, 연구자들은 일반지능을 많이 사용하는 과제들의 경우 뇌 여러 부위의 광범위한 작용과 관련이 없었고, 대뇌의 한쪽 반구 혹은 양쪽 반구에 있는 외측 전두피질(lateral frontal cortex, 외측 전두엽이라고도 함-역주)을 선택적으로 동원하는 것으로 보고하였다. 이러한 연구 결과에 기초하여, 던컨 등은 '일반지능'은 다양한 형태의 행동 통제에 중요한 특정 전두엽 시스템으로부터 비롯된다고 결론지었다.

뇌에 대한 기능적 영상화(imaging) 및 뇌 병소(lesion) 연구들은 반복적인 증거를 통해 외측 전두피질이 작동기억뿐만 아니라 자원 할당, 목표지향 행동 중재와 같은 이른바 '집행기능'에 있어 핵심적인 역할을 한다는 점을 보여 주고 있다. 그러므로 많은 인지 과제에서 전두엽 부위가 활성화되는 결과를 보이는 것은 전혀 놀라운 일이 아니다. 한편, 연구자들은 정신병 치료를 위해 전두엽 절제술(lobotomy)을 받은 환자의 연구 결과에 기초하여, 전두엽 절제가 표준화 지능 검사에서의 수행에 심각한 영향을 주지 않는다는 반복적 증거들을 제시해 왔다(Valenstein, 1973). 그러므로 전두엽 기능보다는 다른 요소들이 지능의 신경적 토대에 중요할 수도 있다.

비구조적인 요소들이 지능의 g요인에 영향을 줄 수도 있을 가능성 또한 있다. 만일 '동시에 활성화되는 뉴런들은 시냅스를 통해 함께 연결된다.'는 헵의 법칙에 따라 동시에 활성화되는 뉴런들 사이의 시냅스적 연결 강도의 변화에 학습과 기억이 기반을 두고 있다면, 시냅스 일치탐지기(synaptic coincidence detector)[2]의 민감성 증가가 더 나은 학습과 기억을 낳을 것이다. N-메틸1-D-아스파르트산염(NMDA)[3] 이온 채널은 뉴런들이 언제 함께 활성화되는지를 탐지하는 신경 탈분극 일치탐지기(neural depolarization coincidence detector)[4]이며 이 통로를 통해 칼슘이 유입되면 시냅스 강도를 증가시킬 수 있다. 그러므로 NMDA 이온 채널의 활동 증진은 학습과 기억을 향상시킬 수 있다. 탕과 동료들(Tang et al., 1999)은 '전두엽에 NMDA를 받아들이는 수용체 유전자가 과도하게 이식되어

---

2) 역주: 1949년 D. O. 헵은 학습 중에 모종의 신경학적 일치탐지기가 작동해야 한다고 예언한 바 있음(출처: 기억을 찾아서, 에릭 캔델 저, 전대호 역, p. 317, 랜덤하우스, 2014).

3) 역주: 아미노산인 글루타메이트는 뇌에서의 주요 흥분 전달자로서, 이것은 두 유형의 이온성 수용체, 즉 AMPA 수용체와 NMDA 수용체에 작용하는데, AMPA 수용체는 정상적인 시냅스 연결을 매개하며 시냅스전 뉴런의 개별 활동 전위에 반응하는 반면에 NMDA 수용체는 예외적으로 빠른 자극 연쇄에만 반응하며 이것은 장기기억 형성의 초기 과정에 필수적임(출처: 기억을 찾아서, 에릭 캔델 저, 전대호 역, p. 316, 랜덤하우스, 2014).

4) 역주: NMDA 수용체는 두 신경학적 사건 즉, 시냅스전 사건과 시냅스후 사건의 일치가 탐지될 때, 오직 그때만 자신의 통로로 칼슘이 흐르는 것을 허용함(출처: 기억을 찾아서, 에릭 캔델 저, 전대호 역, p. 317, 랜덤하우스, 2014).

NMDA 이온 채널이 증가된 생쥐가 우수한 학습 능력(여러 가지 행동 과제로 평가된 학습 능력)을 보인 사례'를 실례로 보여 주었다. 그러므로 NMDA 이온 채널에서의 차이가 바로 연합 학습(associative learning, 유기체가 환경 속에서 자극과 자극, 또는 자극과 그에 대한 반응이 반복해서 발생함을 경험할 때 자극과 자극, 특정 자극과 그에 대한 반응이 결합됨을 인식하게 되는 것-역주)과 기억에 대한 통합된 메커니즘임을 의미할 수도 있다. 여러 관찰 연구들은 지능과 같은 인지적 특성에 대한 유전적 지배(control)가 신경화학적으로 조정될 수 있음을 제안하고 있다.

폴 브로카(Paul Broca)의 선구적인 연구 보고 이래로, 뇌 여기저기에 병소를 가진 환자들에 대한 연구들은 사람이 특정 인지장애를 가질 수 있음을 알려 준다. 발달장애 또한 특정 인지장애와 연관될 수도 있다. 예를 들어 읽기, 수학, 그림 그리기, 음악, 길 찾기와 같은 특정 영역에서 장애를 가진 아동들이 있다. 이러한 장애 아동들 중 일부는 창의적인 천재가 된다. 예를 들면, 앞서 언급되었듯이 언어장애 때문에 학교 성적이 좋지 않았던 피카소와 같은 위대한 예술가들이 많다. 1장에서 소개되었던 것처럼 아인슈타인과 같은 수학적 천재도 언어학습장애를 가졌다. 그러므로 g요인 혼자 특정 장애나 특정 재능을 설명할 수는 없다.

여러 이론가는 특정 요인들에 더 많은 강조점을 두고 있다. 예를 들면 '다중지능' 개념으로 인기를 끈 하워드 가드너(Howard Gardner, 1985)는 매사추세츠에 있는 자메이카 플레인 베테랑 행정 의료센터(Jamaica Plain Veteran Administration Medical Center)에서 에디스 캐플런(Edith Kaplan), 노먼 게슈윈드(Norman Geschwind), 해럴드 굿글래스(Harold Goodglass)와 같은 신경심리학자 및 행동주의 신경학자들과 함께 연구해 왔다. 임상가이며 과학자들인 이들은 19세기 말과 20세기 초에 폴 브로카, 카를 베르니케(Karl Wernicke), 쿠르트 리흐트하임(Kurt Lichtheim), 휴고 리프만(Hugo Liepmann)과 같은 임상가이며 과학자인 학자들에 의해 발표된 고전적인 뇌기능 국재성(localization)에 관한 논문을 알고 있었다. 현대의 이 연구자들은 선구자들의 기여를 부활시켰을 뿐만 아니라 서로 다른 인지기능의 모듈식 조직 및 기능 국재성에 대한 우리의 지식을 진전시켰다.

이들의 지식에 기초하여, 가드너(1985)는 사람이 다중지능을 갖고 있다고 제안했다. 다중지능에 대한 가드너의 개념이 교육자들에게 엄청난 영향을 끼쳤지만, 그가 설명했던 이 개념은 그 당시 전혀 새로운 것은 아니었다. 그 예로 1938년에 서스톤(Thurstone)이 스피어먼의 지능 이론을 비판했던 일을 들 수 있다. 지능은 단일한 실재라고 스피어먼은 제안했지만, 서스톤은 지능이 여러 가지 기본적인 능력들로 이루어져 있으며 이 능력들은 분리되고 구별된다고 주장했다. 다중지능에 관한 첫 번째 책에서 가드너는 일곱 가지 지능, 즉 언어, 논리, 수학, 음악, 신체운동, 공간, 대인관계 지능을 제시했다. 1938년 출판한 책에서 서스톤도 지력의 일곱 가지 주요 '벡터(vector)'가 있다고 제안했다. 보다 근래의 책에서 가드너(1999)는 추가적인 지능(예: 영적 지능)을 포함시켰지만, 길포드가 가정한 150종류의 지능까지 나아가지는 않았다.

아주 많은 형태의 창의성이 있다. 어떤 이들은 타고난 언어적 재능(skill)에 의존하는 반면, 다른 사람들은 시공간적 혹은 음악적 재능에 의존한다. 결국 어떤 분야에서의 창의성이든 지능과 연관된다면 그것은 특정 형태의 지능 혹은 특정 요인에 관련되는 것 같다.

다음 장에서는 이들 특정 재능의 신경학적 토대일 가능성이 있는
것에 대해 논의하겠다.

# 3

# 지식과 재능은 창의성의 재료

창의성은 뇌 활동의 산물이므로 창의적인 과정의 토대를 이해하기 위해서는 뇌에 대해 알아야 한다. 창의적인 결과물을 만들어 내기 위해 대부분의 사람은 지식을 쌓고 재능을 개발하느라 여러 해를 즉, 많은 시간을 보낸다. 따라서 뇌가 창의성을 어떻게 발현할 수 있는지를 이해하기 위해서는 먼저 뇌의 구조(organization)에 대해 알아야 한다. 왜냐하면 지식의 저장이나 재능의 개발과 같은 기능들은 뇌 구조에 의해 좌우되기 때문이다.

# 세포 구조

다 자란 뇌의 무게는 약 3파운드(약 1,119g) 정도이다. 뇌는 크게 두 부분, 즉 정신적인 계산을 하는 구조들(structures)과 이를 지지하는 구조들로 나뉠 수 있다. 산티아고 라몬 이 카할(Santiago Ramón y Cajal)은 약 100년 전에 뇌에서 정신적인 계산을 하는 부분의 기본 단위가 뉴런([그림 2-1] 참조)이라고 불리는 세포들임을 밝혀냈다.

인간의 뇌에는 약 1,000억 개의 뉴런이 있다. 대뇌피질에 있는 대부분의 뉴런은 하나의 세포체를 가지고 있으며, 이 세포체에서 마치 나뭇가지처럼 생긴 여러 돌기가 뻗어 나와 있다. 뉴런의 이 가지들을 수상돌기라고 부른다. 일부 뉴런에서는 수상돌기들이 세포체의 한쪽으로만 뻗어 있기도 하다. 세포체의 다른 쪽으로는 축삭돌기라고 불리는 하나의 긴 가지가 있다([그림 2-1] 참조).

뇌의 피질에 있는 몇몇 수상돌기는 뇌에 감각 정보를 전달하는 신경으로부터 정보를 수집한다. 다른 수상돌기들은 이웃해 있는 다른 뉴런들로부터 정보를 수집한다. 몇몇 축삭돌기는 뇌를 떠나 멀리까지 이어지며 운동 조절에 중요한 역할을 한다. 그 밖의 축삭돌기들은 또 다른 뉴런들과 연결된다. 이렇게 하여 뇌에 있는 뉴런들은 풍부한 상호 연결망을 갖게 된다.

뇌에는 이런 연결들이 1,000조 개 이상 있다. 뉴런들은 사실 서로 붙어 있지않고 미세한 틈을 사이에 두고 떨어져 있으며, 활성화되면 이 틈새 공간으로 화학물질을 뿜어내서 서로 정보를 주고받는다. 축삭돌기나 수상돌기에 의해 화학물질이 방출되어서 이웃한 뉴런을 활성화시키거나 억제하는 일이 일어나는 곳을 시냅스

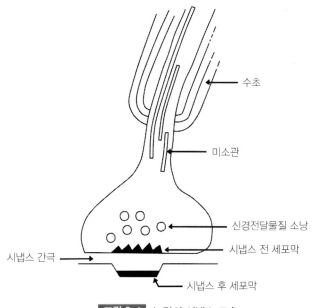

수초

미소관

신경전달물질 소낭

시냅스 전 세포막

시냅스 간극

시냅스 후 세포막

**그림 3-1** 뉴런의 시냅스 모습

(synapse)라고 한다([그림 3-1] 참조). 시냅스에서 분비되는 화학물질을 신경전달물질이라고 하는데, 방출되는 신경전달물질의 유형에 따라 그 화학물질을 받게 되는 이웃 뉴런들을 활성화(예: 글루탐산)시키거나 억제(예: 감마-아미노부티르산 또는 GABA)한다.

뇌에 있는 뉴런의 대부분은 뇌 바깥쪽을 덮고 있는 것처럼 보이는 대뇌피질에서 발견된다. 대뇌피질의 두께는 약 3mm이며 현미경으로 보면 여섯 개의 층으로 이루어져 있다. 20세기 초에 코르비니안 브로드만(Korbinian Brodmann)[1])이 이들 여섯 층을 조사하였

---

1) 역주: 독일의 해부학자(1868~1918)로 니슬 염색법을 이용하여 대뇌피질을 관찰하고, 뉴런의 세포 구축에 따라 브로드만 영역(대뇌피질 47개 영역, 대뇌속질 5개 영역)을 정의하고 번호를 매겼으며 1909년 사람, 원숭이 그리고 기타 동물의 피질 영역에

고, 뇌의 어느 한 부위에 있는 이 층들 중 하나 혹은 그 이상이 다른 부위의 동일한 층과 두께가 다르다는 사실을 알게 되었다.

뇌의 여러 해부학적 부위에서 브로드만이 발견한 현미경적 차이들은 각 층에 있는 뉴런들의 밀도가 어떠한지와 관련이 있었으며 그 부위의 뉴런들이 뇌의 다른 부위들과 어떻게 연결되는지와도 관련이 있었다. 어떤 뉴런들은 감각 정보를 뇌로 옮기며(구심성), 또 다른 뉴런들은 움직임을 조절하는 뉴런들처럼 뇌에서 메시지를 내보낸다(원심성). 어쨌든 뇌에 있는 대부분의 뉴런은 서로 의사소통을 한다. 그리하여 뇌에 있는 뉴런들은 외부 및 자신으로부터 정보를 수집한다. 또한 뉴런들은 다른 뉴런들로 정보를 보내고 그들로부터 정보를 받는다. 따라서 지식을 저장하게 된다는 것은 결국 이 뉴런들 사이의 연결 강도가 변한다는 의미이다.

## 뉴런 표상-지식 저장

나는 1장에서 "발견이란 변칙을 인식하는 것에서 시작하거나 또는 자연은 정상 과학을 지배하는 기대들, 즉 패러다임에서 유발된 기대들을 어느 정도 침해해 왔다는 점을 인식하는 것에서 시작된다."라는 토머스 쿤의 말을 언급했다. 따라서 어떤 변칙에 대한 관찰은 '한 체제 내에서의 질서를 설명하려는 과학적 이론은 불충분하며, 변칙을 설명하는 새로운 이론이 고안되어야 한다.'는 점을 시

대한 지도와 포유동물 피질의 일반 세포 유형과 층 구조에 대한 관찰 내용을 발표하였음(출처: 위키백과).

사하고 있다. 쿤의 가정대로라면, 우리가 하나의 변칙을 인식할 수 있기 위해서는 먼저 해당 영역에 대한 커다란 지식 저장고를 갖고 있어야 한다.

대단한 과학적 발견들이 거의 우연히 발생하는 것처럼 보이지만, 앞서 언급했던 알렉산더 플레밍의 이야기는 축적된 지식이 과학적 발견에 얼마나 중요한지 보여 주는 하나의 예이다. 그는 우연히 박테리아 배양지에 날아들어 온 푸른곰팡이가 박테리아를 죽인다는 점에 주목했다. 그런데 이 사건 이전에 그는 세균학 연구를 수행하고 있었으며, 방부제에 관심을 가졌고, 우리 몸이 전염병에 어떻게 대응하여 싸우는지에 관심을 가졌다. 즉, 플레밍은 그와 같은 발견을 위해 준비되어 있었다. 쿤의 말을 빌리자면, 이와 같은 발견은 변칙이었으며, 그러한 현상의 중요성을 발견한 것은 플레밍의 '준비된 마음'이었다.

대뇌피질이 상처를 입거나 퇴화하면 지식과 기술이 상실되거나 저하된다는 사실로부터 우리는 지식이 대뇌피질에 저장된다는 점을 알고 있다. 우리가 창의적이기 위해서는 아주 탁월한 지식 저장고를 갖고 있어야 한다. 다음 절부터는 지식이 어디에 어떻게 저장되는지 알아보기로 한다.

뇌가 정보를 어떻게 저장하는지에 대해서는 두 가지 주요 이론이 있다. 어떤 연구자들은 지식이 대뇌피질 거의 전체에 분산되어 저장된다(양작용설, mass action hypothesis, 量作用說)고 믿는다. 반면에, 또 다른 연구자들은 다양한 형태의 지식과 다양한 유형의 사고(예: 언어적 지식 및 사고와 시공간적 지식 및 사고)가 뇌의 서로 다른 부위에서 조정된다(국재화론 또는 모듈 가설)고 믿는다.

18세기 말과 19세기 초에 프란츠 갈(Franz Gall)은 뇌 기능의 모

듈 가설 또는 국재화 가설이라는 것을 내놓았다. 그는 지적 능력
(intellect)이란 뇌량(corpus callosum)에 의해 연결되는 좌우 양쪽 대
뇌반구에 의해 조정되며, 뇌간은 호흡과 같은 생명력을 조절하는
데 중요하다고 생각했다. 이러한 주요 가설들은 나중에 사실인 것
으로 밝혀졌다. 또한 그는 다양한 능력이 대뇌피질의 서로 다른 해
부학적 부위에 위치하고 있다고 주장했다. 그는 어떤 특정 기능들
이 특정 뇌 부위에 의해 조정된다면, 그 기능에 더 많은 뇌 조직을
할애할수록 그 기능을 더 잘 수행할 것이라고 판단했다. 그와 그의
제자들은 뇌 부위의 크기가 그 부위를 덮고 있는 머리뼈의 모양에
영향을 주므로, 두개골의 크기를 측정하여 여러 기능을 수행하는
개인의 능력을 잴 수 있다고 믿었다.

　유감스럽게도 그의 모듈 가설은 일시적으로 버려졌다. 왜냐하면
그 가설이 두개골 모양과 지적 능력들에 관한 사실 무근의 주장들
을 동반한 골상학이라는 가짜 과학으로 이어졌기 때문이었다. 골
상학이 가지고 있는 주요 문제점은 골상학을 실제 적용하려는 사
람들의 주장을 뒷받침하는 실험적인 증거가 없다는 점이다.

　뇌 기능의 모듈 가설은 19세기 중반까지 검증되지 않았는데,
이 무렵 프랑스의 의사이자 인류학자였던 폴 브로카는 오베르탱
(Auburtin)의 강의를 듣고 있었다. 오베르탱은 프란츠 갈의 제자 중
한 명인 브이요(Bouillaud)의 제자였다. 프란츠 갈은 말을 유창하게
하는 사람이 툭 튀어나온 이마를 갖고 있다는 점에 주목하고 언어
능력은 두뇌의 전두엽이 맡고 있다고 제안했다.

　강의가 끝난 후, 브로카는 오베르탱을 병원으로 초대하여 뇌졸중
때문에 오른쪽 팔을 잘 쓰지 못하고 '탄(tan)'이라는 낱말 이외에는
말하지 못하는 당뇨병을 가진 남자 환자를 진찰케 하였다. 브로카

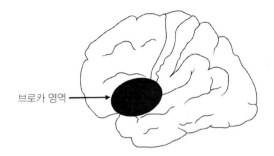

브로카 영역 →

**그림 3-2** 말을 유창하게 하는 능력은 상실했으나 그 말을 이해할 수 있었던 환자에 대해 폴 브로카가 묘사한 상처 부위 모습. 그 상처는 주로 전두엽의 아래(즉, 브로카 영역) 부위를 손상시켰다.

의 이 환자는 말하는 능력은 상실했으나 말을 이해하는 능력은 갖고 있었다. 당뇨병 때문에 이 환자는 다리로 가는 혈액의 순환이 시원찮아서 괴저(gangrene)[2]를 앓고 있었다. 19세기에는 이 병을 치료할 항생제가 없어서 그 남자는 곧 죽었다.

이 남자의 뇌에 대한 사후 검사에서 뇌졸중으로 그의 왼쪽 대뇌반구가 손상되었음이 밝혀졌다. 그의 뇌졸중은 왼쪽 전두엽에서 아래쪽에 두드러졌다([그림 3-2] 참조). 브로카는 그 후로 오른손잡이면서 왼쪽 대뇌반구의 손상으로 인해 언어 능력을 잃은 여덟 명의 환자에 대해 기술했다. 브로카의 관찰 결과는 프란츠 갈의 뇌 기능의 모듈 가설 또는 국재화 가설을 지지했다.

브로카가 보여 준 것처럼 두뇌 체제가 모듈식이라고 주장하기 위해서는 관심의 초점이 되는 부위의 뇌 손상이 특정 행동장애를 일으킨다는 것뿐만 아니라 다른 부위의 손상은 또 다른 행동장애

---

2) 역주: 일반적으로 혈액 공급 중단과 관련이 있고 세균의 침입과 부패가 수반되는 조직의 사멸 상태(출처: 생명과학대사전, 강영희, 아카데미서적, 2008).

를 가져온다는 점을 실제의 증거로 보여 주어야 한다. 브로카가 실어증 환자에 대해 보고를 한 지 10년 후, 모듈 가설에 대한 추가적인 지지가 나왔다. 그 무렵 독일 신경과학자인 베르니케가 말을 유창하게 하지만 그 말을 이해하지 못하는, 즉 브로카의 환자와 정반대인 사람에 대해 보고하였다. 이 환자는 측두엽 위쪽의 후반부에 부상을 당했다([그림 3-3] 참조).

결국 베르니케는 두 개의 별개 현상을 보여 주었는데, 즉 뇌의 어느 한 부위에 상처를 입으면 그에 따른 징후를 낳고, 다른 부위에 상처를 입으면 또 다른 별개의 징후를 낳는다는 점을 실례로 보여 준 것이다.

'말하기-언어 체제'의 모듈성에 대한 설명에 덧붙여, 베르니케는 정보처리 모델을 개발하기 시작했다. 베르니케는 임상적 관찰 결과를 통해 "두뇌의 왼쪽 후반부 영역은 단어가 어떻게 발음되는지에 관한 청각 기억을 포함하고 있으며, 통상 이 뒤쪽 영역은 '단어-음성 정보'를 앞쪽 영역(말하기에 필요한 움직임을 프로그래밍하는 데 중요한 곳이라고 브로카가 밝혀낸 그곳)으로 보낸다."라고 주장했다.

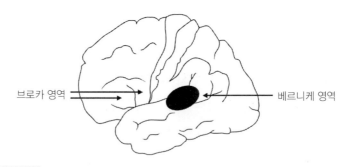

브로카 영역                                    베르니케 영역

**그림 3-3** 특정 분야의 전문 용어를 사용하여 말을 할 수 있었지만 그 내용을 이해하지 못했던 환자에 대해 카를 베르니케가 묘사한 상처 부위 모습. 상처 부위에는 측두엽 위쪽의 후반부가 포함된다.

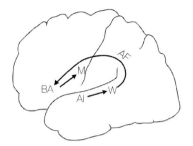

**그림 3-4** 왼쪽 대뇌반구가 언어를 어떻게 조정하는가에 관한 카를 베르니케의 모형 그림.
- A1=1차 청각피질: 외부에서 들어오는 자극에 대한 청각적 분석을 수행함
- W=베르니케 영역: 단어들을 구성하는 음성(음소)들에 대한 기억 또는 표상을 저장하고 있음.
- AF=궁상얼기: 베르니케 영역에서 브로카 영역으로 정보를 전달하는 신경섬유다발
- BA=브로카 영역: 음성을 내기 위해 발성기관을 움직이는 방법에 관한 지식을 갖고 있음.
- M=운동피질: 발성기관을 움직이는 법에 관한 정보를 혀, 입술, 입의 근육을 움직이는 운동 뉴런이 있는 뇌간으로 보냄.

이와 같은 정보처리 모델로부터 새로운 예측을 할 수 있었다([그림 3-4] 참조). 예를 들어 만일 이 두 영역이 온전하지만 두 영역을 연결하는 경로(궁상얼기, arcuate fasciculus)의 손상으로 연결이 끊어졌다면, 그 환자는 틀림없이 말하기와 이해하기를 모두 잘할 수 있어야 한다. 하지만 이 환자가 목소리를 써서 말하기, 이름 대기 또는 반복하여 말하기를 할 때는 잘못된 발음을 사용하게 된다. 왜냐하면 단어의 발음에 대한 기억을 포함하고 있는 뒤쪽 부위로부터 오는 정보가 앞쪽 부위로 제공될 수 없기 때문이다. 훗날 베르니케의 정보처리 모델이 예측한 대로, 이와 같은 유형의 실어증 장애가 묘사되었으며, 전도언어상실증(conduction aphasia)[3]이라고 불리게

---

3) 역주: 말한 언어를 정상적으로 이해하지만 단어를 정확히 복창(復唱)할 수 없는 실어증(출처: 이우주 의학사전, 이우주, 군자출판사, 2012)

되었다.

브로카와 베르니케의 연구들이 끼친 거대한 영향력은 신경심리학이라고 불리는 '뇌-행동 사이의 관계에 관한 학문'의 황금기를 낳았다. 이 황금기는 제1차 세계대전 때까지 이어졌으며, 그 후에는 뇌 기능의 양작용설 또는 비국재화(nonlocalization) 가설로 그 입장의 변화가 있게 되었다.

이후 뇌 기능의 국재화론이 쇠퇴한 이유는 완전하게 알려지지 않고 있으나 두 가지 주요 요인이 있었던 것 같다. 그중 하나가 정치적-철학적 시대정신의 변화이다. 뇌 기능의 국재화론에 관한 초기 연구의 대부분은 유럽 대륙, 특히 프랑스와 독일에서 이루어졌다. 제1차 세계대전 후에 이 국가들이 서구 사상에 끼치는 영향력은 약화된 반면, 미국 및 영국과 같은 영어 사용 국가들의 영향력은 강화되었다. 뇌가 '백지 상태의 마음' 또는 빈 서자판(書字板)이라고 주장한 존 로크의 철학 저작물은 영미의 사회 및 정치 체제에 크게 영향을 주었다. 뇌 기능의 해부학적 전문화(specialization)를 제안하는 모듈 이론과 달리, 백지 상태의 뇌는 경험에 의해 자국이 남기 전까지는 모두가 똑같으며 특색이 없다.

하버드대 심리학자였던 칼 래슐리(Karl Lashley)는 뇌 기능의 국재화론을 강하게 반대했던 사람 중 하나였다. 그는 특정 행동 결함을 가져오는 특정 부위가 있는지 알아보기 위해 쥐를 대상으로 뇌의 여러 부위를 제거했다. 그 결과, 그는 지식이 저장되는 특정 부위를 발견하지 못했고, 오히려 지식이 분산되어 저장되는 것으로 보이는 결과를 통해 '양작용론(mass action theory, 양작용설이라고도 함-역주)'을 주장했다. 뇌 손상 부위와 관계없이 손상된 조직이 많을수록 과제 수행 능력이 더 떨어진다는 것이 이 이론의 결론이다.

유감스럽게도 국재화론을 반대하는 견해가 번성했던 시기(1920년 대에서 1962년까지) 동안, 뇌 기능의 국재화에 관심을 가진 임상심리학자들은 그 분야의 지식을 거의 진전시키지 못했다. 또한 영국의 많은 신경학자는 국재화 이론가들의 생각에 강한 부정적인 태도를 지니고 있었다. 영국 신경학의 지도자 중 한 명인 헨리 헤드(Henry Head)는 카를 베르니케의 연구 보고서에 대해 강한 분노를 유발하는 경멸적인 논평을 내놓았다. 헤드(1926)는 "국재화론 학자들의 지나치게 획일적이고 가설적인 개념들에 억지로 끼워 맞추려고, 이 시기의 저술가들이 관련 사례들을 가지치기하며 뒤틀도록 강요받은 사태 속에서 더 나은 예를 손꼽을 수 없는 지경이다."라고 말했다.

다행히 뇌 기능의 국재화론자와 연결주의자(connectistic)[4]의 르네상스가 1962년에 시작되었다. 이때 노먼 게슈윈드, 에디스 캐플런, 해럴드 굿글래스 그리고 그들의 제자들은 뇌에 병소를 가진 환자로부터 뇌의 모듈성에 대한 분명한 실례를 보여 주었다. 컴퓨터 단층 촬영(CT)이나 자기공명영상법(MRI)과 같은 새로운 신경촬영

---

4) 역주: 고전적(정보처리적) 인지주의가 인간의 마음을 컴퓨터에 비유하여 계열 처리적으로 상징을 조작 처리하는 정보 체계로서 생각한 데 반해, 연결주의는 인간의 마음을 여러 정보들이 동시에 함께 처리되는 병렬 처리 체계로 간주한다. 즉, 고전적 인지주의가 컴퓨터 유추를 기반으로 하여 인간의 심리적 과정을 모형화하는 데 반해, 연결주의는 뇌 과정에 기초(brain-based)하여 심리적 과정을 모형화하려 하는 것이다. 두뇌의 세포들 간 흥분의 확산과 활성화 정도의 재조정이 심적 과정의 내용과 결과로 간주되며, 지식 표상의 단위들이 논리적 관련성에 의해 추상화되고 위계적으로 구조화되어서 저장되기보다는 낱개 신경망 처리 단위들 간의 흥분성 연결 패턴의 형태로 저장된다고 본다. 복잡한 정보 처리는 이러한 요소들이 방대하게 병렬적으로 상호 연결된 신경망에 의해 수행된다(출처: 실험심리학용어사전, 곽호완 외 4인, 시그마프레스, 2008).

기법들은 죽은 후에 실시하는 부검에 의존하지 않고 살아 있는 환자에게서 병소를 찾을 수 있도록 해 주었다. 그리고 이러한 기술적 진보는 과학이 부활하여 번성하도록 해 주었다.

정보처리 모델은 뇌가 어떻게 작동하는지 이해하도록 도와주었으며, 뇌 기능에 대해 추가적인 질문들을 할 수 있도록 해 주었다. 이 모델들은 뇌가 상호 연결된 모듈식 체제로 정보를 저장하고 처리한다고 가정한다. 이 모듈식 체제는 정보를 순차적이고 동시적으로 처리한다.

과거 20년 동안, 방사성 동위 원소를 사용(예: 양전자 방사 단층 촬영법 또는 PET 스캐닝)하거나 강한 자석들을 사용(예: 기능적 자기공명영상 또는 fMRI)하여 뇌 기능을 시각화할 수 있었다. 뇌의 어느 한 부위가 활동하면 그 부분은 더 많은 에너지를 사용한다. 그리고 에너지를 공급하기 위해 그 부위는 더 많은 피를 받아들인다. 양전자 방사 단층 촬영법과 기능적 자기공명영상법을 통해 더 많은 혈액을 받아들이는 부위를 찾아냄으로써 활성화된 뇌 부위를 찾아낼 수 있다. 이러한 기능적 영상화 연구들은 프란츠 갈의 모듈 가설 및 브로카, 베르니케와 같은 국재론자들의 연구를 지지하고 있다.

강력한 자석은 뇌의 미세한 전류를 탐지[자기뇌파검사(magneto-encephalography)[5]]하는 데도 사용될 수 있다. 이 기법은 자극 제시 후 대뇌피질에서의 처리까지 걸리는 시간을 신경과학자들이 잴 수 있도록 해 준다. 정보처리 모델에서 예측되었듯이, 뇌는 순차적 처

---

5) 역주: 우리가 보고 듣고 느끼고 생각할 때마다 뇌에서는 여러 가지 작용을 거쳐 전기신호가 발생하고 이 전기신호는 다시 자기신호를 유도하는 데 SQUID(초전도 양자 간섭계) 센서를 이용한 뇌 자기신호 측정을 말하며 뇌자도라고도 함(출처: 지식경제 용어사전, 산업통상자원부, 2010).

리와 동시적 처리를 사용하여 자극을 처리한다는 사실을 이 연구들이 실례를 통해 보여 주고 있다.

# 모듈성과 연결성

사람들이 창의적인 행위를 수행하고 있을 때 뇌가 어떻게 작동하는지 이해하기 위해서 우리는 뇌의 모듈식 구조를 이해해야 한다. 뇌의 모듈식 구조는 부분적으로 뇌의 해부학적 구조에 의해 좌우된다. 뇌는 왼쪽 대뇌반구와 오른쪽 대뇌반구로 나뉘며, 양쪽 대뇌반구는 뇌량이라고 불리는 구조에 의해 연결되어 있다. 이 뇌량을 통해 한쪽 대뇌반구에서 다른 쪽 대뇌반구로 정보가 전달된다([그림 1-1] 참조).

각 대뇌반구는 전두엽, 측두엽, 두정엽, 후두엽이라는 네 개의 주요 엽으로 이루어져 있다([그림 1-1] 참조). 대부분의 지식이 대뇌피질에 저장되기 때문에 커다란 대뇌피질을 갖는 것은 중요하다. 뇌의 전체 크기를 늘리지 않으면서도 대뇌피질의 상대적인 크기를 늘리는 방법은 주름을 갖는 것인데, 사람의 뇌는 다른 동물의 뇌보다 더 주름져 있다. 주름진 두뇌는 회(gyrus)라고 불리는 이랑, 구(sulcus)라고 불리는 고랑, 그리고 열(fissure)이라고 불리는 깊게 접힌 부분을 갖는다. 앞으로 논의될 뇌의 주요 회와 열들이 [그림 3-5]에 그려져 있다.

감각 정보는 눈, 귀, 피부, 관절과 같은 구조들로부터 뇌까지 전달된다. 이 정보는 대뇌피질에 도달하기 전에 시상(thalamus)이라고 불리는, 뇌 중심부에 있는 중계소를 통과한다([그림 3-8] 참조).

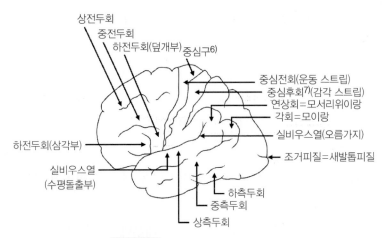

상전두회
중전두회
하전두회(덮개부) 중심구6)
중심전회(운동 스트립)
중심후회7)(감각 스트립)
연상회=모서리위이랑
각회=모이랑
실비우스열(오름가지)
조거피질=새발톱피질
하전두회(삼각부)
실비우스열
(수평돌출부)
하측두회
중측두회
상측두회

**그림 3-5** 옆에서 본 뇌의 주요 회와 열

그 후, 시각 정보는 시상으로부터 줄무늬뇌겉질(striate cortex, 시각의 1차 수용영역 또는 V1)로 가는데, 줄무늬뇌겉질은 대뇌피질 후두엽에 위치하고 있다([그림 1-1] 참조). 관절 위치와 촉각 정보는 신체에서 시상으로 가고 그 후 시상에서 중심후회(체감각의 1차 수용영역 또는 S1)로 이동한다([그림 1-1] 참조). 청각 정보는 귀에서 청각 시상(auditory thalamus)을 거쳐 측두엽의 등쪽(맨 위쪽) 표면에 있는 영역, 즉 헤쉴회(Heschl's gyrus, 청감각의 1차 수용영역 또는 A1)로 전달된다([그림 1-1] 참조).

이들 1차 수용영역들의 기능은 뇌로 들어오는 자극을 분석하는 일이다. 예를 들면, 왼쪽 시각피질(줄무늬뇌겉질)은 공간의 오른쪽에서 발생하는 자극(예: 오른쪽 눈 망막의 코 쪽 부위에 맺히는 자극과 왼

---

6) 역주: 전두엽과 두정엽을 가르는 구

7) 역주: 중심구(中心溝)와 중심후구(中心後溝) 사이에 낀 두정엽전부(頭頂葉前部)의 뇌회(腦回)(출처: 네이버 영어사전)

쪽 눈 망막의 관자놀이 쪽 부위에 맺히게 되는 자극[8])을 알아차리는 데에 중요하다. 1차 시감각피질은 특정 방향으로 향하고 있는 (가장자리에서의) 밝기의 변화와 공간의 특정 부위에서의 밝기 변화를 분석하고 감지한다. 1차 감각 수용피질들이 뇌로 들어오는 정보에 대한 이와 같은 분석을 끝낸 후, 부분적으로 처리된 이 정보는 '자극 양식–특화 연합피질(modality-specific association cortex)'(시각, 청각, 촉각 등 각 자극을 전적으로 담당한다는 의미임–역주)이라고 불리는 영역으로 넘어간다.

우리가 사물을 볼 때, 뇌가 그 물체의 의미를 끌어내기 위해서는 물체의 선들 혹은 가장자리들을 하나로 모아서 그 물체의 모양에 대한 지각을 형성해야 한다. 뇌에 병소가 있어서 물체를 인식할 수 없는 환자와 물체를 그리지 못하거나 그 물체와 똑같은 물체 또는 그 물체의 사진과 그 물체를 연결시키지 못하는 환자는 지각성 인식 불능증(apperceptive agnosia, 통각성 실인증이라고도 함–역주)이라는 장애를 갖고 있다. 이 환자들은 눈이 먼 것이 아니지만, 사물의 외곽선들을 모아서 하나의 모양을 만들어 내는 능력이 없기 때문에 그 물체를 지각하지 못한다. 이 환자들은 종종 1차 시각 수용 영역을 둘러싸고 있는 시각 연합영역에 상처를 갖고 있다. 이 환자들의 문제점은 개념을 말하거나 활성화하는 것과 관련된 것은 아니다. 왜냐하면 동일한 사물을 촉각과 같은 다른 양식으로 제시하면, 이 환자들은 그 물체의 이름을 말하거나 묘사할 수 있거나 그 물체의 사용법을 보여 줄 수 있는 능력을 갖고 있기 때문이다.

---

8) 역주: [그림 6-3] 상단의 오른쪽 시야(흰색 부분)가 오른쪽 눈과 왼쪽 눈 망막 각각에 맺히게 된 흰색 부분

어떤 물건(혹은 사람 얼굴)이 무엇인지(누구인지)를 알아보지 못하지만 그 물체를 그림으로 그리거나 비슷한 물체와 연결시킬 줄 아는 환자들도 있다. 이러한 장애를 연합성 인식 불능증(associative agnosia, 연합성 실인증이라고도 함-역주)이라고 부른다. 이 환자들에게 망치 그림을 보여 주면, 이들은 그 이름을 말하지 못하고, 그것이 무엇에 사용되는지 묘사하지 못하며, 혹은 사용법을 행동으로 보여 주지 못할 수도 있으나, 그림으로 그릴 수는 있다. 이러한 유형의 실인증을 낳을 수 있는 메커니즘은 두 가지가 있다. 이 환자들이 물체를 알아차리는 데 실패하게 되는 이유 중 하나는 그들이 '자극 양식-특화 기억 불능증(modality-specific memory failure)'을 가지고 있는 경우이다. 측두엽의 뒤쪽 아래와 후두엽의 뒤쪽 아래에 주로 위치한 시각 연합영역은 우리가 전에 본 적이 있는 사물에 대한 기억을 저장할 수 있다([그림 1-1] 참조).

사물에 대한 구조적 묘사라고도 불리는 물체에 대한 영상적 표상들은 '개념적-의미적 표상'들과는 별도로 저장되는데, '개념적-의미적 표상'들은 사물의 의미를 이해하는 데 중요하다. 예를 들면, 내가 여러분에게 추상화 하나를 보여 주고 나서 얼마 후 비슷한 다른 그림과 함께 원래의 그림을 다시 보여 준다면, 여러분은 어려움 없이 처음에 본 그림을 알아볼 것이다. 만일 내가 여러분에게 그 그림의 의미가 무엇인가를 묻는다면, 아마도 "그 그림은 의미가 없어요."라고 말할지도 모른다. 그러므로 우리 대뇌피질의 '자극 양식-특화 부위'는 자극 양식에 특화된 감각 기억을 저장하고 있으므로 만일 이들 영역이 손상된다면 우리는 어떤 물건이 무엇인지, 어떤 사람이 누구인지를 알아보지 못할 수 있다.

다음으로, 물건의 이름을 말하지 못하거나 그 물체의 의미 또는 용도를 알아내지 못하는 연합성 시각실인증(associative visual agnosia)을 갖고 있는 환자들이 있다. 이 환자들은 지각 표상을 형성(해당 물체를 그리거나 실제 사물과 그 사물의 그림을 연결시키거나, 이 두 가지를 다 할 수 있는 것)할 수 있으며 물체에 대한 시각적 기억 또는 구조적 묘사를 유지할 수 있다. 환자들에게 물건의 사진을 보여 주어 그들의 시각적 기억을 검사하는 방법이 있다. 사진들 중 일부는 실제 보여 준 물체에 대한 사진이며, 다른 사진은 가짜 물체에 대한 사진이다. 이 환자들은 전에 보아 왔던 실제 물체와 가짜 물체를 구분할 수 있었지만, 이들 물체의 이름이나 물체의 사용법을 말할 수는 없었다. 이 환자들은 물체에 대한 낮은 수준의 기억(구조적 묘사)을 가지고 있으나, 그 기억들은 뇌의 언어 및 개념 담당 영역에 성공적으로 연결될 수 없었던 것이다.

대뇌의 시각 연합영역, 청각 연합영역, 촉각 연합영역 모두에서 내보내는 신경경로들(projections)은 두정엽의 뒤쪽 아래 및 측두엽의 뒤쪽 부위에서 만나게 된다[9]([그림 3-6] 참조). 그래서 이들 부위는 다중 양식 혹은 다중 양태 연합영역(multimodal or polymodal association areas)이라고 불린다. 모이랑과 모서리위이랑([그림 3-5] 참조)을 포함하고 있는 하위 두정엽(inferior parietal lobe, 두정엽 아래쪽에 위치함-역주)은 인간에게는 있으나 원숭이 뇌에는 없다. '자극 양식-특화 연합영역'들이 두정엽 및 측두엽 뒤쪽에서 모두 만남으로써 인간은 원숭이가 해낼 수 없는 기능들을 수행할 수 있다.

예를 들어, 만일 내가 짧은 음을 세 번 낸 후 긴 소리를 두 번 낸 다음 여러분에게 (1) ——·— (2) ··· —— (3) —·—·—·와 같은 비

9) 역주: [그림 3-6]의 IPL 부위에서 만나는 것을 말함.

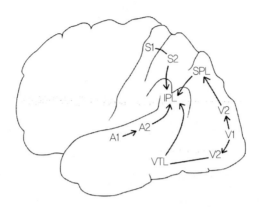

그림 3-6  1차 청각영역(A1), 1차 시각영역(V1), 1차 체감각영역(S1) 모두 자신들의 감각 양식-특화 연합 영역(A2, S2)과 측두엽 아래쪽(VTL) 및 두정엽 위쪽(SPL)으로 뻗어 나가는 것을 보여 주는 그림. 그런 다음 이들 자극 양식-특화 연합 영역들은 모두 하위 두정엽(IPL)으로 뻗어 나가거나 혹은 그곳에서 만난다.

언어적 선택지가 들어 있는 종이를 보여 준다면, 훈련을 받지 않았더라도 여러분은 전혀 어려움 없이 두 번째 것을 가리킬 것이다. 하지만 원숭이들은 상당한 정도의 훈련을 받지 않는다면, 이 과제를 해내는 데 어려움을 겪을 것이다. 사람들이 이 과제를 쉽게 해낼 수 있는 이유는 자극 양식을 가로지르는(청각에서 시각으로) 연합을 이루어 낼 수 있기 때문이다. 자극 양식을 가로지르는 연합(cross-modal association)을 통해 우리는 상징들을 발달시킬 수 있다. 글자는 음소들(phonemes)[10]에 대한 상징이다. 일련의 음소 혹은 단어는 행위 및 물체들에 대한 상징들이다. 그리고 숫자는 양에 대한 상징들이다.

---

10) 역주: 어떤 언어에서 의미 구별 기능을 갖는 음성상의 최소 단위(예: sip에 쓰인/s/와 zip에 쓰인/z/가 두 개의 다른 음소임)(출처: 네이버 영어사전)

## 좌우 대뇌반구 비대칭성

수십 년 전에 마르셀 킨즈본(Marcel Kinsbourne)이 내게 "사람들은 둘로 나뉘어진 것을 선호하므로 그들이 두 개의 대뇌반구를 갖고 있는 것은 좋은 일이다."라고 말한 적이 있다. 이때 나는 반대로 "아마도 사람들이 두 개의 대뇌반구를 갖고 있기 때문에 둘로 나뉘어진 것들을 좋아하는 것 같다."라고 대답했다.

좌우 대뇌반구 사이의 기능 차를 설명하기 위해 사용되어 온 이분법 내용들 중 일부는 다음과 같다. 왼쪽 대뇌반구는 언어적이고 오른쪽 대뇌반구는 비언어적이며, 왼쪽은 범주적(categorical)이고 오른쪽은 동위적(coordinate)이며, 왼쪽은 분석적이고 오른쪽은 통찰적이다. 또한 왼쪽 대뇌반구는 계열적이고 오른쪽 대뇌반구는 동시적이며, 왼쪽은 이성적이고 오른쪽은 감성적이며, 왼쪽은 명제적(propositional)[11]이고 오른쪽은 비명제적이라는 것이다. 좌우 대뇌반구 정보 처리의 비대칭성에 관한 많은 연구는 인지적 처리 유형에 따라 오른쪽 대뇌반구와 왼쪽 대뇌반구 중 어느 하나가 그 활동을 조정한다고 주장한다.

그러나 나는 이와 같이 이것 아니면 저것이라는 식의 가정은 사실이 아니라고 생각한다. 기능의 국재성 또는 기능의 모듈성은 병렬적 처리를 허락하며 병렬적 처리는 정보 처리의 이점을 부여한다고 생각한다. 예를 들어, 뇌 연구를 위해 양전자 방사 단층 촬영

---

11) 역주: 명제란 어떤 문제에 대한 하나의 논리적 판단 내용과 주장을 언어 또는 기호로 표시한 것으로 참과 거짓을 판단할 수 있는 내용이라는 점이 특징이다(예: 고래는 포유류이다)(출처: 네이버 국어사전).

법이 처음 사용되었을 때, 연구자들은 정상적인 실험 참가자들이 누군가의 말을 듣는 동안 방사성동위원소가 포함된 포도당을 그들의 피에 주입했다. 뇌의 한 영역에 있는 뉴런들이 활성화되면, 그 뉴런들은 비활성화된 영역의 뉴런들보다 더 많은 포도당을 소모한다. 아울러 포도당 사용이 증가함에 따라서 이들 활동 영역으로부터 내뿜어지는 방사능의 양도 늘어난다. 이 연구에서 피험자들의 베르니케 영역이라고 불리는 왼쪽 대뇌반구 언어 영역뿐만 아니라 오른쪽 대뇌반구의 비슷한 영역도 활성화되었다.

　신경학 분야의 많은 사람은 여전히 양쪽 대뇌반구 기능의 국재성을 믿지 않으며, 내가 뇌 기능 국재화론자라는 사실을 알고 있다. 그래서 그들은 나에게 미국신경학회(American Academy of Neurology) 연례 모임에서 이러한 연구들 중 하나의 연구 결과에 대해 토론하자고 요청한 적이 있다. '오른쪽 측두엽-두정엽'에 손상을 입은 환자들은 '왼쪽 측두엽-두정엽'에 손상을 입은 환자들과 달리 무엇이 말해지는지를 명제적으로 이해한다. 하지만 그것이 어떻게 말해지는지와 관련된 음성의 감정적 톤 또는 정서적인 운율 체계는 이해하지 못한다. 이와 반대로 '왼쪽 측두엽-두정엽'에 손상을 입은 환자들은 무엇이 말해지는지 명제적으로 이해할 수 없어도 그것이 어떻게 말해지는지와 관련된 감정적 운율 체계는 이해할 수 있다.

　정상적인 사람이 다른 사람의 말을 듣고 있을 때는, 단어들에 의한 말의 내용뿐만 아니라 목소리의 톤이 전하는 내용을 듣고 그것들을 처리한다. 왼쪽 대뇌반구는 단어에 대한 이해를 조정하는 반면, 오른쪽 대뇌반구는 목소리의 정서적 말투(어조)에 대한 이해를 담당한다. 대뇌의 각 반구가 말에 대해 서로 다른 분석(병렬적 처리)을 할 수 있는 능력을 통해 정상적인 사람은 명제적인 언어적 메시

지와 운율적인 정서적 메시지를 동시에 들을 수 있다. 그러므로 정
상적인 사람들이 다른 사람의 말을 들을 때 좌우 대뇌반구가 모두
활성화되는 까닭은 동시적인 정보 처리를 하고 있기 때문이다.

아마도 창의적인 시도들 또한 양쪽 대뇌반구의 병렬적 처리
와 양자 사이의 대화, 즉 상호작용을 필요로 할 것이다. 물론 창의
적 행위들 중 일부는 어느 한쪽 대뇌반구의 기능들 혹은 부위들
에 더 의존할 수도 있다. 그러므로 다음의 두 절에서는 좌우 대뇌
반구 각각의 주요 기능들에 대해 간단히 알아보겠다. 유감스럽게
도 좌우 대뇌반구의 국재화된 기능 모두에 대해 철저하게 논의하
는 것은 이 책의 범위를 벗어난다. 좌우 대뇌반구의 국재화된 시스
템에 대해 더 자세히 알고자 하는 독자들은 에드워드 발렌스타인
(Edward Valenstein)과 내가 편집한 책인『임상신경심리학(Clinical
Neuropsychology, 4th ed.)』(2003)의 해당 부분을 읽기 바란다.

## 왼쪽 대뇌반구

왼쪽 대뇌반구에 부상을 입은 환자들은 명제적 언어에 결함을
갖고 있음을 이들에 대한 연구 결과가 보여 주었다. 대뇌의 뒤쪽
(예: 베르니케 영역 혹은 측두엽 위쪽의 뒤 부위)에 손상을 입은 환자들
은 언어 이해에 어려움을 겪고 있다([그림 3-3] 참조). 베르니케 영
역의 위쪽, 뒤쪽 또는 아래쪽 부위에 상처를 입은 환자들은 종종 단
어를 찾는 데 어려움을 겪는다. 대뇌의 앞쪽(즉, 브로카 영역)에 손
상을 입은 환자들은 언어가 유창하지 않으며 언어 표현에 어려움
을 겪는다([그림 3-3] 참조).

왼쪽 두정엽에 있는 모이랑 부위에 손상을 입은 환자들은 읽

기와 쓰기에 어려움을 겪는다([그림 3-5] 참조). 또한 왼쪽 모이랑
에 손상을 입은 환자들은 덧셈, 뺄셈, 곱셈, 나눗셈과 같은 계산에
어려움을 겪으며 학습된 노련한 행동을 수행하는 방법 및 기계적
인 문제를 푸는 방법을 이해하는 데에 곤란을 겪는다. 왼쪽 대뇌
반구는 초점 주의(focused attention, 시야의 한 영역이나 한 대상에 집
중적으로 주의를 주는 것-역주)에 중요하며 정언적 추론(categorical
reasoning)[12]에 있어서 오른쪽 대뇌반구보다 우수한 것 같다.

## 오른쪽 대뇌반구

뇌 손상 연구, 행동적 연구(이분 청취법 연구와 반시야 연구, dichotic
listening and visual half field), 뇌기능 영상 연구, 전기생리학적 연구
들에 따르면, 오른손잡이인 사람들의 왼쪽 대뇌반구는 숙련된 움
직임의 프로그래밍, 계산, 말하기나 언어 이해와 같은 언어 관련 기
능에서 우세한 것 같으며, 오른쪽 대뇌반구는 공간적 인지에 중요
한 것 같다.

예를 들어, 두 선 사이의 공간적 관계를 계산하고 인식해야 하는
검사가 사용된 뇌손상 연구 및 행동적 연구들에 의하면, 이러한 과
제에서는 오른쪽 대뇌반구가 주도적인 것 같다(Hamsher, Levin, &
Benton, 1979). 피험자에게 알려지지 않은 사람을 서로 다른 각도에
서 찍은 두 개의 사진 속 인물이 같은 인물인지 결정하는 과제에서

---

12) 역주: 단언적 추론이라고도 함. 형식 논리학에서 정언적(=어떤 명제, 주장, 판단을
아무 제약이나 조건 없이 내세우는 또는 그런 것) 명제로부터 다른 정언적 명제를
추론하는 것(출처: 네이버 국어사전)

도 오른쪽 대뇌반구가 더 우세하다(Benton, 1990). 또한 양둥이를 바로 위에서 찍은 사진처럼 평범하지 않은 각도에서 찍은 물체의 사진을 인식하는 일에서도 오른쪽 대뇌반구가 주도적인 역할을 한다.

오른쪽 대뇌반구는 시공간적 기술들을 조정하는 데 주도적인 것으로 보인다. 그런데 복잡한 도표(도해)를 그리거나 똑같이 복사하는 과제가 사용된 연구에서 좌우 어느 쪽이든 대뇌반구가 손상된 피험자는 모두 그리기에 어려움을 겪었다. 이러한 결손 현상을 구성행위상실증(constructional apraxia)이라고 한다. 몇몇 연구자는 오른쪽 대뇌반구 손상과 관련된 구성행위상실증은 왼쪽 대뇌반구 손상과 연관된 구성행위상실증과 다르다고 한다. 예를 들어, 정육면체를 그릴 때 오른쪽 대뇌반구 손상 환자들은 선들 또는 각도들 사이의 관계를 그리는 데에 어려움을 겪는 것 같으나, 왼쪽 대뇌반구 손상 환자들은 정육면체의 구성 요소들을 구조화하는 데에 어려움을 겪는 것 같다.

오른쪽 대뇌반구는 공간적 기술들을 조정하는 일뿐만 아니라 여러 가지 형태의 비명제적인 말을 조정하는 데도 중요한 역할을 하는 것 같다. 오른쪽 대뇌반구는 감정 운율 체계에 대한 이해를 조정할 뿐만 아니라, 정서적 운율 표현에도 중요한 역할을 한다(Heilman, Nadeau, & Beversdorf, 2003; Ross, 1981; Tucker, Watson, & Heilman, 1977)고 앞에서 언급했다. 얼굴에 나타난 감정(emotion)을 이해하고 표현하는 일도 주로 오른쪽 대뇌반구에 의해 조정되는 것 같다. 브로카 영역 또는 대뇌의 왼쪽 앞 부위에 손상을 입어서 명제적 담화를 유창하게 하지 못하는 환자들이 있다. 이 환자들은 국기에 대한 맹세나 주기도문과 같이 자동적으로 이루어지는 말하기는 유창하게 해낼 수 있다. 그 환자들 중 일부는 유창하게 낱말들을 노래로 부를 수도 있고 욕을 할 수도 있다.

이러한 자동적 말하기가 가능한 것에 대한 한 가지 설명은 그러한 말하기가 손상되지 않은 오른쪽 대뇌반구에 의해 조정된다는 가정이다. 이와 같은 가정에 대한 증거는 이스라엘 방문 중 린 스피디(Lynn Speedie) 및 엘리 웨트만(Eli Wertman)과 함께, 한 환자를 진찰했을 때 얻어졌다(Speedie, Wertman, Tair, & Heilman, 1993). 이 환자는 자신이 아침 기도문을 읊조릴 수 없다는 사실을 알게 되어 잠들지 못했던 정통파 유대교도였다. 이 남성은 당시 80세였으며 소년 시절부터 그 기도문을 성가처럼 불러 왔다. 우리가 그를 진찰하면서 노래를 불러 보라고 요구하자, 그는 또한 어려움을 겪었다. 그렇지만 그는 유창한 명제적 말하기를 사용하여 그 기도문 내용 전체를 말할 수 있었다. 그에게 컴퓨터 단층 촬영 스캔을 받게 하니, 그의 오른쪽 전두엽과 오른쪽 기저핵(basal ganglia, [그림 3-10] 참조-역주)에 뇌졸중이 있다는 사실이 드러났다.

우리는 말의 운율 체계와 얼굴 표정에 의한 감정 표현 능력이 서서히 줄어들고 있는 한 여성에 대해서도 보고하였다(Ghacibeh & Heilman, 2003). 그녀의 자기공명영상은 오른쪽 전두엽에 집중적인 위축증이 있음을 보여 주었다. 언어 주도적인 왼쪽 대뇌반구에 의해 처리되는 비정서적 단어들과 비교해 볼 때, 오른쪽 대뇌반구도 정서적 단어들을 처리한다는 증거를 보러드와 동료들(Borod et al., 2000)이 내놓았다.

브라우넬과 동료들(Brownell, Potter, Bihrle, & Gardner, 1986; Brownell, Simpson, Bihrle, Potter, & Gardner, 1990)은 오른쪽 대뇌반구가 은유에 대한 이해와 같은 초언어적(metalinguistic) 기능을 조정한다는 사실을 보여 주는 일련의 연구를 수행했다. 예를 들어, 오

른쪽 대뇌반구에 손상을 입은 사람들에게 '그의 심장은 무거웠다.' 라는 문장을 제시한 후, '그는 훈련을 한 운동선수이므로 심장 근육이 발달했다.'와 '그는 슬픔에 잠겨 있다.' 중 한 가지 해석을 선택하게 하면, 그들은 앞쪽의 해석을 선택한다.

몇몇 연구는 오른쪽 대뇌반구가 음악에서도 특별한 역할을 한다고 주장한다. 밀너(Milner, 1962)는 의학적으로 통제할 수 없는 발작 치료를 위해 왼쪽 대뇌반구의 측두엽 혹은 오른쪽 대뇌반구의 측두엽이 제거된 환자들에 대해 연구한 적이 있다. 밀너는 시소어 음악능력검사(Seashore Test of Musical Abilities)[13]를 사용하여 이 환자들의 음악적 기능을 평가했다. 왼쪽 대뇌반구의 측두엽이 제거된 사람은 리듬을 인지하고 회상하는 능력에서 결함을 보인 반면, 오른쪽 대뇌반구의 측두엽이 제거된 사람은 멜로디와 관련하여 더 많은 문제를 갖고 있음이 밝혀졌다. 그러나 다른 연구자들은 반복연구에서 이러한 결과들을 온전하게 다시 얻지는 못했다(Kester, Saykin, Sperling, & O'Conner, 1991).

오른쪽 대뇌반구에 뇌졸중을 앓고 있는 환자들은 종종 왼쪽에 제시되는 자극에 거의 주의를 기울이지 못하거나, 심지어 그 자극을 인식하지도 못하는 것 같다. 물론 이 환자들은 왼쪽에 제시되는 자극보다 오른쪽에 제시되는 자극을 더 잘 알아차리는 것 같은데, 그럼에도 불구하고 오른쪽에 제시되는 자극에는 주의를 기울이지 않는 편이다. 이와 같은 비대칭성을 설명하기 위해, 우리는 왼쪽 대뇌반구가 공간의 오른쪽에 있는 자극에 주의를 기울일 수 있는 반

---

13) 역주: 음감(音感) 테스트이며 음악 재능 테스트의 일종으로, 음의 높이나 길이의 청취력 · 리듬감 따위를 측정함(출처: YBM All in All English-Korean Dictoinary).

면에, 왼쪽에 놓인 자극에는 주의를 줄 수 없다는 가정을 제안하고 그 증거들을 제시했다(Heilman & Van den Abell, 1980). 왼쪽 대뇌반구와 달리, 오른쪽 대뇌반구는 오른쪽에 놓인 자극과 왼쪽에 놓인 자극 모두에 주의를 기울일 수 있다. 그러므로 왼쪽 대뇌반구가 상처를 입게 된다면, 이 환자들의 오른쪽 대뇌반구가 오른쪽 공간에 대한 주의를 담당할 수 있다. 어쨌든 오른쪽 대뇌반구가 손상을 입게 되면, 왼쪽 대뇌반구가 반대편 쪽인 오른쪽 공간에도 다소 주의를 기울일 수 있지만, 왼쪽 공간에 주의를 기울일 수 있는 것은 상처를 입은 오른쪽 대뇌반구뿐이기 때문에 공간의 왼쪽은 무시된다.

앞의 논의 내용에 근거할 때, 전반적으로 오른쪽 대뇌반구는 주의를 조정함에 있어 더 우세한 것 같다. 신기하거나 새로운 자극이 주어졌을 때, 생물은 경계 상태가 되어야 한다. 유기체가 경계 상태가 되거나 각성되면, 그 생물의 대뇌피질은 들어오는 자극 처리 준비를 생리학적으로 하게 된다. 오른쪽 대뇌반구는 어떤 자극의 중요성을 결정하는 일이나 어떤 공간에서 주의를 기울일 필요가 있는 곳을 결정하는 것과 같은 주의적 계산을 하는 데 우세할 뿐만 아니라 각성의 수준을 조절하는 것 같다(Heilman, Schwartz, & Watson, 1978).

어떤 과제는 우리로 하여금 세세한 것에 주의하도록(초점 주의)하며, 또 다른 과제는 전반적인 배치 형태에 주의하도록(전역 주의, global attention) 한다. 예를 들어, 네이본 도형(Navon figure)이라고 불리는 [그림 3-7]을 보라. 먼저 글자 A를 찾아보고 그런 다음 글자 H를 찾아보라. A를 찾아내기 위해서 여러분은 초점 주의를 사용했으며, H를 찾기 위해서는 전역 주의를 사용했을 것이다. 왼쪽 대뇌반구가 초점 주의에 더 중요한 반면, 오른쪽 대뇌반구는 전역 주의

```
B       W
C       O
L       M
QNEJXA
T       D
R       F
Z       X
```

**그림 3-7** 네이본 도형. H를 찾기 위해서는 우리는 전역 주의를 사용해야 하며, D를 찾기 위해서는 초점 주의를 사용해야 한다.

를 맡고 있는 것 같다(Barret, Beversdorf, Crucian, & Heilman, 1998; Robertson & Lamb, 1991).

　창의적인 행위를 수행할 때, 우리는 다양한 것을 묶는 끈을 발견해야 하거나 다양한 것처럼 보이는 것에서 통일성을 발견해야 한다. 우리가 네이본 도형([그림 3-7] 참조)을 본다면 글자 'H'는 여러 개의 작은 글자들로 이루어졌는데, 그 'H'를 보기 위해서는 그 글자들을 묶어서 볼 수 있어야 하고, 이를 위해 전역 전략을 사용해야 한다. 그러므로 창의성의 혁신 단계에서는 오른쪽 대뇌반구에 의해 조절되는 전역 주의 시스템이 왼쪽 대뇌반구가 조절하는 초점 주의 시스템보다 더 중요할 수도 있다.

　창의성의 '검증-산출 단계' 동안, 과학자나 예술가도 세부적인 것들에 집중해야 하므로 왼쪽 대뇌반구에 의해 조정되는 주의 시스템을 사용해야 한다.

　앞부분에서 언급했듯이, 오른쪽 대뇌반구에 손상이 있어서 왼쪽에 제시되는 자극을 인식하지 못하는 환자, 즉 왼쪽 무시를 보이는 환자들이 있다. 이렇게 왼쪽 시야에 있는 외부 자극을 무시할 뿐만 아니라 내적 자극 또는 심상(imagery)의 왼쪽도 무시하는 환자들에 대해 데니-브라운과 체임버스(Denny-Brown & Chambers, 1958), 비시아치와 루자티(Bisiach & Luzzati, 1978)가 보고한 바 있다.

　비시아치와 루자티는 주로 이탈리아 밀라노시에 있는 병원의 환자들에게 그 도시의 유명한 광장에 대해 물었다. 연구자들은 환자들에게 그 광장의 한쪽 끝에 있는 성당의 앞쪽 문밖으로 나오면 어떤 건물이 보이는지 마음속으로 떠올려 보라고 했다. 환자들은 광장의 오른쪽에 있는 건물들을 주로 묘사했지만 왼쪽에 있는 건물들에 대해서는 말하지 않았다. 이번에는 성당을 바라보며 서 있을 때 어떤 건물들이 보일지 마음속에 떠올려 보라고 했다. 환자들은 또다시 주로 오른쪽에 있는 건물들에 대해 보고했는데, 이 건물들은 앞서 성당에서 걸어 나온다고 상상했을 때 묘사하지 못했던 왼쪽 편에 있었던 바로 그 건물들이었다.

　내가 이 연구 결과를 언급하는 이유는, 그것이 외적 자극으로 주의를 이끄는 뇌 메커니즘이 내적 자극으로 주의를 이끌 수도 있다는 사실을 실제의 예로 보여 주기 때문이다. 그러므로 어떤 사람이 몇몇 유형의 자극을 마음에 그려 보고 전역 주의 접근을 사용할 때, 그 사람은 오른쪽 대뇌반구 메커니즘을 사용하고 있을 가능성이 크다. 한 화가가 화폭의 세세한 것들을 떠올려 보기 전에 전체 장면을 마음속에 그려 본다면, 그리고 과학자가 특정 데이터를 마음속에 그려 보기 전에 자료 전체를 상상해 본다면, 그들은 주로 자신의 오른쪽 대뇌반구를 사용하고 있는 중일 것이다.

## 뇌 크기

앞에서 언급하였듯이, 갈은 해부학상 특정 영역이 특정 뇌 기능을 조정한다면 이 영역에 더 많은 뇌 조직이 할애될수록 그 기능은 더 잘 수행될 것이라고 생각했다. 갈이 약 200년 전에 이러한 가정을 하였을지라도, 약 40년 전까지 이 가설은 과학적으로 검증되지 않았다. 베르니케는 증거를 통해 단어가 어떻게 발음되는지에 관한 기억을 담고 있는 곳이 왼쪽 대뇌반구 중 상측두회의 뒤쪽 부위임을 설명했다. 그러므로 오른손잡이인 사람들이 오른쪽 대뇌반구에 상처를 입는다면, 그들은 다른 사람의 말을 이해할 수 있고 정상적으로 말할 수도 있다. 왜냐하면 그들의 왼쪽 측두엽의 뒷부분이 온전하기 때문이다.

그러나 만일 왼쪽 대뇌반구 중 측두엽 뒤쪽에 손상을 입는다면, 그들은 다른 사람들의 말을 이해하고 정상적으로 말을 하는 능력을 잃어버릴 것이다. 게슈윈드와 레비츠키(Geschwind & Levitsky, 1968)는 뇌의 왼쪽과 오른쪽 모두에서 1차 청각영역과 실비우스열 끝 사이(측두엽 평편부, planum temporale)인 측두엽의 위쪽 부위를 측정했다. 이 부위는 청각연합피질부이다. 베르니케 영역을 포함하고 있는 이 영역은 대부분의 사람에 있어서 뇌의 오른쪽보다 왼쪽에서 더 컸다(그림 3-8) 참조).

게슈윈드와 레비츠키의 관찰 결과는 갈의 가설을 지지했다. 즉, 뇌 부위가 클수록 더 좋다는 것이다. 어쨌든 이 연구자들은 피험자들의 손잡이 유형에 대해서 알지 못했으며 언어에 오른쪽 대뇌반구가 우세한지, 아니면 왼쪽 대뇌반구가 우세한지에 대해서는 모르고 있었다.

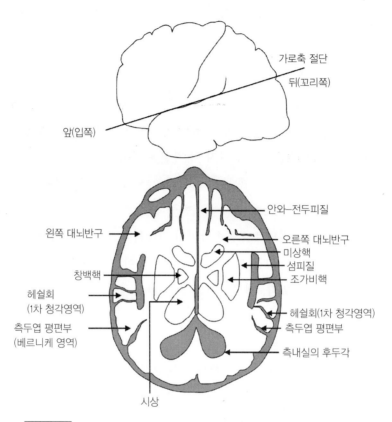

**그림 3-8** 여러 해부학적 영역들을 보여 주고 있으며 측두엽 평편부의 비대칭성, 즉 오른쪽보다 왼쪽이 더 크다는 것을 보여 주고 있는 뇌 단면도

이와 같은 해부학적 전문화 가정에 대한 지지는 파운더스, 레오너드, 길모어, 페넬과 하일먼(Foundas, Leonard, Gilmore, Fennell, & Heilman, 1994)의 연구로부터 얻어졌는데, 이들은 간질 치료 수술이 고려되던 환자들을 대상으로 연구했다. 수술을 받기 전에 환자들은 와다 검사(Wada test)라는 절차를 거치게 된다. 이 검사에서 의사들은 대뇌피질 대부분에 피를 공급하는 주요 동맥인 왼쪽 경동맥과 오른쪽 경동맥에 바르비투르(barbiturate, 진정제·최면제로 쓰이는 약

물-역주)를 차례로 주사해 넣음으로써 왼쪽 대뇌반구의 불활성화를 유도한 다음 오른쪽 대뇌반구의 비활성화를 유도하게 된다. 언어가 우세한 대뇌반구가 잠이 들면, 그 환자는 말하기를 멈춘다. 이와 같은 수술 전 절차를 통해 어느 쪽 대뇌반구가 언어에 우세한지 알게 되고, 이후 의사들은 간질을 유발하는 뇌 조직을 제거할 때 말하기 및 언어에 중요한 뇌 부위를 손상시키지 않을 수 있게 된다.

파운더스 등(1994)은 언어 우세성은 베르니케 영역 혹은 측두엽 평편부라고 불리는 부위의 크기와 아주 강하게 관련이 있음을 밝혀냈다. 앞에서 말했듯이, 오른손잡이인 환자가 왼쪽 대뇌반구의 전두엽 아래쪽(브로카 영역)에 상처를 입게 되면, 정상적으로 말을 하지 못하게 된다. 왜냐하면 이 영역은 발성 장치(예: 혀, 입술, 입천장, 성대)를 조정하는 근육을 프로그래밍하는 일에 중요하기 때문이다.

파운더스, 레오너드, 길모어, 페넬, 하일먼(1996)은 또한 왼쪽 대뇌반구(언어에 우세한 쪽)에 있는 브로카 영역은 오른쪽 대뇌반구의 동일한 부위보다 더 크다는 사실을 발견하였다. 오른손잡이인 사람은 왼쪽 손보다 오른쪽 손으로 더 빠르고 정확한 움직임을 만들어 낼 수 있다. 파운더스, 홍, 레오너드, 길모어, 하일먼(Foundas, Hong, Leonard, & Heilman, 1998)은 오른손잡이 사람들의 경우, 오른손을 조정하는 신호를 보내는 왼쪽 대뇌반구의 운동피질 부위가 오른쪽보다는 왼쪽이 더 크다는 사실도 알아냈다.

만일 뇌가 클수록 더 좋다면, 뇌가 더 큰 생물이 뇌가 작은 생물보다 더 지적이어야 한다. 코끼리는 사람보다 더 큰 뇌를 갖고 있다. 코끼리가 사람이 갖지 못한 특별한 능력들을 갖고 있지만, 인간의 지적 능력 또는 창의성을 갖고 있지는 않다. 앞에서 언급했듯이, 뇌는 많은 시스템을 갖고 있다. 하지만 그중 몇몇 시스템만 지능 및 창의성에 중요하다. 코끼리의 뇌가 사람의 뇌보다 더 클지라도 보다 더 높은 수준의 인지적 행동에 중요한 피질이 더 넓지는 않다.

사람들은 뇌 크기의 지표라 할 수 있는 머리의 크기가 다르다. 매우 작은 뇌(소두증, microcephaly)를 갖고 있는 사람들이 보통수준 이하의 지능과 제한된 창의성을 가질 가능성은 높다. 그렇지만 머리가 더 큰 사람이 평균 크기의 머리를 가진 사람보다 더 창의적이라는 증거는 없다. 전체적인 두뇌의 크기보다는 두정엽과 측두엽에 있는 다중양식 영역의 크기가 중요할 수 있다.

어떤 사람이 창의적이기 위해서는 우선 그가 선택한 분야에서의 지식을 많이 갖고 있어야 한다. 상세한 지식은 그로 하여금 새로운 이론으로 이어지는 변칙을 발견하게 해 준다. 앞에서 말했듯이, 인간 뇌에 있어 가장 중요한 진화적 변화는 두정엽과 측두엽의 다중양식 및 상위양식 연합영역의 발달인데, 이곳은 모서리위이랑과 모이랑(브로드만 영역 40과 39)을 포함하고 있다([그림 3-5] 참조). 나는 앞서 이 영역들이 언어, 수학, 공간 계산과 같은 많은 고등 인지적 활동을 조정함에 있어 중요하다는 점을 뇌 손상 연구 및 뇌기능 영상 연구들이 밝혀 왔다고 언급한 바 있다.

1907년에 스피츠카(Spitzka)는 여러 명의 저명한 과학자들의 뇌를 연구했고, 그 결과 이들 저명한 수학자와 물리학자는 커다란 두정엽을 갖고 있다고 말했다. 아이작 뉴턴 시대 이래로 알베르트 아인슈타인보다 더 뛰어나고 창의적인 물리학자는 없었다. 아인슈타인은 신경과학자가 아니었다. 하지만 그는 창의성의 근원이 되는 뇌 메커니즘을 이해하는 가장 좋은 방법이 창의적인 사람들의 뇌를 연구하는 것임을 알고 있었다. 아인슈타인은 자신이 화장되기를 원했지만, 자신의 뇌는 연구에 사용되기를 원했다.

1955년 4월 18일 뉴저지의 프린스턴병원에서 아인슈타인이 죽자, 그 병원의 병리학자였던 토머스 하비(Thomas S. Harvey)는 아인슈타인의 뇌를 떼어 냈다. 그리고 아인슈타인의 뇌를 온전히 보존하는 대신, 그의 뇌가 지니고 있는 전반적인 구조를 연구할 수 있도록 아인슈타인의 뇌를 240개의 사각형 조각으로 잘라 여러 사람에게 나누어 보냈다.

다행히도 하비는 아인슈타인의 뇌가 많은 작은 조각으로 쪼개지기 전에 그의 뇌를 사진으로 찍어 놓았다([그림 3-9] 참조). 위텔슨, 키거와 하비(Witelson, Kigar, & Harvey, 1999)는 이 사진들을 세심히 살펴보았으며, 그 사진들에 기초하여 아인슈타인의 뇌에 비정상적인 형태가 있는지를 알아보려고 시도했다.

사람을 포함한 영장류들에게 있는 전두엽과 두정엽은 실비우스열이라고 불리는 커다란 열에 의해 측두엽과 분리된다([그림 3-5] 참조). 많은 사람의 경우, 실비우스열의 꼬리 쪽 또는 뒤쪽 끝은 위쪽으로 올라가 있으며 이 부위가 오름가지이다([그림 3-5] 참조). 이 오름가지는 두정엽의 주요 부위들 중 하나인 모서리위이랑을 앞쪽과 뒤쪽의 두 부분으로 나눈다. 위텔슨과 동료들이 아인슈타인의 뇌 사진을 조사했을 때, 모서리위이랑을 앞쪽(입 쪽)과 뒤쪽(꼬리 쪽) 부분으로 나누는 상행지(ascending ramus)가 왼쪽 대뇌반구의 실비우스열 끝에 있다기보다는 실비우스열이 중심뒤고랑(중심후구, postcentral sulcus, 中心後溝라고도 함-역주)에서 끝나고 있음을 발견했다([그림 3-5] 참조).

이와 같은 관찰을 토대로, 위텔슨과 동료들은 아인슈타인이 대부분의 사람들보다 더 커다란 하두정엽(inferior parietal lobe, 下頭頂葉)을 갖고 있으며, 대부분의 사람과 달리 두정엽이 나누어지지 않

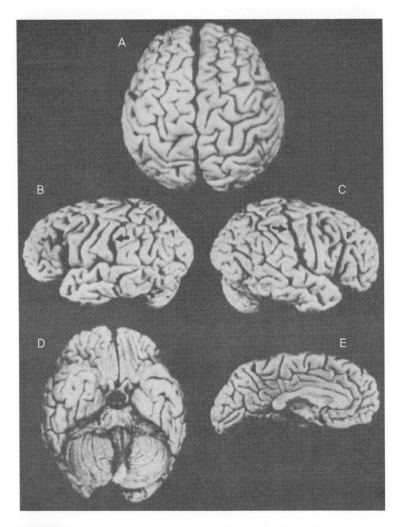

그림 3-9 1995년에 찍은 아인슈타인의 뇌(사후에 제거된 뇌) 전체에 대한 다섯 개 사진-A: 위에서 찍은 것, B: 왼쪽 옆면, C: 오른쪽 옆면, D: 아래에서 찍은 것, E: 왼쪽 대뇌반구의 정중시상(midsagittal) 사진. 각 대뇌반구(B와 C)에 있는 화살표는 중심뒤고랑으로 뻗어가서 중심뒤고랑과 합류하고 있는 실비우스열의 뒤쪽 오름가지를 나타내고 있다. 결과적으로 어느 쪽 대뇌반구이든지 두정덮개(parietal operculum, 마루덮개라고도 함-역주)가 없다. 척도 눈금, 1cm. 엘시비어(Elsevier, *The Lancet*, 1999, vol. 353, p. 2150) 및 저자 산드라 위텔슨(Sandra Witelson)의 허락하에 재인쇄함.

았다고 생각했다. 이와 같이 커다랗고 나누어지지 않은 연속된 초양식적 대뇌피질 때문에 아인슈타인은 수학적 계산과 공간적 계산 수행에 있어서 기능적 이점을 갖게 되었을 것이라고 이 연구자들은 설명했다.

그러나 아인슈타인 뇌의 형태가 그의 천재성에 어떻게 영향을 미치는지에 관한 위텔슨의 주장은 신경학의 주요 가정들 중 하나와 일치하지 않는다. 뇌는 머리뼈에 꼭 들어맞아야 하며, 만일 머리뼈가 너무 크다면 그 크기로 인해 무거운 것을 짊어져야 하는 사람을 장애로 만들 수도 있다. 앞에서 간단하게 언급했듯이, 뇌의 크기를 증가시키지 않으면서 대뇌피질을 늘리는 한 가지 방법은 이랑(또는 회), 고랑(또는 구), 그리고 깊은 주름(또는 열)을 발달시키는 것이다. 이와 같이 회를 만드는 과정은 한정된 공간에 꼭 맞게 들어갈 대뇌피질의 양을 증가시킬 수 있게 해 준다.

아인슈타인의 뇌에 관한 그 논고가 발표되기 전에 발행된 한 논고에서 위텔슨과 키거(Witelson & Kigar, 1992)는 뒤쪽 상행지가 실비우스열 중심가지의 연장이라고 제안했다. 대뇌피질이 접힘으로써 생겨나는 회와 달리 상행지를 포함한 실비우스열은 대뇌의 안쪽 구조에 비해 바깥쪽 피질이 울퉁불퉁하게 성장한 결과라고 주장하였다.

그러나 아인슈타인이 상행지를 가지고 있지 않다는 점은 그의 하두정엽피질의 성장이 실비우스열을 가지고 있는 사람들만큼 대단하지 않다는 점을 시사할 수도 있다. 또한 아인슈타인과 같이 창의적인 사람은 매운 드물지만, 정상적인 사람들의 15%에서 20%나 되는 사람들이 뒤쪽 상행회(posterior ascending gyrus)를 갖고 있지 않다고 파운더스와 동료들(개인적인 의사교환, 2002)이 언급한 바 있다.

그러므로 단절되지 않은 모서리위이랑이 아인슈타인의 이례적일 정도로 우수한 창의성을 단독으로 설명할 수 있는 것은 아니다.

스피츠카에 의해 제안된 것처럼 두정엽의 크기가 천재들의 뇌에 아주 중요한 요소인지 알아보기 위해서, 나는 뇌 형태와 천재 또는 뇌 형태와 창의성에 관한 영어로 쓰인 논고들을 찾아보았다. 나는 스피츠카의 가정을 지지하거나 부인하는 연구들을 발견할 수 없었으며, 어느 한 분야에서 창의적인 천재들은 보통 사람들의 뇌와 다른 형태를 갖고 있을 수 있다는 가정은 검증되지 않았다.

뇌의 매우 잘 발달된 부위가 전문화된 지식을 저장할 수 있으며 특출한 재능을 일으킬 수 있다고 할지라도, 어떤 지식과 재능이 단독으로 통합의 끈을 발견하게 해 주지는 않는다. 유명한 수학자인 푸앵카레는 다음과 같이 말한 적이 있다.

> 여러 조합 중에서 가장 결실이 있는 것은 서로 멀리 떨어져 있었던 요소들로 만들어진 조합일 것이다. 이는 발명을 하기 위해서는 가능한 전혀 다른 물건들을 묶는 것만으로 충분하다는 의미는 아니다. 그렇게 만들어진 대부분의 조합은 독창성이 전혀 없기 때문이다. 그러나 그들 중 어떤 조합은 매우 진귀한 것으로서 가장 결실이 있는 것들이다.

나와 동료들이 창의성의 두뇌 메커니즘에 관해 최근에 썼던 논문(Heilman, Nadeau, & Beversdorf, 2003)에서 우리는 다음과 같이 제안하였다. 한 지식 영역의 내적 표상이 포함된 네트워크를, 그 네트워크와 일부 속성을 공유하는 지식 영역의 내적 표상이 포함된 다른 네트워크에 적용함으로써 창의성이 성취될 수 있다는 것이다. 또한 우리는 아마도 서로 다른 많은 네트워크 구조물 (architectures)이 뇌의 연합피질 내에 존재할 것이라고 제안했다. 비유하자면, 이는 '어느 한 영역에서 통상적으로 사용되는 기존의 학습된 내적 모델들의 한계를 벗어나기 위해 근본적으로 다른 구성으로 이루어진 네트워크들을 채용하는 가운데 창의성이 나타나게 될 수 있다.'는 것이다.

메드닉(Mednick, 1962)도 "창의성은 서로 다른 개념들 또는 아이디어들을 연결할 수 있는 능력을 요구한다."라고 제안했다. 이러한 생각은 앞서 묘사되었던 창의성의 정의들 중 하나 즉, '하나로 묶는 끈을 발견하는 것'과 비슷하다. 창의성에 대한 메드닉의 정의는 어떤 사람의 원격 연합 능력(예: 벽돌의 다른 용도 말하기)을 판정하는 많은 창의성 검사들과 일치한다. 메드닉 또한 원격연합검사 (Remote Association Test)라는 검사 도구를 개발했다.

이 검사에서 피검자는 제시되는 일련의 단어가 어떻게 연합되는지를 인식해야 한다(예: '푸른' '미국' '오두막'이라는 단어들이 주어지면, 올바른 반응은 '치즈'가 될 수 있다). 창의성을 측정하는 원격연합검사는 타당화되어 왔으며, 창의적인 많은 사람이 이 검사에서 높은 수행을 보이는 것 같다. 어쨌든 이 검사는 주로 '언어-의미적 연합 능력'을 측정하고 있으며, 많은 다른 유형의 창의성은 매우 다른 형태의 지식이 연합되는 것을 요구하고 있다.

길포드 등(Guilford et al., 1978)이 개발한 '다른 용도 검사'에서 피검자의 반응은 주어진 시간 내에서의 반응 수(유창성), 반응 항목들의 카테고리 수(융통성), 가장 중요한 차원인 독창성과 같은 여러 차원에서 점수가 매겨진다. 예를 들면, 벽돌 테스트에서 벽돌을 문 받침대 또는 책 지지대로 사용하는 것은 벽돌을 분필로 사용하거나 가루로 만들거나 립스틱과 같은 화장품으로 사용하는 것보다 독창성 점수가 낮다. 창의적 행위에 필요한 연합 능력의 뇌 해부학적 기반에 대해서는 아직 완벽하게 알려져 있지 않지만, 뇌의 연합경로(associative pathways)들이 중요할 수 있다.

## 뇌량을 통한 양쪽 대뇌반구의 의사소통

나는 일찍이 "왼쪽 대뇌반구와 오른쪽 대뇌반구 각각에 의해 조정되는 인지기능은 서로 다르다."라고 말한 바 있다. 왼쪽 대뇌반구는 읽기, 쓰기, 말하기 및 그 외의 다른 언어기능들을 조정함에 있어서 우세하다. 오른쪽 대뇌반구는 얼굴 인식, 감정 표현 및 감정 인식, 그리고 공간적 계산을 하는 일에 우세하다. 이처럼 뇌 기능이 분화된 '모듈식 네트워크'에 덧붙여서, 양쪽 대뇌반구는 서로 다른 주의 방식과 추론 형태를 사용하기도 한다. 예를 들면, 왼쪽 대뇌반구는 초점 주의를 사용하는 반면 오른쪽 대뇌반구는 전역 주의를 사용한다.

문제해결에 사용되는 추론의 유형은 일반적으로 연역-논리적인 방식과 귀납-개연론적(probabilistic)[14] 방식이 있다. 파슨스와 오쉬어슨(Parsons & Osherson, 2001)은 양전자 방사 단층 촬영법을 사용하여 이 두 가지 추론 방식을 연구하였다. 이 연구자들은 개연

---

14) 역주: 지식은 절대적 확실성을 가질 수 없기 때문에 개연적인 지식을 받아들여야 한다는 입장. 개연적 판단이란 한없이 거듭되는 개별적 현상을 개괄하는 방법으로, 일정한 조건 밑에서 일정한 현상이 나타날 수 있는 가능성을 반영하는 판단임(출처: 네이버 국어사전).

적 추론이 대부분 왼쪽 대뇌반구 영역들을 활성화시킨 반면, 연역
적 추론은 주로 오른쪽 대뇌반구의 영역을 활성화시킨다는 사실을
밝혀냈다.

'연역-논리적인 추론'과 '귀납-개연론적인 추론'은 창의적인 과
정에서 모두 중요하지만, 이 두 형태의 추론은 상호작용적이어야
한다. 만일 창의적인 혁신이, '서로 다른 구조물(architecture), 서로
다른 형태의 저장된 지식, 서로 다른 사고방식과 문제해결방식'을
갖는 네트워크를 채용하고 연합하는 일을 포함한다면, 양쪽 대뇌
반구 사이의 의사소통과 협동은 창의적인 혁신 및 산출에 대단히
중요할 것이다. 그러므로 양쪽 대뇌반구를 이어 주는 뇌량은 창의
성에 있어 매우 중요한 역할을 하는 것 같다.

의학적으로 다루기가 아주 어려운 간질병을 치료하는 한 가지
방법은 뇌량을 절단함으로써 양쪽 대뇌반구를 분리하는 것이다.
루이스(Lewis, 1979)는 치료가 매우 어려운 간질 때문에 뇌량을 절
단하여 양쪽 대뇌반구가 분리된 환자 여덟 명을 대상으로 로르샤
흐 잉크반점 검사를 실시하였다. 그 결과, '양쪽 대뇌반구 분리가
창의성을 파괴하는 경향이 있는 듯하다.'고 언급하였다.

보겐과 보겐(Bogen & Bogen, 1988)은 뇌량이 높은 수준의 정보를
전달할지라도 양쪽 대뇌반구의 기능은 전문화되어 있으며, 양쪽
대뇌반구 사이의 의사소통은 본래 불완전하다고 주장한 바 있다.
양쪽 대뇌반구 사이의 불완전한 의사소통이 양쪽 대뇌반구의 독립
성과 전문화된 인지를 유도하며, 이것은 아이디어의 부화에 중요
하다는 것이다. 아마도 이것은 독자적인 형태의 지식(예: 언어적 지
식 대 공간적 지식) 저장에도 중요할 것이라고 보겐과 보겐은 가정하
였다.

이 연구자들은 '뇌량이 뇌의 가장 높은 수준의 활동과 가장 정교한 활동, 즉 창의성에 기여한다.'고 제안했던 프레드릭 브레머 (Frederic Bremer)에 대해 언급하였다. 이들은 또한 창의적 단계 중 '창의적인 혁신'이라 일컫는 갑작스러운 깨달음(illumination)을 이루어 내는 것은 양쪽 대뇌반구의 부분적인 독립성이 순간적으로 멈추는 것(momentary suspension)이라고 주장하였다. 하지만 이 연구자들은 양쪽 대뇌반구의 부분적인 독립성을 순간적으로 멈추게 하는 것이 무엇인지에 대해서는 언급하지 않았다.

내가 아는 한, 창의적인 사람과 창의적이지 않은 사람의 뇌량의 구조 및 기능을 비교한 사람은 없다. 만일 대뇌 크기에 따라서 뇌량의 의사소통에 차이가 있다면, 그러한 차이는 해부학적이라기보다는 기능적인 차이일 것이다. 하지만 이 두 가지 가설은 검증될 필요가 있다.

## 대뇌반구 안에서의 의사소통

앞에서 말했듯이, 대뇌 신피질은 6개의 층으로 이루어져 있다. 삼각형 모양을 하고 있는 뇌세포들 혹은 뉴런들을 추상세포(pyramidal cell, 錐狀細胞)라고 한다. 이 뉴런들은 주로 대뇌피질의 세 번째 층과 다섯 번째 층에서 발견된다. 추상세포의 일부 축삭돌기는 신피질의 다른 신경들과 연결되어 있어 연합섬유(association fibers)라고 불린다. 대부분의 연합섬유는 대뇌피질의 제3층에 있는 추상세포로부터 뻗어 나온다. U 섬유라고 불리는 짧은 연합섬유가 있는데, 이 섬유는 인접한 대뇌피질 회에 있는 뉴런들을 연결시킨다. 대뇌반구 아래로 깊숙이 내려갈수록 속(fasciculi)이라고 불리는 다발(예: 아치형세로속, 위세로속, 아래세로속, arcuate, superior, inferior longitudinal fasciculi)을 통과하는 더 긴 연합섬유(축삭돌기)가 있다. 창의적인 사람들은 제3층에 더 풍부한 연합 뉴런망 또는 더 많은 수의 연합 백질통로와 더욱 다양한 연합 백질통로를 가지고 있을 가능성이 있다. 유감스럽게도 이러한 생각 또한 체계적으로 연구되지 않았다. 그러나 아인슈타인의 뇌에 대한 흥미로운 연구를 통해 '백질이 창의성에 있어서 중요할 수도 있다.'는 점이 제안되고 있다.

앞에서 말했듯이, 아인슈타인이 죽자 그곳의 병리학자가 아인슈타인의 뇌를 떼어 냈고 그 뇌를 온전히 보존하는 대신 240개의 사각형 조각으로 잘라서 여러 사람에게 보냈다. 매리언 다이아몬드(Marion Diamond)와 동료들도 아인슈타인의 뇌 조각을 받았다. 사실 아인슈타인이 죽은 지 30년이 흘러갈 때까지 어떤 연구 보고도 없었다. 이 무렵 다이아몬드와 동료들은 브로드만 39번 영역(모이랑, [그림3-5] 참조-역주)에 대한 역사적인 분석을 하였는데, 이 영역의 세포 유형들을 관찰했다. 그 결과, 통제 집단의 사람들과 비교할 때 아인슈타인의 왼쪽 뇌 39번 영역은 뉴런 대비 신경아교세포(glial cell)의 비율이 더 높다는 사실을 발견했다. 이와 같은 비정상적인 비율에 대해 연구자들은 "더 많은 신진대사 요구에 대한 신경아교세포의 응답이다."라고 했다. 이 가설은 많은 비판을 받았으나 대안이 되는 설명들도 없었다.

데저린(Dejerine, 1891)의 연구 이래, 브로드만 영역 39번(모이랑이라고도 불림)이 손상되면 읽기장애(읽기언어상실증, alexia)가 유발된다는 사실이 여러 증거를 통해 지속적으로 설명되어 왔다. 이 영역은 단어의 시각적 구성 혹은 필기 된 구성에 대한 기억을 저장하

고 있는 것으로 가정되어 왔으며 인지신경심리학자들은 이러한 표
상들을 '시각 철자 어휘(visual orthographic lexicon)'라고 불러왔다.
다이아몬드와 동료들이 아인슈타인의 뇌에서 발견한 것은 신경아
교세포의 증가와 관련되어 있기보다는 뉴런의 감소와 관련되어 있
을 수도 있으며, 이와 같은 비정상적인 비율이 아인슈타인의 난독
증(dyslexia)과 관련된 것으로 보인다.

다이아몬드와 동료들의 연구 결과에 대한 하나의 대안적인 설
명은 다음과 같다. 앞서 말했듯이, 뇌량은 주로 수초로 둘러싸인
[myelinated, 지질층인 수초(髓鞘, myelin sheath)로 둘러싸인 상태-역
주] 축삭돌기들로 이루어져 있는데 이 축삭돌기의 세포체는 대뇌
피질의 추상세포층에 자리잡고 있다. 창의성에 중요한 대뇌피질의
연결성은 오른쪽 대뇌반구와 왼쪽 대뇌반구 사이에도 있지만, 대
뇌반구 안에도 있다. 양쪽 대뇌반구 사이에 정보를 전달하는 수초
화된 축삭돌기 말고도, 동일 대뇌반구 안의 대뇌피질 영역들 사이
에 정보를 전달하는 축삭돌기로서 대뇌피질 아래층의 백질(white
matter)[15])에 자리잡고 있는 수초화된 축삭돌기도 있다. 이와 같은
대뇌피질 아래층에 있는 백질의 연결은 양쪽 대뇌반구 사이의 의
사소통과 대뇌반구 안에서의 의사소통을 촉진시킨다.

이러한 두 가지 의사소통은 창의적인 혁신에 중요할 수 있다. 왜
냐하면 광범위한 연결은 창의적인 사람들로 하여금 서로 떨어져
있었던 아이디어들을 묶을 수 있도록 해 주기 때문이다. 따라서 다
이아몬드와 동료들의 연구 결과는 아인슈타인의 두정엽이 매우 잘

15) 역주: 고등 동물의 뇌와 척수에서 수초화된 신경 섬유로 이루어진 흰색으로 보이는
부분(출처: 표준국어대사전)

발달된 백질을 가졌을 수도 있으며, 이는 곧 아인슈타인의 창의성이 그의 양쪽 대뇌반구 사이의 연결성 및 대뇌반구 안에서의 연결성이 증대된 것과 관련됨을 의미하는 것일 수도 있다.

사실 이 절에서 아인슈타인과 같은 매우 창의적인 사람은 양쪽 대뇌반구 사이의 연결성 및 대뇌반구 안에서의 연결성이 더 강할 수도 있다고 가정할지라도, 내가 아는 한 이 가설을 검증했던 체계적인 연구들은 없었다. 하지만 연결성과 창의성 사이의 관계를 지지할 수도 있는 또 다른 실제적인 예가 있다. 어느 하나의 양식으로 자극을 받았을 때 그 자극을 다른 양식으로 감지할 수 있는 사람들이 있다. 이러한 현상을 '공감각(synesthesia, 共感覺)'이라 불러 왔는데, 이 낱말은 그리스어 syn(함께)과 aesthesia(감지하기 또는 인식하기)에서 유래된 것이다.

예를 들면, 어떤 음(notes) 또는 단어를 듣게 되었을 때 색깔을 보는 사람이 있다. 이와 같은 자극의 양식을 넘나드는 흥분은 거의 모든 양식 사이에 나타날 수 있다. 양식을 넘나드는 공감각에 덧붙여, 흑백으로 된 어떤 그림들을 보게 될 때 그 그림들이 컬러로 보이게 되는 경우처럼, 공감각이 양식 내에서 일어나는 경우가 있을 수 있다. 시각양식 내적 공감각(visual intramodal synesthesia)을 가지고 있지 않은 사람에게 지면 전체에 L자들이 흩어져 있고 그 사이에 T자가 섞여 있는 종이를 준 후 T자를 찾으라 한다면, 그 사람은 각 글자가 L인지 또는 T인지를 결정하기 위해 순차적인 탐색을 시도해야 할 것이다. 그러나 T자는 빨간색으로 보이고 L자는 파란색으로 보이는 그러한 공감각을 지닌 사람이 있다면 T자가 눈에 확 띄게 되어, 모든 글자가 검은색으로 보이는 경우보다(공감각이 없는 사람 즉, 시각양식 내적 공감각을 갖고 있지 않은 사람의 경우보다-역주)

T자를 더 빨리 발견할 것이다.

라마찬드란과 허버드(Ramachandran & Hubbard, 2001)는 이와 비슷한 방식을 사용하여 시각양식 내적 공감각을 가지고 있는 사람들을 조사하였으며, 이들이 공감각을 가지고 있지 않은 사람들보다 목표물을 더 빨리 인식한다는 것을 알게 되었다. 공감각을 설명해 주는 메커니즘은 알려져 있지 않지만, 공감각을 지니고 있는 사람은 상호작용적인 모듈들(예: 색과 모양) 사이에 연결성이 더 강하다는 하나의 가정이 있다.

블레이크모어와 스티븐(Blakemore & Steven, 출판 준비 중: Underwood, 2003 재인용)은 공감각을 가지고 있는 사람에 대해 연구하기 위해서 뇌기능 영상을 사용하였다. 그 결과, 공감각을 가지고 있는 사람이 한 가지 유형의 자극(예: 단어)을 제시받았을 때 색깔 인식을 조정하는 그의 뇌 부위도 활성화됨을 발견하였다. 내가 앞에서 묘사했던 창의성의 연결성 가정(connectivity postulate of creativity)에 따른다면, 공감각을 지니고 있는 사람들이 더 큰 연결성을 가지고 있으므로 더 창의적이어야 한다. 이 가정은 그로센백(Grossenback: Underwood, 2003 재인용)의 관찰 연구에서 지지되었는데, 이 연구자는 공감각을 가지고 있는 사람 84명 중 26명이 창의성을 요구하는 직업(예술가, 작가, 음악가)을 가지고 있음을 밝혀냈다.


## 절차적 지식


앞 절에서, 나는 의미적 지식과 공간적 지식 모두를 포함하는 개념적 지식이 뇌에 어떻게 저장되는지 묘사했다. 많은 기량 또는 특별한 재능들은 개념적 지식의 저장에 기초를 두고 있지 않다. 어린 시절 여러분은 자전거를 타는 방법을 배웠을 것이다. 내가 여러분에게 자전거 타는 방법을 물어본다면, 여러분은 자전거를 앞으로 나아가게 하는 방법, 즉 왼쪽 발과 오른쪽 발을 교대로 바꾸면서 페달을 앞으로 그리고 아래로 밟으라고 말해 줄 수 있을 것이다. 또한 왼쪽으로 가고 싶다면 핸들 바를 왼쪽으로 돌리고, 오른쪽으로 가고 싶다면 오른쪽으로 돌리라고 말해 줄 수 있을 것이다.

그러나 자전거 타는 법을 배움에 있어 가장 어려운 부분은 균형 유지법을 배우는 것이다. 비록 여러분이 어떻게 균형을 유지하는지에 대해 나에게 몇 분 동안 설명할 수 있을지라도, 여러분이 자전거를 배운 지 수십 년이 지난 후 자전거를 타게 될 때 뇌에 저장된 개념적 지식을 사용하여 균형을 유지하는 것은 아니다. 그보다는 소위 절차적 지식이라는 것에 의존하게 되는 것이다.

우리의 삶 내내 사용하게 되는 글자 쓰기, 타이핑과 같은 절차적 기억들은 많다. 스포츠와 악기 연주에서도 사용되는 많은 특별한 재능은 절차적 기억의 예일 수 있다. 신경학적 질병을 앓고 있는 환자들에 대해 수행된 여러 실험에 의하면, 절차적 기억은 일화적 기억 유형의 서술 기억과도 다르며 '의미적–개념적 형태'의 서술 기억과도 다르다. 일화적인 서술 기억은 무엇을, 어디서, 언제를 아는 데 있어 중요하다. 예를 들면, 여러분이 지난주 언제 외식을 했고, 저녁 식사로 무엇을 먹었으며, 어디서 먹었는지를 기억해 내는 것 말이다.

고전적인 연구에서, 코킨(Corkin, 1968)은 H.M.이라는 유명한 간질 환자의 일화적 기억과 절차적 기억에 대해 연구했다. 이 환자는 약물로 치료할 수 없는 심한 발작을 앓고 있었다. 그의 뇌파, 즉 뇌

전도를 연구한 결과 그의 발작은 좌우 측두엽의 앞쪽에서 비롯됨
이 밝혀졌다. 발작을 통제하기 위해 신경외과 의사들은 그의 좌우
전방 측두엽(anterior temporal lobe)을 제거하였다.

측두엽의 앞쪽, 즉 전방 측두엽은 일화적 기억의 학습과 회상
에 중요한 것으로 알려져 있는 여러 구조들을 가지고 있다. 여기
에는 해마라고 불리는 구조와 해마와 밀접하게 연결되어 있는 구
조들, 즉 내후각피질(entorhinal cortex)[16] 및 주변후피질(perirhinal
cortex)[17]과 같은 구조물이 포함된다. 그 환자의 왼쪽 전방 측두엽
과 오른쪽 전방 측두엽을 제거함으로써 발작을 통제하는 일에는
도움이 되었지만, 그의 일화적 기억이 심각하게 상실되고 말았다.
이 수술로 그의 개념적 지식(의미적 기억)의 저장이 변화되지는 않
았으므로 그의 지능은 이전과 같았다. 하지만 새로운 일화적 기억
을 만들어 내는 능력을 잃어버렸고, 따라서 그는 언제, 어디서 저녁
식사를 했는지 또는 그 전날 저녁에 무엇을 먹었는지를 기억해 낼
수 없었다.

절차적 기억을 만들어 내는 H.M.의 능력을 연구하기 위해, 코
킨은 회전식 추적 장치를 이용하여 그를 테스트했다. 이 기계는 구
식 전축처럼 회전하는 턴테이블을 갖고 있다. 그 턴테이블의 한쪽
에는 작은 원형 디스크가 있다. 피험자에게 금속으로 된 지팡이 모
양의 막대기가 주어지고, '그 막대기 끝이 회전하고 있는 금속 원형
디스크 위에 계속 놓이게 하라.'는 요구를 받는다. H.M.은 실험실

---

16) 역주: 해마성 기억과 관련해 중요한 역할을 한다고 여겨지고 있는데 냄새를 적절한
    기억과 매치시키는 기능을 함(출처: 위키백과).
17) 역주: 후각주위피질이라고도 하며 해마성 기억과 관련해 중요한 역할을 한다고 여
    겨지고 있음(출처: 위키백과).

로 오는 날마다 실험 진행자를 알아보지 못했기에 다시 소개를 해야만 했다. 그리고 그는 회전 장치를 이용하는 테스트의 지시 내용을 기억하지 못하였으므로 검사를 받을 때마다 지침을 다시 받아야만 했다. 그는 실험 진행자 또는 그 도구를 사용하는 지침을 기억하지 못할지라도 실험 절차를 학습할 수 있다는 사실을 보여 주었다. 즉, 그의 수행은 매일 향상되었는데, 이는 일화적–서술적 기억과는 다른 절차적 기억들을 보여 준 것이다.

심한 기억상실증(새로운 일화 기억을 형성하지 못하는 증상)을 갖고 있는 사람들이 새로운 개념적–의미적 기억들을 형성하는 능력에 대한 연구도 진행되었다. 이 연구들에서는 피험자들이 모르는 새로운 단어(예: internet)들이 영어로 계속 소개되었다. 연구자들은 피험자가 기억상실증에 걸리게 되었던 대략적인 날짜를 알고 있었으므로 기억상실증 시작 후에 만들어진 새로운 단어들을 그들이 배울 수 있는지 알아보고자 했던 것이다. 그 결과, 영구적인 기억상실증에 걸린 후에도 이 사람들은 새 단어를 배울 수 있다는 사실, 즉 새로운 의미적–개념적 기억을 만들 수 있다는 사실을 알게 되었다.

한 연구에서는 태어나면서 일화적 기억 생성에 중요한 뇌 구조가 손상된 두 사람에 대해 연구했는데, 이 두 사람은 의미적–개념적 기억을 정상적으로 발달시켰으며 지능 검사도 잘 수행했다 (Vargha-Khadem et al., 1997).

절차적 기억의 발달은 일화적 기억 및 의미적–개념적 기억과 별개라는 가정에 대한 추가적인 증거가 나의 실험실에서 나왔다. 우리는 일화적 기억과 의미적–개념적 기억 모두에 영향을 주는 알츠하이머병 환자를 대상으로 연구했다. 이 때 좌우 양쪽 측두엽 앞쪽이 제거되었던 환자 H.M. 연구에서 고킨이 사용했던 장치와 비슷한 회전식 추적 턴테이블을 사용하였다.

알츠하이머병을 앓고 있는 환자들은 기억상실증을 겪게 된다. 왜냐하면 내측두엽(medial temporal lobe, H.M.에게 있어 외과적으로 제거되었던 것과 같은 부위)에 있는 뉴런들이 손상을 입고 있기 때문이다. 또한 이 환자들은 의미적-개념적 기억에 문제를 갖고 있는데, 뇌의 다중양식 피질에 있는 뉴런들도 손상되어 있기 때문이다. 그러나 우리 연구진이 이 환자들의 새로운 운동 기술 학습 능력을 조사해 보았더니, 그들은 통제 집단만큼 잘 학습하였다(Jacobs et al., 1999). 이러한 연구 결과는 절차적 지식이 내측두엽 또는 '다중양식-초양식 대뇌피질'에 의해 조정되지 않는다는 증거를 추가로 제공한다.

대뇌의 오른쪽 반구와 왼쪽 반구 각각의 깊숙한 곳에는 뉴런 집단들이 있다. 이러한 무리들 중 하나는 기저핵이며 다른 하나는 시상(thalamus)[18]이다([그림 3-10] 참조). 이들 기저핵의 기능을 확정지으려고 시도해 왔던 수십 년 동안의 연구가 있었지만, 여전히 그 기능이 완전하게 밝혀지지는 않고 있다. 이러한 기저핵에 영향을 끼치는 한 가지 질병이 파킨슨병이다. 정상적인 기저핵의 기능은 신경전달물질인 도파민에 의존하며, 파킨슨병이 있는 경우 도파민이 부족하다. 파킨슨병을 가진 환자들의 절차적 기억은 회전식 추적 장치를 사용하여 측정되었다.

---

18) 역주: 감각이나 충동, 흥분이 대뇌피질로 전도될 때 중계 역할을 담당하는 회백질 부분으로서 간뇌에서 가장 큰 신경세포의 모임임(출처: Basic 고교생을 위한 생물 용어사전, 이병언, 신원문화사, 2002).

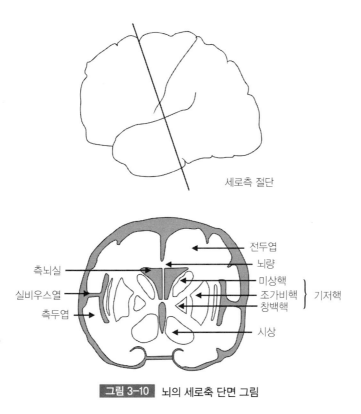

세로측 절단

전두엽
뇌량
측뇌실
미상핵
실비우스열
조가비핵  } 기저핵
창백핵
측두엽
시상

그림 3-10  뇌의 세로축 단면 그림

H.M.을 비롯하여 측두엽 제거로 인해 기억상실증을 갖게 된 환자들 및 알츠하이머 환자들과는 달리, 파킨슨병 환자들은 수행 기술을 개선하는 데에 결함이 있었는데, 이것은 절차적 기억의 결함을 보여 주는 것이다. 그런데 파킨슨병을 가진 사람들은 정상적인 일화적 기억 및 의미적−개념적 지식은 갖고 있다. 그러므로 기저핵은 절차적 기억을 발달시키는 데에 중요한 것 같다.

기저핵이 절차적 기억을 어떻게 부호화하는지에 대해서는 알려져 있지 않다. 하지만 기저핵은 대뇌피질(주로 전두엽)에서 시작하여 조가비핵(putamen, 피각이라고도 함−역주), 창백핵(globus pallidus, 담창구라고도 함-역주), 시상으로 차례로 나아간 후 대뇌피질로 되돌아오는 신경 고리의 구성원인 것 같다([그림 3-1]0 참조). 대뇌피질의 다른 부분들은 기저핵의 기타 부분들로 뻗어져 나가는 것 같으며, 완전하게 연구되지는 않았지만 앞에서 설명한 고리들과는 다른 신경 고리들이 다른 유형의 절차적 기억들을 조정함에 있어 중요할 수도 있다. 운동선수, 가수, 댄서, 음악가, 화가 등 재능 있는 많은 사람은 이러한 절차적 기억에 크게 의존하고 있다.

자극에 한 번 노출된 후에 학습될 수 있는 일화적 기억 또는 의미적-개념적 기억과 달리, 절차적 기억은 연습과 피드백을 필요로 한다. 몇 가지 이유로 절차적 기억은 어린 시절에 가장 잘 습득된다. 즉, 바이올린 배우기부터 골프와 같은 숙달된 행동을 가르칠 가장 좋은 시기는 아동기이다. 타이거 우즈와 같은 아주 유명한 골프선수 또는 피터 샘프라스(Peter Sampras, 테니스의 전설로 그랜드 슬램을 7번 달성하고 세계 1위를 가장 오래 한 선수 중 한 사람-역주)와 같은 테니스 선수들은 아동기 때 그 종목을 배우기 시작했다. 유명한 음악가 대부분도 어린 시절에 악기를 배웠다. 어른이 절차적 기억을 배우는 데 더 느린 이유는 알려져 있지 않으나, 나이가 들면서 나타나는 도파민 감소 현상과 관련될 수도 있다.

음악가, 가수, 화가 등 생산적인 예술에서 뛰어난 대부분의 사람은 그들의 재능 분야에서 비범한 절차적 기억을 가지고 있지만, 생산적인 재능과 창의성 사이에 직접적인 관계는 없다. 재능 있는 많은 음악가가 자신이 연주하고 있는 음악을 이해할지라도, 대부분의 연주자는 다른 사람이 작곡한 음악을 연주할 뿐이지 창의적인 곡을 성공적으로 작곡하지는 않는다. 마찬가지로 배우가 극작가의 문장들을 해석할 때 이러한 해석이 하나의 창의성으로 여겨질지라도 그것은 미약한 것에 지나지 않는다. 그러므로 절차적 기억들이 창의적인 작업의 실행 또는 창의적인 작품의 산출에 중요할지라도, 그것들이 창의적 혁신에 중요하다는 증거는 없다.

　아울러 나는 매우 재능 있는 사람들의 뇌와 특별한 재능이 없는 사람들 간 뇌 차이를 실례를 들어 설명하는 연구를 찾아볼 수 없었다. 앞에서 매우 창의적인 사람들의 대뇌피질 연결성 또는 백질 연결성에 관한 연구가 없다고 말한 바 있다. 즉, 전반적으로 천재들만 갖고 있는 뇌의 '구조적─해부학적 기초'가 있다는 강력한 증거는 없다. 하지만 그동안 천재들 뇌의 구조적─해부학적 가설들이 적절하게 연구되어 왔던 것 또한 아니었다고 생각한다.

# 4
# 심상이 창의성에 중요한 이유

**심**상은 기억 회상과 문제해결이라는 두 가지 주요 심리
학적 과정에 있어 중요하다. 앞에서 나는 창의성에 대
한 캠벨(Campbell, 1960)의 가정을 서술했는데, 창의적인 사람은 문
제에 대해 다양한 해결책을 만들어 낸 후 가장 좋은 해결안을 선택
한다는 것이었다.

 찰흙으로 모형을 만들거나 유화 물감을 사용하는 미술가는 자신
의 작품을 변형시킬 수 있으며 다양한 시도가 어떤 결과로 나타나
는지 확인할 수 있다. 하지만 미켈란젤로처럼 돌로 작품을 만드는
조각가는 쉽사리 그의 작품인 〈모세〉나 〈다비드〉의 모양을 바꿀
수 없다. 많은 위대한 미술가는 '그림을 그리거나 조각을 하기 전에
예비 그림들을 그려 보고 나서 가장 좋은 것을 선택하는 식으로 다

양한 해결책을 시도해 보았다.'고 한다. 그러한 시도의 하나로 많은 화가는 '문제에 대한 창의적인 방안을 찾기 위해 심상을 활용했다.'고도 말해 왔다. 심상은 창조가로 하여금 거의 무한한 수의 변형물을 만들게 하며, 시원찮은 것은 버리게 하고, 더 다듬을 필요가 있는 것은 모양을 바꾸게 하며, 탁월한 것들은 계속 보유하게 해 준다.

많은 과학자와 예술가는 심상이 창의적인 시도에서 중요하다고 인식해 왔으며, A. I. 밀러(Miller, 2000)는 이 과학자들의 경험을 자신의 저서인『천재들의 통찰(Insights of Genius)』에서 요약한 바 있다. 예를 들면, 양자 이론과 방사능의 법칙으로 1918년에 노벨 물리학상을 받은 막스 플랑크(Max Planck)는 "새로운 아이디어는 연역적인 과정이 아닌, 창의적인 상상에 의해 만들어지기 때문에 창의적인 과학자들에게는 선명한 상상력이 있어야 한다."라고 했다.

창의성에 대하여 아인슈타인은 상상이 지식보다 더 중요하며 그 자신의 많은 생각은 상상의 산물이라고 말한 바 있다. 이 장에서 나는 뇌가 이미지를 어떻게 만들어 내며, 그것을 어떻게 살피고, 검토하며, 어떻게 다루고, 바꾸어 가는지에 대해 설명할 것이다. 나는 주로 시각 심상에 대해 논의하겠지만, 다른 감각 양식의 심상에서도 비슷한 과정이 일어날 수 있다.

코슬린(Kosslyn, 1999)은 낮은 수준의 영상화(vision)와 높은 수준의 영상화가 있다고 설명한다. 낮은 수준의 영상화는 상의 가장자리 위치를 알아내고 움직임, 색깔, 깊이를 탐지하기 위해 시각적 입력 내용을 이용('상향식')하는 반면, 물체 인식과 같은 높은 수준의 영상화는 부분적으로 물체의 특성들에 관해 저장된 정보의 활성화를 포함하는 '하향식' 처리에 의존한다.

심상은 종종 이러한 높은 수준의 처리를 돕는다. 기억과 관련하여 심상은 정보 저장을 돕는 데 활용될 수 있으며, 정보 인출을 위해서도 사용될 수 있다. 예를 들어, '슬리퍼' '코끼리' '전화기'라는 세 개의 단어를 기억해야 한다면, 여러분은 이 단어들을 언어적으로 반복하여 기억하거나, 슬리퍼를 신고 통화하는 코끼리의 모습을 떠올리며 기억할 수도 있다. 그런데 그 단어들로부터 주의가 전환된 후에 다시 그 단어들을 기억해 내야 한다면, 세 단어의 음운적인 표상을 되뇌었던 경우보다 통화하고 있는 슬리퍼 신은 코끼리의 모습을 떠올린 경우에 더 잘 기억해 냈을 것이다.

정보 인출과 관련하여, 여러분에게 뉴욕과 시카고 사이의 거리와 세인트루이스와 로스앤젤레스 사이의 거리 중 어느 쪽이 더 멀거나 짧은지를 물어본다면, 여러분은 마음속으로 미국의 지도를 그린 후 도시들 사이의 상대적 거리를 추정할 수도 있다. 결국 도시들 사이의 상대적 거리에 대한 정보가 여러분의 두뇌에 저장되어 있을지라도 그 지식은 명확하지 않으므로 지도를 이미지화하고 머릿속에서 그 거리들을 비교한 후에야 비로소 답이 분명해진다.

문제해결과 관련해서, 심상은 언어적 추론을 사용하여 쉽게 해결할 수 없는 문제의 해결을 위해 활용될 수 있다. 예를 들면, 뉴욕시에 살고 있는 한 판매원이 세 곳의 도시인 워싱턴, 버펄로, 시카고를 운전해서 다녀와야 한다고 하자. 그런데 그녀가 뉴욕과 수도인 워싱턴, 버펄로, 시카고의 순서대로 이동한 후 뉴욕으로 되돌아오는 계획을 세운다면, 가장 짧은 경로로 여행하는 것은 아닐 것이다.

그러므로 그녀는 미국 지도를 이미지로 떠올리고 마음속으로 여러 가지 가상의 여행 경로를 만들어 볼 수 있다. 그리고 워싱턴, 버펄로, 시카고를 차례대로 간 다음 뉴욕으로 되돌아온다면, 일부 구간에서는 왔던 길을 다시 가는 꼴이 된다는 사실을 깨닫게 될 것이다. 이러한 과정을 통해 그녀는 워싱턴, 시카고, 버펄로를 차례대로 간 후 뉴욕으로 돌아오는 것이 가장 짧은 경로라는 점을 알게 된다.

현실적인 문제해결에 대한 도움을 얻기 위해서 이 판매원이 심상을 활용했던 것처럼, 창의적인 사람들도 여러 유형의 문제들을 해결하기 위해 심상을 사용했을 수 있다. 심상은 창의적인 사람들로 하여금 가상의 실험을 하게 해 줄 수 있다. 또한 심상은 창의적인 사람들로 하여금 실제로는 전혀 볼 수 없는 물건들이나 과정들의 이미지, 사물들의 조합(예: 전화기로 통화하고 있는 슬리퍼를 신은 코끼리 한 마리)을 '볼 수 있게(view)' 해 준다.

이와 같은 이미지를 창조해 낼 수 있는 가장 쉬운 방법들 중 하나는 실제 사물들의 부분적인 이미지 두세 개를 결합해 보는 것이다. 고대 신화에 나오는 많은 동물은 사자와 뱀의 결합체인 키메라처럼 두 동물을 결합하거나, 몸은 말인데 머리, 팔, 코는 사람인 켄타우로스(Centaur, 그리스 신화에 나오는 반인반마의 괴물-역주), 사람과 황소가 결합된 미노타우로스(Minotaur, 고대 그리스 신화에서 나오는 사람의 몸에 소의 머리를 한 괴물-역주), 머리, 팔, 코는 여자이지만 물고기의 꼬리지느러미를 가진 인어처럼 인간과 동물을 결합함으로써 탄생되었다.

만일 여러분이 영화에 등장할 괴물의 이미지를 창조해 내고 싶다면, 한 마리의 새, 입에 거품을 물고 있는 저돌적인 멧돼지 머리, 넓적한 코를 가지고 있는 원숭이[new world monkey, 광비(廣鼻) 원숭이-역주]의 긴 꼬리를 결합시키는 심상을 사용할 수 있을 것이다. 심상은 여러분으로 하여금 특정 사물의 관계를 변형시키도록 해 줄 수 있는데, 예를 들면 날아다닐 수 있는 멧돼지의 이빨을 매우 날카롭게 하고 가시가 돋아나도록 만들 수도 있는 것이다.

# 시지각

　코슬린(1999)에 따르면, 아리스토텔레스 이래로 '시지각과 시각적 심상은 동일한 메커니즘을 공유하고 있다.'고 생각되어 왔다. 행동주의 연구들은 '한 개인이 심상을 사용하면 그 사람은 지각이 낮아지는 것(deficit, 결손, 결함)을 경험하며, 반대로 지각에 결손이 있게 되면 심상을 갖게 된다.'고 실제의 예를 들어 가며 설명해 왔다.

　이 두 가지 활동, 즉 심상과 지각이 서로를 방해를 한다는 사실은 그들이 동일한 신경 기관(neural apparatus, 신경 장치)을 두고 경쟁하고 있는 중임을 시사한다. 만일 사물에 대한 심상과 지각 모두 동일한 신경 기관을 사용하고 있다면, 어떤 환경 아래에서는 이미지화된 물체와 보이는 물체를 혼동하게 된다.

　존슨과 레이(Johnson & Raye, 1981)는 정상적인 대학생에서 나타나는 이러한 혼란을 실제의 예를 들어 보여 주었다. 뇌 손상을 입은 사람들에 관한 연구(Levine, Warach, & Farah, 1985)와 양전자 방사단층 촬영법을 사용한 뇌기능 영상은 이 가설에 대한 추가적인 지지를 제공한다. 예를 들어, 사물을 이미지로 떠올리게 되면, 그 사람의 새발톱피질(calcarine cortex, 조거피질이라고도 함-역주)(V1 또는 1차 시각피질; [그림 1-1] 참조)이 활성화된다(이 문헌에 대한 개관은 Kosslyn, 1999 참조). 그러므로 창의적인 심상을 설명해 줄 수도 있는 뇌 메커니즘을 이해하기 위해, 자극이 뇌에 의해 어떻게 보이고, 지각되며, 이해되고, 저장되는지를 지금부터 간략하게 살펴보는 것이 도움이 될 것이다.

　시각 자극은 눈으로 들어와서 눈 뒤쪽 부위인 망막에 닿는다.

망막은 빛을 받으면 활성화되는 특별한 신경세포들(신경절세포, ganglion cells)을 포함하고 있다. 이 신경절세포들은 시신경을 통해 전기적 메시지를 전달하는데, 뇌의 중간에 위치한 슬상(geniculate) 또는 시신경상이라고 불리는 중계소에 닿을 때까지 전달하게 된다.

신경절세포는 여러 크기가 있는데, 거대세포(magnocellular)라고 불리는 커다란 세포들과 소세포(parvocellular)라고 불리는 작은 세포들이 있다. 거대세포는 정보를 보다 빨리 처리할 수 있어서 움직임을 시각화함에 있어 더 중요하다. 소세포는 더 높은 공간 분해능(spatial resolution)[1]을 갖는 것 같으며, 색깔을 규정하는 공간 주파수(spatial frequency)[2]에 더 잘 반응할 수 있다. 이들 두 가지 세포는 시상의 서로 다른 부위로 뻗어 간다.

전기적 메시지는 시신경상에 도착한 후 후두엽으로 보내진다. 시신경상으로부터 이 신호를 받는 후두엽피질의 부위를 새발톱피질 또는 1차 시각피질이라고 부르는데, V1 혹은 브로드만 영역 17이라고도 한다([그림 1-1] 참조). 후두엽 부위의 세포들은 망막에서 잡히는 변화 즉, 특정 공간적 위치에서 일어나는 밝기의 변화들을 알아차린다. 이와 같은 밝기 변화의 감지는 그들의 상대적 위치(공간 배열)와 함께 우리로 하여금 데이비드 마(David Marr, 1982)가 초벌 스케치라고 불렀던 것을 발전시키도록 해 준다. 통상적으로 시각 자극의 테두리는 빛의 세기를 통해 가장 커다란 변화를 가지며, 그와

---

1) 역주: 영상이나 사진에서 아주 가까운 별도의 물체를 구별하는 능력. 공간 해상도라고도 함(출처: 지형 공간정보체계 용어사전, 이강원 외 1인, 구미서관, 2016).

2) 역주: 상(像) 또는 물체를 구성하는 주기적인 구조의 세분화를 표기하는 양(출처: 국방과학기술용어사전, 국방기술품질원)

같은 강도의 변화는 보는 사람으로 하여금 자극을 배경과 분리하도록 해 준다.

1차 시각피질(V1 혹은 브로드만 영역 17)은 이 초벌 스케치에 포함된 정보를 1차 시각피질을 둘러싸고 있는 시각연합영역으로 보낸다. 펠러만과 반 에센(Fellerman & Van Essen, 1991)에 의하면 서로 다른 시각연합영역이 적어도 32개가 있다. 각 영역은 입력되는 시각 정보의 여러 측면 중에서 한 측면만 처리한다. 이 영역들은 서로 밀접하게 연결되어 있는데, 펠러만과 반 에센(1991)은 각 영역이 아마도 15개 정도의 다른 영역들과 연결되어 있을 것이라고 추정했다.

공간 속 자극의 위치가 1차 시각피질에 공간적으로 기록되는 식으로 1차 시각피질은 조직화되어 있다. 그런데 이 정보가 시각연합영역에 의해 점진적으로 처리되면서 지점 대 지점의 지형도 그리기(topographic mapping)에 손실이 일어나게 된다. 왜냐하면 시각연합피질 부위의 세포들이 모두 공간적으로 조직화되어 있는 것은 아니기 때문이다. 이 시각연합영역들은 들어오는 시각 자극을 그대로가 아닌 그 이상의 것으로 처리하기 위해 중요하다.

후두엽의 위쪽 또는 아래쪽 표면에는 색깔을 처리하는 데 중요한 하나의 영역이 있는 것 같다. 약 20년 전에, 나는 아이오와 대학교에 초빙교수로 있었다. 한나와 안토니오 다마시오(Hanna & Antonio Damasio)는 나에게 오른쪽 뇌의 측두-후두엽 부위의 약간 아래쪽([그림 1-1] 참조)에서 뇌졸중이 발생한 환자를 보여 주었다. 나는 그 환자에게 "당신이 내 코를 뚫어지게 보는 동안, 나는 펜을 당신의 오른쪽에서 왼쪽으로 옮겨갈 텐데 그러면 어떤 일이 일어나는지를 말해 보세요."라고 요구했다. 내가 빨간색 펜을 그 환자의 오른쪽 시야에 두자, 그는 "빨간색 볼펜이 보여요."라고 말했다. 내가 그 펜을 왼쪽으로 옮기기 시작하자, "왼쪽으로 움직이고 있네요."라고 말했다. 펜이 그의 정중선(정중 시상면, midsagittal plane, 正中矢狀面)[3]을 지나 그의 왼쪽 시야로 넘어가자, 그는 "지금 여전히 펜이 보이지만 색깔은 안 보이네요."라고 말했다. 그 환자는 자신의 왼쪽에 있는 물건들은 모두 현재 흑백으로 보인다고 말했다.

"내가 들고 있는 펜을 잡아 보세요."라고 말하자, 그 환자는 펜까지 손을 뻗어서 잡는 데 어려움이 없었는데, 심지어 내가 그 펜을 이동시켰을 때도 잡았다. 그러므로 이 환자는 색깔을 볼 수 있는 능력은 없지만(색맹), 여전히 물체를 보고 인식할 수 있었으며, 크기(그 물건을 잡으려 할 때 손을 어느 정도 벌려야 하는지에 따라 결정되는 크기)를 가늠할 수도 있었다. 그리고 그 환자는 그 펜의 움직임을 포함하여 공간에서의 위치를 알고 있었다. 이 사례와 실제의 피해에 대해 더 알고 싶은 사람은 다마시오, 야마다, 다마시오, 코벳과 맥키(Damasio, Yamada, Damiso, Corbett, & McKee, 1980)의 연구 보고서에 담긴 세부 내용을 찾아볼 수 있을 것이다. 정상적인 사람이 색을 처리하는 동안 찍은 그들의 뇌기능 영상은 측두–후두엽 아래쪽 부위(ventral–temporal–occipital region)가 색깔 처리에 중요하다는 증거를 제공해 준다(Zeki et al., 1991).

색깔을 알아차리지 못하지만 그 물체의 움직임을 감지할 수 있는 환자와 반대로, 물체와 색깔은 보고 인식할 수 있지만 그 물체의 움직임을 알아차릴 수 없는 환자에 대해 질, 폰 크라몬, 마이(Zihl,

---

3) 역주: 두골 또는 두부의 비근점(鼻根點, nasion)을 지나 양쪽 귓구멍의 위쪽 가장자리를 잇는 선과 직각을 이루는 평면(출처: 네이버 영어사전)

von Cramon, & Mai, 1983)가 보고한 바 있다(동작맹, akinetopsia). 즉, 이 환자는 움직이는 어떤 물체를 보면, 공간에 멈춰진 상태로 보게 되거나 공간의 한 곳에서 다른 곳으로 순간 이동한 모습을 보게 된다. 이 환자는 뇌의 측두-후두엽 측후부, 즉 V5([그림 4-1] 참조)라고 불리는 부위의 양쪽에 상처를 갖고 있었다. 원숭이를 대상으로 한 연구들과 사람에 대한 뇌기능 영상 연구들은 시각연합피질 중 이 부위가 시각적 움직임을 지각함에 있어 중요하다는 일관된 증거를 제공해 준다(Zeki et al., 1991).

20세기 초에 발린트(Balint, 1909)는 오늘날 그의 이름이 들어가게 된 한 가지 신경행동 증후군인 발린트 증후군에 대해 묘사했다. 이 증후군을 가지고 있는 환자는 세 가지 신경학적 징후, 즉 시각성 운동 실조(optic ataxia), 심인성 응시 마비(psychic paralysis of gaze), 동시실인증(simultanagnosia, 同時失認症)을 보인다. 이 중에서 마지막 징후인 동시실인증에 대해서는 이 장의 후반부에서 설명하겠다.

발린트 증후군을 갖고 있는 환자는 물체들을 전적으로 알아차릴 수 있으며 물체들의 의미를 인식할 수 있다. 또한 그들은 물체의 색깔을 파악할 수 있고 그 움직임도 탐지할 수 있다. 하지만 물체를

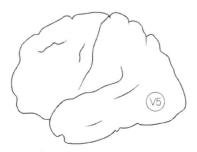

**그림 4-1** 뇌의 측두-후두엽 측후부에 있는 V5를 보여 주고 있는 그림. 이 시각영역은 물체의 움직임 추적에 중요하다.

만지려고 할 때 그 물체의 공간적 위치를 정확히 알아내는 데 어려움을 겪기 때문에 그 물체를 찾으려고 손을 허우적거리게 된다. 물체에 정확히 닿지 못하는 이러한 결함을 '시각성 운동 실조'라고 부르는데, 이 장애는 시각자 중심의 공간 속에서 그 물체가 어디에 있는지를 시각적으로 계산하지 못하는 것과 관련되어 있는 것으로 여겨진다.

'심인성 응시 마비'는 안구 운동 결함과 유사하다. 우리의 망막 중 가장 민감한 부위는 망막중심오목(fovea, 중심와라고도 함-역주)이다. 우리의 주의가 어떤 하나의 자극에 끌릴 때, 우리는 관심을 두고 있는 물체가 중심와에 놓이도록 우리의 눈을 재빨리 움직인다(단속성 운동, 예를 들면 독서할 때의 안구의 순간적 움직임-역주). 그런데 심인성 응시 마비를 갖고 있는 환자는 그 물체의 공간적 위치를 시각적으로 계산할 수 없으며, 관심을 두고 있는 물체가 거의 우연에 의해 망막의 중심와에 놓이게 될 때까지 그들은 눈을 잘못된 위치로 움직이게 된다.

그러므로 심인성 응시 마비는 시각성 운동 실조와 유사하다. 후자가 물체에 닿지 않는 유형이라면, 전자는 물체를 볼 수 없는 유형이라는 것을 제외하면 말이다. 어쨌든 이 두 가지 장애는 시공간적 위치를 알아차릴 수 없고 시공간적 위치를 계산할 수 없는 환자의 능력과 관련이 있다. 시각성 운동 실조와 심인성 응시 마비를 포함하는 발린트 증후군을 갖고 있는 환자들은 두정엽 및 후두엽 피질 등쪽의 위쪽 부위, 즉 등쪽 경로(dorsal stream)라고 불리는 곳에 손상이 있다([그림 1-1] 참조). 아울러 공간적 위치 계산을 하지 못하는 것은 그 일을 맡고 있는 시각연합피질 부위의 손상과 관련이 있다.

# 시각적 인식

## 사물에 대한 시각실인증

지그문트 프로이트(1891)는 볼 수 있고 시각적인 예민함도 갖고 있지만 평범한 물건들을 인식하지 못하는 환자에 대해 서술한 적이 있다. 그는 이러한 장애를 '시각실인증(visual object agnosia)(어원상 agnosia의 a=없음, gnosis=지식)'이라고 불렀다. 어떤 신경학자들은 물체 인식 능력을 잃은 환자들 중 일부가 발린트 증후군을 가지고 있는 환자들과 달리 공간에서의 물체 위치를 알아내는 능력을 유지하고 있다고 주장했다(Potzl, 1928).

원숭이를 대상으로 연구했던 미슈킨과 웅거라이더(Mishkin & Ungerleider, 1982)는 앞에서 유럽의 신경학자들에 의해 묘사되었던 것과 동일한 등쪽 경로와 배쪽 경로로 구분하여 언급한 바 있다. 이 연구자들은 시각 자극들이 원숭이의 1차 시각피질에 들어가고 나면 그 자극들은 후두엽에서 두 개의 시각 경로들에 의해 분석되고 처리된다고 생각했다.

등쪽 경로(위쪽 경로)는 두정엽으로 들어가며, 배쪽 경로(아래쪽 경로)는 아래쪽 측두엽으로 들어간다([그림 1-1] 참조). 이미 언급되었던 것처럼, 배쪽 경로는 물체나 사람을 인식함에 있어 중요하며 '무엇 시스템'이라고 불려 왔다. 반면에, 등쪽 경로는 공간적 위치 파악에 중요하며 '어디 시스템'이라고 불려 왔다. 앞에서 언급했듯이, 시각성 운동 실조와 심인성 응시 마비를 갖고 있는 환자는 등쪽의 '어디 시스템'에 결함을 갖고 있다.

물체를 시각적으로 알아차리지 못하는 환자들을 묘사하기 위해
프로이트가 '시각실인증'이라는 용어를 사용하기 1년 전에, 리사우
어(Lissauer, 1890)는 두 가지 형태의 물체인식장애가 있다고 말했
다. 한 가지 유형은 그가 '통각성 실인증(apperceptive agnosia)'이라
고 이름 지은 장애이다. 이 장애를 갖고 있는 환자는 물체를 정확히
알아차리지 못하기 때문에 물체 인식에 실패한다. 이러한 지각의
문제는 시각적 예민함에 의해 유발되지 않으며, 이 환자들 중 많은
이가 정상적인 혹은 정상에 가까운 시각적 예민함을 갖고 있다. 이
환자들은 지각장애를 갖고 있기 때문에 간단한 선으로 그려진 물
체의 그림을 복사하여 그릴 수 없다.

물체의 테두리들은 주로 그 물체의 모양을 규정한다. 어떤 물체
를 알아차리기 위해서는 후두엽에 있는 1차 시각피질이 망막으로
부터 시각 정보를 받아야 한다. 후두엽에 있는 1차 시각피질(새발톱
피질)은 밝기의 변화, 특정 방향으로 향하는 변화, 공간의 특정 부분
인 가장자리에 나타나는 변화들을 감지한다. 뇌가 어떤 물체를 알
아차리기 위해서는 이러한 선들이나 모서리들을 모아서 그 물체의
모양에 대한 지각표상(percept)[4]을 형성해야 한다. 이러한 정보 조
각들이 모아지지 않고 그 물체의 모양에 대한 지각표상이 완전하게
형성되지 않는다면, 우리는 그 물체를 인식할 수 없을 것이다. 지각
결함에 의해 유발되는 인식의 실패가 통각성 실인증이다.

지각표상이 발달된 후에 우리는 어떤 물체의 영상을 복사할 수

---

4) 역주: 대상에 대한 지각의 결과로 형성된 정신 표상. 다시 말하면, 감각에 의하여 지
각된, 공간에서의 대상에 대한 정신적 심상(心像)(출처: 이우주 의학사전, 이우주 저,
군자출판사, 2012)

있거나 혹은 알루미늄 포일로 만든 그 물체의 복제판을 알아볼 수 있게 된다. 하지만 인식(recognition)을 위해서는 이러한 과정들만으로 충분하지 않다.

물체들 또는 얼굴들의 이름을 말할 수 없거나, 그 물건들의 쓰임새를 설명할 수 없어도 그 물건들을 정확하게 그릴 수 있는 환자들이 있다. 이 환자들은 그 물건들을 그릴 수 있기 때문에 지각표상을 형성할 수 있는 것처럼 보인다.

리사우어(1890)는 상대적으로 보존된 지각을 가지고 있는 이와 같은 인식장애를 '연합성 실인증(associative agnosia)'이라고 불렀다. 여러 연구에 따르면 이 장애에는 적어도 두 가지 유형이 있다. 일생 동안 우리는 전에 본 적이 있는 것 같지만 그 이름도, 사용법도 모르는 물체들을 종종 보게 된다. 즉, 우리의 뇌는 사물에 대한 지각기억들(perceptual object memories)인 영상적 표상(iconic representation) 또는 구조 묘사(structural description)라고 불리는 기억들을 포함하고 있는 것이다.

그리고 이 표상들은 그 물체들의 속성, 특성, 또는 기능들에 대한 지식(개념적-의미적 정보)이 없어도 처리될 수 있다. 어떤 경우에는 물건을 보고 그것을 전에 본 적이 있다고 회상하게 될 뿐만 아니라, 그 이름을 말하고 그 물체의 속성, 특성, 기능들까지 아는 경우가 있다. 어떤 환자가 물건에 대한 지각표상을 형성했지만 그 물체에 대한 시각적 기억이나 영상적 표상을 잃어버렸다면, 그는 그 물건의 이름을 말하지 못하고, 그 모습을 묘사하지 못하며, 그 쓰임새를 보여 줄 수 없을 뿐만 아니라, 그 물건이 진짜인지 가짜인지도 알지 못할 것이다.

만일 어떤 환자가 온전한 대상중심 표상(object-centered representation)을 갖고 있지만(예: 인공 물체로부터 실제의 물건을 말할 수 있는) 그 물체의 이름을 말하지 못하거나, 시각과 같은 어떤 하나의 양식으로 그 물체를 인식하지 못하고 촉각과 같은 다른 양식으로만 그 물건을 인식할 수 있다면, 그 사람은 그 물체를 인식하지 못할 수도 있다. 왜냐하면 온전한 대상에 대한 그 사람의 영상적 표상(object iconic representation)이 두뇌의 '의미적-개념적 체제'에 접근할 수 없기 때문이다.

## 동시실인증

나는 앞에서 발린트 증후군이 무엇을 말하는지 언급했는데, 이 증후군에는 시각성 운동 실조와 심인성 응시 마비가 포함된다. 그리고 나는 '물체에 손이 정확히 닿지 못하는 장애(시각성 운동 실조)와 물체의 상이 망막에 놓이도록 눈의 위치를 조절하지 못하는 장애(심인성 응시 마비)는 아마도 시각 시스템 중에서 어떤 사람이 보려고 시도하거나 만지려고 하는 자극의 공간적 위치 계산을 담당하는 부위의 손상에 의해 유발되는 것'이라고 말했다.

발린트 증후군과 관련된 세 번째 징후는 복잡한 그림이나 장면을 해석하지 못하는 것이다. 예를 들면, 이러한 장애를 가지고 있는 환자들 중 한 명에게 나는 미국 남북전쟁의 전투 그림을 보여 주고 그 그림에 대해서 설명해 보라고 요구한 적이 있다. 그 여자 환자는 그것이 말에 관한 그림이라고 말했다. 그 그림에 말이 들어 있기는 하지만, 다른 많은 사물과 사람이 있었다. 그래서 나는 그 환자에게 그림이 전체적으로 무엇에 관한 것인지 말해 보라고 요구했다. 그녀는 몇 초 동안 더 그림을 보더니 "나무도 보이네요."라고 대답했다. 그림 전체를 알아보지 못하고 그 장면의 구성 요소들만 인식하는 증상을 동시실인증이라고 한다. 이 증상은 발린트 증후군의 세 번째이자 마지막 요소이다.

복잡한 그림이나 장면의 의미를 알아보기 위해서, 우리는 그 장면에 있는 사물들을 볼 수 있어야 하고 그들 양자 간의 공간적 관계를 알아야 한다. 나는 '주의가 지엽적 혹은 집중적(초점 주의)이거나 전역적 혹은 넓게 분산(전역 주의)될 수 있다.'고 앞에서 말했다. 동시실인증 환자가 그림의 전체를 볼 수 없는 것은 전역 주의에서의 결함과 관련될 수도 있다. 또한 동시실인증은 하나의 특정한 시각적 사물로부터 한 개인의 주의를 떼어 낼 수 있는 능력이 없는 것과 관련될 수도 있다.

동시실인증의 원인에 대한 세 번째 설명이 있다. 코슬리트(Coslett, 2002)는 많은 사물로 이루어진 복잡한 그림이나 장면을 이해하기 위해서는 그 물체들을 볼 줄 알아야 할 뿐만 아니라 그 사물들 사이의 공간적 관계를 알아야 한다고 말한 적이 있다. 내가 앞에서 언급했듯이, 어떤 사물들이 무엇인지를 결정하는 데에는 배쪽 시각망(ventral visual network)이 중요하며, 물체가 어디에 있는지를 결정함에 있어 중요한 것은 등쪽 시각망(dorsal visual network)이다. 복잡한 그림을 이해하기 위해서는 이들 '무엇' 시스템과 '어디' 시스템이 함께 일을 할 수 있어야 한다. 왓슨, 발렌스타인, 데이와 하일먼(Watson, Valenstein, Day, & Heilman, 1994)은 배쪽(무엇) 시스템과 등쪽(어디) 시스템이 모두 두정엽 아래쪽으로 뻗어 간다([그림 3-6] 참조)고 주장한 바 있다. 코슬리트(2002)는 이들 '무엇' 분석과 '어디' 분석을 통합할 수 있는 능력의 결손이 동시실인증을 낳을 수 있다고 주장했다.

# 시각적 심상

시각 시스템의 가장 중요한 기능은 우리가 시각 자극을 인식하고, 그 위치를 알아내고, 그 자극과 상호작용할 수 있도록 시각적인 입력 내용을 처리하는 것이다. 어쨌든, 우리는 물체를 직접 보지 않고 마음의 눈으로도 사물을 볼 수 있다. 현재 그곳에 존재하지 않는 물체를 보는 능력을 심상 또는 환시(hallucination, 환각(幻覺), 환영(幻影)이라고도 함—역주)라고도 부른다.

환시는 '감각 자극이 존재하지 않는 가운데 경험하는 가짜 지각 경험'이라고 정의된다. 환시에 대한 이러한 정의는 환시와 심상 사이를 실제로 분간시키지 못하는데, 왜냐하면 심상 또한 진짜가 아닌 가짜 지각 경험일 수도 있기 때문이다. 심상과 환시 사이의 차이는 의도적인 인식(awareness)과 관련이 있다. 우리가 어떤 것을 마음속으로 그릴 때, 우리는 현재 존재하지 않는 어떤 것을 보려는 의도가 있음을 인식한다. 그런데 우리가 환시를 경험할 때는 현재 보고 있는 것이 무엇인지 알아보려는 의도가 있는 것이 아니거나 무엇인지 알아보기를 소망하는 것이 아니다. 환시를 경험하는 사람들이 그림 그리기와 같은 창의적인 작업에 환시를 활용한다는 보고는 드물다. 하지만 '창의적인 인물들이 소설을 쓰거나 그림 그리기와 같은 활동들에 심상을 의도적으로 사용한다.'는 것은 보다 흔한 일이다.

9장에서 설명하겠지만, 무엇을 하고자 하는 생각이나 계획(intention, 의도, 작정의 뜻도 있음—역주)을 관장하는 기관은 전두엽이다. 전두엽에 부상을 입으면 이른바 '집행 장애(executive disorders)'

가 초래된다. 집행의 가장 중요한 일 중 하나는 자원을 배분하고 할 일을 부여하는 것이다. 전두엽에 부상을 입은 환자들은 자원을 적절하게 할당하지 못하거나 할 일을 적절하게 부여하지 못하므로 여러 자극에 사로잡힌다.

이샤이, 웅거라이더와 헥스비(Ishai, Ungerleider, & Haxby, 2000)는 기능성 자기공명영상법을 사용하여 지각(perception)[5]에 의해 유발된 뇌 활성화와 심상에 의해 유발된 뇌 활성화를 비교하였다. 그들은 심상을 떠올리는 동안에 선조 외 시각피질(extrastriate visual cortex)[6]에서 '내용 관련 활성화'가 일어나는 것을 발견했다. 그리고 이러한 활동(activity)은 실제의 지각 동안에 '카테고리 관련 활성화'를 보이는 영역의 조그마한 하위 세트들(Subsets)에 국한되었음도 알아냈다. 측두엽피질 아래쪽 안에서는, 심상으로 인한 활성화가 왼쪽 대뇌반구에 더 강한 반응을 유발한 반면에 지각은 오른쪽 대뇌반구에 더 강한 반응을 불러일으켰다. 시각적 심상은 또한 전두엽에서의 활동을 불러일으켰다.

환시의 경우와는 반대로, 심상은 전두엽에 의해 부분적으로 조정되는 하향식 메커니즘에 의해 실행된다는 가정을 이들 연구들은 지지하고 있다. 전두엽이 표상적 네트워크를 활성화시키거나 억제하는 일에서 중요할 수도 있다는 가정에 대한 추가적인 지지가 양전자 방사단층법을 사용한 최근의 연구로부터 나왔다. 이 연구는 전전두 안쪽 피질과 바깥쪽 피질(medial and lateral rostral prefrontal

---

5) 역주: 감각기관을 통한 대상에 대한 인식(출처: 표준국어대사전)
6) 역주: 시각피질 중에서 시각적 형태 지각에서 가장 기초적인 단위, 즉 시소자(visual primitive)들을 처리하는 부위(출처: 위키백과)

cortex, 브로드만 영역 10)의 역할이 다르다는 점을 제안하고 있다. 전전두피질 바깥쪽은 뒤쪽 신피질(posterior neocortex)에 저장된 표상(representation)[7]들을 활성화시키는 것 같으며, 전전두피질 안쪽은 내적으로 생산된 표상들을 억제하는 데 관여한다(Burgess, Scote, & Frith, 2003).

일부 연구자들은 '1차 시각피질(V1, 즉 새발톱피질 혹은 브로드만 영역 17; [그림 1-1] 참조)이 시각 이미지가 펼쳐진 다음 검색되는 장소'라고 제안한 바 있다(Kosslyn, 1999). 나는 내 동료들과 1차 시각피질의 양쪽에 병이 난 환자 두 명을 연구했다. 그들은 피질상 심각하게 눈이 먼 상태라서 손가락으로 셈을 셀 수 없거나 혹은 방의 등이 켜져 있는지 꺼져 있는지조차 말할 수 없었다. 이 두 환자 모두 시각적 심상은 멀쩡했다. 게다가 기능적 영상화 기법 연구들에 따르면 시각적 심상을 떠올리는 동안에 1차 시각피질로 들어가는 피는 증가하지 않는다(Mellet et al., 2000).

1차 시각피질이 시각 이미지 생성에 중요한 것처럼 보이지 않을지라도, '시각연합피질'의 다른 영역들은 중요한 것 같다. 모양을 갖고 있는 것에 덧붙여서, 이미지는 색깔, 공간적 위치, 움직임까지 지닐 수 있다. '보이는 자극의 의미를 지각하고 인식함에 있어 중요한 일부 뇌 영역들이 심상에서도 중요하다.'는 가정에 대한 지지가 다음과 같은 환자들에 대한 관찰로부터 나왔다. 이 환자들은 자극 처리의 특정 측면을 방해하는 뇌 손상을 갖고 있으며 또한 심

---

7) 역주: 원래의 것과 같은 인상을 주는 이미지 또는 형상. 정신적 표상은 정신 안에서 비교적 일관되게 재생산되는 의미 있는 사물이나 대상에 대한 지각을 일컬음(출처: 정신분석용어사전, 미국정신분석학회 저, 이재훈 역, 서울대상관계정신분석연구소, 2002)

상에 있어서도 아주 유사한 결함을 갖고 있는 사람들이었다(Farah, 1989).

예를 들면, 나는 '측두-후두엽 아래쪽 부위의 손상이 색의 빛깔을 볼 수 없는 색맹과 관련될 수도 있다.'고 언급했었다(Damasio et al., 1980). 이시하라식 색맹 검사법(Ishihara test for color vision)과 같은 검사에서 색맹으로 판명되었으며, 흔한 물체의 색깔을 떠올릴 능력이 없는 환자, 즉 시각적 심상에 문제를 갖고 있는 한 환자에 대해 드렌지와 스핀러(DeRenzi & Spinnler, 1967)가 묘사한 적도 있다.

앞에서 나는 배쪽 시각망의 '무엇' 시스템과 등쪽 시각망의 '어디' 시스템을 설명했다. 그리고 배쪽의 '무엇' 시스템이 손상된 환자들은 물건이나 사람을 알아차리는 데 어려움이 있는 시각실인증이라는 장애를 갖는다고 설명했다. 등쪽의 '어디' 시스템에 상처를 갖고 있는 환자들은 공간 속에서 물건의 위치를 찾는 데 결함을 갖고 있을 수 있다. 그리고 손을 뻗어 물체에 닿으려고 할 때 그들은 종종 반복해서 허공을 헤매는 증상인 시각성 운동 실조를 갖게 된다.

레빈과 동료들(Levine et al., 1985)은 측두엽의 배쪽 부위 양쪽에 병이 있어서 사물실인증을 갖고 있는 환자 한 사람과 등쪽 부위 양쪽에 병이 있어서 물체의 위치를 찾는 데 장애를 가진 다른 환자에 대해 연구했다. 예를 들면 등쪽 부위에 병이 있는 환자는 시각 자극의 위치를 찾지 못하고 기억으로부터 주요 지형지물들(landmarks)을 묘사할 수도 없지만, 물체들과 물체들의 상을 지각하고 인식할 수 있었다. 배쪽 부위에 병이 있는 환자는 시각 자극의 위치를 알아내고 랜드마크의 위치를 회상해 낼 수는 있지만 보이는 물체를 인식할 수도 없고 기억으로부터 물체의 상을 알아낼 수도 없다.

이와 같은 '등쪽-배쪽'의 '어디-무엇'라는 구분에 덧붙여서, 왼쪽-오른쪽 대뇌반구 이미지화 이분법도 있다. 파인버그, 로시와 하일먼(Feinberg, Rothi, & Heilman, 1986)은 사물실인증을 갖고 있는 환자로서 왼쪽 측두-후두엽의 배쪽 부위에 병이 있는 사람에 대해 보고했다. 왼쪽 대뇌반구 뒤쪽에 병이 없으나 오른쪽 대뇌반구 뒤쪽에 병이 있는 환자들은 정서적 표정을 알아차리는 데 문제를 가질 수 있지만(Bowers, Bauer, Coslett, & Heilman, 1985) 사물을 인식하는 데는 문제가 없다.

왼쪽 대뇌반구 뒤쪽에 병이 든 환자들은 물체에 대한 심상에 문제가 있지만, 오른쪽 대뇌반구에 병이 있는 환자들은 정서적 표정에 대한 심상이 손상되어 있음을 바우어스, 블론더, 파인버그와 하일먼(Bowers, Blonder, Feinberg, & Heilman, 1991)이 실제의 예를 통해 보여 주기도 하였다. 따라서 왼쪽 대뇌반구에 저장되어 있는 사물 표상의 활성화는 물체에 대한 심상에 중요하며 오른쪽 대뇌반구에 저장되어 있는 얼굴 이미지들과 얼굴 표정들의 활성화는 얼굴의 정서적 심상에 중요함을 알 수 있다.

많은 사람이 책을 읽고 있거나 이야기를 듣고 있을 때 시각적 심상을 경험한다고 말한다. 이야기들이 갖고 있는 시각적 이미지를 활성화시키는 능력은 '의미적-개념적 표상들도 시각적 이미지를 활성화시키는 힘을 갖고 있음'을 제안하고 있다.

나는 시각 시스템과 '언어-의미적 체계'가 분리된 환자들을 병원에서 본 적이 있다. 예를 들면, 왼쪽 측두엽의 아래쪽에 병이 든 환자들은 단어를 읽는 데 어려움을 갖고 있을 뿐만 아니라 색깔의 이름을 말하지 못하는 증상을 보이는 색채실인증(color anomia)을 갖고 있다. 이 환자들의 페리실비안 언어시스템(perisylvian language system)[8]은 온전하며 청각 및 운동 시스템과도 연결되어 있기 때문에 그들은 정상적으로 다른 사람의 말을 이해하고 말을 할 수 있다. 또한 그들은 정상적으로 단어를 쓸 수도 있다.

　그들은 오른쪽 대뇌반구의 시각 시스템을 사용하여 쓰인 단어들을 볼 수 있지만, 그 단어들을 크게 읽거나 이해하기 위해서는 왼쪽 대뇌반구의 언어시스템에 접속해야만 한다. 왼쪽 대뇌반구의 측두-후두엽 배쪽(아래쪽) 뒤에 생기는 병은 쓰인 단어들이 왼쪽 대뇌반구의 시각피질에 닿는 것을 막을 뿐만 아니라 오른쪽 후두엽으로 입력된 단어들이 왼쪽 대뇌반구의 언어시스템에 연결되는 것도 방해한다. 왼쪽 측두엽의 배쪽에 병을 가지고 있는 이러한 환자들에게 색을 보여 주고 그 이름을 말하라고 요구하면, 그들은 이 과제를 수행함에 있어서 어려움을 가질 수도 있다.

　그러나 같은 색끼리 맞추어 보라고 요구받거나 어떤 물체의 전형적인 색깔을 말해 보라(예: "홍당무의 색깔은?")고 요청받으면, 그들은 종종 이 과제를 올바르게 해낸다. 이 환자가 홍당무의 색깔을 말하기 위해서는 그 시각 정보가 대뇌의 언어피질에 연결되어야 하지만, 왼쪽 측두-후두엽에 생긴 병은 이러한 연결을 방해한다. 하지만 색을 매칭하는 일은 언어 없이도 이루어질 수 있으며 따라서 왼쪽 측두-후두엽에 병을 가지고 있는 환자들도 그 과제를 수행할 수 있는 것이다.

　이 환자들은 개념과 연관된 색깔에 대해 질문을 받게 되었을 때

---

8) 역주: 측두엽은 청각연합영역과 청각피질이 있어 청각 정보를 처리하며, 페리실비안 열이라는 커다란 주름에 감추어져 있는 뇌섬엽(insula)에 의해서 전두엽에 연결되어 언어를 생성하는 데 관여한다(출처: 뉴로 커뮤니케이션, 조창연, 커뮤니케이션북스, 2015).

(예: red hot,[9] green with envy[10])도 대답을 잘한다. 왜냐하면 의미적-개념적 시스템들이 이미 그 단어에 대한 지식을 저장하고 있으며 시각 시스템으로부터 오는 정보 또는 시각적 표상들에 접근해야 할 이유가 없기 때문이다.

보부아와 사양(Beauvois & Saillant, 1985)은 '색맹이어서 시각적으로 제시되는 색깔의 이름을 말하지는 못하지만 관련이 있거나 비슷한 색깔끼리 연결시킬 줄 아는 환자'에 대해 보고한 바 있다. 이 여자 환자에게 물체의 흑백 사진들을 보여 주자, 사진 속 그 물체의 실제 색깔을 말할 수 있었다. 하지만 물체를 지명하여 그 색깔을 물어보면(예: "오이의 색깔은?") 어려움을 겪었다. 그 이유는 이 과제가 시각적 심상을 필요로 하기 때문이며 시각적 이미지를 저장하고 있는 뇌 영역들과 언어를 조정하는 뇌 부위 사이가 끊겨 있기 때문인 것으로 생각되었다.

이러한 유형의 언어적-시각적 심상 분리를 묘사한 연구들은 '언어적인 의미적-개념적 표상'과 '시각적 표상' 사이에 상당한 연결이 있다고 주장하고 있다. 따라서 이야기를 듣거나 읽는 일은 시각적 심상을 불러일으킬 수도 있으며 어떤 물체들이나 장면들을 보는 것도 언어적 표상을 유발할 수 있다. 아마도 이와 비슷한 관계가 저장된 지식의 서로 다른 영역들 사이에 존재하며, 많은 유형의 창의성들이 아마도 이러한 관계들에 강하게 의존하는 것 같다.

창의성을 판단하는 주요 기준들 중 하나는 참신함(novelty)이다. 따라서 어느 사람이 창의적 행위에 심상을 활용할 때, 그 사람은 이

9) 역주: 작렬하는, 감정이 격렬한, 정보 등이 최신인(뜨거운)
10) 역주: 몹시 샘을 내는, 시샘하는, (샘이 나서) 배가 아픈

미지들을 변형하려는 욕구를 갖게 된다. 변형 과정을 활용하면서, 그 사람은 전에 본 적이 없는 또는 들어본 적이 없는 사물과 장면들을 이미지화할 수 있다. 실행되었던 가장 유명한 심상 실험 중 하나에서 셰퍼드와 메츨러(Shepard & Metzler, 1971)는 참가자들에게 별 의미가 없는 평범한 물건들을 보여 준 다음 그 물건과 동일한 것을 선택지에서 고르도록 했다. 다만, 그 선택지에서는 물건들이 회전된 상태였다. 이들 연구자들은 원래의 상태에서 회전이 많이 될수록 정답을 고르는 데 시간이 더 많이 걸렸다는 사실을 실제의 예를 통해 보여 주었다. 이러한 연구 결과를 토대로 연구자들은 "정답을 맞히는 일(샘플과 올바르게 연결 짓는 일)이 회전되고 있는 물체를 이미지로 떠올리는 것에 달려 있다."라고 주장했다.

워링톤과 제임스(Warrington & James, 1988)는 오른쪽 대뇌반구에 병이 든 참가자들에게 일상적인 물건들의 사진을 보여 주었다. 그 사진들 중 일부는 흔하지 않은 각도에서 본 물체의 모습(예: 정면에서 바라본 스팀다리미)이었으며, 또 일부는 보다 전통적인 각도에서 본 물체의 모습(예: 옆에서 바라 본 양동이)이었다. 흔하지 않은 각도에서 보이는 물체가 무엇인지를 알기 위해서는 머릿속에서 그 이미지를 변화시켜서 보다 전통적인 각도에서 보이는 이미지로 바꿀 수 있어야 한다. 그런데 오른쪽 대뇌반구의 두정엽이 손상된 환자들은 이 과제의 해결을 어려워했다.

햄셔, 레빈과 벤튼(Hamsher, Levin, & Benton, 1979)은 오른쪽 대뇌반구 뒤쪽에 손상을 입은 환자들은 '서로 같은 얼굴들을 연결하는 과제에서, 일반적인 각도와는 다른 각도에서 얼굴들이 보일 때 과제 해결에 어려움을 겪는다.'는 점을 보여 주었다. 이 과제도 머릿속에서 이미지를 회전시킬 것을 요구한다.

셰퍼드와 메츨러(1971)의 연구 패러다임을 사용하여 뇌 손상 환자와 정상인에 대해 연구한 결과, 오른쪽 대뇌반구의 뒤쪽이 머릿속으로 이미지를 회전시키는 데 중요하다는 것을 발견했다. 즉, '양쪽 대뇌반구가 심상에 중요한 것 같지만, 오른쪽 대뇌반구가 왼쪽 대뇌반구보다 공간적 심상의 변형에 더 중요할 수도 있다.'고 여겨진다.

요약하면, 이미지를 떠올리는 능력과 그 이미지를 변화시키는 능력도 창의적인 혁신에 중요하며, 창의적인 심상은 그림 그리기, 조각하기, 글쓰기와 같은 예술 활동에 사용된다. 우리의 논의 대부분은 시각적 심상을 다루었지만, 창의적인 사람들은 다른 감각 양식으로 이미지를 떠올릴 수 있다. 예를 들어, 작곡가들은 종종 악보와 노래의 가사를 머리 속에 떠올린다. 뇌기능 영상 연구들에 따르면 피험자들이 가사가 없는 음악을 머리 속에 떠올릴 때, 그들의 오른쪽 대뇌반구의 청각연합피질은 활성화된다(Halpern, 2001). 그런데 노래 가사를 듣는 중이라고 상상할 때는 그들의 왼쪽 대뇌반구의 언어피질이 활성화되었다(Ducreux, Marsot-Dupuch, Lasjaunias, Oppenheim, & Fredy, 2003).

심상이 창의적인 과정에 중요한 요소인 것처럼 보이지만, 창의성과 심상의 관계를 연구한 여러 연구에 의하면, 창의적인 사람들의 상상하는 능력이 덜 창의적인 사람들보다 훨씬 더 뛰어난 것은 아니었다(LeBoutillier & Marks, 2003). 따라서 심상도 일반지능처럼 창의성에 중요한 요소가 될 수 있지만, 그것만으로 충분한 것은 아닌 것 같다. 즉, 한 개인이 능력의 역치(threshold value, 어떤 반응이나 현상을 일으키기 위해 가해지는 물리량의 최소치−역주)에 도달하면, 상상력과 창의성 사이의 밀접한 관계는 없어지는 것 같다.

# 5

# 왼손잡이가 더 창의적인가

일반적으로 포유동물들은 어느 한쪽에 대한 운동 선호성
(lateral motor preference) 또는 발 사용 선호성(paw
preference)을 가지고 있지만, 사람과 원숭이를 제외한 대부분의 동
물은 그 비대칭성이 심하지 않다. 사람은 특히 심한 운동 선호성을
가지고 있는데, 대략 90%가 오른손 사용을 선호한다. 나머지 10%
는 왼손 사용을 선호하거나 특별히 더 선호하는 손이 없는 사람들
이다. 나는 전자의 사람들을 왼손잡이, 후자의 사람들은 양손잡이
또는 비오른손잡이라고 부른다.

왼손잡이가 더 창의적이라고 주장하는 몇몇 보고가 있다. 여러
영역에서 놀랄 만한 창의적 재능을 가졌던 미술가이자 발명가였던
레오나르도 다빈치는 왼손잡이였던 것 같다. 다빈치가 정말로 왼

손잡이였는지 확실하지 않지만, 그가 거울에 비친 모양처럼 글씨
(mirror script)를 썼다는 사실은 알려져 있다. 우리 실험실에서 이
루어진 연구들에 의하면, 거울에 비친 모양처럼 글씨를 쓰는 일은
오른손잡이보다 왼손잡이에게 더 쉽거나 자연스러웠다(Tankle &
Heilman, 1983). 그래서 연구자들은 다빈치가 거울에 비친 모양처
럼 글씨를 썼다는 사실에 기초하여 그가 왼손잡이였다고 추정한다
(Schott, 1979). 미켈란젤로와 라파엘과 같은 르네상스 시대의 위대
한 시각 예술가들도 왼손잡이였다고 한다.

창의적인 사람들이 어느 쪽 손 사용을 더 선호하는지에 대해 철
저한 연구가 이루어지지는 않았지만, 특정 학문 분야에서는 왼손
잡이가 더 창의적일 수 있다는 몇몇 증거가 있다. 이것은 특히 예술
분야에서 사실인 것 같다. 예를 들면, 피터슨(Peterson, 1979)은 '과
학을 전공한 왼손잡이보다 음악이나 시각예술을 전공한 왼손잡이
의 비율이 더 높다.'는 것을 밝혀낸 것이다. 헤슬러와 굽타(Hassler
& Gupta, 1993)는 뛰어난 기량의 음악가들이 어떤 손잡이인가 연구
했고, 왼손잡이가 음악적 재능과 더 관련이 있다는 점을 발견했다.

뉴랜드(Newland, 1981)는 대학을 졸업했거나 그렇지 않은 왼손
잡이 또는 오른손잡이 젊은 성인을 대상으로 토랜스 창의성 검사
를 받게 하였다. 그 결과, 왼손잡이가 오른손잡이보다 창의성 점수
가 더 높았으며, 대학을 나온 이들이 대학을 졸업하지 못한 이들보
다 창의성 점수가 더 높았다.

한 연구에서는 초등학교 아동(2학년과 5학년)과 대학생의 창의력
을 토랜스 창의성 검사로 확인하였는데, 모든 나이 수준에서 왼손
잡이가 오른손잡이보다 더 창의적이라는 점을 발견했다(Stewart &
Clayson, 1980).

코렌(Coren, 1995)은 손 사용 선호성과 확산적 사고의 관계에 대해 연구했다. 그 결과, 왼손잡이 중에서 특히 남자는 오른손잡이보다 확산적 사고력이 더 높았고, 이 능력은 왼손 사용 정도에 비례해 증가하였다. 전두엽에 대한 장(9장)에서 논의하겠지만, 확산적 사고는 창의성의 핵심 요소 중 한 가지로 여겨진다.

왼손 선호와 높은 창의성이 왜 연관되는지 아직 밝혀지지 않고 있지만, 이 장에서 나는 몇몇 가능한 이유를 탐색하려 한다. 우선 손 사용 선호성과 관련된 신경생물학적 기반에 대해 논의할 것이다. 왜냐하면 손 사용 선호성이 창의성과 관련이 있을 경우, 손 사용 선호성의 신경생물학적 기반이 그 선호성과 창의성 사이의 관계를 설명하는 데 도움을 줄 수 있기 때문이다.

## 주로 사용하는 손 선호성의 기원

### 적자생존

대부분의 사람이 오른손잡이인 이유가 무엇인지는 아직 알려져 있지 않다. 이에 대해서는 여러 이론이 있다. 다윈의 진화이론은 적자생존을 말하고 있는데, 어째서 오른손잡이가 왼손잡이보다 생존 가능성이 더 높다는 것인가? '칼과 방패 가설'이라고 불리는 이론에 의하면, 오른손잡이는 오른손에 칼을 들고 왼손에 방패를 들고 싸운다. 반대로 왼손잡이는 왼손에 칼을 들고 오른손에 방패를 든다. 그런데 오른손잡이와 왼손잡이가 전투를 하게 되면, 오른손잡이가 살아남을 가능성이 높다. 왜냐하면 선호하는 손의 방향과 독립적으로 심장은 가슴 왼쪽에 있으므로 왼손잡이의 경우처럼 방패가 오른손에 들려져 있다면 방어에 더 취약하게 되기 때문이다.

이 이론의 문제점은 칼이 출현하기 전에도 대부분의 사람이 오른손 사용을 선호했다는 사실이다. 그리고 이 이론은 창의성이 손 사용 선호성과 관련될 수도 있는 이유를 설명하는 데 도움을 주지 않는다.

### 태아의 위치

이 이론은 임산부 자궁 속에 있는 태아의 왼팔과 왼손이 어머니의 척추 쪽을 향하는 경우가 많아서 오른팔보다 움직이기 더 어렵게 된다고 주장한다. 이 경우 그 아이가 점차 성장함에 따라 '오른손-왼쪽 뇌'에 더 많은 이점을 제공하게 된다는 것이다.

이 이론의 문제점은 자궁 속 태아의 위치가 무작위적이지 않다는 관찰 사실, 즉 그 이유를 설명하지 못한다는 점이다. 또한 이 이론도 창의성과 손 사용 선호성의 관계에 대한 설명으로는 부족하다.

### 문화

많은 문화에서 왼손을 사용하지 말라고 권하고 있다. 다양성을 허용하는 것으로 유명한 미국과 영국에서도 왼손잡이에 대한 과학적인 용어가 'sinistral'인데, 이 단어는 악마를 뜻한다. 많은 다른 언어들에서도 왼손잡이에 사용되는 용어들은 부정적인 의미를 함축하고 있다.

미국에서 몇 세대 전만 해도 왼손잡이 아동에게 오른손으로 글씨를 쓰도록 훈련을 시키는 시도가 성행하였다. 지금은 그러한 시도가 많이 완화되어 왼손잡이에 대한 문화적 압박이 느슨해졌으나, 오른손잡이의 비율은 여전히 90% 정도나 된다.

문화적 요인들이 선호하는 손에 대한 전반적인 인식에 영향을 줄 수 있어도, 그 영향이 결정적인 역할을 하는 것 같지는 않다.

## 뇌의 비대칭성

사용하는 손에 대한 선호성을 연구하고 있는 거의 모든 사람은 손 사용 선호성이 몇몇 유형의 뇌의 비대칭성과 관련된다는 점에 동의할 것이다. 하지만 어째서 한쪽 손 사용이 더 선호되는지는 완전하게 파악되고 있지 않다. 그래서 나는 다음과 같은 세 가지 주요 이론, 즉 ① 언어 우세성(language dominance), ② 행위 실행 방식의 좌우 차(praxis laterality), ③ 솜씨(deftness)에 대해 간략히 논의하고자 한다.

## 언어 편측성[1]

많은 사람은 언어를 주도적으로 조정하는 대뇌반구가 손 사용 선호성도 결정한다고 생각한다. 환자가 중풍에 걸리면 통상 그들은 뇌(대뇌반구)의 오른쪽 또는 왼쪽 절반에 손상을 입는다. 2장에서 언급했듯이, 프랑스의 내과 의사이자 인류학자였던 폴 브로카는 오른손잡이이면서 왼쪽 대뇌반구 손상으로 인해 말하기−언어

---

1) 역주: 편측성(laterality)은 편국재성(偏局在性)이라고도 함.

장애(실어증)를 갖고 있는 여덟 명의 환자에 대해 보고했다. 이러한 관찰에 기초하여 브로카는 어떤 사람이 오른손 사용을 선호한다면 그의 왼쪽 대뇌반구가 말하기-언어를 조정한다고 제안하였다. 후속 연구들도 브로카의 연구 결과와 동일한 결과를 내놓았으며, 이제는 오른손잡이의 95% 이상에게서 왼쪽 대뇌반구에 의해 '말하기-언어 활동'이 조정을 받고 있다는 증거가 넘쳐나고 있다.

각 대뇌반구는 반대쪽 손을 통제한다. 즉, 오른쪽 대뇌반구는 왼손을 통제하며 왼쪽 대뇌반구는 우리의 오른손을 통제한다.

우리가 손을 사용하여 수행하는 가장 중요한 숙련된 활동들 중 하나는 쓰기이다. 쓰기 활동은 언어 기술과 운동 기술 모두를 필요로 한다. 오른손잡이의 경우 언어를 조정하고 오른손을 조절하는 일을 하는 곳은 왼쪽 대뇌반구이기 때문에, 왼쪽 대뇌반구에 언어 기능을 가지고 있는 사람은 오른손으로 글씨 쓰는 것을 선호할 수도 있다. 왜냐하면 오른손이 언어를 조정하는 시스템에 직접 연결되기 때문이다. 만약에 왼쪽 대뇌반구에 의해 언어가 조정되는 사람이 왼손으로 글씨를 쓰려고 시도한다면, 우선적으로 언어 정보를 왼쪽 대뇌반구에서 왼쪽 손을 조절하는 오른쪽 대뇌반구로 넘겨야 한다. 이와 같이 정보를 다른 쪽 대뇌반구로 전달하는 것은 직접적인 접속보다 덜 효율적이다. 따라서 언어 편측성은 손 선호성에 있어서 중요한 한 요소로 가정되어 왔다.

손 사용 선호성에 대한 '언어-글쓰기 이론'이 가지고 있는 문제점 중 하나는 아동들이 글을 쓰기 전에도 선호하는 손이 있다는 점이다. 또한 읽기와 쓰기를 배운 적이 없는 사람들의 90% 이상이 오른손잡이이다.

브로카의 연구가 이루어진 지 10년 후쯤에 19세기 독일의 신경학자였던 베르니케는 오른손잡이의 왼쪽 대뇌반구가 언어를 '이해'하는 일에도 중요하다는 점을 입증하였다. 우리가 손과 팔을 가지고 수행하는 많은 행위는 내적 및 외적인 언어 명령에 응한다. 언어를 이해하는 왼쪽 대뇌반구가 오른손의 행동을 통제하기 때문에 오른손을 사용하는 것이 '비언어적인 면에서 우세한 오른쪽 대뇌반구가 통제하고 있는 왼손'을 사용하는 것보다 더 효율적이다.

앞서 언급했듯이, 양쪽 대뇌반구를 연결하는 주된 섬유다발은 뇌량이라고 불린다. 가끔 뇌졸중은 뇌량에 상처를 준다. 그리고 뇌량은 약물에 의해 적절하게 통제될 수 없는 간질 환자의 발작이 퍼지는 것을 막기 위한 의도로 신경외과 의사에 의해 절단되기도 한다. 뇌량이 손상된 오른손잡이 환자는 종종 자신의 왼손이 기이한 방식으로 행동하고 있음을 발견하게 된다. 그 예로 내가 진료하고 있던 한 환자의 경험담을 들 수 있다. 어느 날 그녀는 푸른색 옷을 입고 싶어서 오른손으로 옷장에서 푸른색 옷을 꺼냈다고 한다. 그러나 그녀가 옷과 색을 맞추기 위해 푸른색 구두를 왼손으로 꺼내려고 할 때, 그녀의 왼손은 붉은색 구두를 집어 들었다. 이러한 유형의 경험으로 인해 일부 사람은 왼손을 '외계인' 손이라고 부른다. 왜냐하면 왼손이 어떤 외부의 힘에 의해 통제되는 것처럼 보이기 때문이다.

이와 같은 이야기들은 우리의 의식적 의도들 또는 목표 지향적인 행동들이 언어적인 왼쪽 대뇌반구에 의해 통제된다는 것을 시사한다. 뇌량이 단절된 사람들은 이러한 의식적 의도들을 자신의 비언어적인 오른쪽 대뇌반구에 전할 수가 없다. 의식적인 의도들은 '내적 언어(inner speech)'[2]에 의해 조정될 수도 있기 때문에 오른손은 이러한 의도들에 접속할 수 있는 특권을 갖고 있을 것이다.

아동의 뇌량이 완전하게 수초화되려면 출생 후 여러 해가 걸리며, 수초화되지 않은 신경 섬유들은 양쪽 대뇌반구 사이에 정보를 불충분하게 전달할 수 있다. 따라서 발달의 초기 단계 동안, 아동의 오른손과 오른팔이 주로 언어적 의도에 닿을 수 있는 특권을 가지게 되며, 이와 같은 불균형은 정상적인 어른보다 아동에게서 훨씬 크게 나타난다.

언어 편측성이 손 사용 선호성을 결정하는 중요한 요소들 중 하나이긴 하지만, 그것만으로 손 사용 선호성을 설명할 수 없음을 시사하는 중요한 연구가 하나 있다. 일부 간질 환자는 대뇌피질을 전기적으로 과민하게 만드는 비정상인 부분과 간질 발작의 원천이 되는 비정상인 부분을 가지고 있다. 이 환자들의 발작을 약물로 통제할 수 없다면, 외과 전문의는 대뇌피질의 비정상적인 부분을 제거하는 방안을 선택할 수도 있다. 그런데 의사들은 대뇌피질 중 언어 기능에 중요한 특정 부위를 제거하는 것을 원치 않는다. 따라서 환자가 수술을 받기 전에 신경과 전문의들은 오른쪽 경동맥(각 대뇌반구에 피를 공급하는 주요 동맥)에 먼저 바르비투르를 주사하고, 그다음 왼쪽 경동맥에 주사를 놓는다. 진정제인 바르비투르를 받아들인 대뇌반구는 잠이 들게 된다. 만일 왼쪽 대뇌반구만 잠이 들었을 때 그 환자가 말을 하지 못한다면, 언어를 주도하는 것은 그

---

2) 역주: 비고츠키(Vygotsky)가 제기하고 루리아(Luria) 등이 발전시킨 개념으로, 구체적 발성 활동을 동반하지 않으며 내적으로 진행하는 언어 활동을 말한다. 주로 사고나 의도와 관계 있는 것으로 생각되며, 어떤 목표로 향하는 자신의 행동을 제어하거나 문제해결 과정에서 일어나는 내적인 언어 활동을 지칭하며 구체적 발성을 동반하고 타인에게 사고나 의사를 전달하는 의사소통 도구로서의 외적 언어(external speech)와 대비된다(출처: 교육심리학용어사전, 한국교육심리학회, 학지사, 2000).

환자의 왼쪽 대뇌반구라고 할 수 있다. 물론 언어를 주도하는 것이 그 환자의 왼쪽 대뇌반구라면 왼쪽 대뇌반구가 최면제로 인해 잠이 들었을 때 그 환자는 말을 하지 못할 것이다.

대뇌반구를 선택적으로 마취시키는 이러한 절차를 이용하여, 연구자들(Milner, 1974)은 왼손잡이 중 70%가 언어 능력에 있어 왼쪽 대뇌반구가 우세함을 알게 되었다. 따라서 왼손 사용을 선호하는 사람들은 오른손잡이와 비슷하게 언어 능력에 있어 왼쪽 대뇌반구의 우세성을 보이는 것이다. 어쨌든 왼손잡이의 15%는 오른쪽 대뇌반구가 언어를 조정하며, 나머지 15%는 양쪽 대뇌반구가 언어를 담당한다. 왼손잡이의 다수가 말하기 및 언어에 대해 왼쪽 대뇌반구의 우세성을 보인다는 관찰은 언어 편측성만으로 손 사용 선호성을 완전히 설명할 수 없다는 증거가 된다. 따라서 사용하기를 선호하는 손을 결정하는 다른 요소들이 있을 수도 있다.

## 행위 실행 방식의 좌우 차

평생에 걸쳐 우리는 도구 사용하기, 글쓰기, 그림 그리기와 같은 숙달된 행동을 하는 방법을 배운다. 많은 행위가 창의적인 노력에 있어 중요하다. 왓슨과 하일먼(Watson & Heilman, 1981)은 뇌졸중으로 뇌량이 손상된 오른손잡이 여자 환자를 진찰한 바 있다. 그 환자에게 망치와 같은 도구를 사용하여 팬터마임을 해 보라고 요구하자, 그녀는 오른손과 오른팔로 흠 하나 없이 팬터마임을 해냈지만 왼손을 사용할 때는 형편없었다. 이 여성은 오른손잡이였으므로 아마도 그녀의 왼쪽 대뇌반구가 언어를 조정했을 것이다.

우리가 그 환자에게 망치를 사용하라고 지시했을 때, 언어적인 메시지를 부호화하는 것은 그녀의 왼쪽 대뇌반구였다. 그녀가 왼손을 사용하여 팬터마임을 할 수 없었던 것은 그녀의 뇌량이 손상되어 언어적 메시지가 그녀의 왼손을 통제하고 있는 오른쪽 대뇌반구에 도달할 수 없었기 때문이다. 우리는 망치질하는 팬터마임을 실연해 보였고, 그녀에게 우리의 팬터마임을 따라 해 보라고 요구했다. 또다시 그 환자는 오른손으로 완전하게 팬터마임을 해냈지만, 왼손으로는 잘 하지 못했다.

또한 우리는 그녀가 망치를 오른손으로 사용한 후 왼손으로 사용하게 하였는데, 역시 오른손으로는 잘 사용했지만 왼손으로 사용할 때는 형편없었다. 도구나 물건들을 사용하는 행동을 모방하는 일과 실제로 사용하는 것은 언어 없이도 가능하다. 따라서 이 여성 환자가 왼손으로 도구나 물건들을 정확하게 사용하지 못하는 것은 어떤 지식이 그녀의 왼쪽 대뇌반구에 저장되어 있는데, 뇌량이 끊겨서 그 지식이 오른쪽 대뇌반구에 도달할 수 없었다는 것을 나타낸다.

리프만(Liepmann, 1920)은 오른손잡이의 왼쪽 대뇌반구가 언어를 조정할 뿐만 아니라 숙달된 행동을 하는 방법에 관한 기억 및 표상들을 가지고 있다고 주장했다. 그는 오른손잡이가 숙달된 행동을 하는 능력이 상실되는 것(운동불능증, apraxia, 행위상실증 또는 무동작증이라고도 함—역주)은 오른쪽이 아닌 왼쪽 대뇌반구의 뇌졸중과 관련이 있다는 점을 실증함으로써 이 가설에 대한 지지를 제공했다. 또한 그는 사용하기를 선호하는 손을 결정하는 것은 학습된 행동(실행 방식)에 대한 표상의 이와 같은 편측성이라고 제안했다.

일반적으로 위의 가정에 대한 강력한 지지가 있어왔다. 그러나 오른쪽 대뇌반구의 부상으로 운동불능증을 갖게 된 오른손잡이에 관한 보고들도 있어왔다. 우리가 진찰했던 환자들 중 한 사람도 운동불능증이었다(Rapcsak, Gonzalez-Rothi, & Heilmam, 1987). 결과적으로 이 환자의 손 사용 선호성은 언어의 편측성 또는 행위 실행 방식의 좌우 차에 의해 완전하게 설명될 수 없었다. 이는 또 다른 좌우 비대칭이 손 사용 선호성 결정에 중요할 수도 있음을 시사하는 것이다.

## 솜씨

솜씨(deftness)는 '매력적으로 섬세하고, 정밀하며, 독립적인 손가락 운동 능력'이라고 정의된다. 손재주(dexterity)라는 용어도 이러한 능력을 나타내는 데 사용되지만, 이 단어는 오른손 또는 오른쪽과 관련이 있는 단어인 오른쪽의(dextral)라는 단어로부터 유래되었다. 그리고 많은 사람은 왼손보다 오른손을 더 잘 다룬다. 긴꼬리원숭이와 같은 영장류도 솜씨가 매우 뛰어나다. 그리고 로렌스와 쿠이퍼스(Lawrence & Kuypers, 1968)는 원숭이들이 대뇌피질로부터 오는 운동 메시지를 척수에 있는 운동 뉴런들로 보내는 일을 하는 겉질척수 시스템(corticospinal system)에 손상을 입게 되면, 정밀하고 독립적인 손가락 운동 능력에 장애가 온다는 점을 밝혀냈다.

자기자극술(magnetic stimulation, 자기자극법 또는 자기자극 장치라고도 함-역주)은 자기장이 두개골을 관통하게 함으로써 유도 전류를 발생시켜서 운동피질에 있는 겉질척수의 운동뉴런들을 활성화시킨다. 트릭스와 동료들(Triggs et al., 1994)은 오른손잡이의 왼쪽 대뇌반구에 있는 운동뉴런을 활성화하기 위한 한계점(threshold)이 오른쪽 대뇌반구에 있는 운동뉴런을 활성화하기 위한 한계점보다 낮다는 사실을 밝혀냈다. 이는 오른손잡이인 사람들이 오른쪽 대뇌반구보다는 왼쪽 대뇌반구에 더 많은 운동 표상들을 갖고 있음을 시사하고 있다.

한편, 손에 대한 대뇌피질의 표상은 연습에 의해 변할 수 있다는 점을 누도, 밀리컨, 젠킨스와 메르제니치(Nudo, Milliken, Jenkins, & Merzenich, 1996)가 밝혀냈다. 따라서 운동피질의 비대칭성이 양육(연습)에 의해 유도된 것인지, 아니면 태생적인 것인지는 불확실하다. 파운더스 등(Foundas et al., 1998)은 구조적 자기공명 단층 촬영법(structural magnetic resonance imaging)[3]을 사용하여 오른손잡이의 뇌 중에서 손을 담당하고 있는 영역의 크기를 측정하였으며, 왼쪽 대뇌반구에 있는 운동피질이 오른쪽보다 더 크다는 점을 발견했다.

이처럼 대뇌피질의 생리학적 구성이 연습에 의해 변화될 수도 있지만, 해부학적 구성은 변하는 것 같지 않다. 그리고 파운더스와 동료들의 연구 결과는 운동 시스템의 해부학적 비대칭이 있음을 제안하고 있으며, 이러한 불균형은 사용하기를 선호하는 손에 대해서뿐만 아니라 트릭스와 동료들에 의해 밝혀진 기능적 비대칭성을 부분적으로 설명해 줄 수도 있다.

어쨌든 모든 오른손잡이의 경우 왼손보다 오른손이 더 솜씨가 있는 것은 아니다. 또한 대부분의 사람은 그들이 선호하는 손의 힘이 더 세지만, 사용하기를 선호하지 않는 손이 선호하는 손보다 더

---

3) 역주: 약자는 sMRI이고 구조적 자기공명영상이라고도 하며 영상으로 뇌 구조와 연결성 등 뇌 손상 여부를 살펴보는 데 사용됨.

센 사람들도 있다. 따라서 언어와 행위 실행 방식의 좌우 차처럼 솜
씨도 사용하기를 선호하는 손에 대한 이유를 모두 설명할 수 없으
며, 손 사용 선호성, 즉 사용하기를 선호하는 손은 다양한 요소와
관련이 있는 것 같다. 아울러 이제까지 설명해 온 요소들 중 그 어
느 것도 어째서 손잡이가 창의성에 영향을 주는지 설명하지 못한
다. 따라서 손 사용 선호성은 아마도 창의성에 영향을 주는 또 다른
요인들과 관련될 수도 있다.

## 창의성과 왼쪽 손 선호

창의성은 참신함에 의해 크게 좌우된다. 그리고 지능을 다룬 장
(2장)에서 나는 창의성에 있어서 확산적 사고의 중요성에 대해 서
술했다. 앞으로 나는 전두엽에 관한 장(9장)에서도 확산적 사고에
대해 논의할 것이다. 코렌(1995)은 좌우손잡이와 확산적 사고의 관
계에 대해 연구했고, 왼손잡이가 오른손잡이보다 확산적 사고에서
더 낫다는 점을 발견했다. 확산적 사고에 있어서 왼손잡이가 이처
럼 우세한 이유는 알려져 있지 않다.

어쨌든 문제가 하나 주어졌을 때, 확산적 사고는 그 문제에 대한
반응으로 통상 동원되었던 것과 근본적으로 다른 구성을 지닌 네
트워크를 동원하는 능력에 의해 좌우될 수도 있다. 이것은 우리로
하여금 기존의 내적 모델, 즉 특정 영역에 관련된 사고에 통상적으
로 사용되었던 네트워크에서 나타나는 모델의 제약을 벗어나게 해
준다. 이런 이유로, 창의성은 다양한 개념과 표상 사이의 연합을 만
들어 내는 능력을 필요로 할 수도 있다. 그리고 이미 언급되었듯이,

뇌량에 의해 연결된 오른쪽 대뇌반구와 왼쪽 대뇌반구의 피질들은 서로 다른 유형의 표상들을 저장하고 있다.

뇌량은 양쪽 대뇌반구 사이의 의사소통을 조정하며, 양쪽 대뇌반구 사이의 커뮤니케이션은 창의적인 시도에서 필수적인 역할을 할 수도 있다. 이러한 가정에 대한 근거는 '뇌량의 손상이 창의성의 감소와 관련이 있다.'는 관찰로부터 나온다. 뇌량은 오른손잡이보다 왼손잡이가 더 크다고 위텔슨(Witelson, 1985)이 보고한 바 있다. 그리고 그녀는 "왼손잡이가 양반구적인 인지 표상들을 더 많이 사용하는 것은 양쪽 대뇌반구 사이의 해부학적 연결이 더 큰 것과 관련이 있을 수도 있다."라고 주장했다. 따라서 왼손잡이의 경우, 대뇌반구들 사이의 의사소통 능력 증가는 서로 다른 형태의 정보를 저장하고 있는 다양한 네트워크들을 동원하고 연관시키는 능력을 증대할 수도 있다. 이러한 과정은 창의적인 과정에서 매우 중요할 수 있는 과정, 즉 하나로 묶는 끈을 보게 되는 과정이다.

신경전달물질에 관한 장(8장)에서 나는 우울과 같은 기분장애(mood disorder, 감정장애라고도 함-역주)와 창의성 사이의 관계에 대해 논의하려고 한다. 여러 창의적인 영역에서 기분장애를 갖고 있는 사람들이 아주 많다. 또한 여러 연구에서는 손 사용 선호성과 우울증 사이의 관계에 대해 조사하였다. 이 연구들에 의하면, 우울증은 오른손잡이보다 왼손잡이에게 더 널리 퍼져 있다. 예를 들어, 엘리어스, 소시어, 가이리(Elias, Saucier, & Guylee, 2001)가 대학생으로 이루어진 대집단에게 우울증 검사를 실시해 보니 왼손잡이 남성들이 우울증으로 더 고생하는 것 같다고 했다. 하지만 왼손 사용 선호와 우울증의 관련 이유는 알려져 있지 않다.

손 사용 선호성과 창의성 사이의 관계를 더 잘 이해하기 위해서는 여러 영역의 창의성들을 알아보는 것이 도움이 될 수도 있다. 이어지는 절에서는 몇몇 창의적인 영역에 대해 논의하고자 한다.

## 음악가

헤슬러와 굽타(1993)는 51명의 젊은 성인 음악가와 비음악가에 대해 연구하였다. 이들은 윙(Wing)의 표준화 음악지능검사(Standardized Tests of Musical Intelligence)와 선호하는 손 판별 설문검사(handedness questionnaire)를 받았다. 이 연구자들은 음악적 재능이 왼손잡이와 관련된다고 밝혀냈다.

그렇지만 헤링, 카타시와 스타이너(Hering, Catarci, & Steiner, 1995)는 오케스트라에서 연주 활동을 하는 전문 음악가들을 조사했다. 그런데 연구 결과, 이 오케스트라 단원들의 왼손잡이 비율이 일반 대중들의 왼손잡이 비율보다 특별히 많다는 사실을 발견하지 못했다.

손 사용 선호성과 음악적 능력에 대한 또 다른 연구에서, 잔케, 쉴라우그, 슈타인메츠(Jancke, Schlaug, & Steinmetz, 1997)는 오른손잡이인 음악가와 오른손잡이인 비음악가를 대상으로 왼손 과제와 오른손 과제에서 손 기술의 차이가 있는지를 조사하였다. 조사 결과, 오른손잡이인 음악가가 오른손잡이인 비음악가보다 좌우 손 기술의 차이가 덜 했다. 이러한 연구 결과는 오른손잡이인 음악가들이 오른손잡이인 비음악가들보다 양손을 더 잘 쓴다는 점을 말해 준다.

어쨌든 숙련된 기술을 요하는 운동을 연습하면 운동 수행이 강화될 수 있을 뿐만 아니라, 그러한 기술을 조정하고 있는 두뇌의 부위를 변화시킬 수 있다. 예를 들면, 누도와 동료들(Nudo et al., 1996)은 원숭이로 하여금 숙련된 기술이 필요한 운동 과제를 수행하도록 훈련시켰는데, 그 과제를 하게 되는 손의 손가락을 조정하는 뇌 부위가 증대되었다고 말하였다.

따라서 음악가들이 양손을 다 사용하게 되는 경향이 늘어나는 것이 그들의 유전적인 자질과 관련이 있는지, 아니면 기량이 뛰어난 음악가들이 오랜 시간 연습함으로써 양손의 기술이 늘어나게 되어 그들의 좌우 손 기술의 운동 비대칭성을 변화시켰는지는 명확하지 않은 상태이다.

연습이 운동 기술을 강화시킬 수 있을지라도, 선호하는 손 판별 설문검사 결과 대부분에서 오른손잡이는 왼손잡이에 비해 오른손 사용에 더 치우쳐 있다. 즉, 일반적으로 왼손잡이가 더 양손을 쓰는 경향이 있다. 대부분의 악기 연주는 양손을 다 같이 사용하는 것을 필요로 하며, 이것은 왼손잡이에게 하나의 이점을 줄 수도 있다. 크리스트먼(Christman, 1993)은 악기 연주에서 양손을 일시적으로 통합하여 사용하는 악기(예: 현악기) 연주와 두 손을 독립적으로 사용하는 악기(예: 키보드 악기) 연주가 있다고 언급한 바 있다. 좌우 혼합손잡이(예: 양손잡이)는 두 손을 독립적으로 사용하는 악기 연주에서 우월하다.

뮤지션들은 통제 집단에 비해 뇌량이 더 크다는 점을 쉴라우그, 잔케, 황과 슈타인메츠(Schlaug, Jancke, Huang, & Steinmetz, 1995), 리, 첸과 쉴라우그(Lee, Chen, & Schlaug, 2003), 오즈투르크, 타시오글루, 악테킨, 커토글루와 에르덴(Ozturk, Tascioglu, Aktekin, Kurtoglu, & Erden, 2002)이 밝혀낸 바 있다. 이 연구자들은 이러한 차이를 결정하는 것은 천성이 아닌 양육이라고 가정하였다. 그리고 양손 사용 훈련을 일찍 시작하고 지속적으로 연습하는 것은 뇌량을 늘리게 만드는 '외부의 방아쇠'라고 했다.

앞서 말했듯이, 기능적 전문화는 연습을 통해 변화될 수 있음을 누도와 동료들(1996)이 실제의 예를 들어서 설명했다. 그리고 로젠츠베이그(Rosenzweig, 1972)는 풍부한 환경에서 자란 동물들이 그렇지 못한 환경에서 자란 동물보다 뇌가 더 크다는 점을 실증적으로 보여 주었다. 어쨌든 내가 아는 바로는 연습이 뇌량의 크기를 변화시킬 수 있다는 직접적인 증거는 없다. 재능 있는 음악가들이 연주에서 창의적일 수는 있을지라도 음악 분야에서 가장 창의적인 사람은 주로 음악을 작곡하고 작사하는 사람들이다. 문헌들을 검색해보았으나, 불행하게도 나는 작곡가들의 손 사용 선호성을 평가하거나 그들의 뇌를 검사한 연구는 찾을 수가 없었다.

## 시각예술가

이 장의 도입부에서, 나는 몇몇 위대한 예술가가 왼손잡이라고 말했다. 시각예술가들(화가, 조각가 등)에 관한 체계적인 연구 문헌들을 검색해 보았더니, 손 사용 선호성에 대한 체계적인 연구는 별로 없었다. 그래도 내가 발견한 몇몇 연구 중 피터슨(1979)이 미술학도를 대상으로 손 사용 선호성에 대해 연구한 것이 있다. 연구 결과, 그들 중 왼손 사용을 선호하는 비율은 일반인 집단에 비해 더 높았다.

한편, 위대한 화가들의 손 사용 선호성을 알아보고 왼손잡이 비율이 얼마나 되는지 밝혀내려고 시도했던 몇몇 연구가 있다. 그 중 랜서니(Lanthony, 1995)는 화가들의 초상화를 연구했는데, 그 자화상이 별로 가치가 없음을 알게 되었다. 왜냐하면 화가들은 종종 거울에 비친 자신의 모습을 보면서 자화상을 그리기 때문이었다. 즉, 화가들의 자화상을 조사함으로써 화가들이 왼손잡이인지, 오른손잡이인지 알아보려고 했지만, 화가들이 거울에 비친 모습(붓을 들고 있는 손의 좌우가 바뀐 상)을 그대로 그렸는지 혹은 거울에 비친 모습을 원래의 자신의 모습으로 고쳐서 그렸는지 알 수 없었던 것이다.

이 같은 교란 요인을 피하기 위해 랜서니는 화가 스스로 그린 초상화가 아니라 다른 화가가 그린 초상화 또는 초상화 사진만을 연구 대상으로 삼았다. 오른손잡이인 화가는 오른쪽에서 왼쪽 아래로 내려가며 선영 그려넣기(make hatching)[4](예: 그림자를 나타내기 위한 선영 그려넣기)를 하며, 왼손잡이 화가는 왼쪽에서 오른쪽 아래로 내려가며 선영 그려넣기를 한다. 그래서 랜서니는 화가들의 선영 그려넣기에 대해서도 연구하였다. 마지막으로, 랜서니는 유명한 화가에 대해 입수 가능한 문헌들을 조사했다.

이러한 연구 방법들을 사용하여, 랜서니는 500명의 화가를 연구 대상으로 포함시킬 수 있었다. 연구 대상 화가들은 두 집단으로 나뉘었는데, 127명은 초상화와 선영 그려넣기에 의해서, 그리고 나머지 373명은 오직 선영 그려넣기에 의해서 연구가 이루어졌다. 전자의 127명 중 왼손잡이 비율은 4.7%였다. 두 번째 집단에서는 2.1%가 왼손잡이였다.

보통의 인구 집단에서 왼손잡이가 차지하는 비율은 7~10%이

---

4) 역주: 선영(線影)이란 소묘나 제도에서, 간격을 좁힌 선을 병렬시키거나 교차시켜 나타낸 그늘임.

다. 따라서 랜서니의 연구에 따르면 매우 창의적인 화가 집단에서 왼손잡이 비율은 낮게 나타난다. 어쨌든 화가들의 손 사용 선호성을 평가하는 연구가 앞으로 더 수행될 필요가 있다.

우리는 창의적인 시각예술가 가운데 오른손잡이의 비율이 더 높은 이유가 무엇인지 모른다. 뇌가 손상된 사람들에 대한 연구를 통해 오른쪽 대뇌반구에 손상을 입으면 시공간적 처리, 시지각적 처리, 시구성적 처리 과정에 장애가 온다는 점이 밝혀졌다(개관은 Benton & Tranel, 1993 참조). 예를 들면, 얼굴 맞추기 검사에서 피검자는 보이는 두 얼굴이 같은지 아니면 다른지를 결정해야 한다. 이 검사에서는 피검자가 두 사진이 같은 것인지 아닌지를 점 대 점 비교로 결정할 수 없도록 다른 각도에서 찍힌 두 얼굴 사진을 보여준다. 즉, 점 대 점 비교 대신에 피험자들은 사물 중심의 표상 또는 얼굴 중심의 표상을 가지고 있어야 한다. 두 개의 선분이 들어 있는 카드를 보고 그들 사이의 관계(각도)를 살펴본 후 회상해 보라고 요구받는 검사에서도 오른쪽 대뇌반구가 손상된 환자들은 제대로 하지 못한다.

왼쪽이든 오른쪽이든 대뇌반구에 뇌졸중과 같은 손상을 입은 환자들은 그림 그리기와 그림 복사하기에 문제가 있지만, 각 환자들은 서로 다른 유형의 실수를 저지른다. 왼쪽 대뇌반구에 병이 있는 환자는 그림 그리기 계획을 제대로 짜지 못하는 반면, 오른쪽 대뇌반구에 병이 든 사람은 그림에 들어 있는 요소들 사이의 공간적 관계를 정확하게 표현하지 못한다. 왼손 사용 덕분에 시각예술가들은 시공간적 처리와 시지각적 처리를 주도하는 대뇌반구에 보다 직접적으로 접근할 수도 있으며, 이러한 점은 왼손잡이들에게 하나의 이점을 줄 수도 있다. 그러나 이러한 가정은 랜서니(1995)의 연구 결과와 일치하지 않는다.

그림 그리기와 색칠하기에 중요한 시공간적 처리를 오른쪽 대뇌반구가 더 잘 조정할 수 있다는 가정은 간질을 통제하기 위해 뇌량 절단 수술을 받은 환자들에 관한 연구로부터도 지지를 얻고 있다. 뇌량 절단 수술은 오른쪽 대뇌반구와 왼쪽 대뇌반구를 분리한다. 이 수술을 받은 환자들에게 왼손을 사용하여 그림을 복사하거나 혹은 그려 보라고 요구하면, 같은 그림을 오른손으로 그릴 때보다 훨씬 더 잘 한다. 이러한 결과도 랜서니(1995)의 연구 결과와 일치하지 않는다.

시각예술을 가르치는 사람들은 이와 같은 좌우 대뇌반구 기능의 차이를 이용하려고 시도한다. 예를 들면,『오른쪽 두뇌로 그림그리기(Drawing on the Right Side of the Brain)』를 저술한 베티 에드워즈(Betty Edwards, 1999)는 자신이 지은 책이 스페리(Sperry)와 동료들에 의해 보고된 정보를 처음으로 실제에 적용한 사례들 중 하나라고 했다. 스페리와 동료들은 분할 뇌(뇌량 절단) 패러다임을 사용하여, 좌우 대뇌반구는 서로 다른 정보처리 전략을 가지고 있으며 오른쪽 대뇌반구가 공간 능력이 더 우수하다는 점을 실제의 예를 들어 가며 보여 주었다.

그러나 에드워즈는 몇몇 사람이 제안해 온 것처럼 오른손잡이가 그림을 그리고 색칠할 때 그들의 왼손을 사용한다고 주장하지는 않았다. 대신 사람들에게 오른쪽 대뇌반구 처리 전략들을 활성화하고 사용하는 방법들을 가르치려고 했다.

왼손잡이들이 왼손을 사용할 때 시공간적 기술들을 조정하는 오른쪽 대뇌반구에 더 많이 접속할지라도, 그들은 종종 오른손 사용을 선호하는 사람들과는 다른 뇌 구조(organization)를 갖고 있다.

이미 언급했듯이, 왼손잡이의 70%는 왼쪽 대뇌반구에 의해 언어가 조정되며, 나머지 30%는 양쪽 대뇌반구가 언어를 조절하거나 오른쪽 대뇌반구가 언어를 조정한다.

메슈어와 벤튼(Masure & Benton, 1983)은 왼쪽이나 오른쪽 대뇌반구에 손상을 입은 왼손잡이 및 오른손잡이를 대상으로 시공간적 판단력을 측정했다. 오른손잡이 환자에 있어서는 시공간적 검사상의 형편없는 수행이 오직 오른쪽 대뇌반구 손상과 관련이 있는 것으로 밝혀졌다. 메슈어와 벤튼의 연구에서 왼손잡이 환자들은 오른손잡이 환자와 똑같은 수행 양상을 보여 주었다. 오른쪽 대뇌반구에 손상을 입은 왼손잡이와 오른쪽 대뇌반구에 손상을 입은 오른손잡이의 상당한 정도가 비정상적인 수행을 보여 준 반면, 왼쪽 대뇌반구에 상처를 입은 환자들은 모두 정상적인 수행을 보여 주었다.

메슈어와 벤튼은 이와 같은 연구 결과에 기초하여, 시공간적 기능의 대뇌반구적 피질 구조(organization, 체계의 의미도 있음-역주)는 왼손잡이와 오른손잡이 사이에 차이가 없다고 결론을 내렸다. 따라서 만일, 예술가의 능력에 있어서 왼손잡이와 오른손잡이 사이에 차이가 있게 된다면, 그러한 차이는 시공간적 기술에 대한 대뇌반구적 조정 또는 대뇌반구적 구조와 관련될 수 없다.

왼손은 또한 예술적 산출에 중요한 다른 표상들에 직접 접속할 수도 있다. 창의적인 예술가들이 필요로 하는 가장 중요한 기술들 중 하나는 감정을 묘사하는 능력이다. 감정을 묘사할 수 있는 수단은 많지만, 아마도 가장 공통적인 것은 얼굴에 감정을 담아 그리는 것이다.

30년 전쯤, 우리(DeKosky, Heilman, Bowers, & Valenstein, 1980)

는 왼쪽 또는 오른쪽 대뇌반구에 국한된 뇌졸중을 갖고 있는 환자들을 대상으로 연구하였다. 우리는 그 환자들에게 감정을 담고 있는 얼굴 그림을 보여 준 후, 그 얼굴에 나타난 감정이 무엇인지 말해 보거나 여러 얼굴 그림 중에서 검사자가 명명한 감정을 표현하고 있는 얼굴을 골라 보도록 했다. 또한 이 환자들에게 두 개의 얼굴 그림이 똑같은 감정을 나타내고 있는지, 아니면 서로 다른 감정을 나타내고 있는지 말해 보도록 했다.

우리 연구자들은 '정상인 사람들 및 왼쪽 대뇌반구에 중풍이 있는 환자들과 비교해 보았을 때, 오른쪽 대뇌반구에 뇌졸중이 있는 환자들에게는 감정을 담고 있는 얼굴 구별에 장애가 있음'을 발견하였다. 오른쪽 대뇌반구는 얼굴 정보 처리에 우세할 수도(Benton & Tranel, 1993) 있기 때문에 드코스키(Dekosky) 등에 의해 보고된 연구 결과는 감정을 표현하고 있는 얼굴 인식에서의 결함보다는 얼굴 인식 그 자체에서의 결함과 관련이 있을 가능성이 있다. 후속 연구들은 드코스키 등의 연구 결과와 같았을 뿐만 아니라, 오른쪽 대뇌반구의 손상에 의해 유발된 결함, 즉 감정을 담고 있는 얼굴 인식에서의 결함은 오로지 얼굴 정보 처리상의 시공간적 결점 또는 결함만으로는 설명될 수 없다는 점을 밝혀 주었다.

심상은 창의적 과정에서 매우 중요하며 시각적 심상은 창의적인 시각예술가들에게 매우 중요한 기술이다. 4장에서 나는 심상에 대해 논의하면서 사물 심상 대 얼굴에 나타난 정서적인 심상을 연구했던 바우어스, 블론더, 파인버그와 하일먼(Bowers, Blonder, Feinberg, & Heilman, 1991)의 연구에 대해 언급한 바 있다. 그리고 오른쪽 대뇌반구에 손상이 있는 환자들은 정서적인 얼굴을 이미지화하는 데 장애가 있으나 사물을 심상하는 일에는 어려움이 없으

며, 왼쪽 대뇌반구에 손상이 있는 환자들은 사물을 심상하는 일에
는 장애가 있으나 정서적인 얼굴을 이미지화하는 데에는 문제가
없음을 실제의 예를 들어 설명하였다. 따라서 오른쪽 대뇌반구는
정서적인 얼굴에 대한 표상들을 가지고 있으며, 왼손이 이들 표상
에 더 잘 접속하는 것 같다.

오른쪽 또는 왼쪽 대뇌반구에 손상이 있는 환자들에 대한 연구
들은 오른쪽 대뇌반구가 일상의 조건 속에서도 감정 표현에 중요
한 것 같다고 실제의 예를 들어 입증해 왔다(Blonder, Bowers, &
Heilman, 1991). 블론더(Blonder) 등의 연구 결과와 상응하여, 자카
임, 구르와 소시(Sackeim, Gur, & Saucy, 1978)는 정서적인 얼굴 표정
을 짓고 있는 정상적인 사람들의 사진을 찍었다. 그리고 그 사진들
을 절반으로 자른 다음, 오른쪽 얼굴 절반(사진에서는 왼쪽 절반–역
주)들을 합쳐서 새로운 얼굴을 만들어 내고 아울러 왼쪽 얼굴 절반
(사진에서는 오른쪽 절반–역주)들을 합쳐서 새로운 얼굴 사진을 만
들었다. 그 연구자들은 감정을 표현하고 있는 합성된 왼쪽 얼굴들
과 역시 감정을 표현하고 있는 합성된 오른쪽 얼굴들을 정상적인
사람들에게 보여 주고 그 사진이 나타내고 있는 감정의 강도를 판
단하거나 평정하도록 요구했다. 그 결과, 자카임과 동료들은 왼쪽
얼굴 절반들로 이루어진 합성 사진이 오른쪽 얼굴들로 만들어진
합성 사진보다 더 강력하게 감정을 표현하고 있다는 사실을 밝혀
냈다.

초상화를 그리는 화가들은 모델의 왼쪽 뺨을 보여 주는 초상화
를 주로 그린다고 쉬릴로(Schirillo, 2000)가 보고한 바 있다. 이 화가
들은 모델이 남자일 때(대략 56%)보다는 여자일 때 왼쪽 뺨을 보여
주는 초상화를 한층 더(대략 68%) 그린다. 화가들이 왜 이런 식으로

초상화를 그리는지는 알려지지 않았으며, 이와 같은 불균형이 주로 쓰는 손과 어떻게 관련될 수 있는지는 명확하지 않다. 다만, 얼굴의 왼쪽이 감정 표현력이 더 크다는 사실은 화가들이 모델들에게 얼굴의 왼쪽을 보여 주는 자세를 요구하는 이유를 설명해 줄 수도 있다.

정상적인 사람이 정면을 똑바로 쳐다보는 상황에서 시각적 이미지가 시야의 왼쪽 반에 보이게 되면, 그 이미지는 오른쪽 대뇌반구에 투영되는 식으로 시각 시스템은 교차된다. 만약 그 이미지가 시야의 오른쪽에 비추어진다면 왼쪽 대뇌반구로 투영된다. 단어들이 한 번은 왼쪽 시야에 비추어지고 다음에 오른쪽 시야에 비추어진다면, 오른쪽 시야에 비추어졌을 때 사람들은 단어를 더 잘 알아낸다. 그 이유는 왼쪽 대뇌반구가 언어 처리에 우세하기 때문이다.

반면에, 얼굴 그림이 오른쪽 시야 또는 왼쪽 시야에 비추어지면, 정상적인 사람은 왼쪽 시야에 비추어진 것을 더 잘 감지한다. 감정적 표현이 없는 얼굴을 탐지할 때보다는 얼굴의 감정적 표현을 인식하는 것이 과제가 될 때 '왼쪽 시야-오른쪽 대뇌반구'의 비대칭 관계가 한층 더 강해진다. 정상적인 사람들을 대상으로 이루어진 이러한 연구들은 '오른쪽 대뇌반구가 얼굴 정보 처리에서뿐만 아니라 얼굴에 나타난 감정 처리에서도 우세하다.'는 일치된 증거를 제공한다. 감정을 담고 있는 얼굴이 오른쪽 시야보다는 왼쪽 시야에 있을 때 더 잘 보이고 왼쪽 얼굴이 오른쪽 얼굴보다 감정을 더 담고 있다면, 모델이 화가를 마주보고 있을 때 감정을 가장 잘 표현하게 되는 모델의 얼굴 부위 즉, 모델 얼굴의 왼쪽 반은 화가의 오른쪽 시야에 의해 관찰될 것이다. 이 오른쪽 시야는 감정 파악에 덜 효율적이며 시공간적 처리에 덜 효율적인 왼쪽(언어적) 대뇌반구로 투영된다.

위대한 화가들이 이러한 대뇌반구적 비대칭성에 대해 아는 바가 없을 수도 있지만, 그들은 이와 같은 얼굴 표현의 비대칭성에 대한 암묵적 지식을 갖고 있었을 수도 있다. 그리고 이러한 지식으로 인해 화가들은 모델의 얼굴 왼쪽 면이 뇌의 양쪽에 보이도록 모델의 몸을 틀게 했을 수도 있다.

색을 칠하거나 그림을 그리기 위해 왼손을 사용하는 것은 오른쪽 대뇌반구에 직접 접속하게 하거나 그것을 선택적으로 활성화시킬 수도 있다. 오른쪽 대뇌반구는 시공간적 기술 조정, 감정적 표현에 대한 표상 저장, 포괄적인 처리 수행에 우세하다. 이런 기능들이 모두 예술적 기술들에 중요하지만, 창의성과 예술적 기술들이 늘 직접적으로 연결되는 것은 아니다. 얼굴 또는 어느 장면을 정확하게 표현할 수 있는 매우 재능 있는 화가들은 많다. 그런데 이 예술가들은 창의적이지 않을 수도 있으며, 화가라기보다는 남자 또는 여자 기능공일 수도 있다.

## 작가-저술가

앞에서 언급했듯이, 폴 브로카의 고전적인 연구 이래로 왼쪽 대뇌반구는 언어를 조정함에 있어서 우세하다고 알려져 왔다. 그러나 이 사실이 오른쪽 대뇌반구가 창의적인 언어적 의사소통에서 역할이 없다는 것을 의미하는 것은 아니다. 노련한 작가는 단어의 다양한 의미들뿐만 아니라 은유와 함축적 의미들을 종종 사용한다.

브라우넬, 심슨, 비를, 포터와 가드너(Brownell, Simpson, Bihrle, Potter, & Gardner, 1990)는 하나 이상의 의미를 갖고 있는(여러 뜻을

가진) 단어들(형용사와 명사)의 대안적인 의미들에 기초하여 응답해
야 하는 분류 과제를 사용하여 오른쪽 대뇌반구가 손상된 환자와
왼쪽 대뇌반구가 손상된 환자를 대상으로 연구를 실시하였다. 예
를 들어, 'warm'은 중간 보다 높은 온도를 갖고 있다는 뜻이지만,
'다정한'과 '애정 어린'이란 의미도 갖고 있다. 이 연구자들은 실어
증을 갖고 있음에도 불구하고 왼쪽 대뇌반구에 손상이 있는 환자
들이 오른쪽 대뇌반구에 손상이 있되 실어증을 갖고 있지 않은 환
자들에 비해 은유적인 의미를 더 잘 알아낸다는 점을 밝혀냈다. 이
러한 연구 결과를 기초로 연구자들은 정상적인 사람들에 있어서
오른쪽 대뇌반구가 은유를 주도적으로 다룬다고 결론지었다.

또 다른 연구에서 브라우넬 등(1986)은 피험자들에게 문장 쌍들
을 제시하고 각 쌍에 있는 두 문장의 의미를 추론하게 하였다. 연구
자들은 왼쪽 대뇌반구가 손상된 환자들에 비해 오른쪽 대뇌반구에
손상이 있는 환자들이 추론에 문제가 있음을 밝혀냈다.

캐플런, 브라우넬, 제이콥스와 가드너(Kaplan, Brownell, Jacobs,
& Gardner, 1990)는 왼쪽 또는 오른쪽 대뇌반구에 손상을 가지고 있
는 오른손잡이 환자를 대상으로 대화의 의역적인 해석을 이해하는
그들의 능력에 대해 연구했다. 그 결과, 오른쪽 대뇌반구에 손상이
있는 환자들이 왼쪽 대뇌반구에 손상이 있는 환자들보다 더 문제
가 있었다. 의역적인 대화에 대한 이해는 어떤 인물의 의도와 그 인
물의 내적 상태를 이해하는 데 중요하다.

창의적인 글쓰기에서 은유와 추론과 같은 기법을 사용하는 능
력은 대단히 중요하다. 그런데 문장과 단락을 전반적으로 구성하
는 일도 매우 중요하다. 오른쪽 대뇌반구 손상 환자와 왼쪽 대뇌반
구 손상 환자에 대한 델리스, 웨이퍼, 가드너와 모즈(Delis, Waper,

Gardner, & Moses, 1983)의 연구는 오른쪽 대뇌반구에 손상을 입은 환자들이 문장과 단락을 구성하는 일에도 문제가 있음을 보여 주었다.

글의 내용과 관련하여 창의적인 작가들은 종종 정서적인 상태를 묘사하며 유머스러운 작품을 쓴다. 비를, 브라우넬, 포웰슨과 가드너(Bihrle, Brownell, Powelson, & Gardner, 1986)는 오른쪽 또는 왼쪽 대뇌반구에 뇌졸중이 있는 환자들에게 만화를 보여 줌으로써 그들의 유머 이해 능력을 연구했다. 그 결과, 오른쪽 대뇌반구에 질병이 있는 환자들이 유머가 있는 만화를 알아내는 데 문제가 있음이 밝혀졌다. 그러나 다양한 유형의 유머를 처리하는 각 대뇌반구의 역할에 대해서는 연구가 더 필요하다.

이제까지의 간략한 고찰에 근거할 때, 창의적인 글쓰기는 양쪽 대뇌반구의 사용을 필요로 함을 알 수 있다. 따라서 어느 한쪽 손으로 글을 쓰는 것이 어떤 이점을 부여하지는 않을 것이다. 아울러 이제는 많은 작가가 양쪽 손이 사용되는 키보드를 활용하고 있다. 창의적인 글쓰기는 양쪽 대뇌반구의 사용을 필요로 하기 때문에, 뇌량을 통해 양쪽 대뇌반구 사이의 의사소통이 더 잘 되는 사람이 아마도 더 창의적일 것이다. 나는 이 장의 앞부분에서 왼손 사용을 선호하는 사람들이 더 두꺼운 뇌량을 가지고 있을 수 있으며, 뇌량이 더 두꺼울수록 양쪽 대뇌반구 사이의 의사소통이 더 좋을 수도 있다고 말한 바 있다. 이것이 사실이라면, 오른손잡이보다 왼손잡이가 창의적인 작가가 될 비율이 높을 것이라고 예상할 수 있다.

나는 창의적인 작가 중 왼손잡이가 더 많은지 알아보기 위해 문헌들을 조사해 보았는데, 이 가정을 지지하거나 또는 부정하는 연구들을 찾을 수 없었다. 내가 찾을 수 있었던 유일한 체계적 연구는 핼펀, 하빌랜드와 킬리언(Halpern, Haviland, & Killian, 1998)이 좌우 손잡이와 언어적 추론을 측정하는 의과대학 입학시험 점수 사이의 관계를 조사한 것이었다. 이들은 이 검사를 받은 왼손잡이가 오른손잡이보다 더 높은 점수를 받았지만, 글쓰기에서는 오른손잡이의 점수가 평균적으로 더 높다는 점을 밝혀냈다.

일반적으로, 우리는 과학적인 증거 없이 단정 짓는 일에 주의해야 한다. 그렇지만 많은 작가가 자신들의 왼손 사용을 선호했다면, 손 사용 선호성과 창의성 사이의 관계가 이미 보고되었을 것 같다. 아마도 화가와 같은 시각예술가들의 경우처럼 창의적인 왼손잡이 작가의 비율(prevalence)이 일반인 중 왼손잡이 비율보다 더 높은 것 같지는 않다.

# 6

# 창의성은 남녀 사이에
# 차이가 있는가

내가 플로리다 대학의 신경학 교수로 합류하기 위해 보
스턴에서의 훈련을 그만둘 무렵, 나의 멘토들로부
터 여러 가지 실제적인 충고를 받았다. 한번은 주로 특정 인종에
서 발병되는 어떤 병에 대해서 이야기하고 있었는데, 멘토 중 한
명이 "당신은 백인남자이므로 뇌 기능의 인종차 또는 성차에 대
해 논의하지 말아야 합니다."라고 말해 주었다. 나는 앤 파운더스
(Anne Foundas)가 국제신경심리학회(International Neuropsychology
Society) 연례 모임에서 개최하는 심포지엄에 토론자로 참석해 줄
것을 요청했을 때까지는 이 충고에 유의하였다. 충고대로 나는 수
화기 너머의 그녀에게 "고맙지만 사양하겠습니다."라고 말했다.

그러나 앤은 나의 동료 중 한 명이었으며, 동료들이 내게 무엇인

가를 요청할 때 "아니요."라고 말하는 것이 내게는 어려웠다. 그래서 그런지 그녀는 계속 요청을 했고, 결국 나는 수락을 하게 되었다. 나는 스스로 긴장도 풀면서 좋은 분위기를 조성하여 성차에 대한 이야기가 지나치게 비판적으로 받아들여지지 않도록 우스갯소리로 토론을 시작해야겠다고 생각했다. 나는 다음과 같은 신경학 관련 이야기로 토론을 시작했다.

> 어떤 환자가 끔찍한 두통을 앓고 있었고, 의사는 가능한 모든 약을 써 보았습니다. 그런데 의사는 환자의 두통을 구제할 방법이 없음을 알게 되자, 마지막 유일한 방법은 두뇌 이식뿐이며, 보험회사가 그 비용을 지불하지 않을 것이라고 환자에게 말했습니다. 환자가 비용이 얼마나 드는지 묻자, 의사는 남성의 뇌를 이식받을지 여성의 뇌를 이식받을지에 달려 있다고 말했습니다. 남성의 뇌 값은 100만 달러지만, 여성의 뇌는 고작 2만 5,000달러가 들 것이라고 말입니다.

내 이야기가 끝나기 전에 청중 중 여러 명의 여성이 벌떡 일어났고, 통로로 돌진하여 나를 공격할 준비가 된 것처럼 보였기에 나는 재빨리 다음과 같은 이야기로 마무리했다. "그 환자는 남녀 뇌의 가격 차이가 큰 이유에 대해 의사에게 물었습니다. 그러자 의사는 '사용하지 않은 남자의 뇌와 달리 여자의 뇌는 많이 사용된 중고 뇌이기 때문'이라고 답했습니다."

나는 이 우스갯소리가 이 장을 읽고 있는 여성들에게도 좋은 분위기를 만들기를 희망한다. 왜냐하면 '여성의 뇌가 잘 작동될지라도, 여자가 남자보다 덜 창의적인 것 같으며, 그것은 남녀 뇌의 차이와 관련될 수도 있다.'는 관찰 결과에 대해 이 장에서 논의할 것이기 때문이다. 사실 나는 성차 관련 글을 쓰는 것에 대한 멘토의 충고에 유의해야겠다고 생각했고, 성에 관한 장을 포함시키지 말아야겠다고 생각했다. 하지만 나에게 가장 영향력 있는 멘토 중한 사람인 노먼 게슈윈드(Norman Geschwind)가 앨버트 갤라버다(Albert Galaburda)와 함께 『Archives of Neurology』에 남녀 뇌의 가능한 차이에 대해 논의한 일련의 소논문을 기고했다. 노먼은 내 최고의 멘토였기 때문에 나도 창의성에 있어 성차라는 이슈를 논의할 자유를 얻었다고 생각했다.

자신의 저서 『천재(Genius)』(1995)에서, 아이젱크는 "창의성의 경우 특별히 최고의 수준에서는 생물학적 성과 밀접히 관련이 있다. 거의 예외 없이 천재는 남성에서만 발견된다."라고 말했다. 내가 이 문장을 처음 읽었을 때, '퀴리 부인은 뭐야? 그녀는 노벨상을 두 개나 받았잖아. 하나는 물리학상으로, 다른 하나는 화학상으로 말이야. 그와 같은 업적을 이룬 남자는 얼마나 되지?'라는 생각을 했다. 그리고 나서 노벨상을 받은 또 다른 여성인 리타 레비-몬탈치니(Rita Levi Montalcini, 이탈리아의 신경 생물학자로 1986년 노벨 의학 · 생리학상 수상-역주)를 떠올리게 되었으나, 더 이상 다른 여성들의 이름은 떠오르지 않았다. 아이젱크는 천재들에 관한 콕스(Cox, 1926)의 연구를 언급했는데, 콕스가 제시한 천재들의 목록에는 여성이 없었다.

아이젱크는 또한 100명의 가장 우수한 화가들과 조각가 목록에서 여성을 전혀 발견할 수 없노라고 적었다. 사이먼턴(Simonton, 1994)은 120명의 가장 저명한 작곡가 목록에서 여성을 찾을 수 없었다. 이러한 내용을 읽은 후에 나는 가장 사랑하는 시인인 에밀리 디킨

슨(Emily Dickinson, 1830~1986, 미국의 여류 시인-역주)과 버지니아
울프(Virgina Woolf, 1882~1941, 영국의 여류 소설가-역주) 그리고 거
투르드 스타인(Gertrude Stein, 1874~1946, 미국의 시인 · 소설가-역
주) 및 오늘날 소설을 발표하고 있는 창의적인 여성들을 떠올렸다.
여성들도 어느 정도 글을 쓸 수 있다는 점에 대해 아이젱크는 동의
하였으나 "소수의 여성이 최상위 집단에서 발견될 수 있는 경우는
그들이 시인들과 소설가들에 속할 경우일 뿐이다."라고 말했다.

나는 이 장에서 창의성에서의 성차를 설명해 줄 수도 있는 남녀
사이의 뇌 차이에 대해 논의할 것이다. 그런데 오늘날에조차 이와
같은 성차를 설명할 수도 있는 강력한 문화적 영향들이 있다. 오늘
날 미국, 영국, 프랑스, 이탈리아, 이스라엘처럼 문맹률이 낮고 허
용적인 사회에서조차 소년과 소녀들은 다르게 양육된다. 소녀들은
가정과 사람들 사이의 관계에 집중하도록 양육되는 반면, 소년들
은 독립적이고 경쟁적이며 성취 지향적으로 키워지고 있다. 또한
창의적인 남성들이 어린 아동과 결혼하는 경우가 종종 있는 반면,
창의적인 여성들은 결혼을 하지 않는 경우가 종종 있다(Simonton,
1999).

아이젱크(1995)는 창의성에서의 성차를 설명하려는 시도에서 결
혼과 양육은 창의성에서의 성차를 설명할 수 없다고 했다. 왜냐하
면 주커먼(Zuckerman, 1977)이 '여성은 남성보다 출간을 덜 하지만,
이러한 차이는 가족에 대한 의무와 관련이 없다.'는 점을 밝혀냈기
때문이었다. 아이젱크는 창의성에서의 성차에 대한 이유로 가능한
생물학적 원인을 두 가지 제시했다. 첫 번째 이유는 정신병리를 주
제로 다루며, 두 번째 이유는 지능을 주제로 다룬다.

# 정신병리에서의 성차

아이젱크(1995)는 '정신분열증의 밑에 놓인 기질적 특성'이 창의
성의 중요한 구성 요소라고 제안했으며, 정신분열증의 발생 정도
는 여성보다는 남성의 비율이 더 높다고 했다. 어쨌든『정신질환의
진단 및 통계 편람 제4판(Diagnostic and Statistical Manual of Mental
Disorders, 4th ed.: DSM-IV)』(American Psychiatric Association, 1994)
은, 남성이 더 높은 비율로 보호시설에 보내지는 경향이 있을지라
도, 지역 기반 연구들이 '정신분열증을 갖고 있는 남성과 여성 사이
의 성비는 같다.'고 제시해 왔음을 언급했다.

　내가 신경전달물질에 관한 장(8장)에서 언급하겠지만, 높은 창의
성은 기분장애(affective disorders, 정동장애라고도 함-역주)와 관련
이 있는 것 같다. DSM-IV에 따르면, 조울증도 남성과 여성 사이
에 동일하게 분포되어 있다. 그러나 주요 우울장애는 여성에게서
더 자주 보고된다. 여성에게서 우울증이 더 높게 발생하는 것이 '확
인-보고 편향(ascertainment-reporting bias)'(예: 남성이 전문적인 도
움을 덜 구하는 것 같다)과 관련될 수도 있지만, 남성이 여성보다 더
창의적인 것 같다는 관찰 결과를 기분장애의 발생 정도가 설명할
수는 없다.

　불안장애의 발생 정도도 남성보다는 여성에게서 훨씬 더 높다.
불안장애가 여성에게서 더 우세한 것 또한 확인 편향과 관련될 수
있다. 하지만 내가 앞으로 신경약리학 절(section)에서 언급하게 되
듯이, 불안은 높은 수준의 노르에피네프린(norepinephrine)[1]과 관
련된다. 그리고 이 카테콜아민의 수준이 높으면 신경망의 크기를

감소시키거나 억제할 수도 있으며 뇌가 저장된 표상들을 활성화하고 조작하는 것보다는 외적 자극을 처리하는 쪽으로 기울게 할 수도 있다.

따라서 높은 수준의 노르에피네린으로 인해 발생하게 되는 편향, 즉 외적 입력 정보로 향하게 되는 편향은 '만일 ……라면 어떻게 될까?'와 같은 물음, 즉 인지적 표상들을 저장하고 있는 신경망들에 의해 생겨나는 물음을 방해할 수도 있다. 높은 수준의 노르에피네린에 의해 유발되는 억제, 즉 내재적인 흥분성 전위를 억제하는 것은 또한 직접적인 구심성 입력 정보를 받지 않는 많은 연합 뉴런이 작동 문턱을 넘지 못하도록 방해할 수도 있다.

연합뉴런들의 활동이 감소하게 되면, 연합 신경망의 개념 표상들이 상대적으로 드물게 나타나게 되며 그 범위가 제한적일 수도 있다. 반면, 넓게 분산된 표상들은 우리로 하여금 창의성에 매우 중요한 과정인 추론과 일반화를 수행할 수 있도록 해 준다. 이와 반대로 불안은 창의적인 혁신을 감소시킨다. 신경전달물질과 창의성을 다루게 되는 8장에서 나는 노르에피네프린과 각성의 역할에 대해서 더 자세히 논의할 것이다.

---

1) 역주: 도파민에서 생성된 후 부신에서 분비되어 혈류로 들어가 호르몬의 역할을 하거나, 노르아드레날린성 신경에서 분비되어 중추신경계와 교감신경계의 신경전달물질의 역할을 담당하는 카테콜아민이며 노르아드레날린이라고도 한다. 스트레스 호르몬으로서 집중력과 반응 행동을 담당하는 뇌의 영역에 작용하여, 심박동 수를 증가시키고 혈당을 올리며, 골격근으로의 혈류량을 증가시킨다. 주의력결핍 과잉행동장애, 우울증, 저혈압에 사용되기도 한다(출처: 특수교육학 용어사전, 2009, 국립특수교육원).

# 지능

아이젱크(1995)는 지능지수의 성차도 창의성에 있어 남성과 여성 사이의 차이를 설명하는 데 중요할 수 있다고 주장했다. 아이젱크는 웩슬러 지능검사(1981)에서 남성이 여성보다 평균 2.35점이 높다는 사실을 밝힌 린(Lynn, 1994)의 연구를 인용했다. 아이젱크는 평균 점수에서의 작은 차이는 분포의 끝에서 아주 커진다고 언급했다. 즉, 완벽한 정상분포곡선을 가정한다면, 남성이 지능지수 160 이상을 얻을 확률은 0.0055167이지만 여성은 0.000473이 기대된다는 것이다. 즉, 무작위로 1만 명을 선택한다면, 그중에 지능지수 160 이상인 남성은 55명이지만, 여성은 단지 5명이 된다는 것이다. 아이젱크는 "전체 순위 또는 규모(a whole order or magnitude)에서의 차이가 천재의 작품 생산과 관련하여 상당히 중요하다는 것은 확실하다."라고 말했다.

그러나 창의성에서의 성차에 대한 아이젱크의 지능 이론에는 두 가지 중대한 문제가 있다. 첫째, 웩슬러 성인용 지능검사(1981)로 실시하는 측정은 남성에게만큼이나 여성에게도 들어맞는다고 할 수는 없다. 예를 들면, 시공간 능력에서의 성차에 관한 한 연구에서, 남성이 여성보다 더 잘 수행했지만 검사시간 제한이 없을 때는 남녀 사이에 유의미한 차이가 없었다(Goldstein, Haldane, & Mitchell, 1990). 웩슬러 검사의 여러 부분에 시간 제한이 있으므로 남성과 여성 사이의 지능 차는 속도라는 요인에 불과할 수도 있다. 또한 수학적으로 조숙한 젊은이들에 대한 연구에서 스탠리(Stanley, 1993)는 수학에서 소년들이, 문학과 작문에서는 소녀들이 우수함을 발견했다. 그런데 웩슬러 검사와 같은 지능검사는 작문을 요구하지 않는다. 둘째, 이미 언급했던 것처럼 지능지수 120이라는 문지방(창의적이기 위해서는 지능이 120 이상은 되어야 한다는 의미-역주)이 있을지라도, 지능지수와 창의성 사이에 직접적인 관계는 없다.

## 좌우 차와 모듈 방식

남성과 여성의 창의적인 시도에 차이가 날 수도 있는 이유들 중 하나는 그들 뇌의 모듈적인 체계(organization)가 다를 수도 있다는 것이다. 남성과 비교할 때, 여성은 언어를 양쪽 대뇌반구에서 조정할 가능성이 더 있다는 증거를 여러 연구자가 제시해 왔다(Gur et al., 2000; McGlone, 1977; Shaywitz et al., 1995). 아울러 거 등(Gur et al., 2000)은 공간적 과제에 오른쪽 대뇌반구가 활성화되는 것을 보여 주는 쪽은 주로 남성이라고 실제의 예를 들어 설명했다. 그러나 다른 연구자들은 좌우 대뇌반구의 언어기능분화에 있어서 성차를 입증하지 못했다(Frost et al., 1999).

앞에서 언급했듯이, 게슈윈드와 레비츠키(Geschwind & Levitsky, 1968), 파운더스 등(1994)과 많은 다른 연구자는 측두엽 편평부가 오른쪽 대뇌반구보다 왼쪽 대뇌반구에서 더 큰 것과 같은 '대뇌반구적인 해부학적 비대칭성'이 특별히 페리실비안 영역에 존재한다고 했다. 또한 이와 같은 비대칭성들이 여성보다는 남성에서 더 강력하게 나타남을 여러 연구가 제시해 왔다(Good et al., 2001; Kulynych, Vladar, Jones, & Weinberger, 1994). 하지만 모든 연구가 남성과 여성 사이의 이러한 성차를 보여 주지는 않았다(예: Foundas, Faulhaber,

Kulynych, Browning, & Weinberger, 1999).

한편, 양쪽 대뇌반구를 연결하는 주요 통로, 즉 뇌량의 크기에 관한 연구들은 오른쪽과 왼쪽 대뇌반구 사이의 비대칭성이 클수록 뇌량의 크기가 작아지는 역의 관계가 있으며, 이러한 역의 관계는 여성보다는 남성에게서 더 강한 것 같다고 제안한다(Aboitz, Scheibel, Fisher, & Zaidel, 1992). 남성과 여성의 뇌량을 비교한 연구들은 뇌량을 전체 뇌 크기에 비추어 보정하였을 때 남성보다는 여성의 뇌량이 상대적으로 더 크며, 특히 뇌량협부(isthmus)와 뇌량팽대(splenium)[2]와 같은 뒤쪽 부위가 상대적으로 더 크다는 점을 밝혀냈다(Steinmetz, Staiger, Schlaug, Huang, & Jancke, 1995). 그러나 모든 연구가 이러한 연구 결과를 확인해 주지는 않았으며, 일부 연구는 뇌가 작을수록 뇌량의 크기가 상대적으로 더 커진다고 주장한다(Jancke et al., 1997; Pozzilli et al., 1994).

'창의성과 사용하기 선호하는 손'에 관한 5장에서도 언급했듯이 뇌량은 오른손잡이보다 왼손잡이가 더 크다(Witelson, 1985). 더 많은 비율의 왼손잡이들에게서 언어-말하기는 양쪽 대뇌반구에 의해 조정된다. 위텔슨(Witelson, 1985)은 양쪽 대뇌반구가 인지적 기능을 더 많이 공유할수록 양쪽 대뇌반구 사이의 해부학적 연결(뇌량-역주)이 더 크다고 주장했다. 앞에서도 언급했듯이, 여러 연구는 여성의 언어기능이 남성보다 양쪽 대뇌반구에 퍼져 있는 것 같다고 주장한다. 또한 언어기능이 양쪽 대뇌반구에 분포된 것은 아

---

2) 역주: 뇌량의 단면을 보면 앞 끝부분은 무릎 모양으로 뒤쪽 아래로 굽어 있고(슬, 膝) 뒤 끝부분은 많이 부푼 모양(뇌량팽대)으로 끝나는데, 뇌량의 중앙부(몸통)와 뇌량팽대 사이의 가장 얇은 부분을 뇌량협부라고 함(출처: 사이언스올 과학백과사전, 한국과학창의재단, 2017).

마도 양쪽 대뇌반구 사이의 연결이 상대적으로 더 큰 것과 관련 있
는 것 같다고 주장한다.

뇌량은 한쪽 대뇌반구에 있는 대뇌피질 뉴런들로부터 다른 쪽
대뇌반구에 있는 대뇌피질 뉴런들로 뻗어 나간 축삭돌기들을 포함
하고 있다. 남성이 여성보다 더 많은 뉴런을 가지고 있지만, 남성과
여성의 대뇌피질의 두께는 같다. 이러한 점은 하나의 뉴런이 다른
뉴런과 맺고 있는 연결 수가 여성이 남성보다 더 많다는 것을 시사
하고 있다. 그리고 이처럼 상대적으로 더 많은 연결은 여성의 뇌량
이 더 큰 이유를 설명해 줄 수도 있다.

퇴행성 치매는 남성보다 여성에게 더 많이 발생하는 것 같다. 그
이유는 어떤 사람이든 나이가 들수록 치매를 앓게 되는 경우가 더
욱 많아지므로 남성보다 오래 사는 여성에게 치매가 많이 나타날
수 있는 것이다. 그런데 나이의 영향력에 대한 보정을 해도 여성의
치매 발생 정도가 더 크다. 알츠하이머병과 같은 퇴행성 치매에서
는 대뇌피질 뉴런들의 수가 줄어들게 되는데, 여성에게서 알츠하
이머병의 발생 정도가 큰 것은 대뇌피질 뉴런의 비축량이 감소하
는 것과 관련이 될 수도 있다(de Courten-Myers, 1999). 그리고 남성
이 여성보다 더 많은 뉴런을 가지고 있다는 것은 남성의 뇌가 더 모
듈식일 수도 있음을 시사하고 있다.

앞에서 설명했듯이, 모듈성 또는 국재성 가설은 18세기 후반과
19세기 초에 프란츠 갈(Franz Gall)에 의해 처음으로 제안되었는데,
그는 뇌의 특정 부위가 특정 기능을 갖는다고 제안했다. 그리고 그
는 오늘날 '해부학적으로 분산된 모듈식 인지시스템'이라고 불릴
수도 있는 것을 제안했다. 이 가설에 따르면, 두뇌에 의해 조정되는
서로 다른 인간의 능력들이 대뇌피질의 서로 다른 해부학적 부위

에 위치하고 있을지라도, 그 부위들은 서로 강하게 연결되어 있다. 따라서 넓게 분산된 언어 처리 망을 여성이 갖고 있다면, 비언어적인 다른 기술들을 조정하는 다른 모듈들이 잘 발달되지 않을 가능성이 있다.

이 가정에 대한 지지는 여성과 남성의 시공간적 능력을 측정한 연구들로부터 나온다. 시공간 능력 또는 공간 능력은 주로 비언어적이다. 시공간 능력에는 길의 방향을 읽고 찾기, 각도를 다시 작도하기, 거리·길이·각도의 상대적인 크기를 어림하기, 그리고 물체를 삼차원적으로 회전시키기 능력들이 포함된다.

언어적인 중재를 최소로 요구할 수도 있는 검사(시공간 능력을 요구하는 검사—역주)들 중 두 가지는 공간회전 검사와 선 방향 판단검사(Judgement of Line Orientation Test)인데, 후자는 벤튼과 트라넬(Benton & Tranel, 1993)에 의해 고안되었다. 전자의 검사(블록 회전검사)에서는 서로 붙어 있는 정육면체 블록들로 이루어진 물체 그림([그림 6-1] 참조)이 피검자에게 제시되며, 피검자는 블록들로 이루어진 그 물체가 공간에서 회전된 모습으로 올바른 것을 여러 보기에서 골라야 한다. 선 방향 판단검사에서는 서로 떨어져 있는 선 두 개([그림 6-2] 참조)가 피검자에게 제시되는데, 각 선은 수평선으로부터 서로 다른 각도에 놓여 있다. 두 개의 선 조각을 본 후에 피검자는 0에서 180도 범위의 여러 선 조각을 포함하고 있는 각도기처럼 생긴 이미지를 보게 된다. 그리고 피검자는 처음에 본 선 두 개와 동일한 방향 및 동일한 각을 이루는 선들을 각도기에서 선택해야 한다. '3차원적인 물체를 회전하는 능력'과 '동일한 각을 재생산해 내는 능력'에서의 성차에 대한 연구들은 남성이 여성보다 더 뛰어남을 실제의 예를 들어 보여 주고 있다(Collaer & Nelson, 2002;

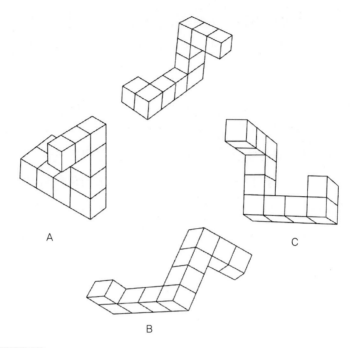

**그림 6-1** 심상 과제. 피검자는 맨 위의 그림을 보고 나서 그것과 똑같은 도형이 어느 것인지를 아래의 보기 그림들(A, B, 또는 C) 중에서 고르도록 요구받는다.

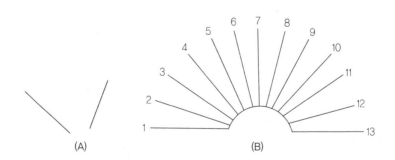

**그림 6-2** 시공간 과제. 먼저 피검자에게 수평선으로부터 서로 다른 각도에 놓여 있는 두 선을 나타내고 있는 그림 (A)를 보여 준다. 이제 그림 (A)를 치우고 나서, 0에서 180도의 범위를 갖는 여러 선을 포함하고 있는 그림 (B)를 보여 준다. 피검자는 처음에 본 선 두 개와 동일한 방향 및 동일한 각을 이루는 선들의 번호를 말하거나 가리키도록 요구받는다.

Voyer, Voyer, & Bryden, 1995).

하지만 어째서 남성이 이러한 유형의 시공간적 과제에서 여성
보다 우세한지와 어째서 이러한 시공간 기술들이 창의성에 있어서
차이를 가져오는지는 아직 명확하지 않다.

공간 기술에 있어 성차에 대한 목적론적 설명(teleological expla-
nation)[3]들 중 하나는 생존과 관련이 있다. 남성들은 주로 사냥꾼
이었고, 따라서 방향을 찾는 기술이 생존에 아주 중요했다. 연구들
(Kimura, 1999)은 발사체를 정확하게 던지는 능력과 같은 몇몇 공
간-운동적 능력에 있어서 남성이 여성보다 우수하다고 밝혔으며,
이와 같은 연구 결과들은 공간 능력이 생존에 이점을 갖는다는 점
을 제안하고 있다.

그러나 이와 같은 유형의 목적론적 설명은 이러한 시공간적 기
술들에 있어서 남성을 우수하게 만드는 것이 무엇인지, 즉 그것을
가능하게 만드는 남성의 뇌에 대해서는 설명하고 있지 않다. 뇌 손
상 환자들에 대한 연구들은 왼쪽 대뇌반구 손상보다 오른쪽 대뇌
반구 손상이 심적인 회전(mental rotation; Ditunno & Mann, 1990)과
선 방향 판단(Hamsher, Capruso, & Benton, 1992) 모두에서 더 큰 문
제를 일으킨다고 밝혀냈다. 뇌기능 영상 연구들은 오른쪽 대뇌반
구가 시공간적 계산 수행에서 우세하다는 가정을 지지하는 일관된
증거를 제시해 왔다(Deutsch, Bourbon, Papanicolaou, & Eisenberg,
1988; Harris et al., 2000).

공간적 기술들이 시와 소설 쓰기에 있어 그다지 중요하지 않을

---

3) 역주: 설명의 형식이 'A는 B를 목적으로 해서 발생한다.' 혹은 'A는 B처럼 되기를 위하
여 존재한다.'일 경우 목적론적이라고 함(출처: 과학사사전, 이호중, 2011).

지라도, 물리, 화학, 공학에서는 중요한 것 같다. 그림 그리기, 조각하기와 같은 다른 과목들은 공간적 기술에 크게 의존하고 있다. 산수의 경우 여성들이 더 유능하지만(Kimura, 1999), 더 고등한 유형의 수학에서는 일반적으로 남성이 더 우수한 것 같다(Kegel-Flom & Didion, 1995). 그리고 시공간 기술들은 더 고등한 유형의 수학에서 중요하다는 점을 여러 연구들이 밝혀냈다(Casey, Nuttall, & Pezaris, 1997; Geary, Saults, Liu, & Hoard, 2000).

성차에 대한 문화의 영향이 완전히 제거되지는 않았지만, 남성이 이러한 공간적 기술들에서 더 유능한 이유 중 한 가지는 여성의 경우 언어기능이 양쪽 대뇌반구에 흩어져 있지만, 남성의 언어는 왼쪽 대뇌반구에 의해 거의 전적으로 조정된다는 점일 것이다. 성차에 관한 이와 같은 가정에 대한 지지는 형태학적 연구와 뇌 손상 연구들 그리고 뇌기능 영상으로부터 얻어지고 있다.

이미 언급했듯이, 언어 처리에 중요한 영역인 측두엽 편평부([그림 3-8] 참조)에 관한 연구들은 여성보다 남성이 더 큰 비대칭성을 갖고 있다고 제안한다(Good et al., 2001). 만일 여성의 오른쪽 대뇌반구가 남성의 오른쪽 대뇌반구보다 언어를 조정할 가능성이 더 크다면, 오른손잡이 여성은 교차실어증(crossed aphasia, 오른쪽 대뇌반구 손상으로 인해 오른손 사용을 더 선호하는 사람의 실어증) 발생 가능성이 더 크며, 왼쪽 대뇌반구에 손상을 입은 후라도 실어증으로부터 회복될 것이라는 예후를 우리는 더 예상할 수도 있다.

그런데 이 문헌을 자세히 검토해 보아도 그것이 이러한 예측들을 전적으로 지지한다는 점을 발견하지 못했다. 언어기능의 대뇌반구적 분포에 있어 성차에 대한 지지를 발견하지 못한 것은 혼란변수(confounding factors)[4]들과 관련이 있을 수도 있다. 뇌손상 연구로부터 나온 자료들과 관련하여, 정상인을 대상으로 이루어진 뇌기능 영상 연구들은 언어 과제를 수행할 때 남성은 주로 왼쪽 대뇌반구가 활성화되지만 여성은 양쪽 대뇌반구가 활성화되는 것 같다는 점을 보여 주고 있다(Jaeger et al., 1998). 제한용량모델에 따르면, 만일 여성의 오른쪽 대뇌반구 네트워크가 언어 표상들을 더 저장하고 언어기능을 더 조정한다면, 공간적 인식 조정에 사용될 수 있는 망들, 즉 오른쪽 대뇌반구에 남아 있는 처리 네트워크는 제한된다. 따라서 여성은 오른쪽 대뇌반구가 언어적 표상에 의해 점령당하고 있지 않은 남성만큼 수행하기는 어렵게 된다.

## 시각 시스템의 등쪽 체제와 배쪽 체제

공간 능력과 창의성 유형에 있어서 남녀의 성차에 대해 가능한 다른 설명이 하나 있다. 남성이 선 방향 판단검사에서 더 우수할지라도, 만약 피검자가 답을 표시하게 되는 각도기처럼 생긴 그림의 밑면을 답지의 아랫면과 나란하지 않게 배열한다면, 그때는 남성의 우세함이 더 이상 존재하지 않음을 콜라어와 넬슨(Collaer & Nelson, 2002)이 밝혀냈다. 이 연구자들은 남성이 보다 포괄적인 접근을 사용했으며, 선들에만 집중하는 것이 아니라 답지에 있는 배열의 위치도 살펴본다고 연구 결과를 해석하였다.

앞에서 언급하였듯이, 시각 시스템은 배쪽에 위치한 '무엇' 시스

---

4) 역주: 독립변수와 종속변수에 부분적으로 영향을 미침으로써 인과적 추론을 방해하는 변수로 허위 변수라고도 함(출처: 사회복지학사전).

템(후두엽과 두정엽의 배쪽에 위치한 시스템 – 역주)과 등쪽에 위치한 '어디' 시스템(후두엽과 측두엽의 등쪽에 위치한 시스템 – 역주)으로 나뉜다([그림 1–1] 참조). 물체를 인식하는 것과 친숙한 얼굴들을 인식하는 것은 배쪽의 '무엇' 시스템에 더 의존하며, 공간적인 위치를 알아내는 것과 같은 기능은 등쪽의 '어디' 시스템에 더 의존한다. 망막은 빛이 그곳에 쏟아지면 활성화가 되는 특별한 신경세포(신경절세포)들을 갖고 있는데, 두뇌의 중앙부에 있는 외측슬상 또는 시신경상(optic thalamus; [그림 6–3] 참조)이라고 불리는 중계소에 전기적 메시지가 도달할 때까지 그 메시지가 시신경을 따라 보내지도록 망막이 신경절세포들을 촉발시킨다.

시신경상은 두 가지 유형의 뉴런들을 가지고 있다. 커다랗고 정보를 빠르게 보내는 거대세포(magnocellular)라고 불리는 뉴런들과

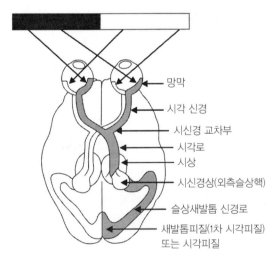

**그림 6–3** 망막에 떨어지는 자극이 시각 신경에 의해 시신경 교차부를 거쳐 뒤쪽의 외측슬상 또는 시신경상으로 보내지는 모습을 보여 주고 있는 시각 시스템 그림. 시신경상으로부터 이 정보는 '슬상-새발톱 신경로'를 거쳐 1차 시각피질로 보내진다.

크기가 작고 정보를 천천히 보내는 소세포(parvocellular)라고 불리는 뉴런들이 그것이다. 소세포 시스템에 의해 후두엽으로 보내지는 시각 정보는 높은 대조 민감성(high-contrast sensitivity)을 가지고 있는데, 이것은 글자나 단어를 읽는 데 필요한 것으로서 세부적인(초점화된) 시각 분석에 아주 적합하다. 반면에, 거대세포 시스템에 의해 처리되는 시각 정보는 전체적인 배열을 분석하는 일에 알맞은 낮은 대조 민감성을 가지고 있다.

일련의 두 번째 신경들이 시각 정보를 시신경상으로부터 후두엽에 있는 1차 시각피질로 보낸다. 시신경상으로부터 이 신호를 받는 후두엽 부분을 새발톱피질 또는 V1이라고 부른다. 이 부분에 있는 세포들은 망막 위의 특정한 공간적 위치들에서 발생했던 밝기의 변화를 감지한다. V1 또는 브로드만 영역 17([그림 1-1] 참조)은 그 정보가 배쪽의 '무엇' 시스템과 등쪽의 '어디' 시스템으로 분배되는 곳인 시각연합피질로 이 정보를 보낸다.

앞에서도 언급했듯이, 공간적인 '어디' 분석 수행에서는 남성이 여성보다 우월하지만, 여성은 '무엇' 분석을 필요로 하는 얼굴 인식에서 남성보다 우수하다(Lewin & Herlitz, 2002). 뇌 손상 연구들은 읽기 또한 배쪽의 '무엇' 시스템에 의해 수행되며 남성의 경우 발달성 난독증일 확률이 여성보다 2~3배 더 높다고 말하고 있다(Katusic, Colligan, Barbaresi, Schaid, & Jacobsen, 2001). 거대세포 뉴런들의 정보는 주로 등쪽의 '어디' 시스템으로 보내지고 소세포 뉴런들로 들어오는 정보는 주로 배쪽의 '무엇' 시스템으로 향하는 것 같다. 아마도 남성은 거대세포 시스템을 더 잘 발달시켜 왔기 때문에 공간 능력에서 더 우월하며, 여성은 소세포 시스템이 더 발달했기 때문에 얼굴 인식과 읽기에서 우세한 것 같다.

이러한 가설에 대한 대안으로, 남성과 여성 사이의 차이는 배쪽 시스템 대 등쪽 시스템의 발달 차이와 관련될 수도 있다. 남성과 여성의 거대세포 시스템과 소세포 시스템 또는 배쪽 시스템 대 등쪽 시스템이 다르다는 가설을 검증하기 위해서는 여성과 남성의 뇌에 대한 연구가 더 필요하다.

## 뇌의 크기

뛰어난 창의성으로 인정을 받아 온 남성들의 수가 더 많은 것을 설명하기 위해 린(1994)은 남성이 여성보다 머리가 더 크며, 머리 크기는 뇌의 크기와 상관관계가 있다고 했다. 남자가 여자보다 더 큰 뇌 또는 더 무거운 뇌를 지니고 있다는 것은 사실이다. 하지만 코끼리가 남성보다 더 큰 뇌를 가지고 있지만 남성이나 여성보다 더 총명하거나 더 창의적이라는 증거가 없다는 것도 사실이다. 남자가 여자보다 더 많은 뉴런을 가지고 있는 것 같지만, 그들의 대뇌피질의 두께는 여자들의 대뇌피질 두께와 같다. 이러한 사실은 여성의 대뇌피질에 신경망(뉴런의 연결들)의 증대, 즉 상보적인 증대가 있다는 것을 시사하고 있다(Rabinowicz, Dean, Petetot, & de Courten-Myers, 1999).

내가 말했듯이, 뉴런의 수나 두뇌의 절대적인 크기와 무게보다는 연결 정도가 지식을 배우고 저장하는 능력에 대한 중요한 요소가 될 수도 있다. 즉, 시냅스가 더 많이 만들어질수록 저장될 수 있는 지식이 더 많아진다. 생물 종과 성이라는 요소를 통제할 때조차 전체적인 뇌의 크기, 전뇌(forebrain)의 크기, 대뇌피질의 전체 범위, 또는 양쪽 대뇌반구 사이의 이음매[교련(交連) 또는 뇌량−역주] 크기의 관계들을 측정했던 연구들은 이와 같은 크기 측정치와 지능 사이에 상당한 상관이 있음을 보여 주지는 못하고 있다(Tramo et al., 1998). 만약 연구를 통해 남자가 여자보다 더 창의적이며 이러한 차이가 문화적 요인 및 사회적 요인과 관련 없다는 것이 입증된다면, 그때는 뇌의 크기를 통해 창의성의 차이를 설명할 수도 있을 것이다.

이 책이 다루는 주요 주제들 중 하나인 창의성 혹은 '통합의 끈을 발견하는 것'은 더 커다란 개념망을 활성화시키는 개인의 능력 및 서로 다른 유형의 지식을 저장하는 독자적인 모듈식 시스템들 사이를 의사소통하는 개인의 능력에 의해 좌우될 수도 있다는 것이다. 따라서 창의성은 연결성에 의해 크게 좌우될 수 있다. 대뇌피질의 서로 인접한 뉴런 집합체들은 피질 내에서 서로 연결되어 있다. 인접한 뇌회들(gyri)에 있는 뉴런들은 피질의 아래로 뻗어 있으며, 인근의 다른 대뇌피질 영역까지 나아가는 축삭돌기들, 즉 대뇌피질 뉴런들의 축삭돌기인 U 섬유에 의해 종종 연결된다.

대뇌반구 안 또는 대뇌반구 사이에 이루어지는 먼 거리의 의사소통은 피질의 아래인 백질까지 충분히 뻗어 내려가는 축삭돌기들에 의해 조정된다. 평균적으로 남자는 여자보다 더 커다란 뇌를 가지고 있고, 남성의 대뇌피질 두께가 여성의 대뇌피질 두께와 다르지 않기 때문에 남자는 여자보다 더 많은 백질을 가지고 있을 가능성이 있다. 필리펙, 리첼름, 케네디와 케비니스(Filipek, Richelme, Kennedy, & Caviness, 1994)의 관찰 결과는 이러한 가정을 지지했다. 남성은 대뇌피질 아래쪽의 더 긴 축삭돌기로 그들 두뇌 안에서의 장거리 대화, 즉 의사소통을 더 효율적으로 수행할 수도 있다.

남성들로 하여금 창의적인 해결책을 더 손쉽게 발전시키고 통합의
끈을 쉽사리 발견하게 해 주는 것은 멀리 떨어져 있는 분자적이며
기능적인 모듈 사이에 의사소통을 할 수 있는 이와 같은 능력일 수
있다.

　앞서 말했듯이, 아인슈타인의 뇌는 뉴런 대비 신경아교세포(glial
cell)[5]의 비율이 통제 집단에 비해 높다는 사실을 매리언 다이어몬
드 등(Marion Diamond et al., 1985)이 발견했다. 신경아교세포는 많
은 기능을 담당하지만, 주로 하는 일은 구조적이며 지지적인 것이
다. 대뇌피질 아래쪽까지 뻗어 있으면서 해부학적으로 분리되어
있고 대뇌피질의 영역들을 연결하고 있는 축삭돌기는 수초라고 불
리는 것으로 코팅되어 있다. 피질 아래의 백질이 특정 색을 띠는 것
은 바로 이 코팅막 때문이다. 희소돌기아교세포(oligodendrocyte)[6]
라고 불리는 신경아교세포가 이 수초를 만들어 낸다. 아인슈타인
의 뇌에서 신경아교세포 비율이 높은 것이 아인슈타인의 난독증과
관련될 수도 있지만, 이와 같은 높은 비율이 높은 수준의 연결성에
대한 증거일 가능성도 있다.

---

5) 역주: 뉴런을 구조적·기능적으로 지지하며 뉴런에 영양소를 제공하는 비신경성 세
　포로서 대부분의 뉴런과 달리 동물의 전 일생에 걸쳐 분열 능력을 유지하여 손상된
　신경아교조직이나 죽은 세포를 교체하는데 이 분열 조직 능력을 잃어버릴 경우 뇌종
　양을 유발하게 됨(출처: 시사상식사전, pmg 지식엔진연구소, 박문각, 2016).
6) 역주: 회소돌기신경교라고도 하며 신경세포의 축색을 둘러싸서 수초를 형성하고 유
　지하는 중추신경계에 존재하는 신경교세포의 일종

# 새의 뇌

모든 문화에서 사람들에게 가장 중요한 예술 형식들 중 하나는 음악이다. G. 밀러(Miller, 2000)는 유명한 재즈 음악가, 록 음악가, 고전 음악가들의 녹음된 음악을 비교한 결과, 남성이 여성보다 10배나 많이 산출했음을 발견했다. 아마도 더 극적인 것은 작곡가에 있어서의 남녀 성차이다. 나는 저명한 고전음악 작곡가 중 여성을 떠올려 보려고 애써 보았으나 아무도 떠오르지 않았다.

음악이 사람들에게 그렇게 중요한 이유가 여전히 밝혀지지 않고 있으나, 사회적 유대의 한 수단으로서 음악의 존재를 포함한 여러 이론이 있다. 아마도 음악이 사회적 유대의 수단이라는 이론들은 춤을 비롯한 성적인 의식 동안, 광고하는 동안, 개종을 권하는 동안, 군대 행진 동안, 예배당에서의 종교의식 동안, 가정에서 예배를 드리는 동안 왜 음악이 나오는지 설명해 줄 수 있을 것이다.

사회적 유대는 사람의 생존과 문화에 중요하다. 음악은 또한 감정과 기분을 조정하는 데에도 사용된다. 예를 들어, 세이어(Thayer, 1996)는 나쁜 기분에서 벗어나기 위해 사람들이 무엇을 하는지 알아보려고 일련의 여러 연구를 검토해 보았는데, 거의 50%의 사람이 기분을 조절하기 위해 음악을 듣는다는 사실을 발견하였다. 군사적 목적을 위한 경우에 사회적 유대는 여성보다 남성에게 더 중요할 수도 있지만, 음악을 듣는 모든 사람이 군대에 있는 것은 아니다.

많은 종의 새들이 구애를 위해 노래를 부르며, 주로 수컷 새가 암컷을 유혹하기 위해 이와 같은 구애 행위를 활용한다. G. 밀러(2000)는 인간의 경우에도 음악이 구애의 수단인지 그리고 새들처럼 남성이 더 활용하는지에 대해 궁금해했다. 앞서 언급했듯이, 밀러는 유명한 재즈 음악가, 록 음악가, 고전 음악가들의 녹음된 음악을 비교함으로써 성차에 대해 연구하였고, 남성이 여성보다 10배나 많이 산출함을 발견했다. 밀러는 이러한 연구 결과를 토대로 인간 사회에서도 음악이 주로 남성들에 의해 여성을 유혹하기 위한 구애 행위의 수단으로 계속 사용된다고 결론을 내렸다.

창의성의 다른 영역에서처럼 여성들은 음악에 관해 문화적으로 금지를 당했으나, 오늘날은 음악을 작곡하고 연주하는 매우 재능 있는 여성들이 많다. 아울러 남성과 여성 뇌 사이에 차이가 있음에도 불구하고, 남성이 더 작곡하고 연주하는 그러한 경향의 이유에 대해 설명해 줄 수 있는 것은 아직 없다.

# 성 호르몬

뇌의 구조와 기능에 있어서 성차의 생물학적 기반이 완전하게 해명되지 않았을지라도, 남성 뇌와 여성 뇌의 차이를 만들 수 있는 이유로 두 가지가 있다. 뇌의 크기에서의 차이와 인지 과정의 좌우차(laterality, 편국재성 또는 편측성이라고도 함-역주)가 그것이다. 앞에서 언급했듯이, 남자의 뇌는 여자의 뇌보다 더 크며 더 많은 뉴런을 갖고 있다. 이러한 차이가 적어도 부분적으로는 발달적인 것일지라도, 그것이 발달 동안의 호르몬 노출에서의 차이에 의해 유발되는지, 호르몬 영향과 독립적인 유전적 차이와 관련이 있는지, 또는 이 두 가지가 혼합된 것인지는 밝혀지지 않았다.

태아 때부터 노인기에 이르기까지 남성과 여성의 뇌는 서로 다

른 성 호르몬에 노출되는데, 호르몬은 발달기 동안과 성인기 이후
의 사고방식, 기분, 행동에 영향을 줄 수도 있다. 앞에서 언급했듯
이, 여러 연구자는 남성과 여성 뇌 사이의 주요한 차이들 중 하나
는 인지기능의 좌우 분화이며 성 호르몬이 인지기능의 좌우 차에
영향을 줄 수도 있다고 생각해 왔다(Geschwind & Galaburda, 1985;
Witelson, 1991).

　그림쇼, 브라이든과 파인건(Grimshaw, Bryden, & Finegan, 1995)
은 임신 중기(second trimester, 제2석달—역주)의 양수에 있는 '태아
의 테스토스테론 수준과 그 태아가 10세가 되었을 때의 언어, 정서,
그리고 손 사용 선호성 각각에 있어 좌우 기능분화 사이의 관계'에
대해 연구했다. 태아 때 테스토스테론의 수준이 더 높았던 소녀들
은 더 강하게 오른손잡이였으며, 왼쪽 대뇌반구에서 언어—말하기
표상을 하는 것이 더 강했다. 태아 때 테스토스테론의 수준이 더 높
았던 소년들은 정서 인식에 대해서는 오른쪽 대뇌반구로의 기능
분화가 더 강했다. 연구 결과의 이러한 양상은 태아 때의 테스토스
테론 수준이 높을수록 더 강한 좌우 대뇌반구의 기능분화를 가져
온다는 주장과 거의 일치한다.

　아울러 안드로겐과 에스트로겐과 같은 호르몬들이 심지어는 출
생 후에도 인지에 영향을 끼칠 수 있다는 증거가 있다. 예를 들면,
마키, 리치와 로젠바움(Maki, Rich, & Rosenbaum, 2002)은 생식주기
의 서로 다른 시기에 놓여 있는 16명의 젊은 여성에 대해 연구했
다. 생식주기의 여포기 동안에 에스트로겐과 프로게스테론 수준
은 모두 낮으며, 황체기 동안에는 두 호르몬의 수준이 높다. 이 연
구자들은 에스트로겐의 수준이 높은 기간에 명시적 기억(explicit
memory)[7]이 변하지 않는 반면, 시공간적 기능은 이 호르몬의 수준이

낮은 시기에서 이루어지는 정도만큼 수행되지는 않음을 발견했다.

최와 실버만(Choi & Silverman, 2002)은 대규모 학생을 대상으로, 그들 대학생들로부터 침샘 분석 자료들을 얻어 내어 '경로습득 전략과 테스토스테론 및 에스트로겐 수준의 주기와의 관계'를 연구하였다. 이 연구자들은 테스토스테론의 수준이 남성에게 있어서 경로습득 전략 사용과 정적인 상관을 보였으나 여성에게서는 그렇지 않음을 발견하였다. 아울러 위즈뉴스키(Wisniewski, 1998)는 성기능저하증을 가지고 있는 남성과 정상인 남성의 공간 능력을 비교하였고, 성기능저하증인 남성은 '왼쪽 시야—오른쪽 대뇌반구 우세성'이 약하는 점을 발견하였다. 이러한 사실은 테스토스테론이 왼쪽 대뇌반구보다는 오른쪽 대뇌반구에 더 큰 영향을 끼칠 수도 있으며 오른쪽 대뇌반구가 공간적 과제 수행에 더 우세한 것 같다는 것을 나타낸다.

키넌, 에자트, 긴스버그와 무어(Keenan, Ezzat, Ginsburg, & Moore, 2001)는 후(後)폐경기인 여성을 대상으로 그들이 에스트로겐을 섭취하는 동안과 그렇지 않은 동안의 전두엽 집행기능에 대해 연구하였는데, 에스트로겐에 의해 전두엽의 집행기능이 향상된다는 사실을 발견했다. 창의성에 있어서 그렇게 중요한 확산적 사고가 적어도 부분적으로 전두엽에 의해 조정되고 있는데, 에스트로겐의 유무에 따른 여성들의 창의성을 조사한 연구는 찾을 수 없었다.

앞서 내가 고찰했던 연구들 중 일부에 기초하여, 기무라(Kimura,

---

7) 역주: 외현 기억이라고도 하며 어떤 특정 사건을 기억하고 있다는 개인의 의식이 있는 기억으로서 기억의 내용은 주로 의미적이고 개념적이며, 측정 시 재인이나 회상 등의 직접 기억 검사를 사용함(출처: 실험심리학용어사전, 곽호완 외 4인, 시그마프레스, 2008).

2002)는 인지능력에 있어서 성차는 현재의 호르몬 환경뿐만 아니라 초기 호르몬 환경의 결과물이라고 결론지었다.

남성은 더 나은 공간 능력을 가진 이유로 인해 창의적이라고 인식될 기회가 더 클 가능성이 있다. 또한 이러한 성차는 인간의 발달 초기 및 후기에서 모두 유전적 영향과 호르몬의 영향을 반영할 수도 있다. 어쨌거나 우리는 공간 능력과는 별도로 한 개인의 성(gender)이 창의성에 영향을 끼치는지 여부에 대해서는 여전히 모른다.

# 7

# 창의성에 영향을 끼치는
# 신경학적 장애

뇌 손상 부위가 서로 다른 환자들을 대상으로 연구하는 것은 신경학자, 신경심리학자, 인지신경과학자들로 하여금 뇌는 특정 영역이 특정 기능을 조정하는 방식, 즉 모듈 방식으로 조직되어 있음을 알게 해 주었다. 과거 20년 동안, 연구자들은 뇌기능 영상을 통해 뇌 기능의 모듈성 혹은 국재성이라는 개념에 대한 일관된 증거를 제시해 왔다. 아울러 사람들이 보여 주는 많은 행동은 복잡하지만, 과학자들은 뇌 손상과 연관된 특정 행동의 변화에 대한 연구들을 통해 많은 복잡한 뇌 활동을 기능별로 나누어 볼 수 있게 되었다. 이 장에서 나는 몇몇 신경학적 장애가 창의성에 어떠한 영향을 줄 수 있는지 살펴보고자 한다.

# 뇌졸중으로 인한 국소적 뇌 손상

뇌졸중 환자를 대상으로 하는 연구들은 우리에게 대뇌피질의 서로 다른 영역들이 특정 행동을 어떻게 조정하는지에 대해 많은 것을 알려 주었다. 그리고 내가 언급했듯이 창의성은 한 개인이 소유하고 있는 인지적 기술의 수에 크게 의존한다. 물론, 대뇌피질의 특정 영역에 손상이 오면 그 부위에 의존하는 기술들이 상실된다.

프랑스의 신경학자 알라주아닌(Alajouanine, 1948)은 뇌졸중 때문에 실어증(언어-말하기 장애)을 앓았던 유명한 창의적인 사람들에 대해 보고하였다. 한 명은 작가였고, 다른 이는 화가였다. 당연히 실어증을 앓은 후에 작가는 더 이상 예술적으로 창의적이지 못했다. 알라주아닌에 의하면, 그 작가의 미적 감각과 판단이 온전할지라도 그의 비문법성 실어증(agrammatic aphasia, 브로카 실어증)[1]은 그 환자의 예술적인 언어 구현(realization)을 손상시켰다.

또 다른 연구 대상이었던 화가의 경우, 베르니케 실어증(환자가 언어적 이해력을 상실하게 되는 실어증)을 앓았음에도 불구하고, 그의 예술적 기교와 창의성은 유지되었다. 알라주아닌은 "그 화가는 노르망디 해안, 꽃이나 해양 생물의 빛나는 아름다움, 여성 피부의 윤택함에 관한 시를 그림으로 표현했다. 그의 회화예술은 단지 감각적 표현에 불과하지 않았다. 즉, 그의 그림은 여러 지적인 요소와

---

1) 역주: 실어증의 한 측면으로서 대개 브로카 실어증에서 환자가 통사적 처리 능력을 잃어버린 경우를 뜻하며 이 기능장애는 말을 할 때 문법적 구조가 결여되어 있는 데서 가장 잘 드러남(출처: 실험심리학용어사전, 곽호완 외 4인, 시그마프레스, 2008).

정서적인 요소를 담고 있었으며, 이런 것들은 실어증에 의해서 훼손되지 않았다."라고 기술했다. 또한 알라주아닌은 이 화가의 작품이 뇌졸중 후에 더 나아진 게 아닌가 싶을 정도라면서, "늘 예리했던 그의 정서성은 훨씬 더 날카로웠고…… 그림 감정가들에 의하면 그가 더 강렬하고 예리한 표현을 해내게 된 것 같다."라고 말했다. 하지만 알라주아닌은 무엇이 그와 같은 진전을 가져올 수 있는지에 대해서는 설명하지 않았다.

## 간질

사이먼턴(Simonton, 1999)에 따르면, 체사레 롬브로소(Cesare Lombroso, 1836~1909, 이탈리아의 정신의학자며 형사인류학의 창시자-역주)는 1891년에 출판된 그의 고전적 저서 『천재인 사람(The Man of Genius)』에서 "천재성은 종종 간질과 관련이 있다."라고 주장했다. 브라질의 가장 영향력 있는 소설가로 여겨지고 있는 마샤두 지 아시스(Machado de Assis, 1839~1908)[2]와 『보바리 부인(Madame Bovary)』으로 널리 알려진 프랑스의 저명한 소설가 귀스타브 플로베르(Gustave Flaubert, 1821~1880)[3]를 포함하여 많은 창

2) 역주: 19세기 브라질의 시인·소설가로 브라질 문학의 거장이며 어렸을 때 심한 간질병에 시달렸고, 말을 더듬었다고 한다. 초기에는 희곡을 썼으나 재능을 평가받지 못했으며 후에 시집 『번데기』(1864)와 『자벌레』(1870) 등 낭만파 작품을 발표하였고, 1908년 이후 독특한 유머 속에 인간 불신을 짜 넣는 작품을 발표하였다(출처: 인명사전, 인명사전편찬위원회, 민중서관, 2002).
3) 역주: 파리대학 법학부에 재학 중 법학 공부를 시작했으나 성적이 좋지 않았고 간질

의적인 작가가 간질을 앓았던 것으로 알려진다. 간질을 앓았던 다른 작가들처럼 플로베르는 왼쪽 측두엽에 간질을 앓았던 것으로 여겨졌다. 에드거 앨런 포(Edgar Allan Poe, 1809~1849, 미국의 단편 소설가 · 시인 · 비평가－역주)는 무의식과 (정신 상태의) 혼란(confusion)에 관한 에피소드를 글로 썼다. 대부분의 사람은 이러한 경우들이 알코올과 약을 포함한 약물 남용에 의해 유도되었다고 생각하기도 했다. 하지만 바질(Bazil, 1999)은 포가 부분적인 간질의 한 유형인 복합 부분발작(complex partial seizure)[4]으로 고생했던 것이라고 주장했다.

우리 병원에는 간질 환자지만 약물을 남용하는 사람으로 잘못 알려진 사람이 있었다. 이 환자는 통제하기 어려운 복합 부분발작 장애가 있어서 우리 병원에서 진료를 받고 있었다. 그가 경련진정제를 먹은 후에 그 약의 혈중 수준에 관한 데이터가 얻어졌고, 그는 진찰을 받기 전 화장실에 가게 되었다. 그가 화장실에 간 후, 심장 전문의의 진찰을 받고 있던 다른 환자 한 명도 그 화장실에 가게 되었다. 그리고 그 심장병 환자는 화장실에 먼저 갔던 간질 환자가 혼란에 빠져 방향 감각이 없다는 점을 알아차리고, 화장실에서 나온 후 경찰을 불렀다.

화장실로 들어온 경찰은 간질 환자가 혼란에 빠져 있을 뿐만 아니라 팔에 찔린 상처가 여러 군데 있다는 것을 알게 되었다. 히단토

---

과 유사한 신경증이 발작한 것을 계기로 문학에 전념하였고 훗날 근동 여행 중에 착상한 『보바리 부인』이 성공함으로써 훗날 프랑스 당대의 최고 작가라는 명성을 얻었음(출처: 인명사전, 인명사전편찬위원회, 민중서관, 2002).
4) 역주: 뇌의 특정 위치에 간질의 병소가 있는 경우로 의식을 잃게 되는 발작(출처: 실험심리학용어사전, 곽호완 외 4인, 시그마프레스, 2008)

인(hydantoin, Dilantin, 간질약−역주)의 혈중 수준을 알아보기 위해 방금 채혈이 되었다는 것과 그 환자의 피를 뽑으려고 시도했던 인턴이 채혈을 할 정맥에 주사 바늘을 꽂기 위해 고군분투했다는 것을 알지 못한 채, 경찰관은 그 간질 환자가 스스로 마약 주사를 방금 놓았다고 생각하고 그를 체포했다.

　환자의 아내는 남편이 화장실에서 돌아오기를 기다리며 진찰실에 있었다. 15분이 지나고 20분이 지나도 남편이 돌아오지 않자, 아내는 무언가 일이 잘못되어 그가 발작을 일으켰거나 길을 잃었다고 생각하게 되었다. 그녀는 화장실로 가서 문을 열고 안쪽을 향해 남편을 불렀다. 대답이 없자 그녀는 복도에 있던 한 남자에게 화장실에 남편이 있는지 알아봐 달라고 요청했다. 이 남성은 화장실을 둘러보고는 아무도 없다고 환자의 아내에게 말했다. 그러자 그녀는 남편을 찾으려고 여기저기를 돌아다녔다. 마침내 그녀는 병원 경찰에게 물어보기 위해 아래로 내려가서 남편의 행방에 대해 물어보았다. 그녀는 경찰에게 남편에 대한 설명을 하고, 그가 병원에 있게 된 까닭을 말해 주었다. 경찰은 자신들이 끔찍한 실수를 저질렀음을 깨닫고, 그녀의 남편을 게인스빌 경찰본부에서 데리고 왔다.

　이 에피소드는 불과 몇 년 전에 일어난 일이지만, 소설가 포가 살았던 시대에는 복합 부분발작에 대해 알려진 것이 거의 없었다고 바질(1999)이 말했다. 아울러 오늘날 현대식 병원에서 훈련된 경찰에 의해서도 이와 같은 실수가 벌어졌다는 사실을 되새겨 볼 때, 포 자신이 경험했던 무의식과 정신 상태의 혼란에 대한 에피소드들은 약물보다는 발작과 관련될 가능성이 충분하다.

　간질병을 앓았던 것으로 생각되는 또 다른 저명한 창의적 작가

는 표도르 도스토예프스키(Fyodor Dostoevsky, 1821~1881, 러시아
의 소설가 · 비평가 · 사상가－역주)이다. 그의 간질 발작은 어린 시
절에 시작되어 평생 동안 지속된 것으로 알려져 있다(Kiloh, 1986).
그는 경기(驚氣, 어린아이가 경련을 일으키는 병의 총칭－역주)가 있
었으므로 이차적인 일반화를 갖는 복합 부분발작장애도 가졌을
것이다. 그의 간질병과 관련되었을 수도 있는(아래 내용 참조) 우
울증 병치레에 덧붙여, 그는 다른 많은 정신장애도 가지고 있었
다. 예를 들면, 그는 매우 강박적이었으며 매우 심한 건강염려증
(hypochondriasis)[5]을 가지고 있었는데, 이 증상은 지그문트 프로이
트와 같은 정신분석학자에게 도스토예프스키의 창의성에 대해 정
신역동적 메커니즘을 사용하여 설명할 기회를 주었다.

그러나 도스토예프스키는 진행성 기억장애를 가지고 있었으며,
정신역동적 메커니즘이 그의 점진적인 장애를 어떻게 설명할 수
있을지는 분명하지 않다. 측두엽의 안쪽 부위, 즉 해마([그림 7-1]
참조)와 같은 구조를 포함하고 있는 부위는 언어적인 기억들을 저
장하는 일에 매우 중요하다. 뇌에서 발작이 일어나게 만드는 가장
흔한 영역들 중 하나는 측두엽의 안쪽과 앞쪽이다. 이들 발작은 세
포(뉴런)의 죽음과 흉터를 초래할 수 있다. 따라서 왼쪽 측두엽 안
쪽에서 시작하는 발작을 앓고 있는 간질 환자들은 언어 기억장애
를 갖게 되는 경우가 있다.

트림블(Trimble, 2000)은 간질이 있는 시인 찰스 로이드(Charles

---

5) 역주: 복통, 두통, 피로감 등의 사소한 신체적 증상이나 감각을 비합리적으로 지각하
고 심각하게 인식하여 자신이 마치 심각한 질병에 노출되었다는 마음의 집착과 질병
에 대한 공포를 갖고 있는 상태(출처: 심리학용어사전, 한국심리학회, 2014)

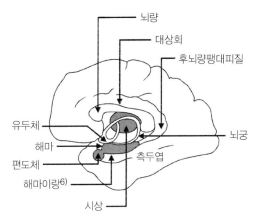

뇌량

대상회

후뇌량팽대피질

유두체

해마

편도체

측두엽

뇌궁

해마이랑6)

시상

**그림 7-1** 새로운 서술 기억들(무엇, 언제, 누구에 관한 기억)을 형성하는 데 매우 중요한 해마를 포함하고 있는 측두엽 안쪽 그림.

Lloyd)에 대해 글을 썼는데, 로이드가 조울증(bipolar disorder, 양극성 (기분)장애라고도 함 – 역주)도 앓고 있었다고 말했다. 트림블은 간질 이 창의적인 글쓰기 과정에 있어 아마도 파괴적일 것이라 말했다. 여러 명의 창의적인 작가들이 간질을 앓았다는 사실로 간질과 창의 적인 글쓰기 사이에 관계가 있다고 주장할 수도 있다. 그러나 간질 은 흔한 장애이며, 내가 아는 바로는 간질과 창의성 사이에 유의미 한 관계가 있는지 알아보려고 시도했던 사람은 아무도 없었다.

지능이 창의성과 직접적으로 관련이 있는 것은 아니지만, 앞에 서 언급했듯이 성공적인 작가가 되기 위해서는 어느 정도 지적이 어야 한다. 그런데 만성적인 복합 부분발작을 앓고 있는 많은 사람 이 평균 이하의 지능을 갖고 있다. 그러므로 성공한 작가 중 간질을

---

6) 역주: 각 대뇌반구의 아래쪽 면에서 해마구(海馬溝)와 측부구(側副溝) 사이에 위치하 는 회(출처: 이우주 의학사전, 이우주, 군자출판사, 2012)

앓고 있는 작가의 비율 대 간질을 앓고 있지 않은 작가의 비율을 비교하는 연구가 수행되었다면, 간질을 앓고 있는 작가의 성공률이 분명히 더 낮을 수도 있다. 따라서 이러한 연구는 지능이라는 변수에 의해 보정되어야 할 것이지만, 그와 같은 보정은 이러한 연구가 수행되는 것을 매우 어렵게 만들 것이다. 어쨌든 우리가 간질(예: 복합 부분발작)과 창의적 글쓰기 사이에 관계가 있다고 가정한다면, 이러한 신경 질환의 존재가 양자 사이의 관계를 어떻게 설명할 수 있었을까?

도스토예프스키처럼 간질병을 앓았던 창의적인 사람들 중 많은 이가 우울증을 갖고 있었다. 데빈스키와 바츠케즈(Devinsky & Vazquez, 1993)는 간질 환자에 있어서 기분장애를 연구했고, 우울증이 이 장애와 공통적으로 관련됨을 발견했다. 그리고 파라디조와 동료들(Paradiso et al., 2001)은 측두엽성 간질을 앓고 있는 환자의 34%가 우울증에 시달리고 있다는 점, 그리고 왼쪽 측두엽에서 시작된 발작을 가지고 있는 여러 명의 저명한 작가가 오른쪽 측두엽에 간질 증세를 갖고 있는 작가들보다 더 우울증을 앓는 것 같다는 사실을 밝혀냈다. 이미 언급했듯이, 그리고 앞으로도 언급하겠지만, 정동장애(affective disorders)[7]를 가지고 있는 사람은 창의적인 경향이 있다.

이에 대하여 가능성 있는 또 다른 관계가 있다. 노먼 게슈윈드(Norman Geschwind, 1979)는 복합 부분발작을 앓고 있는 환자들 중

---

7) 역주: 정동성 정신병이라고도 하는 기분장애로서 기분이 극단적으로 우울하거나 의기가 충천된 상태를 말함(출처: 교육심리학 용어사전, 한국교육심리학회, 학지사, 2000).

특히 왼쪽 측두엽에서 발작이 시작되었던 많은 사람이 종종 상세한 주석(copious note)을 쓴다고 말했다. 그는 자신의 임상적 진단에 기초하여, 왼쪽 측두엽으로부터 발작이 시작되는 환자들은 소위 '하이퍼그라피아(hypergraphia)'[8]를 갖고 있지 않을까라고 생각했다. 사크데브와 왁스먼(Sachdev & Waxman, 1981)은 측두엽에 간질 증상(복합 부분발작)을 갖고 있는 환자들의 쓰기 습관을 연구했고 그 환자들과 짝지어진 대조군과 비교하였다. 그 결과, 이 연구자들은 간질 환자군에서 하이퍼그라피아가 발생할 확률이 훨씬 높음을 발견했다. 게슈윈드(1979)도 복합 부분발작을 앓고 있는 환자들, 특히 왼쪽 측두엽에서 발작이 시작되었던 사람들은 인지적 및 정서적 반응의 '심화(deepening)'를 경험하는 것 같다고 말했다. 글을 쓰고자 하는 경향의 증가, 기분장애(mood disorders), 정서적 경험의 깊어짐이 혼합되면 복합 부분발작(측두엽 간질)을 지닌 지적인 사람들이 창의적인 작가가 될 확률이 높아진다.

이렇게 측두엽 간질이 하이퍼그라피아, 정서의 깊어짐, 우울증 발생 확률의 증가를 유도하는 까닭은 알려져 있지 않다. 지속적인 사회적 낙인을 갖게 되는 만성적인 고통은 예측하기 어려울 뿐만 아니라 간간이 발생할 가능성이 있으며 우울증과 감정의 심화 같은 증상을 유발할 수 있는 신체적·정신적 장애의 주요 원인이 되기도 한다. 그러나 이러한 설명은 그런 증상들이 몇몇 유형의 간질과 관련될 뿐이라는 관찰 결과의 이유가 될 수 없다. 또한 이러한 설명은 하이퍼그라피아 발생에 대한 이유가 되지 않는다. 따라서

---

8) 역주: 끝없이 글을 쓰는 정신 질환(주체할 수 없을 정도로 글이 쓰고 싶어지는 욕망)
(출처: 네이버 영어사전)

가설 기반 연구가 더 수행되기 전에는 이러한 관계들이 설명되지 않은 채로 남아 있게 된다.

# 치매

브루스 밀러와 동료들(Miller et al., 1998; Miller, Boone, Cummings, Read, & Mishkin, 2000)은 예술적 재능이 전측두엽 치매(frontotemporal dementia)[9]라고 불리는 퇴행성 치매 또는 전측두엽 위축(frontal temporal lobar atrophy)의 형태로 나타나는 것, 즉 이러한 퇴행성 질환으로 인해 예술적 기술이 향상된 환자들에 관한 논문을 썼다. 병원에서 관찰되는 가장 흔한 퇴행성 치매 두 가지는 알츠하이머병과 전측두엽 치매이다. 알츠하이머병을 앓는 환자들 대부분의 증상은 기억 상실로 시작하여 '이름 말하기, 길 찾기, 그림 그리기, 복사, 숙달된 운동'에서의 문제(관념운동행위 상실증, ideomotor apraxia[10])와 같은 인지적 결함으로 발전한다.

---

9) 역주: 이마관자엽 치매라고도 하며 두뇌의 전두엽 및 측두엽의 위축으로 인해 발생하는 전형적인 행동장애(출처: 희귀난치성질환 정보, 국립보건연구원 희귀난치성질환센터, 2013)

10) 역주: 행위개념 자체는 보존되어 있지만 이를 실제로 수행할 때 오류를 보인다. 즉, 운동계획 자체는 보존되어 물건이나 상황에 적절하고 전체적 순서도 올바른 행위를 선택하여 실행하려 하지만, 이를 실행하는 과정에 오류가 있는 증상이다. 예를 들면, 동작 수행 속도의 오류, 동작 수행 순서의 전체적 윤곽은 맞지만 한두 개를 빼먹거나 반복하고, 순서가 뒤바뀌는 등의 시간적인 잘못을 범할 수도 있고, 운동의 폭이나 세기의 오류, 손 모양이나 위치의 오류, 몸체와 도구를 혼동하는 오류 등처럼 공간적으로 잘못될 수도 있다(출처: 신경학, 이경민, 서울대학교출판문화원, 2005).

전측두엽 치매와 관련된 징후와 증상은 종종 알츠하이머병에서 보이는 것들과 다르다. 하나의 예로, 이 환자들이 사회적 기술을 잃어버리고 반사회적 행위를 보이는 것을 들 수 있다. 몇몇 환자는 의지를 상실하기도 하며, 아무 일도 하지 않은 채로 하루 종일 앉아 있기도 한다. 전측두엽 치매를 앓고 있는 또 다른 환자들은 언어적 결손을 갖게 될 수도 있다. 이 결함으로 그들의 말하기는 점점 덜 유창해지거나, 이름 말하기와 이해에 어려움을 겪게 될 수도 있다. 알츠하이머병 환자와 달리, 그들의 시공간적 기억은 멀쩡할 수도 있다. 알츠하이머병 환자들의 자기공명영상을 보면, 우리는 종종 그들의 측두엽 안쪽과 두정엽에서 위축된 상태를 관찰하게 된다. 반면에, 전측두엽 치매 환자들은 전두엽 또는 측두엽 앞쪽 또는 전두엽과 측두엽 앞쪽 모두에서 위축을 보인다. 게다가 전측두엽 치매는 좌우 비대칭적이며 주로 뇌의 한쪽만 관련된다.

그리고 뇌의 현미경적 검사로 보면, 알츠하이머병 환자들은 아밀로이드의 침전물(플라크)과 그들의 뉴런에 얽힌 소섬유(신경섬유 매듭)들을 갖고 있다. 반면에, 전측두엽 치매 환자들은 피크체(Pick bodies)라고 불리는(이 증상을 처음으로 묘사했던 신경학자의 이름을 딴 물질[11]) 신경세포 내 함유물, 형편없이 얼룩진 부풀어 오른 뉴런들, 또는 특이한 병리학적 표시가 없는 것들까지도 포함하여 다양한 현미경적 변화를 갖고 있다.

돌이켜 생각해 보건대, 환자의 치매가 언제 시작되었는지를 알아

---

11) 역주: 1892년 체코의 정신의학자 아놀드 피크(Arnold Pick)가 처음 환자를 발견, 보고한 피크병(Pick's disease)에서 생성되는 비정상적인 물질이 피크체임(출처: 희귀난치성질환 정보, 국립보건연구원 희귀난치성질환센터, 2013).

내는 일은 종종 어렵다. 하지만 밀러와 동료들(1998, 2000)에 의해 묘사된 여러 명의 화가는 전측두엽 치매의 징후나 증상을 갖기 이전에 혹은 치매가 막 시작되었을 때 그림을 그리기 시작한 것 같다. 이 환자들에 대해 놀랄 만한 것은 그들에게 치매가 있음에도 불구하고 그림을 계속 그렸으며 일부의 경우는 예술적인 기술이 향상되었다는 점이다. 앞에서 묘사했듯이, 왼쪽 대뇌반구는 주로 언어적 활동들을 조정하며, 오른쪽 대뇌반구는 그림 그리기에 관련된 공간적 기술들에 더 중요한 것 같다. 밀러와 동료들은 "이 화가들의 대부분이 전두엽과 두정엽에서 퇴행 질환을 겪지 않았지만, 그들의 왼쪽 측두엽에 국한된 퇴행을 갖고 있었으며, 그들의 창의적인 기술들은 비언어적이었다."라고 말했다.

서전트(Sergent, 1993)에 따르면, 왼쪽 대뇌반구에 병적인 퇴행을 앓았던 라벨(Ravel, 1875~1936)[12]과 같은 작곡가들은 계속해서 생산적이었다. 그런데 밀러와 동료들의 연구 보고에서 이들 작곡가의 재능이 치매 발생 전에 존재했는지를 알 수 없다. 하지만 밀러의 연구 보고들은 일부 환자가 그들의 퇴행성 질환을 갖고 있는 동안 예술적 기술들을 증진시켰다는 점을 시사하는 것 같다.

왼쪽 대뇌반구의 뇌졸중과 퇴행성 질병들이 예술적 기술을 강화시킬 수도 있는 이유가 무엇인지는 완전하게 밝혀지지 않은 상황이다. 오른쪽 대뇌반구에 상처를 가지고 있는 환자들은 종종 편측 공간무시(unilateral spatial neglect, 한쪽 공간 무시증후군이라고 함-역

---

12) 역주: 드뷔시에 버금가는 현대 프랑스 음악의 거장으로 무곡 〈볼레르〉, 피아노곡 〈물의 유희〉 등의 명곡을 작곡했으며, 1932년에 〈돈키호테〉를 완성하고 나서 뇌질환에 걸려 끝내 1937년에 사망했음(출처: 최신명곡해설 & 클래식명곡해설-작곡가편, 삼호ETM 편집부, 삼호뮤직, 2012).

주)라는 증후군을 보인다(Heilman, Watson, & Valenstein, 2003). 이
환자들에게 긴 수평선을 주고 그 선의 중간을 표시하거나 이등분
을 해 보라고 요구하면, 실제의 중간선 오른쪽에 이등분 표시를 한
다. 이러한 결함에 대해 설명하기 위해 킨즈본(Kinsbourne, 1970)은
"측면에 있는 자극에 대한 반응으로 그 공간의 오른쪽이나 왼쪽으
로 눈을 돌리거나 주의를 두기 위해서는 그 자극과 반대편에 있는
대뇌반구가 활성화되어야 할 것이며, 이렇게 활성화된 대뇌반구는
또한 다른 쪽의 대뇌반구를 억제해야 할 것"이라고 주장했다.

그런데 반대편 대뇌반구가 억제되지 않고 양쪽 대뇌반구가 모
두 활성화된다면, 그 사람 혹은 동물은 공간의 어느 한쪽으로 시선
과 주의를 옮길 수 없을 것이다. 더욱이 뇌졸중과 같은 질환이 오른
쪽 대뇌반구를 손상시킬 때는 상처 입은 이 대뇌반구가 다른 쪽 대
뇌반구인 손상되지 않은 왼쪽 대뇌반구를 억제할 수 없게 된다. 손
상되지 않은 왼쪽 대뇌반구가 계속해서 손상된 오른쪽 대뇌반구를
억제하는 가운데 말이다. 양쪽 대뇌반구 사이의 이러한 활성화 불
균형은 환자의 주의가 오른쪽으로 편향되는 것과 같은 공간주의적
편향을 유도한다. 이와 같은 '우측 주의 편향'으로 인해 환자는 실
제의 중간선에 이등분 표시를 하지 않고 중간선 오른쪽에 이등분
표시를 하게 된다.

어째서 뇌손상이 새로운 기술 혹은 진전된 기술을 가져오는지를
설명하기 위해 카푸르(Kapur, 1996)는, 킨즈본이 무시 증후군을 설
명하기 위해 사용했던 것과 비슷한 설명을 제안했다. 카푸르는 억
제 회로를 파괴하는 병소에 의해 유발되는 기능의 촉진에 대해 '역
설적인 기능 촉진'이라는 용어를 사용하였다. 밀러와 동료들(1998,
2000)은 "아마도 유사한 현상들이 그들의 환자에게서 발생하고 있

었으며, 왼쪽 측두엽 앞쪽의 퇴행이 우리 환자들의 예상치 못했던 재능의 출현에 기여했다."라고 말했다.

어떤 사람이 두뇌의 일부에 국한된 손상을 받게 되면, 손상되지 않은 다른 부위는 새로운 기술을 발달시킬 가능성 및 이미 획득된 기술을 강화시킬 가능성이 있다. 우리는 치매 환자들이 연습을 통해 이전에 손상되었던 기술을 원상태로 회복할 수 있음을 실제의 예로 보여 주었다. 예를 들면, 우리는 이름 알아내기 불능으로 고통받고 있으며 알츠하이머 유형의 치매를 앓고 있을 것으로 추측되는 세 명의 환자가 잃어버렸던 단어 사용 능력을 회복할 수 있었던 사례를 제시했다(Leon et al., 2003). 따라서 왼쪽 대뇌반구에 병적인 퇴행을 앓고 있는 환자들이 시공간적 기술 또는 음악 기술을 획득할 수 있다는 연구 결과가 그와 같은 퇴행적 과정이 무조건 창의성 발달로 이어짐을 의미하는 것은 아니다.

불행하게도 밀러와 동료들(1998, 2000)이 탈억제에 관한 자신들의 가정을 검증하기 위해 피험자들에게 사용했던 방법에 대해 알려진 것은 없다. 하지만 이 가정을 검증하기 위해 사용될 수 있었던 뇌 손상에 대한 다른 모델은 있다. 통제 불가능한 간질을 갖고 있는 환자의 경우, 간질의 진원지가 종종 왼쪽 측두엽 또는 오른쪽 측두엽에 자리잡고 있다. 간질 치료약이 이 환자들의 간질을 통제하기 위해 사용되지만, 어떤 환자들은 약물로 다스려지지 않아서 간질 진원지를 제거해야만 한다. 이를 위해 외과 전문의들은 측두엽 앞쪽을 제거하기도 한다. 이러한 수술은 전국의 의료센터에서 종종 이루어진다. 일부 연구자는 환자들이 오른쪽 측두엽 절제로 음악적 능력이 감소되며, 왼쪽 측두엽 수술 후에는 단어 찾기에 어려움을 겪는다고 보고했다. 그런데 우리가 아는 바로는 오른쪽 측두

엽 절제로 언어적 창의성이 증가하거나, 왼쪽 측두엽 수술로 음악
적 창의성이나 미술적 창의성이 증가한다는 보고는 없다. 어쨌든
우리가 이 '해방' 가설을 기각하기 전에 그 가설이 실험적으로 검증
될 필요가 있지만, 아직까지는 시도된 사례가 없다.

마지막으로, 밀러와 동료들(1998)은 '재능'이라는 용어를 사용했
는데, 이 용어는 창의성보다는 기술을 의미할 수도 있다. 따라서 치
매 환자들이 이 책에서 묘사된 것처럼 정말로 창의적인지는 명확
하지 않다. 기술의 향상이 창의성의 증진과 동일한 것은 아니다.
또한 밀러 등을 통해 전측두엽 치매로 인해 예술적 기술이 발전했
다는 증거가 제시되었을지라도, 전측두엽 치매로 창의성이 증진되
었다는 증거가 제시된 것은 아니다.


## 발달성 학습장애[13]


30여 년 전, 나는 노먼 게슈윈드가 오튼 난독증 학회(Orton Dyslexia
Society) 회원들에게 난독증에 대해 연설하는 것을 듣게 되었다. 노
먼은 청중을 충격에 빠트리는 내용을 꺼내기 좋아했으며, 당시에는
연설 중 "난독증은 사회 질병이다."라고 말했다. 당시에는 사회 질
병에 대한 언급이란 통상 임질 및 매독과 같은 성병에 대해 말하는
것이었다. 그가 이런 말을 했을 때 화난 것처럼 보였던 청중 중에는

---

13) 역주: 발달성 학습장애(developmental learning disability)는 학령전기 아동들 중 학
　습과 관련된 학습 기능에 현저한 어려움을 보이는 것으로 구어장애, 주의집중장애,
　지각장애, 기억장애, 사고장애 등으로 나타날 수 있음(출처: 특수교육학 용어사전,
　국립특수교육원, 2009).

난독증인 사람과 난독증인 자녀를 가진 부모들이 많이 있었다.

　이때 그는 손을 들어 올리며 "잠깐만요, 제게 설명할 기회를 주세요."라고 말했다. 그는 인간 역사 중 읽기가 성공을 위해 그렇게 중요하게 된 것은 오로지 최근이라고 말했다. "만일 우리가 수렵채집 사회에 살고 있다면, 누가 우리의 지도자가 될까요?"라고 그는 물었다. "가장 잘 읽고 잘 쓸 줄 아는 사람일까요, 아니면 사냥 후에 우리를 안전한 거처로 데려올 수 있는 사람일까요?" 또한 그는 시공간 능력이 가장 우수한 사람일수록 난독증 발생 확률이 더 크다고 해도 자신은 놀라지 않을 것이라고 말했다.

　앞에서 나는 다이아몬드 등(1985)이 아인슈타인의 뇌 중에서 브로드만 영역 39 또는 모이랑([그림 3-5] 참조)을 포함하여 왼쪽 두정엽 아래쪽을 연구했다고 언급한 바 있다. 다이아몬드와 동료들이 이 영역에 대한 조직학적인 분석을 실시해 본 결과, 통제군에 속하는 사람들의 뇌와 비교해 볼 때 아인슈타인 뇌의 왼쪽 모이랑(브로드만 영역 39)에서는 뉴런 대비 신경아교세포의 비율이 더 높았음을 알게 되었다. 그들은 이와 같은 특이한 비율이 "뉴런들의 물질대사 요구가 더 높은 것에 대한 신경아교세포들의 반응"이라고 제안함으로써 이러한 결과를 설명하려고 했다. 또한 그들은 물질대사 요구가 높아진 것이 아인슈타인의 비범한 개념적인 능력과 관련이 있을 수도 있다고 말했다.

　그러나 다이아몬드와 동료들(1985)의 연구 보고는 신랄한 비판을 받았다. 왜냐하면 나이를 먹음에 따라 대뇌피질 뉴런이 줄어들게 되는데, 그들 연구의 통제군에 속한 사람들은 아인슈타인보다 더 젊었기 때문이었다(Hines, 1998). 이들 연구자는 통제군 참가자들의 사회경제적 지위, 사망 원인 또는 질병이 생기기 전의 건강에 대한 정보를 제공하지 않았다. 우리가 이러한 연구방법론적인 오류들이 다이아몬드와 동료들에 의해 보고된 연구 결과의 이유가 되지 않는다고 가정할지라도, 뉴런의 상대적인 감소가 아인슈타인의 창의성을 어떻게 설명할 수 있는지는 분명하지 않다.

아인슈타인은 발달성 언어장애를 갖고 있었다. 호프먼과 듀커스(Hoffman & Dukas, 1972)는 아인슈타인이 1954년에 쓴 편지의 일부를 인용했는데, 그 편지에서 아인슈타인은 "상대적으로 내가 말하기를 늦게 시작했기 때문에 나의 부모님은 걱정을 하면서 의사선생님과 상담을 했다. 그 당시에 나는 내 나이가 몇 살인지 말할 줄 몰랐는데, 분명한 것은 세 살보다 어리지는 않았다."라고 설명했다.

말이 늦은 많은 아이처럼 아인슈타인도 발달성 난독증을 갖고 있었다(Kantha, 1992). 데저린(Dejerine, 1891)은 왼쪽 모이랑(브로드만 영역 39)의 손상이 후천적 실독증(alexia)[14]을 유발함을 실례를 들어 설명했는데, 발달성 난독증을 가진 사람도 이 영역이 비정상일 가능성이 있다. 칸타(Kantha, 1992)는 다이아몬드 등에 의해 보고된 비정상이 아인슈타인의 천재성보다는 그의 난독증과 관련되었을 수도 있다고 주장했다. 그리고 게슈윈드와 갤러버다(Geschwind & Galaburda, 1985)는 왼쪽 대뇌반구의 발달 지연이 공간적 계산을 담당하고 있는 오른쪽 대뇌반구가 더 전문화되도록 해 줄 수도 있다고 주장했다.

아마도 아인슈타인은 20세기의 가장 위대한 과학자였으며, 피

---

14) 역주: 독서불능증이라고도 하며 시각 능력에 이상이 없음에도 불구하고 쓰여 있는 글자를 읽지 못하는 증상 또는 발음 기관에 문제가 없고 글을 읽을 수 있는 지식이 있는데도 올바르게 글을 읽지 못하는 병(출처: 서울대학교병원 의학정보, 서울대학교병원)

카소는 가장 위대한 화가들 중 한 명이었다. 그런데 피카소도 언어 학습장애를 갖고 있었던 것 같다. 이 두 거장의 창의성은 일정 부분 공간적 기술에 의존하고 있었다. 시공간적 기술에 의존하는 창의성과 발달성 언어장애 사이는 우연한 관계일까? 아니면 둘 사이에 유의미한 관계가 있을까? 유감스럽게도 아직까지는 양자 사이의 관계를 체계적으로 조사한 연구가 많지 않다. 하지만 매우 경쟁적인 대학에 다니는 예술 전공 학생들을 그 대학에서 예술을 전공하지 않는 다른 학생들과 비교한 결과, 예술 전공 학생들의 난독증 발생 정도가 비예술 전공 학생들의 그것보다 더 크다는 울프와 런드버그(Wolff & Lundberg, 2002)의 연구가 있다. 발달성 난독증을 가지고 있는 많은 사람들은 그들의 근원적인 결함으로 th(문자소, graphemes, 의미를 나타내는 최소 문자 단위—역주)와 같은 글자들 혹은 글자들의 조합을 그들과 관련된 소리나 음소[15]로 변환시키는 데 어려움을 겪는 것과 같은 음운적 기술의 손상을 갖고 있다. 또한 이 연구자들은 예술 전공 학생들의 음운적 기술과 비예술 전공 학생들의 음운적 기술을 비교하였는데, 예술 전공 학생들이 비예술 전공 학생들보다 유의미하게 더 부실했다.

이 연구들과 비슷하게, 아이젠(Eisen, 1989)은 학습장애 아동과 비학습장애 아동의 창의적 능력을 평가하였다. 아이젠은 비언어

---

15) 역주: 한 언어의 음성체계에서 단어의 의미를 구별 짓는 최소의 소리 단위[예: 한국어의 '살'과 '쌀'에서 첫소리인 /ㅅ/과 /ㅆ/, '손'과 '산'에서 모음 /ㅗ/와 /ㅏ/는 두 낱말의 의미를 구별시켜 주는 변별적 기능을 가진 음소임. 한국어 화자들은 '살(/sal/)'과 '쌀(/s'al/)'에서 /s/와 /s'/는 두 낱말의 의미를 구별시켜 주므로 /s/와 /s'/를 각각 음소로 인식하지만 영어 화자들은 /s'/를 /s/의 변이음으로 인식함](출처: 특수교육학 용어사전, 국립특수교육원, 2009)

과제에서는 학습장애 아동이 비학습장애 아동보다 더 잘 수행하였으나 언어 과제에서는 그렇지 않음을 알게 되었다. 하지만 위너와 동료들(Winner et al., 2001)은 반복 연구에서 이러한 연구 결과를 얻지 못했다. 난독증을 가지고 있는 아동들은 종종 과잉행동을 수반한 주의력결핍장애 또는 과잉행동을 수반하지 않는 주의력결핍장애와 같은 다른 행동장애를 갖기도 한다. 그리고 이 동반 장애들이 이러한 유형의 연구 실험 결과에 영향을 끼칠 수도 있는데, 그 연구자들은 이 동반 장애들을 교정하려고 시도했다. 그러나 난독증 집단이 우수한 공간적 기술을 갖고 있다는 사실을 아직까지는 발견하지 못했다. 따라서 발달성 언어장애와 공간적 기술 사이의 관계는 아직 풀리지 않은 문제이다.

만일 우리가 '발달성 언어장애를 가지고 있는 사람들이 더 강한 공간적 기술들을 지니고 있다.'고 가정한다면 어떤 설명이 가능할까? 앞서 말했듯이, 사람을 포함한 영장류에서는 망막으로부터 오는 시각 자극들이 후두부의 시각피질로 가게 되는데, 뇌 중간에 위치한 시상 또는 외측슬상핵([그림 6-3] 참조)이라고 불리는 중계소를 거쳐 간다. 시각피질로 옮겨진 시각 정보는 시상에서 커다란 세포들을 가지고 있어서 거대세포 구획(magnocellular division)이라고 불리는 빠른 운반 시스템으로 여행하게 된다. 또한 시각 정보는 시상에서 더 작은 세포들을 가지고 있어서 소세포 구획(parvocellular division)이라고 불리는 느린 운반 시스템에 의해 전달될 수도 있다.

갤러버다와 리빙스턴(Galaburda & Livingstone, 1993)이 난독증을 가진 사람의 시각 신호 속도를 측정했더니 통제 집단 사람들의 속도보다 더 느린 것 같다는 사실을 발견했다. 그들은 난독증을 가진 사람들의 두뇌에서 시각 정보가 주로 느린 시스템인 소세포 시스템에 의해 전달되고 있다고 주장했다. 그들은 난독증을 가졌던 사람의 시체를 연구한 결과 거대세포에 이상이 있음을 발견했다. 빠른 거대세포 시스템은 대조도가 작은(low-contrast) 정보를 나르고, 느린 소세포 시스템은 대조도가 큰 정보를 나른다. 난독증인 사람에 있어서 글자 읽기와 낱말 읽기는 대조도가 큰 (소세포) 시스템에 더 많이 의존하는 것 같다. 시각 시스템에 있어 이러한 발견은 난독증을 보다 쉽게 설명할 수 있다.

청각 시스템도 두 개의 병렬 시스템(소세포 시스템과 거대세포 시스템)을 갖고 있다. 우리는 단어를 구성하는 개개의 음소들을 감지할 수 있도록 빠른 청각적 분석을 수행해야 한다. 어린이들은 읽는 법을 배울 때 단어들을 발성하기 위해 주로 문자소(글자 또는 글자들)를 음소(글자 소리)로 전환하는 전략을 사용한다. 그리고 단어들의 음성학적 조성을 알지 못하는 사람은 종종 발달성 난독증으로 고생을 한다. 따라서 거대세포 청각 시스템의 결함은 단어의 음소적 구조를 완전하게 해독하는 것을 불가능하게 만들며, 이것이 발달성 언어장애를 낳을 수도 있는 것이다.

시각 시스템에 있어서, 소세포 시각 시스템은 무엇인가를 탐지하는 데 중요한 반면, 거대세포 시각 시스템은 주로 공간적 처리에 중요하다. 공간적 기술들은 대조도가 낮은, 즉 빠른 전달을 하는 거대세포 시스템에 더 의존한다는 사실과 발달성 난독증을 가지고 있는 사람들이 거대세포 시스템에 결함을 갖고 있다는 사실은 모순되는 것 같다. 그러므로 난독증이 있는 사람이 더 우수한 공간적 기술을 가지고 있다는 관찰 결과는 이와 같은 거대세포 시스템의 결함에 의해 설명될 수는 없다.

만일 발달성 난독증이 있는 사람이 더 강화된 공간 기술들을 가

지고 있다는 것이 사실이라면, 또 다른 설명이 있어야 할 것 같은
데, 그것이 무엇인지 모르겠다. 거대세포 구획에서 서로 관련 없는
결함으로 인한 발달성 난독증과 앞에서 언급했던 탈억제 가정도
'왼쪽 대뇌반구에 있는 읽기-쓰기 시스템의 발달 지연으로 인해
오른쪽 대뇌반구의 시공간적이고 전체주의적인 시스템이 더 발달
된 것 같다.'는 관찰 결과를 설명해 주지 못한다면, 또 다른 설명으
로 무엇이 있는지 모르겠다.

## 자폐증

앞 절에서 나는 특정 인지적 기능들이 뇌의 특정 부위에 의해 조
정된다는 개념(예: 모듈식 구조)을 설명했다. 모듈식이라고 말할 때,
그것은 서로 영향을 줄 수 없을 정도까지 모듈들이 압축된다는 의
미가 아니다. 정상적인 사람의 대뇌피질은 엄청나게 연결되어 있
으며, 창의적인 혁신에서 중요할 수도 있는 것은 이 모듈들 사이의
연결성이다. 나는 또한 '많은 창의적인 사람이 매우 발달된 재능을
가지고 있을지라도, 뛰어난 재능만으로 창의성이 보장되는 것은
아니다.'라는 가정에 대해 언급한 바 있다.

자폐증 스펙트럼 증상[전반적 발달장애(pervasive developmental
disorder),[16] 아스퍼거 증후군(Asperger's syndrome)[17]]을 가진 사람들

---

16) 역주: 소아 · 청소년 정신장애의 하나로 비정상 또는 지체된 의사소통, 반복적 · 정
    형화된 행동, 비전형적인 사회적 관계가 장애 진단의 준거를 충족시키는 발달과 관
    련된 장애(출처: 특수교육학 용어사전, 국립특수교육원, 2009)
17) 역주: 오스트리아 빈의 의사인 한스 아스퍼거의 이름에서 따온 신경 정신과적 장애

은 사회적 기술의 비정상적 발달, 의사소통장애, 매우 제한된 흥미 레퍼토리, 고정관념적인 행동과 같은 특징을 보인다. 자폐 증상을 가진 사람들 중 일부는 한 영역에서 비범한 기술을 발달시키기도 한다. 그런데 한 영역에서의 비범한 기술에도 불구하고, 다른 영역에서는 특별한 기술이 없거나 약하다.

많은 사람이 미국 의학의 아버지 중 한 사람이라고 생각하는 벤저민 러시(Benjamin Rush)는 1789년에 토머스 풀러(Thamas Fuller)에 관한 사례를 보고한 적이 있다. 이 사람은 달력을 계산하는 특별한 능력을 가지고 있었다. 예를 들면, 70년 17일 12시간 산 사람은 몇 초를 살아온 셈이냐고 벤저민 러시가 토머스 풀러에게 물었다. 풀러는 이 문제를 1분 30초 정도 생각하고는 2,210,500,800초라고 답했다. 이 답은 정확했으며 17년의 윤년을 포함하기까지 했다. 풀러는 이와 같이 놀라운 계산을 할 수 있었지만, 셈하기 및 달력 계산 이외의 다른 수학에 대해서는 거의 이해하지 못했다(Treffert & Wallace, 2002).

이어서 1887년에는 런던에 있는 얼스우드 정신병원에서 근무하고 있었으며 다운증후군에 대해 처음으로 묘사했던 랭던 다운(Langdon Down)이 지능은 낮지만 풀러처럼 특정 영역에서 매우 특별한 재능을 보이는 10명의 환자에 대해 보고하였다. 그는 이 사람들을 '바보(낮은 지능) 석학(idiot savant)('알다'의 의미의 프랑스어 'savoir'로부터 유래)이라고 불렀다. 의사 다운이 보고한 바보석학들

---

로 일종의 자폐증임. 사회적 상호 교류의 장애, 제한된 관심, 행동장애를 보이지만, 언어 및 인지 발달은 비교적 다른 영역보다 정상적인 발달 수준에 있음(출처: 특수교육학 용어사전, 국립특수교육원, 2009).

은 거의 모두가 남성이었으며, 이와 같은 희귀한 사례에 대한 대부분의 다른 보고에서도 남성들이 주를 이루는 것 같다.

이 바보석학들의 특별한 재능은 여러 영역에서 발견되는 것으로 보고되었다. 풀러가 보여 준 달력 계산 기술 외에 토머스 베툰(Thomas Bethune)과 같은 음악적 석학도 있다. 그는 100단어도 못 되는 어휘력을 가지고 있지만 악보 없이도 피아노로 4,000곡을 연주할 수 있었다(Treffert & Wallace, 2002). 서로 다른 바보석학들이 서로 다른 유형의 기술을 가지고 있지만, 이 기술들 대부분은 비범한 기억력에 의존하는 것 같다.

또한 의사 다운은 에드워드 기본이 쓴『로마제국의 쇠망(The Decline and Fall of the Roman Empire)』의 모든 단어를 외울 수 있었던 한 소년에 대해 보고한 적이 있다. 호우 등(Hou et al., 2000)은 여섯 명의 바보석학 화가에 대해 연구했는데, 이 바보석학들은 예술적 기술이 대단했음에도 불구하고 모두가 단 하나의 미술 매체에 강한 선호를 보였으며, 미술 주제에 있어서 다양성이 제한적이었다. 위대한 재능에도 불구하고 창의성이 부족했다는 사실은 크레이그와 배런-코헨(Craig & Baron-Cohen, 1999)의 연구에서도 나왔다. 이 연구자들은 토랜스 창의성 검사 및 여러 측정법을 사용하여 자폐증인 사람들의 창의성이 즉흥적이라는 점을 밝혀냈다.

루리아(Luria, 1968)는 자신의 저서『기억술사의 사고방식(Mind of a Mnemonist)』(『모든 것을 기억하는 남자』라는 제목의 번역서가 있음-역주)에서 상당한 기억력을 가진 한 남성에 대해 썼는데, 앞에서 언급했던 바보석학과 달리 이 남자는 지적으로 심한 장애를 가지지는 않았다. 그는 뛰어난 기억력으로 공부를 매우 잘했기 때문에 그가 학업을 마치면 매우 성공적인 직업을 가질 것이라고 많은 사람이 기대를 했다. 하지만 그는 시도했던 모든 직업에서 실패하였다. 그가 성공했던 유일한 일은 자신의 비범한 기억력을 쇼에서 보여주는 것이었다. 루리아는 이 남자가 뛰어난 기억력과 우수한 성적에도 불구하고 지식을 다루는 능력이 형편없어서 실패했던 것이라고 주장했다. 많은 시도에서의 진정한 성공은 창의성에 의해 좌우된다. 우리가 창의적이기 위해서는 어느 정도 좋은 기억력이 필요하지만, 창의성은 기억력 및 학습된 기술에만 의존하지 않고 저장된 지식을 잘 처리하는 것을 요구한다.

바보석학들이 이와 같은 놀랄 만한 기억력과 기술을 갖고 있는 이유가 무엇인지에 대해서는 알려져 있지 않다. 트레퍼트와 윌러스(Treffert & Wallace, 2002)는 바보석학들의 기술이 오른쪽 대뇌반구에 의해 조정되며, 오른쪽 대뇌반구를 왼쪽 대뇌반구의 통제로부터 벗어나게 해 주거나 탈억제해 주는 기능 이상, 즉 왼쪽 대뇌반구의 기능장애와 관련이 있다고 주장했다. 하지만 자폐증인 사람과 관련하여 이와 같은 가정을 지지하는 증거는 거의 없다.

내가 언급했듯이, 많은 바보석학은 이례적으로 우수한 수 기술과 수학 기술(number and math skills)을 갖고 있다. 뇌 손상을 입은 사람들에 관한 연구들을 통해 수 기술과 계산에 중요한 것은 왼쪽 대뇌반구라고 알려졌다. 또한 바보석학들 중 일부는 전체 텍스트로부터 각 단어를 회상하는데, 대부분의 사람에게 있어서 언어와 말하기 조정에 중요한 것은 왼쪽 대뇌반구이다. 더욱이 왼쪽 대뇌반구가 제거되었거나 뇌량이 제거된 사람들과 마찬가지로, 어렸을 때 또는 선천적으로 오른쪽 대뇌반구가 손상된 아이들이 전형적인 바보석학이 되는 것은 아니다.

나는 바보석학들이 비범한 영역 특수적 기술들을 갖고 있지만 지식을 다루는 데는 어려움을 겪거나 창의적으로 사고하지 못하는 것에 대해 여러 설명이 가능하다고 생각한다. 하나의 가능성은 바보석학의 뇌가 마치 바구니 하나에 자신의 달걀을 모두 갖고 있는 것과 같은 식으로 조직되어 있다는 것이다. 따라서 고도로 연결되어 있는 다양한 표상 모듈을 갖고 있는 정상적인 사람들과 달리, 바보석학들은 다른 시스템의 정상적인 발달을 희생하면서 하나 또는 두 가지의 매우 발달된 시스템을 주로 갖고 있는 것이다.

바보석학들의 뇌에 있는 해부학적 모듈들이 엉성하게 연결되어 있을 가능성도 있다. 정상적인 발달 동안에 모듈 사이의 연결에 억제적 통제가 이루어짐으로써 부분적인 전문화가 이루어질지도 모른다. 사실, 우리가 언어를 배울 때 왼쪽 대뇌반구는 언어 기반 표상을 발달시킬 뿐만 아니라, 오른쪽 대뇌반구가 언어 기반 표상을 발달시키는 것을 방해하거나 억제함으로써 오른쪽 대뇌반구가 다른 표상들을 발달할 수 있게 해 준다. 서로 다른 이들 표상적 모듈이 발달된 이후에 이루어지는 이 모듈들 사이의 연결은 그 표상 시스템들 사이의 의사소통, 즉 창의적인 노력들에서 중요한 의사소통이 발달하도록 유도할 수도 있다.

아마도 바보석학들은 모듈 사이의 연결을 빈약하게 만드는 것 같으며, 이와 같은 빈약한 연결성이 인지적 과정들을 구속하는 것 같다. 이러한 연결 가설에 대한 지지는 자폐증이 있는 사람들의 뇌량 크기가 통제 집단 사람들의 그것보다 더 작다는 관찰로부터 나온다(Egaas, Courchesne, & Saitoh, 1995). 나는 9장에서 확산적 사고에 있어 전두엽의 중요성을 논의할 것이다. 자폐증인 사람들은 확산적 사고가 제한적인데, 이는 그들의 전두엽이 손상되었을 수도 있음을 시사하고 있다.

카테콜아민(catecholamines)[18]은 의미론적 네트워크의 크기에 영향을 줄 수도 있는데, 뇌에서 이 호르몬이 증가하게 되면 인지적 네트워크가 수축될 수 있다. 아울러 많은 양의 카테콜아민 작용물질(예: 아포모르핀, apomorphine)을 동물에게 투여하면, 고정관념적인 행동과 같은 자폐증의 여러 징후를 유발할 수 있다. 자폐증을 가진 사람들은 카테콜아민의 수준이 높을 수 있으므로 카테콜아민의 영향을 감소시킬 수 있는 약물이 그들을 도와줄 수도 있다는 증거들도 있다. 다음 장에서 나는 창의성에 대한 신경전달물질의 역할에 대해 논의할 것이다.

---

18) 역주: 아미노산 타이로신에서 유도되어 호르몬이나 신경 전달제로 작용하는 화합물을 통틀어 이르는 말. 도파민·노르아드레날린·아드레날린 따위가 있고, 부신 속질 세포, 뇌 또는 말초 신경 세포에서 생합성됨(출처: 표준국어대사전).

# 창의적 영감을 높여 주는
# 잠재의식적 부화와 신경전달물질

## 한가한 휴식과 잠

특정 행동에 대한 신경심리학적 가설을 수립하는 가장 좋은 수단 중 하나는 그러한 행동을 보일 수 있는 사람의 집단과 그렇지 않은 사람의 집단을 연구하여, 어떤 요소 혹은 요소들이 양쪽 집단을 구별 짓는지를 알아내는 것, 즉 통합의 끈을 찾아내는 것(창조적 행위)이다.

여러 과학자가 '잠을 자는 동안 또는 잠에 빠져들거나 잠에서 깨어날 때 어려운 과학 문제를 해결할 수 있었다.'고 보고했다. 이런 현상들 가운데 가장 유명한 예들 중 하나는 아우구스트 케쿨레(August Kekule)의 경우이다. 그는 1865년에 벤젠의 구조를 알아내려고 애쓰던 중 잠들었는데, '자신의 꼬리를 물고 있는 뱀'에 관한 꿈을 꾸었다고 한다. 최근에 케쿨레의 이 에피소드에 대해 그가 결코 그런 꿈을 꾸지 않았다는 의견과 함께 정밀조사가 이루어지기도 했다(Strunz, 1993).

어쨌든 수면 전후에 사람들은 종종 이완된 각성상태(relaxed wakefulness)에 놓인다. 어떤 문제에 대해 적극적으로 작업하고 있던 창의적인 사람들은 이전에는 풀지 못했던 문제들을 해결할 수 있었던 통찰의 순간들에 대해 묘사하곤 한다. 이러한 통찰의 순간들은 종종 그들이 이완되어 있을 때 혹은 쉬고 있을 때 찾아온다. 1898년 라몬 이 카할(Ramón y Cajal, 1852~1934, 스페인의 신경 해부학자·조직학자로 1906년에 노벨 생리·의학상을 수상함–역주)은 『젊은 연구자에게 주는 충고(Advice for a Young Investigator)』(번역서로 『과학자를 꿈꾸는 젊은이에게』가 있음–역주)라는 제목의 책을 썼는데, 이 책에서 다음과 같이 제안했다.

이 모든 것이 끝나도 해결책이 나타나지 않고, 성공이 그저 구석에서 어슬렁거린다고 느껴진다면 잠시 휴식을 취하라. 시골에서 여러 주 동안 한가한 시간을 갖고 고요에 빠지면, 마음이 평온해지고 청아해진다. 이와 같은 지적 청량감은 이른 아침의 서리처럼, 좋은 씨앗을 질식시키는 고약한 기생식물을 말라 죽게 만든다. 마침내 터져 나오는 것은 진실의 꽃인데, 그 꽃봉오리는 오랜 시간 동안의 깊은 잠 끝에 괴테를 비롯한 수많은 사람들이 발견에 있어 특히 좋은 시간이라고 여기는 고요한 아침의 동틀 무렵에 열린다.

유명한 창조가들이 기술했던 이러한 원리의 예들은 많다. 그 예로 유명한 수학자였던 앙리 푸앵카레(Henri Poincare)가 해결되지 않던 수학 문제를 다루던 때의 일을 들 수 있다. 그는 "실패로 진절머리가 난 내가 며칠을 지내기 위해 해변으로 갔을 때, 수학 문제가 아닌 다른 것을 생각하게 되었다. 해안 절벽을 산책하고 있던 어느 날 아침, 아이디어가 떠올랐다."라고 했다(Eysenck, 1995 재인용). 아이작 뉴턴도 교수 활동을 하고 있던 케임브리지 대학에 페스트가 돌자 고향의 어머니 농장으로 돌아와서 쉬고 있었는데, 그때 미적분학 개발에 대한 아이디어를 얻게 되었다고 한다.

이스터브룩(Easterbrook, 1959)은 "감정(각성이 높은 상태-역주)이 단서 사용을 감소시킨다."라고 주장했고, 아이젱크(1995)는 "의식적인 문제해결 동안에는 대뇌피질의 각성이 높은데, 이것은 창의적인 시야를 좁게 만들고 원격연합(remote association) 생성 능력을 억누른다. 하지만 낮은 각성은 이들 원격연합이 출현하도록 해 준다."라고 말했다. 그러나 이 두 연구자는 각성이 연합에 어떻게 영향을 줄 수 있는지에 대해서는 논의하지 않았다.

콘트레러스와 리너스(Contreras & Llinas, 2001)에 의해 이루어진 최근의 몇몇 연구는 '각성 수준이 뉴런망의 크기를 결정할 수도 있다.'는 가정을 지지한다. 이 연구자들은 고속 광학영상 촬영기법을 활용하여, 기니피그로부터 채취된 뇌 절편에서의 세포 내 기록들을 얻어냈다. 그리고 전압에 민감한 염색약을 사용하여 대뇌피질 하부 자극(stimulation)으로 인해 활성화되는 대뇌피질 부위를 기록하였다. 일반적으로 각성이 높은 상태에서 뇌전도에 의해 판정된 대뇌피질 활동은 빠르지만, 각성이 낮으면 뇌전도 활동도 느리다. 이 연구자들은 대뇌피질 아래쪽 백질에 저주파의 전기적 자극을

가하면 대뇌피질 여기저기가 활성화되다가 이후 1,000분의 수 초
만에 이러한 활성화가 대뇌피질의 다른 곳으로 확산된다는 사실을
발견했다. 반대로 고주파 자극에서는 그 흥분이 자극 전극 바로 위
에 있는 작은 뉴런 기둥에 한정되어 남아 있게 된다. 빠른 고주파
자극으로 흥분된 그 뉴런 기둥 주변의 신경세포들로부터 얻어지는
세포 내 기록들은 억제적인 시냅스 활동(inhibitory synaptic activity)
이 증가되었음을 드러내 주었다.

## 정신 병리

아이젱크(1995)에 따르면, 아리스토텔레스는 "어떤 위대한 천재
도 약간의 정신이상(madness, 광기) 없이는 존재할 수 없다."라고
주장했다. 또한 사이먼턴(Simonton, 1999)에 따르면, 아리스토텔레
스는 "철학, 정치, 시, 예술에서 뛰어났던 사람들 모두 우울증 성향
을 갖고 있다."라고도 주장했다. 아이젱크는 자신의 책에서 창의성
과 정신 병리(psychopathology) 및 정신분열증적 사고 사이에 강
한 관계가 있다는 주장을 했다. 하지만 그런 주장을 한 다음에, 증
상이 심화된 정신분열증 환자들은, 특별나게 창의적인 사람들이
아닌 정상적인 병원 근로자들보다도 창의적이지 않다는 아이젠만
(Eisenman)의 연구를 인용했다.

1921년에 크레펠린(Kraepelin, 1856~1926, 독일의 정신병 학자-역
주)은 "종종 조울병(manic-depressive psychosis)이 높은 창의성과
관련된다."라고 말했다(Weisberg, 1994). 포스트(Post, 1996)는 작곡
가, 과학자, 예술가, 작가와 같은 인물들 중에서 전 세계적으로 유

명했던 다수의 창의적인 사람을 대상으로 그들의 전기를 연구했다. 창의적인 이 사람들을 분류하기 위해 포스트는『정신 질환의 진단 및 통계 편람 제3판(Diagnostic and Statistical Manual of Mental Disorders, 3rd ed.: DSM－Ⅲ)』(American Psychiatric Association, 1980)에 들어 있는 진단 기준을 사용하였다. 연구 결과, 과학자가 정신병을 갖고 있는 비율이 가장 낮고 작가들이 가장 높지만, 연구 대상 집단 모두에서 정신 병리를 갖고 있는 것으로 분류되는 사람들의 비율이 비교적 높았다. 예를 들면, 과학자의 18%, 예술가의 38%, 작가의 46%는 심각한 정신 병리를 갖고 있었다. 하지만 포스트는 이 창의적인 사람들의 대집단에서 실제 정신병(psychosis)을 가진 사람의 비율은 1.7%로 매우 낮으며, 정신분열증인 사람은 거의 없음을 밝혀냈다.

앤드리슨(Andreasen, 1987)은 창의적인 작가 30명을 대상으로 연구했는데, 그들을 대응 통제집단인 창의적이지 않은 작가 30명과 비교하였다. 그리고 그녀는 그들의 가족도 조사했다. 작가들이 정신질환(mental illness)을 갖고 있는 비율은 매우 높았는데, 특별히 양극성 정동장애(bipolar disorders)[1]와 우울증과 같은 기분장애를 갖고 있었다. 아울러 연구자는 이 사람들의 친척에게서도 기분장애 비율이 매우 높다는 사실도 밝혀냈다. 제이미슨(Jamison, 1989)은 영국 작가들을 대상으로 연구했는데 그들 중 38%가 기분장애로 치료받고 있었다. 또한 그들의 3/4이 양극성 정동장애 혹은 조울

---

1) 역주: 환자가 어떤 때는 기분이 고조되고 정력 및 활동성이 증가되지만(경조병 또는 조병) 또 다른 때에는 기분이 저하되고 정력 및 활동성이 감소함(우울병)(출처: 한국 표준질병·사인분류 제1권, 통계청, 2010).

병 치료에 사용되는 항우울제나 리튬 중 하나를 복용하고 있었다. 이 외에 여러 연구자도 가장 창의적인 작가, 작곡가, 화가, 과학자들 중 많은 사람이 양극성 기분장애나 단극성 기분장애로 고생을 했다고 보고해 왔다(Andreasen & Glick, 1988; Poldinger, 1986; Post, 1996; Richards, Kinney, Lunde, Benet, & Merzel, 1988; Slaby, 1992).

　사람을 대상으로 연구를 실시하는 과학자들은 생명윤리위원회의 승인을 받아야 한다. 이 위원회는 정부가 취할 수 있는 규제와 위협에 관심을 갖고 있으므로 어떤 연구자의 연구가 승인되는 것을 막기 위해 위원들이 할 수 있는 것이라면 모두 할 수 있도록 해 준다. 우리가 실험실에서 수행하는 연구들은 대부분 행동적이다. 예를 들어, 우리는 뇌졸중으로 고생을 하는 사람들이 행동보다 물체의 이름을 말하는 것(동사 대 명사)에서 더 어려움을 겪는지의 여부를 알아보기 위해 그 환자들의 능력을 검사한다. 우리가 이와 같은 검사를 실시함으로써 그 환자들에게 해를 끼칠 가능성은 희박하다. 하지만 이와 같은 연구에 대한 생명윤리위원회의 승인을 얻는 일은 몇 달에서 1년이 걸리는데, 그 과정에서 여러 번의 수정 요구를 받는다. 이와 같은 수정 요구들의 대부분은 사소한 것이다. 예를 들어, 생명윤리위원회는 우리에게 "누군가가 한 사물의 정확한 이름을 알아낼 수 없어서 불안해진다면 당신은 어떻게 할 것인가?"라고 물어 왔다. 생명윤리위원회에서 마주치게 되는 이와 같은 관료들을 다루어야 하는 사람 또는 국립보건원과 같은 허가 기관의 승낙을 받아야 하는 사람들은 "창의적이려고 애쓰는 동안 정신병을 유발하게 되는 것은 바로 이 기관들을 다루는 일이다."라고 주장한다.

　대학에서 일하는 대부분의 과학자는 적어도 봉급을 받는다(물론 많은 과학자에게 봉급은 충분하지 않으며, 자신들에게 금전적인 보상을 가져다줄 수도 있는 어떤 것을 발명해도 그 발명은 통상 정부나 대학의 소유물이 된다). 하지만 대부분의 예술가나 작가의 생활은 훨씬 더 어렵다. 소설, 전기, 여러 종류의 책을 쓴 후에, 많은 작가는 자신의 책을 출판할 누군가를 찾기가 어렵다. 화랑의 수는 한정되어 있으며 장식용이 아닌 그림을 사는 사람도 소수일 뿐이다. 게다가 미술관은 유명한 화가의 작품만 전시한다. 따라서 대다수의 화가가 자신의 작품을 전시하기는 어렵다. 비록 소수의 운이 좋은 사람들이라도 자신의 작품을 출판하거나 전시하게 되면, 죽은 후에나 그들의 위대함을 알게 될 것 같은 그런 가혹한 비평가들과 마주쳐야 한다.

뉴턴의 관성의 법칙(움직이지 않고 있는 물체는 계속 멈추어 있으려는 경향이 있다는 법칙)은 과학과 예술에서도 진실인 것 같다. 사람들과 사회는 변화에 저항한다. 그리고 창의적인 사람들은 변화를 시도하고 있기 때문에 종종 저항에 직면하게 되며, 보통은 변화가 클수록 저항도 강해진다. 나는 연구를 수행하고 논문을 발표하고 있던 35세 때, '연구 프로젝트 및 보고서의 창의성'과 '그 연구를 지원할 자금을 받거나 그 연구를 발표하는 일의 어려움' 사이에는 정적 상관이 있는 것 같다는 사실을 발견하게 되었다.

실망과 좌절은 감정(mood)의 변화를 가져올 수 있다. 따라서 창의적인 행위를 하려는 시도와 그 행위에 대해 인정을 받으려는 시도는 창의적인 사람들에게서 발견되는 감정장애(mood disorder, 기분장애라고도 함-역주)를 낳을 수 있다. 또한 많은 창의적인 행위들은 고독과 자기성찰을 요구하며 이러한 조건들도 감정장애를 가져올 수 있다. 그래서 창의적인 사람들이 그들 스스로 감정의 변화를 유발할 수도 있는 조건하에 있지만, 대부분의 연구자와 이론가는 '창의적인 사람들이 경험하는 감정장애는 반응적이지 않고 내재성을 띠고 있으며, 창의성에 이르게 하는 것은 정신병리'라고 믿고 있다.

지그문트 프로이트(1908/1959)는 정신병리와 창의성 사이를 설명하는 최초의 이론들 중 하나를 제안했다. 프로이트는 "성인으로서 우리는 리비도의 에너지를 사회적으로 수용될 수 있는 수단으로 표현해야 한다는 점을 배우게 되며, 창의적인 표현은 이러한 에너지를 바람직한 방향으로 승화시키는 수단이 될 수 있다."라고 말했다. 유감스럽게도 이러한 가정들은 다수의 정신역동 이론처럼 검증하기 어려우며 창의성의 이유가 되는 뇌 메커니즘에 대해 설명하고 있지 않다. 도입부에서 말했듯이, '창의성의 기저를 이루는 뇌 메커니즘에 대한 설명은, 어떤 한 이론이 아직은 통합의 끈을 갖지 못한 독립적인 것으로 보이는 수많은 관찰 내용을 설명하고 있는 것, 즉 이상적으로는 환원주의적(reductionistic)[2]이어야' 한다.

프로이트의 정신역동 이론과 상반되게, 창의성에 이르게 하는 상태(휴식, 이완, 꿈, 우울증)들을 묶을 수도 있는 하나의 끈은 주로 노르에피네프린을 포함한 카테콜아민의 감소와 같은 뇌 신경전달물질의 변화들이다(McCarley, 1982). 뇌의 노르에피네프린 수준은 신경망의 크기를 조정하기 때문에 창의성에 영향을 줄 수도 있다.

카테콜아민이 신경망의 크기를 조절한다는 가정에 대한 행동적 지지는 키슈카와 동료들(Kischka et al., 1996)의 점화현상[priming, 시간적으로 먼저 제시된 자극, 즉 점화 단어가 나중에 제시된 자극, 즉 표적 단어의 처리(예: 반응 시간)에 영향을 주는 현상-역주]에 관한 연구로부터 나온다. 이 연구자들은 어휘적 점화 과제를 사용했다. 이

---

2) 역주: 다양한 현상을 기본적인 하나의 원리나 요인으로 설명하려는 경향(표준국어대사전).

과제에서 진짜 단어들 혹은 가짜 단어들이 스크린에 순간적으로 비추어지는데, 이때 피험자는 가짜 단어가 아닌 진짜 단어가 비추어질 때만 가능한 한 빨리 키보드 버튼을 눌러야 한다. 가끔 진짜 단어들과 가짜 단어들이 비추어지기 전에 점화 단어라고 불리는 다른 단어가 비추어진다. 선행되는 단어가 점화 단어라고 불리는 이유는, 선행 단어가 진짜 목표 단어와 관련된다면 그 점화 단어는 실험 참가자로 하여금 진짜 목표 단어를 인지하도록 도와주어서 반응 시간을 줄여 줄 것이기 때문이다. 점화 단어가 목표 단어와 더 강하게 연관될수록(예: 의사와 간호사) 단어 인지는 더 효율적이어서 반응 시간 또는 버튼을 누르는 시간이 더 빨라지게 된다. 반대로 두 개의 진짜 단어가 덜 관련될수록 단어 인식 또는 반응 시간에 대한 점화 단어의 영향은 줄어들게 된다.

우리는 우리의 뇌에 단어들과 그 의미(어휘적-의미적 표상들)에 대한 지식을 저장하고 있는 신경망을 갖고 있다. 이 어휘적-의미적 망들이 점화 단어들에 의해 활성화되거나 자극될 때 목표 단어도 활성화된 망에 저장되어 있다면, 그 단어가 점화 단어와 관련이 없을 때보다 그 단어에 대한 인식은 더 효율적일 것이다. 왜냐하면 관련된 단어들을 가지고 있음으로써 인식에 필요한 어휘적-의미적 망들이 이미 활성화되어 있기 때문이다. 어쨌든 점화 단어가 목표 단어와 관련되어 있지 않을 때도 그 점화 단어는 망을 활성화시킨다. 하지만 목표 단어가 활성화된 망에 속해 있지 않으므로 목표 단어가 인식되기 위해서는 실험 참가자가 목표 단어가 진짜 단어라는 것을 인식할 수 있기 전에 새로운 망이 활성화될 필요가 있다.

키슈카와 동료들(1996)이 정상인 참가자들에게 L-도파(L-dopa)[3]를 복용시키고 점화 과제를 수행하게 했더니, 직접적인 의미적 점

화하기(예: 겨울-여름)는 그 약에 의해 아주 조금만 영향을 받을 뿐
이라는 사실을 알게 되었다. 그래도 L-도파 복용은 간접적인 점화
하기(예: 여름-눈)의 효과를 유의미하게 감소시켰다. 이러한 연구
결과에 기초하여, 키슈카와 동료들은 도파민이 의미적 활성화의
확산을 감소시킴으로써 어휘적-의미적 망에 있어 신호 대 소음의
비율을 증가시킨다고 주장했다. 키슈카 등이 이러한 효과를 도파
민성 시스템의 탓으로 돌릴지라도, L-도파는 도파민과 노르에피네
프린 모두의 전구물질이며, 이들 실험 참가자들에게 L-도파를 복
용시킴으로써 노르에피네프린의 수준을 증가시켰을 수도 있다.

원격연합검사에서 피검자에게는 세 개의 단어 한 벌(예: 파란, 미
국 그리고 염소)이 주어지며, 세 단어 모두와 관련 있는 단어 하나
(예: 치즈)를 찾아내야 한다. 점화 과제처럼 이 검사는 어휘적-의미
적 망의 크기 또는 폭을 평가할 수도 있다. 스트레스를 받는 동안에
는 원격연합검사에서의 수행이 낮아진다(Martindale & Greenough,
1973). 스트레스가 이 검사에서의 수행을 낮추는 이유들 중 하나는
노르아드레날린성 시스템의 활동이 활성화되는 것과 관련이 있다.

이러한 가정에 대한 추가적인 지지는 시험 불안을 가지고 있는 학
생들이 베타-아드레날린성 차단제인 프로프라놀롤(propranolol)[4]
을 복용했을 때 학업적성검사(Scholastic Aptitude Test)에서 점수를

---

3) 역주: 파킨슨병 치료약이며 도파민과 노르에피네프린 모두의 전구물질(일련의 생화
   학 반응에서 A에서 B로, B에서 C로 변화할 때, C라는 물질에서 본 A나 B라는 물질)
   (출처: 실험심리학 용어사전, 곽호완 외 4인, 시그마프레스, 2008; 표준국어대사전)
4) 역주: 교감신경 억제제의 하나로 심장 박동수와 박출량을 감소시켜 혈압을 내리고 편
   두통 치료에 효과적이어서 고혈압·협심증·심장 부정맥 따위의 치료에 사용됨(출
   처: 표준국어대사전).

극적으로 개선시켰다는 한 연구 결과로부터 나온다(Faigel, 1991). 학업적성검사는 결정성 지능('알바니는 뉴욕주의 수도이다.'와 같은 사실 알기)와 유동성 지능(예: '얼룩말과 나무는 어떻게 유사한가?')을 검사한다. 아마도 베타차단제는 더 커다란 신경망의 활성화를 허용해 주며 신경망에 끼치는 노르에피네프린의 영향을 줄여 주는데, 이 커다란 신경망의 활성화는 인지적 융통성을 강화시켜 준다.

　(메이너트 핵, 브로카의 대각섬유줄, 내측 중격을 포함하고 있는) 기저 전뇌(basal forebrain)는 신경전달물질인 아세틸콜린을 포함하고 있는 뉴런들을 통해 대뇌피질 거의 전체로 아세틸콜린을 보낸다([그림 8-1] 참조). '기저 전뇌에 있는 이들 콜린성 뉴런들은 대뇌피질 활성화 또는 대뇌피질 각성 정도를 조절한다.'는 여러 가지 증거가 있다. 케이프와 존스(Cape & Jones, 1998)는 신경전달물질인 노르에피네프린을 기저 전뇌에 투여하였다. 이 연구자들은 뇌전도를 사용하여 뇌의 활동을 기록해 본 후, 30~60Hz 사이에서 고주파 뇌전

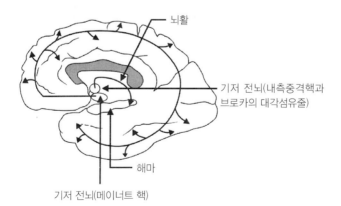

**그림 8-1** (메이너트 핵으로부터) 대뇌피질로 그리고 (내측 중격과 브로카의 대각섬유줄로부터) 해마와 같은 변연계의 부분들로 뻗어 나가는 콜린성 뉴런, 즉 아세틸콜린을 분비하는 뉴런들을 포함하고 있는 기저 전뇌 그림

도 활동(감마 활동)이 유도되었고 더 낮은 뇌전도 활동은 감소된다
는 점을 발견했다. 이 감마 주파수는 높은 경계 혹은 각성 상태(예:
동물이 새로운 자극 또는 매우 의미 있는 자극으로 향하거나 경계하고 있
을 때) 동안 발견된다. 따라서 이 연구자들은 노르에피네프린이 기
저 전뇌의 활동을 조절하며 차례로 대뇌피질의 활동이나 각성에
영향을 준다고 결론 내렸다.

## 잠재의식적 부화[5]

　많은 창의적인 사람들이 "풀리지 않는 문제를 발견한 후에 그 문
제를 바로 해결할 수는 없었다."라고 이야기한다. 다양한 시도를
하면서 그들은 지치게 될 수도 있고, 그러한 문제해결을 포기할 수
도 있으며, 다른 문제들로 옮겨갈 수도 있다. 하지만 때때로 여러
날, 여러 주 또는 여러 달 후에 갑자기 그 문제의 해결책이 그들에
게 다가올 수도 있다. 앞에서 언급했듯이, 이러한 경험은 월러스
(Wallas, 1926)에 의해 '갑작스러운 깨달음(illumination)' 또는 '아하'
경험이라고 불려 왔다. 어떤 문제의 해결책을 갑작스럽게 알게 되
는 능력은 '저장되어 있는 지식을 두뇌가 활발하게 다루어 오고 있
었다.'는 점을 시사한다. 월러스는 지식을 잠재의식적으로 다루는
이와 같은 과정을 '부화'라고 불렀다.

---

5) 역주: 잠재의식적 부화(incubation)는 창조적 사고과정에서 일어난다고 생각되는 사
　고과정의 하나로, 문제에 대한 해결책이 무의식적이고 비의도적인 사고를 통하여 숙
　고 및 모색되는 과정을 말함. 일반적으로 부화는 해결책을 모색하기 위한 많은 의도적
　인 사고와 노력이 이루어진 다음에 나타남(출처: 교육심리학용어사전, 학지사, 2000).

이러한 잠재의식적 과정에 대해 사이먼턴(1999)은 자신의 저서 『천재의 기원(Origins of Genius)』에서 프랑스의 유명 수학자인 푸앵카레의 경험을 인용했다. 푸앵카레는 수학 문제를 풀지 못했던 일과 그 문제에 대해 신경을 꺼 놓았던 일, 그러고 나서 해결책이 떠올랐던 경험에 대해 썼다(즉, "나는 며칠을 지내기 위해 해변으로 갔고, 수학 문제가 아닌 다른 것을 생각했다. 해안 절벽으로 산책하고 있던 어느 날 아침, 아이디어가 떠올랐다."). 푸앵카레는 이러한 아하 경험에 대해 곰곰이 생각해 본 후, 자신의 갑작스러운 영감이 '오랜 무의식적 작업의 명백한 신호'였음을 사실로 받아들였다고 한다.

19세기 후반부 동안 프로이트는 무의식적 활동이 우리의 생각과 행위에 어떻게 영향을 주는지에 대해 많은 글을 썼다. 20세기 중반에는 많은 심리학 학파가 스키너(Skinner)의 행동주의에 몰두해 있었으며, 따라서 이 시기 동안에는 '무의식적인 정신 활동이 인간 행동에 영향을 준다.'는 생각은 묵살되었다. 하지만 '인지적인 활동이 이루어지고 있다는 것을 사람이 의식하지 못하는 동안에도 뇌는 인지 활동을 조정할 수 있다.'는 확실한 증거를 과거 20년 또는 30년 동안 신경심리학자들이 제시해 왔다.

예를 들면, 바우어(Bauer, 1984)는 측두엽과 두정엽의 배쪽(아래)에 정신적 외상을 초래할 정도의 혈종(traumatic hematomas, 혈전=응혈)[6]이 양쪽에 있어서 이전에 그 환자에게 소개되었던 사람의 얼굴을 알아보지 못하는 얼굴인식불능증(prosopagnosia)[7]에 걸린 환

---

6) 역주: 내출혈로 말미암아 혈액이 한 곳으로 모여 혹과 같이 된 것(표준국어대사전)
7) 역주: 시각실인증의 한 유형으로 안면실인증이라고도 하는데 얼굴(타인 혹은 거울에 비친 자신의 얼굴)을 인식하지 못하는 증상이나 장애, 장소나 사물에 대한 인식 장애를 동반하는 경우가 흔함(출처: 서울대학교병원 의학정보, 서울대학교병원).

자들 중 한 명을 연구했다. 이 혈종은 앞에서 설명했던 시각의 '무엇' 시스템을 손상시켰다. 바우어는 그 환자의 '손에 땀이 날 때'와 '경계 상태 또는 각성 상태에서 땀이 날 때'에 전기 저항이 각각 어떻게 다른지를 먼저 기록했다. 바우어는 유명한 사람들의 사진을 그 남자 환자에게 보여 주고, "그의 이름을 말해 보거나 무엇 때문에 그 사람이 유명한지를 말해 보세요."라고 했다. 이 환자는 그 사람들 중 아무도 알아보지 못했지만, 그 사람들과 상관없는 질문이 아닌 관련이 있는 적절한 질문을 하자 피부 전기반응을 보임으로써 그 사람들에 대한 무의식적 또는 은밀한 지식을 갖고 있음을 시사했다.

예를 들어, 리처드 닉슨의 얼굴을 보여 주고 그 사람이 유명한 운동선수인지 묻자, 그 얼굴을 잘 모르겠다고 답했으며 피부 전기반응도 기록되지 않았다. 반면에, 그 사람이 전직 대통령 닉슨이냐고 묻자, 역시 그 얼굴을 잘 모르겠다고 대답했지만, 이번에는 피부 전기반응을 보임으로써 그 환자의 뇌 어디인가에 닉슨 얼굴의 표상 또는 이미지가 있음을 시사했다. 즉, 그의 시각 시스템은 이 표상에 접근할 수 있지만, 저장되어 있던 얼굴에 대한 표상이 그의 의식적 인식에는 도달하지 않은 것이었다.

지식의 존재를 알아차리지 못하는 또 다른 예는 마샬과 홀리건(Marshall & Halligan, 1988)에 의해 수행된 연구이다. 편측공간무시(hemispatial neglect)라고 불리는 장애는 환자로 하여금 손상된 한쪽 대뇌반구(예: 오른쪽 대뇌반구)와 반대되는 쪽 절반의 공간(오른쪽 대뇌반구가 손상되었다면 전방 공간 중 왼쪽 절반 공간-역주)에 존재하는 사물을 인식하지 못하게 만든다(Heilman, Watson, & Valenstein, 2003). 이 연구자들은 왼쪽 편에 있는 물건이 인식되지 않는 환자에게 두 채의 집이 위아래로 나란히 그려져 있는 종이 한 장을 보여 주었다. 한 집의 왼쪽이 불타고 있는 것을 빼고는 두 집의 모양은 똑같았다.

편측공간무시 장애를 갖고 있는 실험 참가자들에게 어떤 집에서 살고 싶은지를 물었을 때, 두 집 사이에 차이가 없다고 대답했다. 하지만 연구자가 "그럼에도 불구하고 살고 싶은 집을 가리켜 보세요."라고 요구하자, 통상 그들은 불타지 않고 있는 집을 가리켰다. 이 환자들은 그 집의 왼쪽에서 피어오르는 화염을 의식적으로는 알지 못했다. 하지만 그들 뇌의 어떤 부분에선가 그 화염을 보았으며, 불길에 휩싸인 집은 살기에 이상적인 곳은 아니라고 추론했음을 이러한 연구 결과가 시사하는 것이다.

신경과학자들은 우리가 왜 어떤 사물은 알아차리고 어떤 것들은 인식하지 못하는지를 완전히 알지는 못한다. 그런데 최근에 간질로 외과 수술을 받아서 대뇌피질이 노출된 환자들을 대상으로 미더, 레이, 이차우즈, 로링과 박트세바노스(Meador, Ray, Echauz, Loring, & Vachtsevanos, 2002)가 연구를 수행하게 되었다. '높은 주파수(예: 뇌전도로 측정된 것으로서 30~50Hz 사이의 감마)로 일관되는 신경 활동은 통합된 의식 경험을 이루어 내기 위해서, 널리 분포된 신경망들에 걸쳐 일어나는 처리과정을 통합한다.'는 가설이 있다. 이 가설을 검증하기 위해 의학적으로 다루기가 매우 힘든 간질 때문에 수술을 받고 있는 6명의 환자 뇌에 매몰되어 있는 전극(implanted electrode)[8])으로부터 디지털 두개내 삽입피질접촉(digital

---

8) 역주: 주로 심부뇌파(depth electroencephalogram)일 때에 사용되는 뇌파전극의 일종이며, 장시간 뇌 안에 유치해 두기 위하여 사용됨. 피복절연(被覆絕緣)한 가는 은

intracranial electrocorticographic) 기록들이 얻어졌다. 이 환자들은 기록용 전극이 심어져 있는 쪽(예: 왼쪽 대뇌반구-역주)과 반대편 쪽 손(예: 오른쪽 손-역주)에 간단한 근사-임계치의 체감각(near-threshold somatosensory)(촉각) 자극을 받았다. 이 환자들은 이 낮은 강도의 자극들 중 일부를 인식하였으나 다른 자극들은 알아차리지 못했다. 의식적으로 지각된 자극들에 대해서는 기록용 전극이 심어져 있는 쪽(예: 왼쪽 대뇌반구-역주)과 반대편 쪽 손(예: 오른쪽 손-역주)에 자극을 받은 후 대략 150에서 300밀리 초(0.15~0.30초) 후에 1차 체감각피질에 감마 주파수가 발생했다. 지각되지 않은 자극에서는 이러한 감마 활동이 관찰되지 않았다. 이러한 결과들은 의식적인 지각이 피질의 일관되게 빠른 전기 활동에 좌우된다는 점을 시사하고 있다.

미더 및 동료들(2002)의 관찰과 함께 콘트레러스와 리너스(2001)의 연구는 임계치 자극(threshold stimuli)에 대한 의식적인 지각이 고주파의 신경 단위에서의 처리(neuronal processing)와 관련될지라도, 이 고주파 활동 동안 그 자극들을 탐지하는 일에 직접적으로 관여되지 않는 신경망들은 적극적으로 억제된다는 점을 제안하고 있다. 즉, 고주파 활동은 신경 처리에 초점을 둠으로써 신호 대 잡음의 비율(signal-to-noise ratio)을 강화시키고 의식적 인식을 촉진하게 된다는 것이다. 앞에서 언급했듯이, 어떤 문제에 대한 창의적인 해결책을 찾는 일은 다양한 세트의 표상들을 저장하고 있는 널리

---

선, 스틸선, 구리선 등으로 만들어진 전극을 여러 가지의 외투침(外套針)이나 유도침(誘導針)으로 소정의 위치에 삽입하고, 유도침만을 빼내어 전극을 뇌 안에 유치해 두는 것임(출처: 간호학대사전, 한국사전연구사, 1996).

분포된 모듈식 신경망을 동시에 활성화시키는 것에 달려 있다. 그런데 대뇌피질의 고주파 활동은 활성화된 신경망의 확산을 억제할 수도 있다.

이러한 대뇌피질의 전기적 활동은 신경전달물질과 신경조절물질에 의해 영향을 받을 수 있다. 노르에피네프린은 대뇌피질에 있어서 신호 대 잡음의 비율에 영향을 주는 것으로 가정되어 왔다. 여러 연구는 노르에피네프린이 뉴런의 자발적인 발화를 감소시키며 외부 자극에 의해 유발되는 신경의 활동을 증대시킨다는 점을 밝혀냈다(Waterhouse & Woodward, 1980). 낮은 수준의 활동 또는 기초적인 활동이 감소하는 것과 반대로 강한 외부 자극에 대한 이와 같은 반응의 강화가 대뇌피질에서 발견되었다. 그리고 이러한 반응의 강화는 '노르에피네프린이 목표 시스템에 있어 신호 대 소음의 비율을 강화시킨다.'고 가정하는 최근의 신경 모델링 연구와 일치한다(Servan-Schreiber, Printz, & Cohen, 1990).

하셀모, 린스터, 패틸, 마와 세킥(Hasselmo, Linster, Patil, Ma, & Cekic, 1997)도 노르에피네프린은 직접적인 구심성 입력 자극에 의해 유발되는 전위에 비례하여 내재적인 흥분성 시냅스의 전위를 억제함으로써 신호 대 잡음의 비율을 변화시킨다고 실례를 들어 입증하였다. 높은 노르에피네프린 상태와 함께 발생하는 외적 입력에 치우치는 것은 인지적 표상을 저장하고 있는 신경망이 '……라면 어떻게 될까?'와 같은 질문을 하지 못하도록 방해할 수도 있다.

아울러 연결주의 모델은 '적절한 양의 소음이 신경망으로 하여금 적합한 해결책이 자리잡도록 해 준다.'고 주장한다. 내재적인 흥분성 전위를 억누르는 것은 직접적인 구심성 입력 자극을 받지 않는 많은 연합뉴런들이 점화 임계치에 도달하는 것을 방해할 수도 있

다. 연합뉴런들의 활동이 줄어드는 것은 상대적으로 성기고 제한
적이며 중첩되지 않은(nonoverlapping) 연합망의 활성화로 이어진
다. 앞에서 언급했듯이, 광범위하게 분산되어 있는 표상들의 활성
화는 우리로 하여금 창의성에 대단히 중요한 과정인 추론과 일반
화를 수행하게 해 줄 수도 있다.

　노르에피네프린의 영향에 관한 이러한 가정에 대한 추가적인 지
지는 인지기능의 조절에 있어 뇌의 청반(locus coeruleus, 靑斑)[9]과
노르에피네프린 시스템의 역할에 관한 연구로부터 얻어진다. 뇌
간에 있는 청반-노르에피네프린 시스템의 뉴런들은 대뇌피질, 변
연계, 시상으로 아주 많이 뻗어가게 된다. 청반은 작은 뇌간핵이지
만, 다른 어떤 핵보다도 뇌의 더 많은 영역의 힘을 약하게 만든다.
청반-노르에피네프린 시스템의 가장 강한 분출들 즉, 뻗어나가는
경로들(projections) 대부분이 두정엽 아래쪽 부위처럼 주의 과정에
서 가장 중요한 뇌 부위들로 간다(Morrison & Foote, 1986).

　대뇌피질에서의 노르에피네프린 수준 증가를 유발하는 높은 수
준의 긴장성 청반 활동은 '상향식' 처리를 선호한다. 그런데 이러한
처리는 새로운 자극을 맛보는 데 중요하며 예상치 않거나 색다른
자극에 대한 행동적 반응을 증가시키는 데 중요하다(Aston-Jones,
Chiang, & Alexinsky, 1991). 낮은 수준의 청반 활동이 조사되지는 않
았을지라도, 그러한 활동이 '하향식' 처리와 관련될 수도 있으며,
이러한 처리는 창의성의 부화 단계에 매우 중요하다고 생각된다.

　애스턴-존스와 동료들(Aston-Jones et al., 1991)은 초점 주의를 필

---

9) 역주: 중뇌의 천장 밑에 있는 한 쌍의 소체로서 그 기능은 알려지지 않고 있으나 행동
의 조절에 중요한 영향을 미치는 것으로 여겨짐(출처: 농업용어사전, 농업진흥청).

요로 하는 시각 변별 과제를 수행하는 원숭이를 대상으로 연구했
다. 연구 결과, 청반-노르에피네프린 시스템의 뉴런들은 시각 변
별 과제에 대해 우수하거나 형편없는 수행 각각에 밀접하게 대응
하는 단계적 유형의 활동 또는 지속적인 유형의 활동을 보여주었
다. 이 연구자들은 자신들의 연구 결과에 기초하여, 다른 유형의 활
동을 낳을 수도 있는 청반 세포들 사이에서의 전자 결합(electronic
coupling) 변화를 예측하는 모델을 개발했다. 이 모델에 따르면, 두
가지 방식의 청반 점화가 있다. 즉, 단계적 방식의 청반 활동은 초
점 주의 또는 선택적 주의를 촉진할 수도 있으며, 지속적인 유형의
방식은 높은 수준의 행동적 유연성 또는 전체적으로 작용하는 주사
식 주의상태(scanning attentiveness)를 낳을 수도 있다. 우리의 가설
에 따르면 창의적 혁신에 중요할 수 있는 방식은 후자이다.

　노르에피네프린이 인지적 융통성을 조절한다는 가설을 직접적
으로 검증하기 위해 우리(Beversdorf, Hughes, Steinberg, Lewis, &
Heilman, 1999)는 실험실에서 연구 하나를 수행했다. 이 실험실에
서 우리는 정상적인 실험 참가자들이 속임약, 에페드린(ephedrine,
감기·천식 치료제-역주) 또는 프로프라놀롤을 처방받았을 때의 문
제해결 능력을 검사했다. 에페드린은 노르에피네프린의 수준을 증
가시키는 반면에, 베타-아드레날린성 차단제인 프로프라놀롤은
뇌에 끼치는 노르에피네프린의 영향을 방해한다. 우리는 인지적
융통성에 크게 의존하는 검사인 '철자바꾸어 단어 만들기'를 실험
에 사용했다. 이 과제에서 정상적인 참가자들에게는 글자 순서가
엉망이 되어 있는 일련의 단어가 주어지며, 그들이 해야 할 일은 그
글자들을 사용하여 만들어지는 단어를 알아내는 것이다. 우리는
참가자들이 에페드린을 처방받았을 때보다는 프로프라놀롤을 처

방받은 후에 철자바꾸어 단어 만들기를 더 잘했음을 알게 되었다.

프로프라놀롤에 의해 유발되는 인지적 융통성에서의 증진이 중추신경계 차단에 의한 것인지 혹은 말초신경계 차단에 의한 것인지 알아보기 위해 브룸, 치버, 휴스와 베버스도프(Broome, Cheever, Hughes, & Beversdorf, 2000)는 서로 다른 약을 처방받은 별도의 정상 참가자 집단을 대상으로 철자바꾸어 단어 만들기에서의 수행 정도를 검사했다. 여기서 그들은 '중추신경계로 들어가는 프로프라놀롤의 효과'를 '말초신경계에 영향을 주는 아드레날린성 베타-차단제인 나돌롤(nadolol)[10]의 효과'와 비교하였다. 철자바꾸어 단어 만들기에서 참가자의 문제해결 시간은 나돌롤을 처방받았을 때보다 프로프라놀롤을 처방받았을 때 더 빨랐다. 이러한 결과는 인지적 융통성을 증가시키는 것이 주로 중추신경계 베타-아드레날린성 차단(예: 노르에피네프린이 신경망에 영향을 주지 못하도록 차단하는 것)임을 시사하고 있다. 베타-차단제인 프로프라놀롤에 관한 이러한 연구들은, '뇌에 끼치는 노르에피네프린의 영향을 감소시킴으로써 혁신적인 해결책을 찾는(통합의 끈을 찾는) 과정이 강화된다.'는 증거를 제공하고 있다.

푸트, 버리지, 애덤스와 피네다(Foote, Berridge, Adams, & Pineda, 1991)는 '대뇌피질까지 나아가는 엄청나게 확산적인 원심성의 노르아드레날린 분출을 통해 청반은 각성에 참여하며, 뇌전도를 비경계성인 상태에서 경계 또는 각성 상태로 전환시킨다.'는 증거를 확인하였다. 카테콜아민이 유발하는 각성의 영향, 즉 창의적인 혁신

---

10) 역주: 아드레날린성 차단(봉쇄)제, 특히 베타-수용체 봉쇄약물(출처: 이우주 의학사전, 이우주, 군자출판사, 2012)

에 대한 부정적인 영향에 대한 추가적인 지지는 뇌전도 연구로부
터 나온다. 마틴데일과 헤이슨퍼스(Martindale & Hasenfus, 1978)는
각성과 창의성 사이의 관계를 연구하기 위해 일련의 실험을 수행했
다. 각성을 측정하기 위해 이 연구자들은 뇌전도를 사용하였다. 버
거(Burger)의 연구 이래로, '각성의 수준이 더 높아지면 뇌전도로 측
정된 전기적인 뇌 활동이 더 빠르다.'고 알려져 왔다. 반대로 잠에
서 깨어난 이완된 상태에서는 뇌 활동이 더 느린 즉, 1초당 8~12주
기를 갖는 알파파 활동이 있게 된다.

　마틴데일과 헤이슨퍼스(1978)는 실험 참가자들을 창의적인 집단
과 창의적이지 않은 집단으로 나누었다. 휴식 상태에서는 두 집단
의 뇌전도 사이에 어떤 차이도 없었다. 하지만 자신의 스토리를 만
드는 시간 동안(혁신 단계)에는 창의적인 피검자들이, 더 빠른 뇌전
도 활동을 보여 주는 비창의적인 피검자들보다 더욱 잘 발달된 알
파파 활동을 보여 주었다. 이러한 결과는 창의적인 집단이 덜 창의
적인 집단보다 더 낮은 수준의 각성 상태에서 활동을 하고 있었던
중임을 시사한다.

　기분장애를 갖고 있는 다수의 창의적인 사람과 달리, 자폐증을
가지고 있는 사람들은 인지적 융통성이 더 심하게 결핍되어 있고
창의성도 부족한 것으로 밝혀졌다(Craig & Baron-Cohen, 1999). '마
음이론(theory of mind)'[11] 연구들과 같은 자폐증에 관한 연구들은

---

11) 역주: 신념, 의도, 바람, 이해 등과 같은 정신적 상태가 자신 또는 상대방의 행동에
　　영향을 미친다는 것을 이해하는 능력. 마음이론이 잘 발달되어 있는 사람은 타인의
　　마음 상태를 인지하고 이해하는 공감 능력이 우수하지만 마음이론에 결함이 있는
　　사람은 타인의 입장을 이해하기보다는 자신의 시각에서 상황을 이해함으로써 호혜
　　적인 사회적 상호작용을 하는 데 어려움을 보임(예: 자폐성 장애 아동이 타인의 마

'자폐증이 하향식 처리(top-down processing)의 결핍과 연관된다.'
는 점을 시사하고 있다(Happe & Frith, 1996). 예를 들면, 마음이론
을 검증하기 위해 연구자들은 상대적으로 고기능의 자폐증을 가지
고 있는 사람에게 일련의 사진 또는 비디오를 보여 준다. 어느 한
그림에는 두 명의 여자(아기 엄마와 그녀의 친구)가 걷고 있는데, 아
기 엄마는 아기가 타고 있는 유모차를 밀고 있다. 아기가 안에 있는
지를 들여다볼 수 있도록 그 유모차에는 덮개가 있다. 그들은 걷기
를 멈추고 아기 엄마의 친구는 무엇인가를 가져오기 위해 집 안으
로 들어간다. 그녀가 집 안에 있는 동안 다른 집에서 아기의 할머니
가 나와 유모차에서 아기를 꺼내어 자신의 집으로 들어간다.

만약 정상적인 사람들이 '아기 엄마의 친구가 자신의 집에서 나
왔을 때, 아기가 유모차에 여전히 있다고 그녀는 생각할까?'라고 질
문을 받는다면, '그녀가 유모차 안을 들여다보지 않는 한 그 안에
여전히 아기가 있을 것으로 생각할 것'이라고 말할 것이다. 하지만
자폐증을 가지고 있는 사람은 "아니요. 할머니가 아기를 데리고 들
어갔어요."라고 말할 가능성이 있다. 따라서 햅페(Happe)와 프리
스(Frith)는 자폐증을 가지고 있는 사람이 다른 사람의 행동을 관찰
할 때 그 사람들의 사고 과정을 이해하는 데 어려움을 보이는 결함
즉, 하향식 처리에서의 결함을 갖고 있을 수 있다고 생각했다.

'자폐스펙트럼장애(autistic spectrum disorder)[12]를 가지고 있는 사

---

음을 읽어야 하는 과제를 매우 어려워하는 것)(출처: 특수교육학 용어사전, 국립특
수교육원, 2009).

12) 역주: 초기 아동기부터 상호 교환적인 사회적 의사소통과 사회적 상호작용에 지속
적인 손상을 보이는 한편 행동 패턴, 관심사 및 활동의 범위가 한정되어 있고 반복
적인 것이 특징인 신경발달장애의(출처: 심리학용어사전, 한국심리학회)

람은 그들이 가지고 있는 개념망의 폭이 축소되어 있기 때문에 또
는 대규모이면서도 광범위하게 분산되어 있는 의미적—개념망을
활성화시키는 능력이 감소(개념적 수축)하기 때문에 그 결과로 인
지적 융통성이 결핍되는지 여부와 창의성도 형편없는지의 여부'를
우리는 알고 싶었다. 이러한 개념적 수축 가설을 검증하기 위해 우
리는 거짓기억 패러다임(Schacter, Verfaellie, & Anes, 1997)을 사용
하였다. 우리는 정상적인 사람들로 하여금 이전에 제시받았던 동
일한 의미를 갖거나 중복되는 범주들로부터 나온 단어들(예: 단것,
M&M's, 캐러멜, Milky Way, Snickers, 초콜릿)을 인식하게 함으로써
그들의 기억력을 검사하게 된다. 이때 다수의 정상적인 사람이 잘
못된 기억을 갖게 된다. 즉, 우리가 그들의 기억력을 검사할 때, 그
들은 밀접하게 관련된 단어들(예: 사탕)을 떠올려 보라는 말을 들었
다고 생각할 것이다(Schacter et al., 1997).

　연합이론에 따르면, 기억되고 있는 단어들의 개념들에 대한 분
산된 표상들은 잘못 인식된 단어들을 나타내고 있는 개념들에 대
한 분산된 표상들과 상당히 중복(overlap)된다. 우리가 이 거짓
기억 패러다임을 가지고 고기능의 자폐증 환자들을 검사했을 때
(Beversdorf et al., 2000), 이 환자들은 통제집단인 정상적인 참가자
들보다 잘못된 기억을 더 적게 회상했으며 진짜 기억들을 거짓 기
억들과 더 잘 구별해 냈다. 이러한 결과들은 자폐증인 사람들은 자
신들의 의미적 표상들을 제약해 왔음(즉, 상대적으로 엉성하고 중첩
되지 않은 의미적 표상 초래)을 시사한다.

　이와 같은 제약의 이유는 알려지지 않고 있으나, 자폐증인 사람
들 뇌에서의 연결성 감소와 관련될 수도 있다. 이러한 연결 가설을
지지하는 몇몇 증거가 있다. 골지 분석(Golgi analysis)은 신경과학

자들로 하여금 뇌에서의 신경 연결을 조사할 수 있게 해 준다. 레이 먼드, 바우먼과 켐퍼(Raymond, Bauman, & Kemper, 1996)는 자폐증 진단을 받은 사람들의 뇌를 골지 분석으로 조사하여 그들의 해마 에서 수상돌기분지(dendritic arborization, 수상돌기가지내기)의 감축 이 있음을 보고하였다. 수상돌기분지 결함은 연합망 형성을 손상 시킬 수 있으며 낮은 창의성, 부실한 개념 습득, 손상된 일반화, 인 지적 융통성 부족과 같은 자폐증의 많은 징후의 이유가 된다. 하지 만 이 장의 앞부분에서 말했듯이, 노르에피네프린 수준의 증가 또 한 인지적 망을 제한할 수 있다.

모두는 아니지만, 일부 연구는 자폐증이 노르에피네프린을 포함 한 중추신경계 모노아민(monoamines)[13]들과 관련된다고 주장한다 (Gillberg & Svennerholm, 1987). 앞서 말했듯이, 이러한 호르몬의 증 가는 연합망과 개념적 표상들의 제약에 대한 이유가 된다. 자폐증 으로 고통받고 있는 사람들은 자주 과다각성상태(hyperaroused)에 놓일 수 있음을 시사하는 행동을 보인다(Fankhauser, Karumanchi, German, Yates, & Karumanchi, 1992). 예를 들면, 그들은 판에 박힌 신 체 움직임, 자기 자극(self-stimulation),[14] 과잉경계(hypervigilance),[15]

---

13) 역주: 아미노기(基) 1개를 가진 화합물이며 중추신경계 시냅스 내에 모노아민계 신 경 전달물질인 세로토닌, 노르에피네프린, 도파민 등이 결핍되면 우울증이 유발됨 (출처: 희귀난치성질환 정보, 국립보건연구원 희귀난치성질환센터).

14) 역주: 실험동물이 스스로 조작하여 자기에게 자극을 주는 행동(예: 쥐 뇌의 어떤 부 분에 전극을 묻고 자신이 페달을 누를 때에 전류가 통하도록 장치해 놓으면 쥐는 계 속하여 페달을 눌러 자기자극을 하게 되며 페달을 누르는 빈도는 매시간 5,000회까 지도 이르게 됨)(출처: 생명과학대사전, 강영희, 도서출판 여초, 2008, 2014)

15) 역주: 위험을 감지하는 높은 수준의 행동이 수반된 감각 민감도가 아주 높은 상태 (출처: 위키백과)

과잉행동을 보인다. 각성은 부분적으로 신경전달물질인 노르에피네프린에 의해 조정된다. 자폐증에 있어서 뇌의 노르에피네프린에 대한 직접적인 연구는 아직 수행되지 않았다. 반면에, 자폐증 환자에게 노르에피네프린의 분비를 줄이는(Fankhauser et al., 1992) 클로니딘(clonidine, 알파 2 아드레날린 수용체 작용제)이나 노르에피네프린의 영향을 차단하는 베타-차단제를 처치하는 것은 자폐증과 관련된 증상을 개선할 수도 있다(Ratey et al., 1987).

또한 자폐증 환자들에 대한 뇌전도 연구들은 자폐증 환자들이 만성적으로 생리학적인 각성 상태에 놓일 수도 있음을 시사한다(Hutt, Hutt, Lee, & Ounsted, 1965). 반면에, 우울증에서의 생리학적 각성에 대한 뇌파 분석 연구들이 '우울증 환자들은 치료하면 바뀔 수 있는 감소된 각성 상태를 보인다.'는 사실을 밝혀냈다(Knott, Mahoney, & Evans, 2000; Nieber & Schlegel, 1992). 앞에서 언급했듯이, 사람들은 낮은 수준의 생리학적 각성을 통해 그들의 개념 표상 정도와 인지적 융통성을 증진시킨다. 결국, 우울증을 가진 사람들은 창의적인 성향을 가질 수도 있고, 자폐스펙트럼장애를 가진 환자들의 창의성은 제한될 것이다.

이미 언급했듯이, 증진된 청반 활동은 대뇌반구의 노르에피네프린 수준의 증가와 관련이 있으며, 이와 같은 노르에피네프린 수준의 증진은 뇌전도에서의 변화에 의해 판정되는 생리학적인 각성을 유발한다. 신경생리학적 연구들은 '대뇌피질의 특정 영역들만을 자극하면 뇌전도에서의 각성 변화가 유발된다.'는 점을 밝혀냈다. 이런 영역에는 전두피질(frontal ortex)과 전대상회(anterior cingulate gyrus, 전방 대상회 혹은 전방 띠이랑이라고도 함-역주)가 포함되는데, 이 둘은 서로 강하게 연결되어 있다(Segundo, Naguet, & Buser, 1955).

우울증 환자들을 대상으로 한 뇌기능 영상 연구들은 우울증이 창의적 영감에 대한 기반을 제공할 수도 있는 메커니즘을 들여다볼 통찰을 일부 제공할 가능성을 시사한다. 이러한 연구들은 우울증이 전전두피질 등쪽과 전대상회에 있어서 뇌의 혈액 흐름 감소(예: 시냅스의 활동 감소)와 관련 있음을 보여 주었다(Liotti & Mayberg, 2001). 전전두피질 등쪽 혈액 흐름에 있어 관찰된 감소는 우울증 환자가 자발적으로 환경에 관여하는 것(환경적인 상호작용에 대한 생각 또는 계획에 참여하고 이를 발전시키는 것)에 있어서 상대적으로 실패하는 것과 관련될 수도 있다. 그들이 병적으로 관여를 하지 않기 때문에 실패하든지, 내적으로 규정된 계획들(예: 자기성찰, 반추)에 관여하고 있기 때문에 실패하든지 말이다.

우울증 환자들에서 일어나는 전전두피질의 등쪽과 전대상회에서의 활동 감소는 창의적 혁신에 중요할 수도 있다. 왜냐하면 앞에서 말했듯이, 전두엽과 전대상회는 청반을 통제하고 있는 주요 대뇌피질 영역들이다. 이들 전두엽과 띠이랑에서의 활동 감소는 청반으로 들어가는 입력을 줄임으로써 '대뇌피질의 신호 대 잡음 비율 감소'와 '풍부하고 다양한 표상들을 포함하고 있는 넓게 분산된 망의 채택'과 관련된 노르에피네프린 감소의 토대를 제공할 수 있다.

우울증은 창의적인 혁신을 촉진시킬 수도 있지만, 창의적인 시도들에 대한 검증과 산출은 종종 높은 각성과 관련된다. 따라서 창의성에서 이러한 높은 각성의 단계들은 종종 우울증이라는 문제의 해결을 기다려야 한다. 청반 활동을 조절함에 있어서 매우 중요한 역할을 하는 전두엽은 창의적인 시도들의 여러 다른 측면에서도 중요한 역할을 한다. 다음 장에서 나는 창의적인 시도들의 여러 다른 측면에서 전두엽이 하는 중요한 기능들 중 몇몇에 대해 논의하고자 한다.

# 9
# 창의적 사고를 이끄는 전두엽

내가 창의적인 사람들에 관한 전기를 읽게 되었을 때, 그들 대부분이 돈이나 인정과 같은 외적 보상을 받지 않았음에도 불구하고 강한 창의적인 동기로 작업을 지속하는 능력을 갖고 있다는 사실에 충격을 받았다. 어째서 사람들은 창의적인 작업에 몸담게 되는 화가 또는 과학자가 되려고 결심할까? 보상이 없음에도 불구하고 무엇이 그들을 동기화시키고, 무엇이 그들로 하여금 작업을 지속하게 만들까?

라몬 이 카할(Ramón y Cajal)은 '서로 연결되어 있지만 서로 독립적인 신경세포들 또는 뉴런들로 우리 뇌가 이루어져 있음'을 증명했던 신경과학 분야의 창의적인 거인이다. 그는 다음과 같은 글(Ramón y Cajal, 1898/1999)을 쓰면서 창의적인 동기에 대해 골똘히 생각한 바 있다.

　　학자(연구자)는 온 인류의 이익을 위해, 즉 때로는 육체적인 수고를 줄이기 위해, 어떤 때는 고통을 감소시키기 위해, 때로는 죽음을 연장시키거나 적어도 죽음을 감내하기 위해 씨름한다. 반면에, 애국자로 칭송받는 사람은 그 자신의 명망을 위해서 인류의 상당히 중요한 부분을 희생시킨다. 그의 조각상은 폐허와 시체로 이루어진 받침대 위에 늘 세워져 있다. 그의 영광은 한 부족, 한 정당 혹은 한 국가에 의해서만 배타적으로 경축된다. 그리고 그는 정복당한 영토 안에 있는 증오와 피 묻은 쓰레기의 흔적을 뒤로하고 떠난다.

　나는 라몬 이 카할의 이러한 언급에 충격을 받았다. 왜냐하면 나의 아버지와 함께 워싱턴 DC에 갔던 13세 생일 이후로 나는 미국에서 거의 모든 공공건물, 도로, 공항, 기념비적 건물들이 정치가와 장군들의 이름을 따서 불리고 있음을 주목해 왔기 때문이다. 내가 처음으로 프랑스를 방문했을 때, 프랑스는 이러한 전통을 따르고 있지 않다는 것을 알게 되어 기뻤다. 유명한 과학자와 예술가들의 이름을 딴 동상, 기념비적 건물, 거리들이 있었다. 그러나 그럼에도 불구하고 파리에서 보게 되었던 가장 큰 기념비적 건물은 앵발리드(Les Invalids)였는데 나폴레옹이 그곳에 묻혀 있었다. 라몬 이 카할이 "사람들은 지나친 감상(sentiment)의 세계에 살고 있다. 그리고 이것은 '이성이라는 영웅'들에 대한 정감과 지지를 보내라고 아주 많은 사람에게 요구하고 있다."라고 말했는데, 아마도 그가 옳았던 것 같다.

내가 대학생일 때이다. '만일 우리 사회가 정치가와 장군들을 기념하는 만큼 예술가와 과학자들을 기념한다면 아마도 더 많은 사람이 그러한 고상한 직업으로 입성하지 않을까?'라고 생각했던 적이 있다. 신경학 레지던트 과정을 밟는 동안 연구 수행에 흥미를 느끼게 되었을 때, 많은 과학자와 예술가의 동기에 이타심 또는 인정을 받고 사랑을 받으려는 욕구가 중요한 요소들이 될지라도 창의성을 향한 갈망은 내부로부터 나온다는 것을 나는 깨닫기 시작했다. 100년보다 훨씬 전에 푸앵카레는 자신의 저서인 『과학과 방법(La Science et la Methode)』에서 이러한 원리를 다음과 같이 요약했다. "지적인 아름다움은 그 자체로 충분하다. 그리고 인류의 미래선을 위한 것보다는 지적인 아름다움을 위하는 것만으로도 학자는 그 자신을 몹시 힘들고도 고통스러운 노동에 몸담도록 만든다."

뇌 특정 부위의 기능에 대한 가설을 만들고, 검증하고, 뇌에 대해 새로운 것을 알게 된 후에 희열감이 내게 엄습하였다. 나는 이 행복감을 나의 좋은 친구인 밥 왓슨(Bob Watson)에게 표현했던 것으로 기억하는데, 그 친구는 "와우, 너 괴상하구나."라고 말했다. 뇌가 어떻게 주의를 조정하는지에 대해 이해하려고 애쓰는 기간에 밥 왓슨은 흥분되는 많은 연구 프로젝트를 나와 함께 수행하는 공동연구자였다. 그가 나와 같은 감정을 느끼고 있는지 의심스러웠으며, 그로 하여금 내가 느끼는 것과 같은 희열감을 받아들이도록 만들 수 없었다. 그러므로 나는 연구를 수행하게 되는 동기들 중 하나는 '발견의 행위 그 자체와 연결되어 있는 만족감—그 어떤 것과도 비교할 수 없는 만족감을 경험하려는 욕구'라고 서술했던 라몬 이 카할(1898/1999)의 저서 『젊은 연구자에게 주는 충고(Advice for a Young Investigator)』를 읽게 되어 기뻤다. 그는 또한 다음과 같이 썼다.

자신의 천재성에 영감을 받은 우주 인력에 대한 추측이 계산에 의해 그리고 지구의 자오선에 대한 장 피카르(Jean Picard)[1]의 측정에 의해 사실임이 확인되었을 때 뉴턴이 표출했던 행복과 감정을 떠올려 보라. ……삶의 나머지 기쁨들을 약하게까지 만드는 이런 말로 표현할 수 없는 기쁨은 새로운 진실의 출현에 앞선, 마치 출산과도 같은 고통스럽고 참을성이 필요한 분석 작업을 견디는 연구자를 위한 아주 풍성한 보상이다. '과학자에게는 그 어떤 것도 그가 발견해 왔던 것에 비교할 만한 것은 없다.'고 말하는 것은 진실이다. 과학적 정복의 부성(父性)을 지구상의 모든 금덩어리와 바꾸려는 연구자를 찾는 것은 정말로 어렵다. 그리고 발견 행위 바로 그것과 연결된 개인적인 만족 대신에 금화를 얻는 수단으로 과학을 바라보는 일부 사람이 있다면, 그들은 직업을 잘못 선택한 것이다! 이런 사람이라면 과학 대신에 온 마음을 다해 그들 스스로를 산업 분야나 상업에 헌신해야 한다. 사실 다양함과 흥미를 자극하는 것을 넘어, 지성의 최고 기쁨은 우주의 신성한 조화를 보게 되고 진실을 알게 되는 데 있다. 마치 이른 아침 태양의 애무에 자신의 꽃받침을 열고 있는 꽃처럼 아름답고 순결한 것을 보는 것에 있다.

불행하게도 우리는 '뇌가 우리로 하여금 창조에 몸담도록 어떻게 동기화시키는가?'에 대해 아직 완전하게 알지 못한다. 앞서 말했듯

---

1) 역주: 프랑스의 천문학자·측지학자(1620~1682)로 국가적 사업이었던 자오선(子午線)의 측량에 착수했을 때 삼각측량에 처음으로 망원경을 이용, 측정기 개량에 힘썼고 이 업적은 뉴턴의 만유인력 법칙에 대한 확증에 이용되었음(출처: 과학백과사전, 사이언스올, 2015).

이, 창의성 이론을 진전시킨 초기의 인물들 중 한 명인 지그문트 프로이트는 성적 욕망(sexuality)에 기초한 '정신역동적 창의성 이론'을 제안했다. 프로이트는 '창의적인 사람들은 자신이 가지고 있는 리비도 에너지의 상당한 부분을 글쓰기, 그림 그리기, 작곡하기, 과학적 발견하기와 같은 창의적인 활동으로 승화시킨다.'라고 생각했다. 프로이트의 이론을 완전히 반박하기는 어렵지만, 피카소와 같은 어떤 화가들은 그들의 리비도 활동을 승화시킬 욕구를 많이 가지고 있지 않음이 분명하다.

스키너와 같은 행동주의자는 '사람들은 그들의 창작에 대한 보상을 이전에 받았기(예: 정적 강화) 때문에 창조를 한다.'고 말한다. 하지만 가장 창의적인 예술가, 작가, 과학자들 중 많은 이가 그들의 생애 동안 작업에 대한 보상이나 인정을 결코 받지 못한다. 그럼에도 불구하고 그들 대부분은 병들거나 죽을 때까지 자신의 일을 계속하는 것이다. 무엇이 이 사람들로 하여금 어떤 보상도 없는데 창조하도록 몰아가고 지속하게 하는지에 대해서는 알려져 있지 않다. 그렇지만 나는 여기서 과학적 발견 또는 예술적 발견과 연관된 희열을 유도하는 것으로 추측되는 뇌 메커니즘들 몇 가지에 대해 논의하고자 한다.

## 위험 감수와 약물 남용

창의적인 행위가 만족과 충족을 가져온다면, 어째서 창의적인 사람이 종종 우울과 같은 기분장애를 갖고 있을까? 창의적인 사람들, 특히 작가, 작곡자−음악가, 화가들은 기분장애를 가질 확률이 높을 뿐만 아니라, 알코올과 같은 약물의 남용 확률이 매우 높다 (Post, 1994, 1996). 신경전달물질에 관한 내용을 다루었던 8장에서 말했듯이, 창의적인 사람들은 창의적인 시도를 완성하기 위해 많은 시행착오와 고난을 겪기도 하지만, 창의성 그 자체가 기분장애를 유발하지는 않는 것 같다. 아마도 창의적인 사람들은 기분장애를 유도하는 해부학적·생리학적 또는 신경전달물질의 비정상 요인들 중 일부를 갖고 있는 것 같다. 기분장애를 갖고 있는 사람들은 화학적인 자기치료 방법의 하나로 약물을 복용할 수도 있다. 하지만 약물과 기분장애 사이의 이와 같은 관계와는 독립적으로, 사람을 약물 남용에 취약하게 만드는 '뇌의 비정상'이 호기심, 위험 감수, 창의성을 강화시키는 데 기여할 수도 있다. 예를 들면, 대규모의 대학생 집단을 대상으로 실시한 연구들에서 마리화나를 복용하는 학생들이 그렇지 않은 학생들보다 새로운 것을 추구하는 경향이 있고 더 창의적이었음이 밝혀졌다(Eisenman, Grossman, & Goldstein, 1980).

약물 남용(substance abuse, 중독성 물질 남용), 새로움 추구(novelty seeking, 진기함 추구 또는 참신함 추구-역주), 위험 감수, 창의성 사이의 관계 밑바닥에 놓인 메커니즘은 밝혀지지 않았지만, 하나의 가설은 '약물이 창의적인 수행을 향상시킨다.'는 것이다. 하지만 정상 상태에서의 창의성과 약물에 취한 상태에서의 창의성을 서로 비교한 연구들은 약물이 창의적인 작품의 산출을 높인다는 결과를 얻지 못했다(Lang, Verret, & Watt, 1984). 앞서 언급했듯이, 우울증이 창의적인 산출을 향상시키지 않을 수도 있지만, 창의적인 영감과 혁신에 있어서 중요할 수도 있다.

약물 남용과 창의성 사이의 관계를 설명할 수 있는 두 번째 가설은 사람들의 각성이 줄어들었을 때 창의적인 영감이 종종 생겨나며, 술이나 마리화나와 같은 일부 약물이 각성을 줄여 준다는 사실과 관련된다. 즉, 중추신경계 억제 약물들이 창의적인 산출을 낳지는 않을지라도 창의적인 혁신, 즉 영감 생성을 도울 수도 있다는 것이다.

그리고 세 번째 가설은 각성에 영향을 끼치는 약물들의 효과와 독립적으로, 창의적인 사람들은 중독에 빠지기 쉬울 가능성이 있다는 것이다. 창의적인 사람들 중 일부를 중독에 빠지기 쉽도록 만드는 뇌의 메커니즘이 그들의 호기심과 모험 감수 성향을 향상시킬 가능성도 있다. 호기심과 모험 감수 성향이라는 두 요소는 모두 창의적인 과정에서 중요하다.

약물 중독은 종종 삶과 일이 사람들에게 가져다주는 외적 보상에 훼방을 놓는다. 따라서 약물 사용은 외적으로 추동된 행동(외적 보상)이 아니라, 내적으로 추동된 행동(내적 보상)의 극단적인 예이다. 클로닝거, 스브라킥과 프리지벡(Cloninger, Svrakic, & Przybeck, 1993)은 세 가지 기질 혹은 성격 차원을 포함하는 심리생물학적 인성 모델을 제안했다. 이 성격 차원들 중 하나는 새로움 추구이며, 창의적인 사람들은 새로운 것을 추구하는 사람으로 간주되어 왔다.

'새로움을 추구하려는 강한 욕구를 가진 사람들(새로움을 강하게 추구하는 사람)은 새로움을 추구하려는 욕구가 낮은 사람에 비해 약물 남용의 위험이 크다.'는 사실이 여러 연구자에 의해 밝혀졌다. '새로움에 노출되면 부분적으로 남용 약물(예: 술)의 보상 효과를 조정하는 일을 하는 신경물질(substrates)이 활성화된다.'는 일부 증거가 있다. 보상 조정에서 중요하다고 생각되는 시스템은 중변연 도파민 시스템(mesolimbic dopamine system)이다(Bardo, Donohew, & Harrington, 1996). 중변연 도파민 시스템의 한 부분([그림 9-1] 참

조)은 중뇌로부터 중격 의지핵(nucleus accumbens, '측좌핵'이라고
도 하며 쾌락 중추임—역주)으로 뻗어 나간다. 이 핵은 배쪽줄무늬체

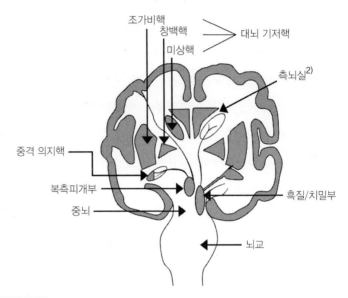

**그림 9-1** 도파민 작동성—기저핵 시스템을 나타낸 그림. 중뇌의 흑질(substantia nigra)[3]은 도파민 작동성 뉴런들을 조가비핵과 미상핵으로 보낸다. 복측(배쪽)피개부(ventral tegmental area)[4]는 도파민을 합성하여 방출하는 뉴런들을 배쪽줄무늬체와 대뇌피질로 보낸다.

---

2) 역주: 대뇌반구에 있는 빈 공간이며 태아성신경관에서 유래된 것임(이우주 의학사전, 이우주, 군자출판사, 2012).

3) 역주: '흑색질'이라고도 하며 흑질에 있는 뉴런은 선조체로 도파민성 축색을 내보냄 (출처: 실험심리학 용어사전, 곽호완 외 4인, 시그마프레스, 2008).

4) 역주: '복측피개영역'이라고도 하며 인간이 행동에 즐거움을 느끼고 쾌락을 얻고자 반복적인 행동을 하는 것은 변연계의 중변연 도파민 시스템에 따른 보상 관련 학습으로 이루어진다. 해부학적으로는 복측피개영역(VTA), 측위 신경핵 및 이 둘을 잇는 도파민 섬유소가 중요한 역할을 하는데 특히 이곳을 자극하는 물질이 들어오면 강화는 더욱 강렬해진다(예: 코카인과 같은 중독성 물질은 이곳에 직접적으로 작용하여 흥분감과 다행감을 느끼게 하고 행동의 강화를 부추김)(출처: 심리학용어사전, 한국심리학회, 2014).

(ventral striatum)의 일부인데 이 배쪽줄무늬체에 대해서는 나중에 더 자세히 설명하겠다.

배쪽줄무늬체 및 그것과 변연계에 접속된 부분들(예: 편도체)은 알코올 중독에 영향을 미친다는 점에서 매우 중요한 것으로 여겨진다. 투팔라와 동료들(Tupala et al., 2001)은 알코올 남용 경력이 있는 사람들이 죽은 후 그들 뇌의 중격 의지핵에 있는 도파민 수용체 및 전달체의 밀도를 측정하여 통제집단인 건강한 사람들과 비교하였다. 이 연구자들은 알코올 중독자들의 뇌에서 배쪽줄무늬체의 중격 의지핵과 편도체에 있는 도파민 수용체 수의 평균이 통제집단 사람들의 뇌에서보다 적음을 발견했다. 이러한 연구 결과들은 배쪽줄무늬체에서 도파민으로 활성화되는 기능들이 알코올과 같은 약물을 남용하는 사람들 사이에서는 비정상적일 수 있음을 보여 주고 있다. 새로움은 도파민을 합성하여 전달물질로 방출하는 뉴런(dopaminergic neurons, 도파민 작동성 뉴런-역주)들의 점화를 증진시키는 것으로 명백하게 증명되었으며(Saigusa, Tuinstra, Koshikawa, & Cools, 1999), 호기심은 새로움을 찾아나서는 것이다. 알코올 또는 약물 중독인 사람들도 그러한 자극화가 매우 보상적임을 알기 때문에 도파민을 합성하여 전달물질로 방출하는 뉴런들을 자극하는 수단으로 새로움을 추구할 수도 있음을 이 연구 결과들은 암시하고 있다.

둘러워, 그랜디, 로, 폴러스와 가이어(Dulawa, Grandy, Low, Paulus, & Geyer, 1999)는 보상이 신경전달물질인 도파민의 활동 증가와 관련 있음을 입증한 연구 보고서들을 검토하고 요약하였다. 그리고 이 연구자들은 '동물에 있어서 도파민이 탐사 행동의 정도를 조절한다.'는 증거들을 검토했다. 파킨슨병 환자들은 자신들의 도파민 생산을 줄여 간다. 이 환자들은 '새로움에 대한 반응이 계속 줄어든다.'고 말한다. 일부 연구는 심지어 인간의 도파민 D4 수용체(D4R) 유전자의 동질이상(polymorphisms, 성질은 같고 모양이 다른 것-역주)들이 '새로움 추구'라고 불리는 특질을 측정하는 인성 검사지 점수와 관련된다고 보고했다(Schinka, Letsch, & Crawford, 2002). 새로움에 대한 행동 반응에서 D4 수용체의 잠재적인 역할을 알아보기 위해 둘러워와 동료들(1999)은 D4 수용체가 고갈된 'D4R-/-' 생쥐들을 조사했다. 그 결과, 이 생쥐들은 'D4R+/+'인 생쥐들보다 새로움에 대한 행동적인 반응이 유의미하게 적음을 발견했다. 그리고 그러한 차이는 신기한 물건 테스트(novel object test)에서 관찰된 가장 커다란 표현형적 차이, 즉 겉으로 드러나는 차이였다.

몇몇 창의적인 분야(disciplines)에서는 약물 남용의 발생 정도가 높지만, 그 외의 다른 분야에서는 그 정도가 상대적으로 낮다. 물론 어느 분야에서든 중독 문제를 갖고 있지 않는 사람들이 있기 마련이다. 그런데 특정 분야에서 유독 약물 남용이 더 높게 발생하는 이유는 약물 중독과 창의성 사이의 관계보다는 그 분야에서의 요구와 관련될 수도 있다. 예를 들면, 어떤 작가가 여러 날 또는 여러 주 글을 쓰지 않거나, 하루 중 술에 취하지 않은 4시간 동안만 글을 쓴다고 해도 여전히 생산적인 소설가일 수 있다. 반면, 연구를 수행하는 의사진이 많기 마련인 의학 연구에서는 알코올이나 다른 중독 약물의 지나친 사용이 연구를 방해할 것이다. 그리고 의사들이 약물 남용을 하게 된다면, 의사로서 전문적인 의무를 계속하기 전에 치료를 먼저 받아야 할 것이다.

어쨌든, '약물이 창의적인 수행을 향상시킨다.'는 가설은 약물 남용 문제가 없는 창의적이고 생산적인 작가들이 많은 이유를 설명하지 못한다. 이에 대한 이유가 완전하게 밝혀지지 않았을지라도,

‘내적 보상 욕구’를 조절하는 시스템과 ‘외적 보상 욕구’를 조절하는 시스템 사이에 상보적인 관계가 어느 정도 있을 가능성은 있다. 명성을 가진 부자이지만 전혀 창의적이지 않은 사람들은 주로 외적 보상 시스템에 의해 동기화될 수도 있다. 반면에, 매우 창의적이지만 중독 문제가 있는 사람들은 주로 내적 보상 시스템에 의해 동기화될 수도 있다. 마지막으로, 창의적이지만 중독 문제를 가지고 있지 않은 사람들은 이 두 보상 시스템 사이에 균형을 이루고 있을 수도 있다.

창의적인 사람들은 새로운 아이디어를 발견하는 탐험가들이지만, 높은 위험을 감수해야 한다. 이미 성공한 사람들의 발자취를 따라가는 것은 일반적으로 안전감과 만족감을 줄 수 있는 행동, 즉 위험이 낮은 행동이다. 반면에, 새로운 영토와 아이디어를 탐색하는 일은 거부와 실패의 위험을 동반한다. 하지만 성공적인 탐험 또는 창조는 희열과 즐거움을 가져다준다.

스턴버그와 루버트(Sternberg & Lubert, 1995)는 위험 감수와 창의성 사이의 관계에 대해 연구하였다. 피실험자들로 하여금 다음과 같이 상반된 활동 중 선택하게 만드는 게임에 참여하게 함으로써 그들의 위험 감수에 대해 연구했다. 즉, 피실험자들은 ‘성공한다면 많은 수익을 얻지만 실패의 위험이 높은 활동’과 ‘실패의 위험이 낮지만 수익이 적은 활동’ 중 하나를 선택하여 수행할 수 있었다. 실험 결과, 연구자들은 ‘일반적으로 창의적인 사람들이 위험은 높지만 보상이 많은 활동을 선택하며, 덜 창의적인 사람들은 위험이 낮은 활동을 선택한다.’는 것을 알아냈다.

내가 쓴 책인 『마음의 문제(Matter of Mind)』에서 교환교수직 동안 진찰할 기회를 가졌던 젊은 여성에 관한 이야기를 소개한 적이

있다. 이 젊은 여성은 북서지방 대도시의 슬럼가에서 자랐다. 초등
학교, 중학교, 고등학교 내내 우수한 학생이었으며, 들어가기 매우
어려운 대학교에 입학하여 전액 장학금을 받을 정도의 학생이었
다. 그녀는 대학교에서도 공부를 잘하여 높은 학점을 땄으며, 졸업
한 후에 결혼할 계획이 있는 한결같은 남자 친구도 있었다. 그녀는
약물 남용을 포함하여 위험이 많이 따르는 그 어떠한 행동에도 몸
담지 않았다. 그러다가 그녀는 대학교 2학년 2학기 때 코카인 등의
약물 복용과 성적 문란과 같은 고위험 행동에 몸담기 시작했다. 그
녀는 폐렴에 걸렸고, 병원에 입원했을 때는 에이즈에도 감염된 것
으로 판명되었다. 그녀는 월경불순도 겪었는데, 종양 검사를 통해
뇌하수체에 매우 커다란 종양이 있었던 것으로 밝혀졌다. 이 종양
은 그녀의 안와전두피질(orbitofrontal cortex)[5] 및 내측 전전두피질
(medial prefrontal cortex)[6]의 배쪽 부위를 계속 압박해 왔던 것이다
([그림 9-2] 참조).

베카라와 동료들(Bechara, Tranel, Damasio, & Damasio, 1996;
Bechara et al., 2000)은 복내측 전전두손상(ventromedial prefrontal
injuries)[7]을 가진 환자들에 대한 연구를 하기 위해 카드 도박 게임

---

5) 역주: 의사결정에 따른 인지 처리(cognitive processing)에 관여하는 뇌의 전두엽에
   있는 전전두피질 부위(prefrontal cortex region). 안와전두피질에 병소가 생긴 환자
   는 정서적으로 불안정해지며 나이가 들면 치매, 비이상적 행동들을 하게 됨(출처: 위
   키백과).
6) 역주: 내측 전두엽이라고도 하며 욕구 또는 갈망과 관련이 있음과 동시에 행동을 감
   시하는 역할을 하는데, 만약 이 감시 역할이 약화되면 통제 불능의 문제 행동이 생김
   (출처: 정신이 건강해야 삶이 행복합니다, 대한신경정신의학회).
7) 역주: 복내측 전전두엽피질은 충동 조절과 선택 결정을 담당함(출처: 정신이 건강해
   야 삶이 행복합니다, 대한신경정신의학회)

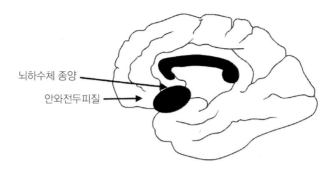

뇌하수체 종양

안와전두피질

**그림 9-2**  환자의 안와전두피질과 내측 전전두피질을 잠식하고 있는 뇌하수체 종양 그림.

을 사용하였다. 이 게임은 앞에서 언급했던 게임, 즉 스턴버그와 루버트(1995)가 사용했던 것과 비슷하다. 피험자들은 서로 다른 카드 더미로부터 카드를 집어 들게 되며, 어떤 카드를 선택했는가에 따라서 돈을 벌거나 잃게 되어 있다. '위험이 매우 작지만 보상도 적거나 보통인 카드 더미'와 '보상은 크지만 그러한 가능성을 훨씬 압도할 정도의 매우 커다란 위험이 있는 카드 더미'가 있었다. 만일 피험자가 후자를 피했다면, 게임이 끝났을 때 더 많은 돈을 벌게 되어 있었다. 정상적인 사람들과 달리 안와 전두엽과 내측 전전두엽에 손상을 가진 환자들은 끊임없이 위험이 높은 더미에서 카드를 선택하는 것으로 밝혀졌다.

안와 및 내측 전전두피질(orbital and medial prefrontal cortex) (OMPC)에 입은 상처가 위험 행동에 몸담게 하는 경향을 증가시키는 이유가 무엇인지 완전히 이해하지 못하고 있지만, 이 영역들의 연결성에 대한 이해는 도움이 될 수도 있다. 나는 이 영역들의 해부학적 구조에 대한 자세한 내용을 원하는 사람들에게 온거, 페리와 프라이스(Ongur, Ferry, & Price, 2003)가 쓴 소논문을 검토해 볼 것

을 권한다. 안와 및 내측 전전두피질의 '안와 면'과 '내측 면'은 서로
다른 신경신호통로(projections)를 받아들이고 있지만, 두 영역은
강하게 상호 연결되어 있다. 안와전두피질은 뒤쪽 감각연합피질의
거의 모든 영역으로부터 입력 신호를 받는다. 안와전두피질과 내
측 전전두피질 양쪽은 모두 정서 조절에 있어서 특별한 역할을 하
는 것으로 알려져 있는 편도체와 같은 변연계로부터 오는 입력 신
호를 받는다. 따라서 안와 및 내측 전전두피질에서는 변연계가 처
리한 정서적 정보와 '감각적–인지적 정보'를 모으고 통합하는 일
이 일어나게 된다. 후각 입력 신호와 미각 입력 신호도 안와전두피
질에서 신체의 내적 환경을 모니터하고 있는 뇌 부위(내장감각신경,
visceral afferent)들로부터 오는 입력 신호와 만난다.

　감각연합피질로부터 오는 정보와 내장감각신경 자극이 만나는
것(음식을 보는 것과 그 음식을 소화시키는 것은 포만을 유발할 수 있다)
은 생물체로 하여금 보상의 특성을 갖고 있는 자극의 정체를 부호
로 처리하도록 해 준다. 그래서 슐츠, 트렘블레이와 홀러먼(Schultz,
Tremblay, & Hollerman, 1998)은 "안와 및 내측 전전두피질은 배쪽줄
무늬체와 중변연 도파민 시스템 모두를 포함하고 있는 회로의 일
부이며, 이 회로는 보상에 있어서 중요하다."라고 제안했다. 배쪽
줄무늬체의 일부인 중격 의지핵은 안와 및 내측 전전두피질 부위
들로부터 나오는 신경신호통로들을 받아들이고 이 신경통로를 배
쪽 창백(ventral pallidum)[8]으로 보낸다. 배쪽 창백은 시상 내 등쪽부

---

8) 역주: 뇌에 있어 동기와 보상에 대한 중추적인 역할을 하는 것으로 알려져 있으며 배
　쪽 창백의 활성화는 보상받는 느낌을 자극하고 동기부여를 촉진함. 애착 및 스트레
　스 감소에 관여하며 보상을 처리하는 영역임(출처: 위키백과).

(medial dorsal thalamus)의 안쪽으로 뻗어 나가며 시상 내 등쪽부는 이어서 안와 및 내측 전전두피질로 되돌아 뻗어 나간다. 배쪽 창백도 중변연 도파민 시스템으로부터 도파민으로 활성화되는 신경신호통로들(dopaminergic projections)을 받는다. 이러한 상승적인 도파민 작동성 시스템의 세포체들은 중뇌(mesencephalon)9)의 배쪽 외피 영역에 자리잡고 있다. 동물들은 이러한 '도파민에 의해 활성화되는-선조체 배쪽 시스템(dopaminergic-ventral triatal system)'의 자극화와 관련된 행동을 지속적으로 수행함으로써 보상 유도 행동에 있어서 이러한 시스템의 중요성을 보여 주고 있다.

안와 및 내측 전전두피질의 부위들은 또한 시상하부와 밀접하게 연결되어 있는데, 시상하부는 자율신경계와 내분비계의 부위들을 조절한다. 베카라 등(2000)은 위험 행동을 측정하는 카드 게임을 피험자들이 하고 있는 동안에 그들의 발한(전기피부반응, galvanic skin response: GSR10))에 의해 유발되는 피부 전도도(conductance)에서의 변화를 측정하였다. 이 연구자들은 정상적인 피험자들이 고위험 행동을 하겠다는 결정을 내리기 전에 그들의 손바닥이 땀에 젖는다는 점을 알아냈다. 이는 피험자들이 자신들의 자율신경계를 활성화시켰음을 암시하는 것이다. 반면에, 카드 게임에서 고위험 행동을 계속 했던 사람들, 즉 안와 및 내측 전전두피질이 손상된 환자들은 고위험 행동을 수행하기 전에 강한 피부 반응을 일으키지

9) 역주: midbrain이라고 하며 척추동물의 개체발생에 있어서 신경관이 형성되어 그 두부에 뇌관이 형성되며, 이것은 3개의 뇌포(腦胞)로 구분되는데, 제일 앞쪽을 전뇌, 뒷부분을 능뇌, 그 중간에 위치하는 뇌포를 중뇌라고 함(출처: 농업용어사전, 농촌진흥청).
10) 역주: 자극에 대한 감정 반응에 의해 일어나는 피부의 전기 전도 변화이며 거짓말 탐지기에 응용됨(출처: Dong-a's Prime English-Korean Dictionary, 동아출판, 2008).

않았다.

이러한 연구 결과들은 다마지오(Damasio, 1996)가 '신체표지가설 (somatic marker hypothesis)'[11]이라고 부른 것과 일치하며, 이 신체 지표가설은 어떤 면에서는 제임스(James, 1890)의 내장 피드백 이론(visceral feedback theory) 및 섹터와 싱어(Schacter & Singer, 1962)의 귀인 이론과 유사하다. 이 이론들은 '정상적으로 어떤 사람이 고위험 행동을 하겠다고 생각할 때, 뇌는 교감신경계의 활성화를 포함하여 신체의 내적 환경 변화를 유도한다.'고 제안한다. 한 개인의 결심에 영향을 끼치는 것은 이러한 변화를 인식하는 것이다.

앞에서 검토했던 정보에 기초해 보면, 매우 창의적인 사람을 포함하여 위험을 감수하려는 성향을 가진 사람은 뇌에 확인된 병을 앓고 있지 않을 때조차도, 위험을 감수하지 않는 사람과는 다른 '안와 및 내측 전전두피질-배쪽줄무늬체 시스템(OMPC-ventral striatal system)'을 갖고 있을 수도 있음을 알 수 있다. 앞에서 나는 창의성과 약물 남용 사이의 관계에 대해 언급했고, 약물 남용 성향을 갖고 있는 사람들은 중격 의지핵을 포함한 배쪽줄무늬체의 기능이 정상이 아닐 수도 있다고 말했다. 또한 창의적인 사람들은 우울증을 앓는 경향이 있다고도 언급했다. 그리고 우울증에 걸린 사람들에 대한 뇌기능 영상 연구들은 '안와 · 내측 전전두-배쪽줄무늬체 회로

11) 역주: 어떤 정서적 상황에서 유발된 신체적 반응은 뇌로 전달되고 뇌의 특정 부위 (예: 뇌섬엽)에는 이러한 신호들이 남긴 흔적, 즉 신체 표지가 저장된다는 이론. 심상이나 신체적 변화(somatic marker)가 의사결정이나 행동 유발에 도움이 된다는 이론(출처: 이타주의자의 은밀한 뇌구조-인정중독에서 벗어나는 방법, 김학진 블로그, 2017; 맥스웰 베넷 · 피터 마이클 스티븐 해커의 『신경과학의 철학』, 최종덕, 프레시안, 2014)

(orbital-medial prefrontal-ventral striatal circuit)' 부위들에 이상이 있음을 밝혀냈다(Drevets et al., 1992). 드레베츠(Drevets)와 동료들은 '우울증 환자들의 배쪽 내측 전전두피질(ventral medial prefrontal cortex)의 한 부위가 정상인보다 40% 작다.'는 것도 분명하게 보여주었다.

종합해 보건대, 이와 같은 연구 결과들은 창의적인 시도들에 있어서 중요한 관계, 즉 '우울증, 약물 탐닉, 위험 감수 사이의 관계'가 '안와・내측 전전두-배쪽줄무늬체-배내측 시상(dorsomedial thalamic) 회로'의 기능 변화와 전적으로 관련될 수도 있음'을 제안하고 있다.

창의적인 사람들이 자신들의 창의적인 시도들로부터 많은 기쁨을 얻지만, 창조된 자극에 대한 긍정적인 정서 반응들을 뇌가 어떻게 조정하는지에 대해서는 완전하게 알려져 있지 않다. 최근에 버리지(Berridge, 2003)는 자극을 통해 즐거움을 유발할 수 있는 뇌의 시스템에 대한 비평문을 작성했다. 이 고찰문에서 버리지가 논의했던 아주 중요한 시스템은 역시 중격 의지핵의 외부 구조를 포함한 배쪽줄무늬체 회로였다. 중격 의지핵의 외부 구조는 안와 및 내측 전전두피질(OMPC)과 연결된다. 그다음에 이 안와 및 내측 전전두피질은 배쪽 창백, 배내측 시상으로 되돌아 뻗어 나갔다가 다시 전두엽으로 되돌아온다.

이와 같은 배쪽줄무늬체 회로에 병이 생기게 되면 위험 행동의 증가 이외에도 무쾌감증(즐기는 능력 상실)을 유발한다. 사람들로 하여금 새로움과 창의성을 의식적으로 즐길 수 있게 해 줄 수도 있는 것도 대뇌피질로 되돌아 뻗어 나오는 이 배쪽줄무늬체 회로이다. 앞에서 언급했듯이, 다른 기저핵 회로처럼 이 배쪽줄무늬체 회로도 도파민에 크게 의존하고 있다. 도파민으로 활성화되는 시스템, 특히 도파민 D2 수용체는 보상 메커니즘에 연관되어 왔다. 도파민이 기저핵에 있는 뉴런들로부터 분비되고 도파민 수용체를 활성화시킬 때 이 배쪽줄무늬체 시스템은 '보상'을 유발한다.

## 동기와 끈기

창의적인 사람들이 어떤 일에 성공하기 위해서는 인내와 끈기를 가질 필요가 있다. 빌즈(Beals, 1996)에 의하면, 토머스 에디슨은 창의적인 천재가 되기 위해서 "99%의 땀과 1%의 영감이 필요하다."라고 말했다. 창의적인 사람들에 대한 거의 모든 전기는 "그들이 창조적인 일을 했던 분야와 상관없이 인내하며 끈기를 발휘했다."고 말하고 있다.

목표 지향적인 행동이나 의지는 창의성의 거의 모든 측면에 스며들어 있으며, 이러한 의지를 담당하고 있는 주요 기관은 전두엽이다. 특정한 기능을 맡고 있는 뇌 부위가 어디인지를 알아보기 위해 신경과학자들이 의존하고 있는 한 가지 수단은 뇌의 특정 부위에 상처를 입은 환자들을 연구하는 것이다. 병원에서 우리는 자신에 대한 주도권과 욕구를 상실한 사람들을 진찰하게 되는데, 이러한 병을 '의지 상실증'(abulia: a=없음, bulia=의지 또는 영향력)이라고 부른다. 1868년에 할로(Harlow)는 피니어스 게이지(Phineas Gage)에 관한 유명한 사례를 보고했는데, 그 내용은 뇌 손상으로 인해 의지 상실증에 걸린 사람에 대한 가장 잘 알려진 서술이 되었다.

이 보고에 의하면, 게이지는 철도 작업팀의 아주 부지런한 감독이었는데 사고를 당했다. 폭발물을 설치하기 위해 다짐봉(길이나 터 따위를 다지는 데 쓰는 나무토막인데 여기서는 쇠막대임-역주)을 다루고 있던 중에 폭발이 일어났고 그 쇠막대가 튀어 올라 그의 머리에 박혔다. 쇠막대는 왼쪽 뺨을 때리고 그의 왼쪽 위턱굴(maxillary sinus)[12]을 관통했으며, 그곳에서 더 나아가 그의 전두엽을 찔렀다. 그런 다음에 쇠막대는 두개골의 꼭대기로 튀어나왔다. 이러한 유형의 사고들은 뇌를 부풀게 하고, 뇌출혈과 감염을 일으킬 수 있는데, 그는 기적적으로 살아났다. 전두엽은 언어 표현과 움직임 통제에 중요하므로 그가 언어 상실 혹은 언어 미약으로 고생하지 않았던 것도 놀랄 만했다.

그러나 그의 인성은 극적인 변화를 겪게 되었다. 할로(1868)에 따르면, "사고를 당하기 전에 게이지는 균형이 잘 잡힌 생각을 갖고 있었다. 그를 아는 사람들에게 상황 판단이 빠르고 총명한 사업가로 인식되던 그는 계획을 실행함에 있어 매우 열정적이고 일관된 인물이었다." 하지만 사고 후에 그는 이 모든 것을 잃어버렸다. 할로(1868)에 따르면, "그의 정신은 급격하게 변하였는데, 그 변화가 너무나 분명하여서 그의 친구들과 지인들은 그가 더 이상 게이지가 아니라고 말했다."

전두엽 손상의 영향에 대한 할로의 묘사 이후에 1934년까지는 전두엽의 기능에 대한 연구들이 그렇게 많이 수행되지 않았다. 그러다가 1934년에 클라이스트(Kleist)는 제1차 세계대전 동안에 전두엽을 다친 많은 군인을 진찰하게 되었다. 클라이스트는 "이 참전

---

12) 역주: 인체에서 가장 큰 코곁굴(코 안의 뼈 속에 자리잡고 있는 작은 굴)로 피라미드 모양이며 상악동(上顎洞) 또는 상악 부비동이라고도 함(출처: 위키백과).

용사들 또한 자신에 대한 주도권과 욕구 상실을 겪는 가운데 무관심하며 의지를 상실한 상태였다."라고 말했다.

사실 여전히 우리는 전두엽이 목표지향 행동에서 왜 그렇게 중요한지 완전하게 이해하지 못하고 있다. 그런데 매사추세츠 공과대학에서 연구를 하고 있는 독일인 신경해부학자인 나우타(Nauta, 1971)는 우리에게 이에 대한 가장 좋은 설명들 중 하나를 제공했다. 그는 "외부 세계로부터 들어오는 정보는 먼저 제1차 감각영역으로 전달된다."라고 말했다. 내가 언급했듯이, 청각 정보는 측두엽의 윗부분으로 뻗어가고, 촉각 정보는 두정엽의 앞쪽으로 가며, 시각 정보는 후두엽으로 나아간다([그림 3-6] 참조). 이 1차 감각영역들은 초보적인 감각 분석을 수행한다. 이 1차 감각영역들 각각은 정보를 감각 양식에 특성화된 감각연합피질로 보낸다. 따라서 시각피질은 정보를 후두엽, 측두엽, 두정엽에 있는 시각연합영역으로 보내며, 청각피질은 정보를 측두엽에 있는 청각연합영역으로 보내고, 제1차 촉감각영역은 정보를 두정엽 위쪽에 있는 촉감각연합영역으로 보낸다([그림 3-6] 참조).

감각 양식에 특성화된 이 감각영역들 각각은 하나의 감각 양식 안에서 감각 정보를 분석하는데, 이러한 정보들은 지각 발달에 중요하다. 또한 이 영역들은 이전에 지각된 자극에 대해 감각 특성화된 표상을 저장한다. 예를 들면, 어떤 사람이 물건 하나를 보게 될 때 그 사람의 뇌가 의미를 끌어내기 위해서는 1차 대뇌피질(1차 감각영역-역주)에 의해 탐지된 선들 또는 테두리들을 모아서 물체의 모양에 대한 지각을 형성해야 한다. 그 후 이러한 지각들은 이전에 보았던 사물들, 글자들 또는 얼굴들에 대한 영상적 표상들을 담고 있는 저장고를 활성화시킨다. 그다음에, 이 모든 감각연합영역들은 활성화된 영상적 · 음향적 · 체감각적(촉감) 표상들을 측두엽과 두정엽의 다중양식 영역들[[그림 3-6]의 하위 두정엽(IPL) 부위 – 역주]로 보낸다([그림 3-6] 참조). 이 다중양식 영역들은 풍부한 뉴런망을 갖고 있는데, 이 뉴런 네트워크들은 자극들의 의미와 그 자극들이 다른 자극 및 개념들과 어떻게 연결되는지에 대한 기억을 저장하고 있다.

피니어스 게이지처럼 전두엽만 손상된 환자들은 이와 같은 '감각적 – 지각적 – 의미적 – 개념적 시스템'이 온전하다. 그리고 이 시스템들이 작동하고 있기 때문에 전두엽이 손상되었더라도 그들 주변의 환경을 알아차리고, 자극의 의미를 해석할 수 있으며, 목표 달성에 필요한 지식을 갖고 있게 된다. 하지만 목표 달성을 위해 이 지식을 성공적으로 사용하기 위해서는 동기 혹은 추동이 필요하다. 지식은 동기와 함께 목표지향 행동을 유도한다.

생물학적 추동은 모든 생물에게 존재한다. 거의 모든 척추동물에 있어서 이 생물학적 추동들은 '시상하부를 포함하고 있으며 계통발생적으로 원시적인 변연계'에 의해 조정된다([그림 9-3] 참조). 바깥세상을 모니터하고 있는 측두엽, 후두엽, 두정엽피질과 달리 시상하부와 변연계는 동물 신체 안쪽 세상을 모니터한다. 이러한 내적 모니터들이 결핍을 알려 주면, 행동을 동기화시키는 추동 상태가 시작된다. 예를 들면, 피 속에 당(글루코스) 수준이 너무 낮아지면, 그 동물은 배가 고파지게 되고 먹이를 찾아 나서게 된다. 그리고 그 동물은 먹이를 찾게 되면 그것을 먹는다. 피 속에 소금기가 너무 높으면, 그 동물은 목이 말라 물을 찾아내어 마시게 된다.

전두엽이 손상된 환자들은 손상되지 않은 시상하부와 변연계를 갖고 있기 때문에 음식을 찾고 그것을 먹음으로써 배고픔과

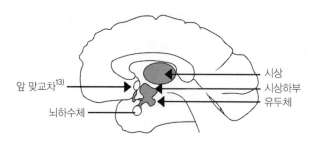

앞 맞교차[13]

뇌하수체

시상
시상하부
유두체

**그림 9-3** 유두체를 포함한, 시상하부 그림

같은 욕구를 충족시키려고 한다. 그들은 '다음에 배가 고파질 것에 대비해서 음식을 가용할 수 있도록 만들 필요가 있다.'는 지식을 갖고 있을지라도, 필요한 준비들을 하는 일(목표 지향적인 행동)에 종종 실패한다. 시상하부와 변연계처럼 추동 상태를 만들어 내는 일에 중요한 시스템들은 전두엽에 있는 신경 결합체(neuronal assemblies)들과 강하게 연결되어 있다. 이 추동 상태들을 만족시키는 방법에 대한 지식은 대뇌 뒤쪽의 (측두엽-두정엽) 다중양식 감각 연합피질, 즉 전두엽과도 강력하게 연결되어 있는 부위에 저장되어 있다. 나우타(1971)에 따르면, 전두엽 망들이 발달함에 따라 그 네트워크들은 생물학적 추동에 대한 정보를 그 욕구가 충족될 수 있는 방법에 관한 지식과 연결시킨다. 이러한 지식 연결은 목표 지향적인 행동 또는 의욕의 발달을 가져온다.

현대 신경학의 창시자들 중 한 사람은 19세기 영국의 신경학자인 존 휴링스 잭슨(John Hughlings Jackson)이다. 휴링스 잭슨은 진화에 관한 찰스 다윈의 저술에 크게 영향을 받았다. 그는 인간의 중

---

13) 역주: '전교련'이라고도 하며 좌우 대뇌반구의 측두엽 전측부를 주로 연결해 주는 축색 다발(출처: 실험심리학 용어사전, 곽호완 외 4인, 시그마프레스, 2008)

추신경계가 다음과 같은 식으로 조직된다는 생각을 했다. 즉, 우리 신경계의 '더 하등한' 혹은 계통발생적으로 보다 원시적인 부분들은 우리보다 더 원시적인 동물의 신경 기관을 포함하고 있으며, '더 고등한' 부위들은 보다 최근에 진화된 신경계로 구성된다. 일반적으로 이렇게 더 하등한 부위들의 행동 레퍼토리는 제한적이다. 보다 원시적인 이 구조물들에 의해 프로그램화된 행동들은 종종 판에 박힌 것들이 되는 것이다.

진화를 거치면서, 우리는 대뇌피질과 같은 새로운 부분들을 발달시켰고 이 새로운 부위들이 우리로 하여금 더 풍부한 행동 레퍼토리를 수행할 수 있게 해 주었다. 우리가 보다 독특한 행동 혹은 복잡한 행동들을 수행할 수 있기 위해서는 중추신경계의 보다 원시적인 부분에 의해 조정되는 보다 원시적이며 상투적인 행동들을 억누를 수단을 가져야 한다. 결국, 전두엽은 우리로 하여금 목표 지향적인 행동을 계획하고 실행하도록 해 줄 뿐만 아니라, 변연계처럼 계통발생학적으로 보다 원시적인 시스템을 억제하거나 통제할 수 있게 해 준다. 변연계처럼 계통발생학적으로 보다 원시적인 시스템에 의해 조정되는 행동들을 억제하는 일은 보다 원시적인 생물학적 추동들과 감정들을 통제할 수 있게 해 줌으로써 목표 지향적인 행동을 수행할 수 있게 해 준다. 전두엽이 손상된 사람은 목표 지향적인 행동을 상실할 뿐만 아니라 보다 원시적인 충동과 행동들을 억제할 수 없게 된다.

전두엽은 장기 목표에 중요하기 때문에 우리를 늘 당장 행복하도록 만들어 주지 않을 수도 있다. 하지만 우리가 장기적인 보상을 얻을 수도 있는 활동들을 수행하도록 해 준다. 자신의 저서인 『창의성(Creativity)』에서 미하이 칙센트미하이(Mihaly Csikszentmihalyi,

1996)는 이러한 행동들을 '외부에 목적이 있는 것(exotelic)'이라고 불렀다. 어쨌든, 이 장의 서두에서 나는 일부 창의적인 화가, 작가, 작곡가, 과학자가 부와 명예를 얻지만, 이들 중 창의적인 행위를 함으로써 부유해지거나 유명해지는 사람은 아주 적다고 썼다. 자신의 창의적인 일을 시작할 때, 일부 사람은 자신들의 창의성이 명예와 부를 가져다줄 것이라고 생각했을 수도 있다. 하지만 창의적인 많은 사람은 몇 년 지나지 않아 자신들의 이러한 열망이 실현되지 않을 것임을 깨닫는다.

그러나 현실에 대한 이러한 깨달음이 그들의 창의적인 활동을 지속하지 못하게 만들지는 않는다. 창의적인 사람들은 종종 이러한 행위를 수행하는 것이 그들에게 즐거움과 충족감을 가져다주기 때문에 창조를 계속하게 되는 것이다. 어떤 미래의 보상 혹은 당장의 보상 때문에 수행하는 것이 아니라 스스로 동기를 부여하여 수행하는 이러한 행동을 칙센트미하이는 '그 자체에 목적이 있는 것(autotelic)'이라고 불렀다. 운이 있는 소수의 사람에게는 그들의 창의적인 행동들이 외부와 그 자체 모두에 목적이 있기도 하다. 나는 칙센트미하이의 개념들에 동의를 하지만, 앞에서 소개되었던 '내적으로 보상을 주는 것(endo-incentive)'이라는 용어가 '그 자체에 목적이 있는 것'이라는 말을 대체하기 위해 사용되어야 하며, '외부에 목적이 있는 것'이라는 용어도 '외적으로 보상을 주는 것(exo-incentive)'으로 바꾸어야 한다고 생각한다.

나는 여러 해 전에, 내적으로 보상을 주는 시스템이 축소되어 갔던 유명한 신경외과 의사 한 사람을 우리의 기억 및 인지장애병원에서 진찰할 기회를 가졌다. 이 사람은 일류 대학 및 병원의 신경외과 과장이었다. 그는 최고의 기술을 가진 신경외과 의사였을 뿐만 아니라 매우 생산적인 연구실험실을 운영했으며, 많은 뛰어난 신경외과 의사를 훈련시키는 손꼽히는 교육자였다. 그의 많은 연구는 국립보건원의 보조금을 받는 것들이었다. 내가 그를 우리 병원에서 진찰하기 약 5년 전까지, 그는 국립보건원으로부터 거의 계속해서 보조금을 받았다. 하지만 그가 보조금을 다시 받기 위해서 제출했던 마지막 제안서는 거절당했다. 제안서를 심사했던 사람들은 그의 제안에 새롭거나 흥미로운 가설이 담겨져 있지 않고, 오히려 그의 예전 연구를 재탕한 것에 불과하다고 판단했다. 그는 연구 기금을 받지 못했기 때문에 자신의 실험실을 닫기로 결정했다.

그러나 그는 계속 수술을 했으며 여전히 뛰어난 수술 기술을 가지고 있었다. 하지만 수술을 하는 동안 그는 수술 간호사, 레지던트 혹은 마취과 의사들에게조차 전혀 친절하지 않았다. 그가 수술 도구를 던지고 함께 수술에 임하는 사람들에게 욕설을 퍼부었을 때는 무엇인가 잘못되고 있음이 분명히 드러났다. 학장이 그에게 성질을 좀 죽이라고 말했으나, 그는 비정상적인 자신의 행동을 통제하지 못했다. 학장과 면담을 하고 나서 여러 달이 지난 후, 그는 수술실에 늦게 오기 시작했으며, 레지던트에게 수술을 끝내라고 말하고는 종종 일찍 퇴근하기도 했다.

그는 30년이 넘게 늘 아침 6시에 임상병동 회진을 시작했으며, 퇴근에 앞서 저녁 7시 30분경에 다시 회진을 했다. 그런데 이제는 레지던트들이 '그가 지각하기 시작했으며, 때로는 그를 찾기 위해 안내방송을 하기 전까지 나타나지 않았다.'고 말하게 되었다. 회진은 늘 그에게 업무의 모든 것이었으나, 점차 그는 간호사와 병동비서들에게 그 일을 떠넘기기 시작했다. 그리고 그들의 몸을 만지고, 그들에게 성상납을 요구하기까지 했다. 학장은 그와 다시 이야기를 나누었는데, 대화를 나누는 동안 그는 부적절한 웃음을 보였다. 학장은 그가 성희롱으로 고소당하고 있는 것에 개의치 않는다는 점을 알아차리게 되었다.

학장은 그 의사의 임상적 권리와 가르치는 권리를 잠정적으로 중단했으며, 그에게 평가를 받으라고 요구했다. 그 신경외과 의사와 부인은 다른 기관에서 심사를 받는 것이 최선이라고 생각했다. 그래서 그들은 게인스빌로 날아와서 우리 병원에 나타나게 된 것이었다.

내가 그를 심사할 때 그는 63세였다. 내가 방금까지 요약하여 말한 이력 말고, 그 의사의 부인은 자신이 감지한 그의 성격에서 나타난 다른 변화들에 대해 말해 주었다. 그는 늘 청결에 대한 강박증이 있어서 병원으로 가기 전과 병원에서 돌아온 다음에 꼭 샤워를 했다. 그런데 이제는 잔소리를 하지 않는 한 거의 목욕을 하지 않는다고 했다. 심지어 부인이 상기시켜 주지 않는 한, 여러 날이 지나도 속옷을 갈아입지 않게 되었다. 또한 그는 집에서의 시간 대부분을 저널을 읽고 신문을 자세히 살펴보거나 논문을 쓰는 데 보냈었는데, 이제는 텔레비전 앞에서 시간을 보내게 되었다. 나는 우울증과 같다고 말할 수 있는 그 어떤 이력들을 그 의사로부터 얻을 수 없었으며, 그의 개인사 나머지에 대해서도 유용한 정보를 얻지 못했다.

나의 신경학적 진찰은 '그에게 여러 비정상인 부분이 있다.'고 결정을 내리게 했다. 그의 시야가 온전한지를 알아보기 위해 나는 그에게 내 코를 바라보라고 요구했다. 그러고는 한쪽 팔은 그의 왼쪽 어깨로부터, 다른 쪽 팔은 그의 오른쪽 어깨로부터 가로질러 지나가게 할 수 있도록 내 팔을 앞으로 내밀었다. 그런 다음 그에게 나의 오른쪽 팔이나 왼쪽 팔을 움직일 때 어떤 손을 내가 움직였는지 말해야 한다고 일렀다. 내 코를 응시하라고 반복해서 그에게 상기시켰음에도 불구하고, 내가 오른손이나 왼손을 움직일 때마다 그는 자신의 눈을 움직여서 이동하는 나의 손을 계속 바라보았다. 내가 그에게 "근육에 힘을 빼세요."라고 말을 한 후 그의 팔을 움직이려고 하자, 그는 번번이 나를 도와주려고 자신이 팔을 움직이려고 하는 것 같았다(증진근육긴장증, facilitory paratonia).

내 집게손가락과 가운뎃손가락으로 그의 손바닥을 살짝 때리자, 내 손가락을 잡지 말라고 요청했음에도 불구하고 그는 내 손가락을 움켜쥐었다. 잡지 말라는 말을 들었는데도 내 손을 잡으려는 그의 경향은 움켜잡기 반사라고 불린다. 이 반사는 유아기인 영장류들이 자신의 어미가 움직이려고 할 때 어미를 붙잡도록 해 주는 원시적 반사들 중 하나이다. 정상적인 유아들은 이러한 반사를 갖고 있지만, 우리가 성숙해지고 숙련된 손 움직임의 레퍼토리를 늘려 가게 되면, 계통발생적으로 원시적인 이 반사를 우리는 억제하게 된다.

그 신경외과 의사의 눈 또한 움켜잡기 반사에 해당되었다. "내 눈을 정면에서 똑바로 쳐다보세요."라고 그에게 일렀음에도 불구하고, 그의 눈은 내 손의 움직임을 계속 따라왔다. 눈을 통제하는 시스템에는 적어도 다음과 같은 두 가지가 있다. 전두엽에 의해 통제되고 목적 지향적인 행동에 중요하며 계통발생학적으로 발달된 시스템과 중뇌에 있는 둔덕(colliculus)[14]에 의해 통제되는 보다 원

---

14) 역주: 위둔덕(상구)과 아래둔덕(하구)이 있는데 시각 전달에 있어 중요한 중계핵은 위둔덕임. 즉, 위둔덕은 시각 반사와 안구 움직임 조절의 중추로서 눈에서부터 전달된 시각 신호는 이 부위를 지나 대뇌의 보기를 담당하는 뒤통수엽의 시각 중추 부위로 전달되고 아래둔덕과 연결되어 있어 소리가 나는 쪽으로 눈이나 목을 돌리는 데 관여하기도 함(출처: 서울대학교병원 신체기관정보, 서울대학교병원).

시적인 시스템이 그것들이다. 전두엽피질에 의한 눈 움직임의 통제를 우리가 잃게 되면, 그 신경외과 의사의 경우처럼 피질 아래에 있는 둔덕이 그 일을 맡게 된다.

내가 그의 지적 상태를 검사해 보았더니, 명명하기를 포함하여 그의 언어는 정상임을 알게 되었다. 예를 들면, 보스턴 명명검사(Boston Naming Test)를 실시해 보았더니, 그는 60개 항목들 모두의 이름을 말할 수 있었다. 그의 시공간 및 시각 구성 기술 또한 아주 뛰어났다. 예를 들면, 그는 교차하고 있는 오각형들을 흠결 없이 그릴 수 있었다. 그는 완벽하게 위치 감각을 갖고 있었으며 날짜, 월, 연도, 자신의 현 위치를 알고 있었다.

그러나 홉킨스 언어학습검사(Hopkins Verbal Learning Test)를 사용하여 일련의 12개 단어(예: 텐트, 호랑이, 단백석, 진주, 동굴, 사자, 호텔, 사파이어, 암소, 말, 에메랄드, 오두막)를 3회에 걸쳐 회상해 보도록 한 결과, 그의 기억력이 손상되었음을 발견하였다. 정상적이라면 그 나이 때의 사람은 3회에 걸쳐 총 20개 이상의 단어를 기억해낼 수 있는데, 그 신경외과의사는 단지 16개만 회상해 낼 수 있었다. 검사 후 30분 정도 지났을 때 그가 기억해 낼 수 있었던 것은 오직 '호랑이'라는 단어였는데, 그 나이 때의 정상적인 사람들 대부분은 8개 이상을 회상해 낼 수 있다. 30분이 지난 다음, 똑같이 그려 보라고 그에게 요구했던 오각형 그림들을 다시 그려 볼 수 있겠느냐고 요청하자, 그는 교차하고 있는 오각형들 대신에 두 개의 다이아몬드를 그렸다.

검사를 하는 동안 나는 그가 종종 부적절한 농담을 한다는 사실에 주목하게 되었다. 이러한 부적절한 우스개는 종종 오른쪽 전두엽의 기능장애와 관련이 있다. 전두엽 기능장애를 갖고 있는 환자들의 행동은 종종 환경 자극에 크게 좌우된다. 이러한 현상을 '환경 의존성'이라고 한다(Lhermitte, 1986). 어떤 환자가 환경 의존적인지 아닌지를 알아보기 위해 우리가 사용하는 검사에는 여러 가지가 있다. (그 신경외과 의사가 교차하고 있는 오각형들을 그릴 수 있도록) 나는 책상 위에 연필 한 자루와 종이를 올려놓았다. 그런데 그로 하여금 똑같이 복사하여 그려 보게 하려는 그림을 내가 보여 주거나 지시하기 전에, 그는 연필을 집어 들고 자신의 이름을 쓰기 시작했다. 그런 다음에 내가 빗을 그의 앞에 놓자 그는 자신의 머리를 빗기 시작했다.

파리의 신경학자였던 프랑수아 레르미트(Francois Lhermitte, 1986)는 그 신경외과 의사와 비슷한 행동을 했던 여러 명의 환자에 대해 묘사했다. 예를 들면, 저널 논고에서 레르미트는 전두엽 기능장애를 갖고 있는 간호사에 대해 서술했다. 레르미트가 그 간호사 앞에 바늘이 꽂힌 주사기를 놓았더니, 그녀는 레르미트의 엉덩이 한 곳에 주사를 놓으려고 했다고 한다. 이와 같은 형태의 환경 의존성은 '사용행동(utilization behavior)'[15]이라고도 불린다.

환경 의존성을 재는 간단한 다른 검사는 러시아의 신경학자 루리아(Luria, 1969)에 의해 고안된 2-1검사(2-1 test)다. 내가 먼저 주먹을 쥐고는 그 신경외과 의사에게 주먹을 쥐어 보라고 말했다. 그런 다음에 "내가 손가락 하나를 들어 올리면 당신은 손가락 두 개를 펴서 올리고 내가 손가락 두 개를 펴면 당신은 하나를 펴서 올려 보세요."

---

15) 역주: 눈에 보이는 사물을 움켜쥐고는 그것을 부적절한 때에 적절한 것처럼 사용하려는 증상을 보이는 신경행동장애로, 이 환자들은 자신들의 시야에 있으면서 손에 닿는 물건을 조작하려는 충동을 참지 못하는 데 전두엽 손상이 그 원인임(출처: 위키백과).

라고 지시했다. 거의 매번 그 외과 의사는 반향 동작(echopraxia)[16]을 보여 주었는데, 내가 손가락 두 개를 펴서 올리면 그는 처음에는 두 개를 펴서 올렸다가 하나를 접는 식이었다. 내가 손가락 하나를 펴면 그도 처음에는 하나를 펴서 올리지만, 그런 다음에 두 번째 손가락을 펴서 올렸다. 이러한 검사 결과들은 그의 행동을 결정하는 것이 스스로 만들어 낸 목적이 아니라 환경임을 보여 주고 있다.

장기적인 목표를 달성하려는 소망은 사람들로 하여금 어떤 행동을 지속하도록 해 주기 때문에, 나는 그의 끈기를 검사하고 싶었다. 나는 그에게 "A로 시작하는 단어들을 1분 동안에 가능한 한 많이 말해 보세요."라고 요구했으나, 그는 적절한 낱말들을 대지 못했다. 처음 10초 동안 그는 여섯 개의 단어를 말했지만, 그다음 50초 동안에는 입을 다물었다. 여섯 개의 단어 중 두 개는 적합한 낱말들(Alice, Alabama)이었으며, 세 개는 파생어들(add, addition, additive)이었다. 그 사람 나이대와 그만한 지능을 가진 사람들 대부분은 1분 동안에 적어도 12개의 단어를 말할 수 있다. 그는 낱말대기를 계속하지 못했고 생각은 고정되어 있었으므로 그의 수행은 비정상적인 것이었다. 그의 끈기를 더 검사하기 위해서 나는 그에게 "눈을 감고 20초 동안 그 상태를 유지하세요."라고 요구했다. 그는 오직 10초 정도만 눈을 감을 수 있었다.

더 원시적인 충동 및 감정을 억제하지 못하는 것과 함께 주도권 상실, 목표지향 행동 상실, 끈기 상실과 같은 이 신경외과 의사의

---

16) 역주: 영어로 echokinesis라고도 하며 남의 행동에 대한 병적인 모방으로 '동작 모방 (증)'이라고도 함(출처: 위키백과; Dong-a's Prime English-Korean Dictionary, 동아출판, 2008).

내력은 전두엽 기능장애를 갖고 있는 환자들에게 전형적인 것이다. 회사에서 장기 계획을 세우고 그 계획이 달성될 수 있도록 자원을 배분하는 일은 경영간부의 일이다. 전두엽 기능장애를 갖고 있는 환자들은 종종 장기 목표를 수립 및 실행하고 자원을 배분하는 일에 문제가 있기 때문에, 어떤 사람들은 그 신경외과 의사가 보인 결함을 '집행기능장애(executive dysfunction, 실행기능장애라고도 함–역주)'라고 부른다.

그 신경외과 의사의 집행기능장애를 유발하는 것이 무엇인지를 알기 위해 나는 일련의 검사를 지시했다. 양쪽 전두엽에 심한 위축이 있음을 밝혀 준 그의 뇌에 대한 자기공명영상을 제외하면 모든 검사 결과는 정상이었다. 다른 모든 검사에서는 정상으로 나오고 전두엽 위축만 나타났으므로, 우리는 그의 증상을 전두측두엽 퇴화(frontal-temporal lobar degeneration) 또는 전두측두엽 치매라고 진단했다. 이 장애를 가지고 있는 환자들 중 많은 이가 그들의 신경 세포에 비정상적인 침전물을 가지고 있으며, 이러한 장애를 '피크병(Pick's disease)'[17]이라고 한다.

어떤 환자들은 조직학적 분석을 하기 위해 사용되는 화학적 염색이 되지 않는 부어오른 세포들을 보여 주기도 하는데, 이 환자들 대부분의 뇌는 특정 유형의 병리가 없는 채로 세포의 손실을 보여 주고 있다. 그는 생체 조직검사를 요구했고 우리도 고려했는데, 유감스럽게도 현재 그러한 유형의 치매를 되돌리거나 치료할 수 있는 방법은 없다. 그리고 조직학적 아류형(histological subtype) 치매

---

17) 역주: 전두엽의 진행성 퇴화로 기억 상실이나 정서 불안정이 생김(출처: 신영한대사전, 교학사).

라고 해서 우리의 치료를 변경시킬 것이 아님을 알기에 우리는 그의 뇌에 대한 조직검사를 하지 않기로 결정했다. 이 신경외과 의사처럼 전두엽 기능장애를 가진 환자들에 대한 연구는 우리에게 '창의적인 사람들은 잘 기능하는 전두엽을 가져야 한다.'는 점을 알려준다.

'지속하는 능력'과 '주의가 산만해지지 않는 능력'뿐만 아니라 생물학적 욕구들이 장기적인 목표를 방해하게 될 때 그 '생물학적 욕구들을 억제하고 장기적인 목표를 계속 유지하는 능력'을 나는 '전두엽 지능'이라고 부른다. 전두엽 지능은 창의성을 필요로 하는 직종을 포함하여 어떤 직업에서든 성공의 기초가 되는 주요 요인들 중 하나이다. 그리고 전두엽 망은 창의성에 중요한 것으로 보이는 또 다른 기능인 확산적 사고 기능을 가지고 있다.


## 확산적 사고


심리학자들은 사고를 수렴적 사고와 확산적 사고라는 두 가지 유형으로 나눈다. 대부분의 문제해결자들이 보여주는 사고 유형은 수렴적 사고이다. 의대에서 우리는 의대생들과 레지던트들에게 수렴적 사고를 가르친다. 예를 들면, 몸에 열이 있는 사람은 감염되었거나 열사병에 걸렸을 가능성이 있다고 배운다. 환자가 열이 나면서 의식이 없다면, 의사는 두 가지 가능한 진단 중 무엇에 해당되는지 판단하는 데 여전히 어려울 수도 있다. 하지만 그 환자가 목이 뻣뻣한 증상을 갖고 있다면, 그 환자의 열과 의식 없는 증상은 뇌막염과 같은 중추신경계의 감염과 가장 관련이 있을 것이다. 의사는 추가적인 수렴적 증거를 얻기 위해 요추 뚫기(spinal tap)[18]를 실시할 수 있다. 그 결과, 만일 척수액에 백혈구와 박테리아가 포함되어 있다면, 뇌막염 진단을 내리고 항생제 치료를 시작할만한 충분한 수렴적인 증거가 있게 되는 것이다.

　창의적인 사람들은 수렴적 사고를 할 수 있어야 하지만, 이러한 유형의 사고는 종종 표준적인 알고리즘을 사용한다. 그리고 이례적인 것에 직면할 때 확산적 사고는 새로운 아이디어를 발전시킬 수 있지만, 수렴적 사고는 그렇지 않을 수도 있다. 수렴적 사고가들은 수수께끼 완성(틀에 꼭 들어맞게 하는 것)에 도움이 된다고 배웠던 징후들을 찾아본다. 자신들이 이전에 배워 온 알고리즘이 관찰한 결과를 항상 완전하게 설명하지는 못하기 때문에 확산적 사고를 사용할 필요도 있다. 확산적 사고가들은 이례적인 것을 볼 수도 있으며, 이러한 관찰 결과들이 들어맞는 틀이 없음을 깨달을 때 새로운 틀을 개발하기 시작한다. 과학자들은 종종 변칙들을 관찰한다. 자신의 사고 과정을 수렴적 사고에 한정시키는 과학자들은 이례적인 관찰 내용을 종종 묵살하지만, 확산적 사고가들은 새로운 발견의 모험에 착수하기 위해 이러한 변칙들을 종종 활용한다.

　나는 '색다르고 질서정연한 관계들을 이해하고, 발전시키며, 체계적인 방식으로 표현하는 능력'을 창의성이라고 정의했다. 이 정의의 대단히 중요한 부분은 창의적이기 위해서 그 작업이 색다르거나 새로워야 한다는 것이다. 창의적인 사람들을 연구해 오거나,

---

18) 역주: 척추천자(脊椎穿刺), 허리천자, 요추천자라고도 하며 신경계통 질환을 진단하는 데 필요한 척수액을 얻거나 약제를 척수강에 주입하기 위해 허리뼈 사이에서 긴 바늘을 거미막 밑 공간으로 찔러 넣는 것(출처: 서울대학교병원 의학정보, 서울대학교병원)

창의적 잠재력을 측정하는 검사들을 개발해 온 거의 모든 심리학자는 확산적 사고의 중요성을 언급했다. 확산적 사고는 지배적인 사고방식이나 표현 방식으로부터 다른 방향을 취하는 능력이다.

확산적 사고에 대한 개념은 1890년 윌리엄 제임스(William James)에 의해 다음과 같이 처음으로 제시되었다.

> 습관적인 제안으로 이루어진 다져진 길을 앞서거니 뒤서거니 따라가면서 사실에 근거한 일들에 대해 끈덕지게 생각하는 대신에, 우리는 한 아이디어에서 다른 아이디어로의 가장 갑작스러운 지름길과 전환, 요소들의 전례가 없는 결합, 즉 유추들의 가장 절묘한 연합을 갖게 된다. …… 아이디어들로 들끓는 가마솥으로 우리는 갑작스럽게 초대되는 것 같다. …… 그곳에서 파트너십은 결합되거나 혹은 느슨해질 수 있다. …… 다람쥐 쳇바퀴 같은 일은 발생한 적 없고, 예상치 못했던 것들이 유일한 법칙이다(Albert & Runco, 1999 재인용).

장웰(Zangwell, 1966)은 전두엽 손상이나 기능장애가 확산적 사고를 방해할 것이라고 말했다. 버그(Berg, 1948)는 피검자들이 카드마다 묘사된 여러 차원(예: 모양, 색깔, 숫자)에 따라 카드 더미를 분류하도록 요구받는 검사(위스콘신 카드분류검사, Wisconsin Card Sorting Test, 전두엽 기능 또는 집행기능을 검사함–역주)를 개발했다. 피검자에게 분류 원칙(예: 모양)을 알려 주지 않고, 피검자는 스스로 분류한 후에 검사자의 반응으로부터 분류 원칙을 추론해야 한다. 첫 번째 분류 기준을 알아내는 능력은 수렴적 추론의 한 예가 될 수도 있다. 하지만 검사 동안에 분류 원칙이 변하므로(예: 모양에서 색깔로), 피검자는 검사자의 반응에 근거하여 자신의 전략을 바꾸어야 한다.

전략을 변경하는 능력은 제임스에 의해 정의된 확산적 사고, 즉 "습관적인 제안으로 이루어진 다져진 길을 앞서거니 뒤서거니 따라가면서 사실에 근거한 일들에 대해 끈덕지게 생각하는 대신에, 우리는 한 아이디어에서 다른 아이디어로의 가장 갑작스러운 지름길과 전환을 갖게 된다."의 예가 될 수 있다(Albert & Runco, 1999 재인용). 밀너(Milner, 1984)는 의학적으로 다루기 아주 힘든 간질을 치료하기 위해 전두엽 절제술을 받은 환자의 경우, 이 검사를 제대로 수행하기 어려움을 실례로 보여 주었다. 이는 '확산적 사고에 전두엽이 매우 중요할 수도 있음'을 시사하는 것으로 볼 수 있다.

'고집이란 새로운 상황으로의 전환 또는 활동 유형의 변화(확산)를 하지 못하는 것'이다. 이와 같은 행동장애는 전두엽 손상, 특별히 오른쪽 대뇌반구의 전두엽에 상처를 입은 뇌 손상자에게서 종종 관찰된다. 데니-브라운과 체임버스(Denny-Brown & Chambers, 1958)는 "전두엽이 회피 행동을 조정하는 반면, 측두엽-두정엽은 접근 행동을 담당한다."라고 주장했다.

'전두엽이 확산적 사고에 매우 중요할 수도 있다.'는 가정에 대한 수렴적인 증거는 위스콘신 카드분류검사를 받고 있는 정상적인 사람들의 국소 혈류에 대한 연구들(Weinberger, Berman, & Zee, 1986)이나, 피검자가 벽돌의 다른 용도를 내놓는 것과 같이 길포드(1967)와 토랜스(1988)가 개발한 검사와 유사한 확산적 사고 검사를 수행하는 정상적인 사람들의 국소 혈류에 대한 연구들로부터 나온다. 정상적인 사람들이 위스콘신 카드분류검사를 수행하고 있을 때 그들의 전두엽 활동은 증가하였다. 그리고 창의적인 사람들이 벽돌의 다른 용도를 말하고 있을 때 그들의 전두엽도 덜 창의적인 사람들보다 더 많은 활동을 하고 있었다(Carlsson, Wendt, & Risberg, 2000).

전두엽에 병이 있는 환자에 대한 연구들과 정상적인 사람들이 확산적 사고를 하는 동안의 뇌기능 영상 모두 전두엽이 확산적 사고에 중요할 수도 있다는 것을 보여 준다. 하지만 전두엽이 확산적 사고를 해내는 방법에 대해서는 미지의 상태이다. 그런데 전두엽은 측두엽과 두정엽의 다중양식(polymodal) 및 초양식(supramodal) 담당영역과 강하게 연결되어 있으며, 측두엽과 두정엽은 '개념적-의미적인 표상'들을 저장하고 있다. 아마도 이와 같은 '전두엽-두정엽 연결'과 '전두엽-측두엽 연결'들은 대안적인 해결책을 개발하는 데 아주 중요하면서도 확산적 사고의 기초가 되는 의미적-개념적 네트워크를 활성화하는 책임을 맡고 있는 것 같다.

'전두엽이 의미적 네트워크를 활성화하거나 억제함에 있어서 중요할 수도 있다.'는 가정에 대한 지지는 양전자 방사 단층 촬영법을 사용한 최근의 연구들로부터 나온다. 이 연구 결과들은 내측 전전두피질과 외측 전전두피질(medial and lateral prefrontal cortex)(브로드만 영역 10)의 역할이 다르다고 말하고 있다. 안쪽 전전두피질은 내적으로 생성된 사고를 억누르는 일에 중요하며, 바깥쪽 전전두피질은 이러한 사고를 생성하고 유지하는 데 중요하다(Burgess et al., 2003).

'창의적-확산적 사고'는 매우 다양한 개념망의 활성화를 필요로 한다. 그리고 앞에서 언급했듯이, 카테콜아민은 활성화된 망의 폭에 영향을 준다. 대뇌피질에 노르에피네프린과 같은 카테콜아민을 제공하는 뉴런들은 뇌간의 한 부분인 뇌교(pons)의 청반에 위

치하고 있지만, 카테콜아민 시스템의 활동은 전두엽에 의해 조정
되며, 전두엽은 청반까지 뻗어 나가는 첫 단계 대뇌피질 영역이다
(Arnsten & Goldman-Rakic, 1984). 즉, 측두엽피질 및 두정엽피질과
연결되고 '청반-노르에피네프린 시스템'을 통제하는 전두엽은 '창
의적-확산적 사고'의 아주 중요한 한 요소인 것 같다.

# 10
# 나이가 들면 창의성이 약해지는가

## 노화에 따른 창의성의 변화

사이먼턴(Simonton, 1999)은 창의적 생산성이 나이와 함수 관계임을 실제의 예를 들어 보여 주었다. 일반적으로 20세와 30세 사이에 창의적인 생산성은 급격히 증가한다. 30세와 50세 사이에 창의적인 생산성은 최고점에 다다르며, 그 이후 수십 년 동안 낮아지는 것 같다.

하지만 그 변화 추이는 지식 분야에 따라 어느 정도 다르다. 순수 수학과 이론 물리학과 같은 몇몇 학문 분야에서는 중요한 창의적인 작업의 대부분이 20대와 30대일 때 수행되며, 그 이후로는 급격히 떨어진다. 반면, 생물학과 의학 분야에서는 가장 중요한 창의적인 많은 업적이 종종 30대, 40대 그리고 50대에 이루어진다. 미술, 음악과 같은 분야에서는 늦은 나이에도 매우 창의적인 상태가 유지된다. 예를 들면, 주세페 베르디는 그의 첫 오페라 〈나부코(Nabucco)〉를 29세에 작곡했으며, 80세에 〈팔스타프(Falstaff)〉[1]를 썼다.

이러한 차이는 '그 영역이 미적인 분야(예: 미술과 음악)냐, 아니면 자료 중심 분야(예: 화학과 물리)냐?'와 관련되는 것처럼 보인다. 그럼에도 불구하고 사이먼턴(1999)은 "시인은 젊었을 때 한창 꽃을 피우며 지질학자는 오랫동안 창의적인 경력을 가질 수 있다."라고 말하기도 했다. 또한 사이먼턴은 "창의성의 침체는 순전히 생활연령보다는 경력 나이(한 사람이 어느 영역에서 창의적이었던 햇수)에 의해 예측된다."라고 제안했다.

사람들이 20대와 30대가 될 때까지 거의 창의적이지 않은 이유는 아마도 두 가지 요인에 달려 있는 것 같다.

첫 번째 요인은 뇌 성숙과 관련이 있다. 이 책의 주요 논지들 중 하나는 '창의성이 뇌 안에서의 연결성에 크게 좌우된다.'는 것이며, 나는 이미 창의성에 있어서 대뇌피질 아래에 있는 백질과 전두엽의 역할에 대해 설명했다. 뇌의 전두엽과 그 외의 다른 영역들은 20세가 될 때까지는 완전하게 성숙하지 않는다.

두 번째 요인은 창의적인 영감 및 산출에 필요한 기술 습득과 관련이 있다. 사람은 20세 또는 30세가 될 때까지는 이러한 기술들을

---

1) 역주: 상식을 벗어난 우스꽝스러운 주인공을 벌하고 비웃는 전형적인 희극에다 결혼으로 끝나는 해피엔딩인데, 전혀 베르디답지 않은 작품이지만 베르디 노년의 새로운 통찰이 깃든 오페라임(출처: 클래식 명곡 명연주, 이용숙, 2012).

완전하게 습득하지 못할 수도 있다.

어쨌든 아직까지 밝혀지지 않고 있는 것은 '어째서 나이가 들면서 창의성이 줄어드는가?'이다. 사이먼턴(1999)은 "이러한 경험적인 결과들(노화에 따른 창의성의 변화-역주)에 대한 이론적인 설명을 제시하려는 여러 시도가 있었지만, 사실들을 담을 수 없기 때문에 그 시도들의 대부분은 실패한다."라고 말했다.

사이먼턴의 창의성 모형은 주로 다윈의 원리들, 즉 자연선택에 의한 무작위적인 변이의 원리에 기반을 두고 있다. 사이먼턴은 창의성에 관한 '다요인적 수학 모델'을 개발하려고 시도했는데, 이 모형에서는 '초기의 창의적인 잠재력'이 첫 번째 주요한 결정 요인이다. 사이먼턴은 바로 이 잠재력이 우리가 평생 동안 산출해 낼 수 있는 다양한 아이디어의 수를 결정한다고 말했다. 두 번째 주요한 요인은 창의적인 사람이 자신의 경력을 시작한 나이와 관련이 있다. 그 밖의 다른 두 가지 요인이 그 모형과 관련된다. 사이먼턴의 창의성 모형에 따르면, 사람들이 나이를 먹음에 따라 창의성이 줄어드는 이유는 나이가 들수록 새로운 아이디어 혹은 다양한 생각들이 바닥나기 때문이다.

다윈의 진화 모델은 '유전적 변화는 무작위적이다. 그리고 그러한 변화의 대부분이 어떤 생물체의 생존 능력을 감소시킬지라도, 유전적 변화는 그 돌연변이의 생존 능력과 번식 능력을 증가시키는 표현형적 변화를 드물게 유도한다.'고 제안한다. 창의적인 아이디어들의 원천이 되는 자원들은 많다. 그리고 우연과 무작위적 변이는 종종 창의성에 있어 중요한 역할을 수행할 수 있다. 그와 같은 우연이 일어난 한 가지 좋은 예는 알렉산더 플레밍이 페트리 접시의 뚜껑을 덮지 않고 창문을 열어 둔 창가에 놓은 후, 곰팡이가 실험실로 날아 들어와서 페트리 접시에 내려앉아 박테리아를 죽이게 된 경우이다. 따라서 우연의 변칙들을 관찰하는 일은 어느 나이에 서든지 창의적인 새로운 아이디어를 깨울 수도 있다.

그러나 새로운 아이디어들이 늘 우연의 발생 또는 변칙의 발견에 달려 있는 것은 아니다. 앞에서 우리는 '창의성'을 '이전에 볼 수 없었던 새로운 질서정연한 관계들을 체계적인 방식으로 이해하고, 발전시키며, 표현하는 능력'이라고 정의했다. 대리석 조각으로 부터 '다비드'를 조각한 미켈란젤로의 능력은 아이디어적 다양성 (ideational variation)과 선별적인 유지(selective retention)에 의해 설명될 수 없다. 그는 망치를 들기 전부터 대리석 덩어리에서 다비드를 볼 수 있었으며, 갇혀 있던 이 아름다운 걸작, 즉 다비드를 그 돌에서 '해방시켜 주었던' 것이다. 이례적인 일을 알아보는 것에 의존하지 않고 오히려 내부로부터 나오게 되는 그러한 창의성은 아마도 창의적인 산출이 있은 지 몇 해 지나면 바닥나는 것 같다. 의학에서 창의성은 종종 이례적인 현상을 보는 것으로부터 나온다. 준비된 마음은 거의 모든 연령에서 이례적인 일을 탐지할 수 있게 한다. 이것은 아마도 반복적으로 이례적인 현상을 관찰하게 되는 생물학자들이 이론 물리학자들보다 더 오랫동안 창의적인 경력을 갖는 이유인 것 같다.

나이를 먹음에 따라 창의적인 사람들의 생산성이 감소하는 것은 새로운 아이디어의 고갈뿐만 아니라, 생물학적인 요인들과도 관련될 수 있다. 다음 절에서는 가능한 이 생물학적인 요인들에 대해 논의하고자 한다.

# 지능의 변화

지능과 창의성에 관한 논의에서 나는 커텔(Cattell, 1963)이 두 가지 유형의 지능, 즉 '결정성 지능'과 '유동성 지능'을 발표했다고 말했다. 결정성 지능은 주로 저장된 지식이다. 예를 들면, 결정성 지능을 검사하는 웩슬러 성인용 지능검사(1981)의 하위검사들에는 어휘와 정보를 측정하는 검사들이 포함되어 있다. 유동성 지능은 주로 지식을 다루는 능력이다. 웩슬러 성인용 지능검사에서 유동성 지능 검사들의 대부분은 수행 섹션(예: 그림 완성과 그림 배열)에 있다.

나이를 먹음에 따라 수행 지능은 감소하는데, 이는 '나이가 많아지면 유동성 지능이 낮아질 수도 있다.'는 것을 암시한다. 그리고 앞에서 말했듯이, 유동성 지능이 결정성 지능보다 창의적인 아이디어를 진전시킴에 있어 더 중요할 수도 있다. 수행 지능을 재는 검사들 중 많은 검사가 시간 제한을 두고 있는데, 사람들은 나이가 먹음에 따라 점점 느려진다. 이와 같은 속도 저하는 전기생리학적(예: 유발 전위, evoked potential[2])으로도 그렇고 행동적으로도 그렇다. 따라서 어떤 연구자들은 '노화와 연관된 수행 지능에서의 낮은 점수는 이와 같은 느려짐과 관련되지 않을까?' 하는 의문을 품어 왔다.

그래서 연구자들은 검사 시간을 제한하지 않는 수행 지능 검사로 나이 든 사람들과 젊은 사람들을 테스트했다. 나이 든 사람들에

---

2) 역주: 외부 자극에 의하여 신경세포에 발생하는 활동 전위(Dong-a's Prime English-Korean Dictionary, 동아출판, 2008)

게 시간을 더 주면 그들의 수행이 나아지지만, 점수를 낼 때 시간을 고려사항에 넣지 않을 때조차 노인들은 젊은 사람들보다 수행 수준이 더 낮았다(Storandt, 1977). 따라서 나이를 먹음에 따라 결정성 지능은 계속 증가하는 것 같으나 유동성 지능은 낮아지는 것 같다(Ryan, Sattler, & Lopez, 2000).

이미 언급되었듯이, 지능과 창의성 사이에는 직접적인 관계가 없다. 하지만 아마도 결정성 지능보다는 유동성 지능이 창의성과 더 관련되는 것 같다. 나이가 들면서 유동성 지능이 감소하는 것은 노화에 따른 창의성의 변화를 거울로 비추어 주는 것 같다. 그런데 이러한 관계는 서로 상관이 있다는 의미인 것이지 그 이유를 인과적으로 밝히는 것처럼 설명적인 것은 아니다.

## 나이 드는 뇌

노화와 함께 나타나는 뇌에서의 생물학적 변화는 많다. 나이를 먹음에 따라 뇌의 크기와 무게가 줄어든다(Berg, 1948). 이러한 퇴행성 변화는 통상 50세에 시작되며, 10년마다 약 2%씩 감소한다. 치매에 걸리지 않은 사람의 노화된 뇌를 대상으로 한 신경입체학(neurostereology)을 사용하는 양적 해부학적 연구들(Pakkenberg et al., 2003)에 의하면, 20세인 사람의 전체 뉴런 수와 90세인 사람의 전체 뉴런 수 사이의 차이는 10%가 안 된다. 이러한 연구 결과는 '뇌 물질의 감소가 뉴런의 소멸에 의해 전적으로 발생하는 것은 아니다.'라는 점을 암시하고 있다.

노화로 인해 소멸되는 뉴런의 비율이 아주 낮지만, 소멸되는 뉴런들 중 많은 뉴런이 창의성에 매우 중요할 수도 있는 부위, 즉 배외측 전두엽(dorsolateral frontal lobe)(예: 브로드만 영역 10)과 브로드 영역 40과 39를 포함한 하두정엽(inferior parietal lobe, 아래마루소엽이라고도 함-역주)과 같은 부위들에 위치하고 있다. 노화되면서 치매라는 임상적인 진단을 받지 않았을지라도 종종 알츠하이머병과 관련된 조직학적인 변화가 관찰될 수도 있다. 이러한 변화들에는 대뇌피질에서의 아밀로이드(amyloid)[3] 퇴적, 신경원섬유덩어리(neurofibrillary tangles)[4]를 포함한 뉴런에서의 변화들, 수상돌기 가지치기 불능 또는 가지내기 불능이 포함된다. 이러한 변화로 인해 기능이 망가지지 않은 일부 뉴런이 병들 수도 있으며, 적절하게 기능하지 못할 수도 있다. 수상돌기 가지내기가 불가능하게 되면 그 뉴런들은 다른 뉴런들과 덜 연결된다. 또 다른 변화들에는 과립 공포(뉴런의 세포질에 있는 소낭 또는 작은 구멍) 퇴행변성(granulovacular degeneration)과 지방 갈색소(lipofuscin)[5]의 침전물(색을 가지고 있는 지방의 한 유형)이 포함된다.

양전자 방사 단층 촬영법을 사용하여 피의 흐름을 측정하는 일부 생리학적 연구는 '노화가 진행됨에 따라서 뇌의 전반적인 활동이 감소할 가능성을 내비치는 신진대사의 변화가 있을 수 있다.'고 제안했다. 하지만 다른 연구들은 '의학적인 문제들(예: 고혈압, 당뇨

---

3) 역주: 만성열성 질환으로 인해 뇌, 신장, 췌장 등에 형성되는 당단백질의 일종으로 알츠하이머형 노인성 치매나 고령자의 뇌에서 볼 수 있는 노인반(斑)의 구성 성분인 아밀로이드는 β/A4라고도 함(출처: 생명과학대사전, 강영희, 도서출판 여초, 2008).

4) 역주: 알츠하이머병의 주요 표지가 되는 것으로 알려진 과인산화된 타우 단백질군(출처: 위키백과)

5) 역주: 나이가 들어 감에 따라 세포 내에 축적되는 노화색소(출처: 간호학대사전, 대한간호학회, 한국사전연구사, 1996)

병)을 갖고 있는 환자들이 연구 대상자가 아닌 경우, 노화의 작용으로 발생하는 혈류에 있어서 주요한 차이(Duara et al., 1984) 혹은 뇌전도파로 측정된 두뇌 활동에 있어서 주요한 차이(Duffy, Albert, McAnulty, & Garvey, 1984)가 없다.'고 밝히기도 했다. 따라서 노화와 관련된 창의성의 감소는 신진대사적인 이상들에 의해 유발되는 것 같지는 않다.

앞에서 서술했던 각 대뇌반구 안에서의 연결들과 양쪽 대뇌반구 사이의 연결들 중 많은 것이 수초화된 축삭돌기에 의해 조정되고 있다. 그리고 회백질(주로 뉴런들과 그들의 수상돌기들로 이루어짐)의 손실과 백질(주로 수초화된 축삭돌기와 지지물들로 이루어짐)의 손실을 비교해 온 연구들은 '노화에 따라 줄어드는 뇌 부피와 뇌 무게의 대부분은 백질의 감소와 관련됨'을 밝혀 왔다(Sullivan, Pfefferbaum, Adalsteinsson, Swan, & Carmelli, 2002; Tang, Whitman, Lopez, & Baloh, 2001). 가장 큰 감소를 보인 영역들은 발달상 늦게 수초화가 이루어지는 부위들이다. 대뇌피질 아래쪽 백질의 감소는 측뇌실[6]의 크기를 늘린다. 노인 뇌에 대한 자기공명영상(MRI) 혹은 컴퓨터 단층 촬영(CT)을 입수해 보면, 종종 백질에서 심각한 상처가 있다는 증거가 나타난다. 신경방사선학자들은 이러한 변화들을 '허혈성 탈수초화' 혹은 '백질병변(leukoaraiosis)'[7]이라고 부르고 있지만, 백질 감소 및 손상의 원인이 무엇인지는 완벽하게 알려져 있지 않다.

---

6) 역주: 좌우의 대뇌반구 내에 있는 뇌실(腦室), 정상에서는 적당량의 뇌척수액이 흐르나 병적으로 액이 증가하여 뇌실을 확대하는 일이 있음(출처: 간호학대사전, 대한간호학회, 한국사전연구사, 1996).

7) 역주: (병리) 두뇌 백질의 저밀도(rarefaction of the white matter in the brain)(출처: 위키백과)

앞에서 나는 창의성과 관련하여 오른쪽 대뇌반구와 왼쪽 대뇌반구 사이의 주요한 연결인 뇌량의 역할에 대해서 썼다. 뇌량은 한쪽 대뇌반구에서 다른 쪽 대뇌반구를 가로지르는 수초화된 뉴런들로 이루어져 있는데, 노화와 관련된 백질 감소와 함께, 나이가 들면 뇌량의 두께도 얇아진다(Hopper, Patel, Cann, Wilcox, & Schaeffer, 1994; Sullivan et al., 2002). 노화에 따른 해부학적 변형 이외에, 양쪽 대뇌반구 사이의 의사소통, 즉 뇌량에 의해 중재되는 의사소통이 줄어든다는 증거도 있다(Reuter-Lorenz & Stanczak, 2000).

## 전두엽과 노화

전두엽이 손상되거나 또는 전두엽과 대뇌 하부피질 사이의 연결이 방해받으면 전두엽의 기능들이 해를 입게 된다. 그리고 이와 같은 전두엽 기능 결함의 일부는 집행 결함(executive deficits, 실행 결함이라고도 함–역주)이라고 불린다. 여러 연구들은 전두엽 기능 이상이 종종 노화와 관련된다고 말한다. 예를 들어, 미턴버그, 사이든버그, 오리어리와 다이지울리오(Mittenberg, Seidenberg, O'Leary, & DiGiulio, 1989)는 전두엽 기능, 두정엽 기능, 측두엽 기능을 측정하는 검사를 이용하여 노인과 젊은이를 비교하였다. 그 결과, 이 연구자들은 '나이와 가장 상관이 높은 것은 전두엽 기능'이라는 점을 발견했다.

전두엽 기능 이상과 관련된 가장 공통된 집행 결함들 중 하나는 고집스러운 행동(perseverative behavior, 집요하게 반복하는 행동–역주)이다. 전두엽 환자들이 낮은 수행을 보이는 검사들 중 하나는 위스콘신 카드분류검사이다. 이 검사에는 서로 다른 기하학적 디자인을 갖고 있는 일련의 카드가 있으며, 이 디자인들은 서로 색깔이 다르고 각 카드에는 서로 다른 숫자가 적혀 있다. 검사자는 분류 기준(모양, 색깔 또는 숫자)을 명확하게 제시하지 않고, 피검사자에게 카드를 분류해 보라고 요구한다. 따라서 피검사자는 카드들이 가지고 있는 디자인의 색깔이나 숫자와는 관계없이 동일한 디자인을 가진 카드를 같은 파일에 놓을 수도 있다. 여러 번의 성공적인 분류 후에 "그러한 분류는 더 이상 옳은 것이 아닙니다."라고 검사자가 말하게 되면, 피검자는 정상적으로 자신들의 분류 전략을 바꾸게 된다. 이제는 색깔이나 숫자 등 다른 기준에 따라 분류하게 되는 것이다.

그런데 전두엽 손상 환자들은 만약 자신이 모양에 따른 카드 분류 전략을 적용했을 때, '그 전략이 더 이상 적절하지 않다.'고 검사자가 의견을 표시해도 처음의 분류 전략을 계속 유지한다. 새로운 전략을 발전시키지 않는 사람이 갖는 이러한 유형의 고집은 '고정적인 틀에 놓여 있는 것(stuck in set)'이라고 불린다. 창의적인 혁신은 창의적인 사람이 새로운 전략을 시도하는 것을 필요로 한다. 그리고 만일 그 전략이 성공적이지 않거나 일부만 성공적이라면 그들은 다른 전략을 시도해야 한다. 만일 창의적인 사람이 고정적인 틀에 갇힌다면, 그들의 창의적인 경력은 끝나게 될 것이다. 리더링크호프, 스팬과 반 데르 몰렌(Ridderinkhof, Span, & van der Molen, 2002)은 노인 집단을 대상으로 위스콘신 카드분류검사를 실시했는데, 노인들이 젊은 사람들보다 더 고정적인 틀에 갇힐 개연성이 있음을 밝혀냈다. 따라서 노인들이 이 과제에서 갖고 있는 문제는 분류 규칙을 이끌어 내지 못하는 것과 관련되기보다는 일단 하나의 분류 전략을 채택하게 되면 그것을 바꾸기를 꺼리거나 융통성이 없는 것과 관련된다.

　노인들이 어째서 고정적인 틀에 갇히는 성향을 갖는지 또는 정신적으로 규칙에 엄격한 이유가 무엇인지 명확하지 않지만, 두 가지 가능성이 있다. 앞에서 말했듯이, 뉴런들은 신경전달물질이라고 불리는 화학물질을 발산함으로써 의사소통을 한다. 노화함에 따라서 감소하는 것으로 보이는 주요 신경전달물질들 중 하나는 도파민이다. 예를 들면, 기능적 영상화 기법(PET)을 사용한 볼코 등(Volkow et al., 2000)은 나이가 들면서 도파민이 감소하고 전두엽 활성화도 줄어든다는 점을 밝혀냈다. 도파민을 분비하는 세포들은 중뇌에서 발견되며, 이 세포들은 중뇌로부터 기저핵과 대뇌피질 모두로 이동한다([그림 9-1] 참조). 파킨슨병을 앓는 환자들은 도파민 수준이 낮으며, 전두엽 기능 이상에 대한 증거를 갖고 있기도 하다(Green et al., 2002). 예를 들면, 파킨슨병 환자들은 종종 위스콘신 카드분류검사에서 낮은 수행을 보이는데, 자주 고정적인 틀에 갇히기 때문이다. 따라서 '노화에 따른 창의성 감소는 인지적인 경직성과 관련'될 수도 있다. 그리고 이와 같은 '인지적 경직은 노화와 연관된 도파민을 합성하여 방출하는 뉴런들의 감소와 관련'될 수도 있다.

　나는 앞에서 '노화에 따라 대뇌피질 아래쪽에 있는 백질이 감소한다.'고 말했다. 자신들의 백질을 손상시키는 병인 백질의 다발성 경화증(multiple sclerosis)[8]이나 다발성 소규모 뇌졸중(multiple small

---

8) 역주: 중추신경계의 탈수초성 질환(demyelinating disease: 신경세포의 축삭을 둘러싸고 있는 절연물질인 수초가 탈락되는 질병) 중 가장 흔한 유형이며 전형적인 증상은 쇠약, 운동실조, 지각이상, 언어장애임(출처: 서울대학교 의학정보, 서울대학교).

strokes)과 같은 병을 가지고 있는 환자들은 종종 전두엽 기능 이상의 흔적을 보이며, 고정적인 틀에 갇히기 때문에 위스콘신 카드분류검사와 같은 검사에서 낮은 수행을 보인다.

## 오른쪽 대뇌반구 쇠퇴

3장에서 나는 창의성에 있어서 오른쪽 대뇌반구의 역할에 대해 설명했다. 요약해 보면, 오른쪽 대뇌반구는 지엽적인 처리보다는 전체적인 처리에서 더 중요한 것으로 보이며, 전체적인 처리는 종종 '통합의 끈을 발견함'에 있어서 중요하다. 나는 오른쪽 대뇌반구가 시공간 기능에 얼마나 중요한지에 대해서도 언급했으며, 얼마나 많은 매우 창의적인 사람들이 창의적인 해결책을 찾기 위해 시공간 전략들을 사용했는지에 대해서도 말했다. 따라서 '노화함에 따라 어째서 창의성이 줄어드는가?'에 대한 또 다른 가설은 '왼쪽 대뇌반구가 조정하는 기능보다는 오른쪽 대뇌반구가 조정하는 기능들이 더 쇠퇴한다.'는 것이다(Dolcos, Rice, & Cabeza, 2002).

노화함에 따라서 창의성이 감소되는 것에 대한 '오른쪽 대뇌반구 쇠퇴 가설'은 노인과 젊은이를 대상으로 엑슬러 성인용 지능검사를 실시한 연구들에 의해 지지되었다. 엑슬러 성인용 지능검사의 시공간 과제들(예: 블록 구조물)은 수행 지능지수와 관련되며, 언어 검사들(예: 어휘)은 언어 지능지수와 관련된다. 앞에서 말했듯이, 연구자들은 나이가 들면서 언어적 지능보다는 수행 지능에서 더 커다란 쇠퇴가 있음을 밝혀냈다. 오른쪽 대뇌반구가 시공간 기능에 더 주도적이므로 이와 같은 수행 지능의 쇠퇴는 노화에 따른 오른쪽 대뇌반구 기능의 쇠퇴 탓이라고 해석할 수 있다. 하지만 이러한 해석에는 여러 가지 교란 요인들이 있다. 예를 들면, 수행 지능을 재는 많은 공간 검사는 시간이 제한되어 있는데, 나이가 들면 과제와는 별개로 반응 시간이 느려지게 된다. 또한 수행 지능은 결정성 지능 검사 결과라기보다는 유동성 지능 검사 결과이기도 한데, 앞에서 언급했듯이 나이가 들면 유동성 지능이 더 크게 줄어드는 것 같다.

　많은 시공간 기능들이 노화가 진행됨에 따라 쇠퇴하는 것으로 나타났는데, 심지어는 시간 제한이 없는 검사를 사용할 때조차 그러했다(Koss, Haxby, DeCarli, & Schapiro, 1991). 예를 들면, 나이 든 피검자들은 사물에 대한 불완전한 그림을 보았을 때 그 물체를 알아내는 데 더 어려움을 겪거나(Read, 1988), 더 커다란 도형들 속에 묻혀 있는 도형들을 찾아내야 할 때 젊은이들보다 잘 못한다. 물체를 인식하기 위해 불완전한 정보를 사용하는 것 또는 시끄러운 환경에서 의미 있는 자극을 찾아내는 일은 '통합의 끈을 찾는 일'과 비슷하다.

　나이의 작용으로 공간 기술이 쇠퇴하는 것과 반대로, 일부 연구는 나이가 들어도 언어적 지능은 안정성이 유지되며, 심지어 나이가 들면서 언어 기술이 개선된다는 점을 보여 주었다. 나이가 들어도 어휘는 변하지 않는 것 같은데, 문법과 문장론(syntax)[9]에 대한 지식이 개선되는 것 같다는 몇몇 제안도 있다. 아마도 이것이 '수학자들 및 이론 물리학자들보다 소설가들이 나이가 들어도 창의성을

---

9) 역주: 구문론이라고도 하며, 문장을 기본 대상으로 하여 문장의 구조나 기능, 문장의 구성 요소 따위를 연구하는 학문(출처: 표준국어대사전)

계속 유지할 가능성이 높은 이유'일 것이다.

노화에 따른 오른쪽 대뇌반구의 인지적 기능과 왼쪽 대뇌반구의 인지적 기능을 비교하는 평가가 완전하게 확정된 것은 아니다. 그런데 거와 동료들(Gur et al., 1980)은 '왼쪽 대뇌반구에서의 회백질과 백질의 비율'과 '오른쪽 대뇌반구에서의 회백질과 백질의 비율'을 비교하는 연구를 수행해 보았다. 그 결과, '오른쪽 대뇌반구보다 왼쪽 대뇌반구에서 회백질이 백질보다 상대적으로 더 많다.'는 사실을 알아냈다. 이러한 연구 결과는 '왼쪽 대뇌반구가 주로 정보를 인접한 영역들 내에서 또는 그 영역들 간에 전달하며, 오른쪽 대뇌반구는 영역들 전체에 걸쳐 정보를 전달한다.'고 제안하고 있다. 노화함에 따라 회백질보다는 백질의 감소가 더 크므로 왼쪽 대뇌반구보다 오른쪽 대뇌반구가 노화에 더 영향을 받기 마련이다. 따라서 노화에 따른 창의성의 저하는 오른쪽 대뇌반구 기능의 쇠퇴와 관련될 수도 있다.

그러나 거와 동료들(1991)은 노화로 인한 회백질의 위축이 오른쪽 대뇌반구보다 왼쪽 대뇌반구에서 더 많고, 특히 남성들에게서 그러하다는 점도 밝혀냈다. 이러한 결과는 노화에 따른 창의성 저하에 대한 오른쪽 대뇌반구 가설과 상치되는 것이다.

## 처리의 깊이

물체들은 기능적 및 연합적인 관계들을 갖고 있거나 개념적인 관계들을 갖고 있다. '각양각색인 것처럼 보이는 것들에게서 통일성을 발견하는 것은 창의성에서 매우 중요'하다. 데니(Denney, 1974)

가 피험자들에게 물건들을 그룹 지어 보라고 요구했을 때, 나이 든 사람들은 젊은이들에 비해 의미적인 카테고리들보다는 연합적인 관계로 물체를 분류하는 것 같았다. 예를 들면, 활과 화살은 연합적인 관계를 갖고 있지만, 활과 소총은 의미적–개념적 관계(무기)를 갖고 있다. 뇌가 연합적 관계를 발달시키는 수단과 개념적 관계를 발달시키는 수단이 무엇인지는 알려져 있지 않지만, 어쨌든 연합적 관계로 그룹화하는 것은 물리적 속성들을 기반으로 한다.

이런 이유로, 만일 어떤 사람이 '활'이라는 단어를 '화살'과 그룹으로 묶든지 아니면 '소총'과 그룹으로 묶든지 하라는 요구를 받는다면, 무기에 대한 '더 깊은 의미'를 활성화시키지 않는 한 그는 화살과 소총을 묶는 것보다는 화살과 활을 묶는 것을 더 쉽게 상상할 것이다. 따라서 연합적 수준에서 그룹화하는 것보다 개념적 수준에서 그룹화하는 것이 더 추상적이다. '추상적(abstract)'이라는 용어는 라틴어 'abstractus'에서 유래되었는데, 이 어원은 '떼어 놓아진'이라는 뜻이다. 구상 명사[10]와 달리 추상 명사는 물리적 특성들에 의해 정의될 수 없다.

3장에서 나는 서로 다른 감각들이 뇌의 서로 다른 부위로 어떻게 전달되는지에 대해 설명했다. 즉, 시각적 자극은 후두엽으로 가고, 청각적 자극은 측두엽으로 가며, 촉각적 자극은 두정엽의 앞쪽 부위로 가는 것이다([그림 3–6] 참조). 내가 말했듯이, 이들 1차 감각영역 각각은 정보를 그들 자신의 양식에 특화된 감각연합피질로 보낸다. 하나의 양식 내에서 이들 감각연합영역들은 감각 입력 내용

---

10) 역주: 구체 명사라고도 하며 구체적으로 잡을 수 있는 모양을 가진 명사(예: 나무, 돌)
   (출처: 표준국어대사전; 위키백과)

들을 종합하여 개념들을 발달시킨다. 이들 '양식 특화된 대뇌피질 연합영역'들은 또한 이전에 감지되었던 자극에 대한 '양식 특화된 표상(기억)'들을 담고 있다. 따라서 이들 영역은 자극 인식에 매우 중요하다.

이들 시각, 청각, 촉각 연합영역들은 모두 두정엽의 뒤쪽 아래 및 측두엽의 뒤쪽 부위에 위치한 신경 결합체에서 만나게 된다([그림 3-6] 참조). 이들 두정엽과 측두엽 뒤쪽 영역은 중다양식 연합영역 또는 다중양식 연합영역이라고 불린다. 두정엽의 뒤쪽 아래 및 측두엽의 뒤쪽 부위에서 이들 양식 특화된 연합영역들이 모두 모임으로써 우리 인간은 양식을 가로지르는(cross-modal associations) 연합을 수행하게 되고 상위양식적인 표상(supramodal representations)을 발달시킨다. 자극 양식을 가로지르는 연합 덕분에 우리는 상징들(예: 행위 혹은 사물의 상징으로 쓰인 혹은 들리는 단어들, 양과 양들 사이의 관계에 대한 상징으로 숫자와 수학 기호들, 소리의 빈도와 지속되는 기간의 상징인 악보들)을 발달시킨다. 이와 같은 상위양식적인 표상 덕분에 우리는 추상적인 개념을 이해하고, 발달시키며, 저장할 수 있게 된다.

## 호르몬과 노화: 희망이 영원히 솟아나다

남성에게 있어서 혈청 속 테스토스테론의 전체 수준 및 생물학적으로 이용할 수 있는 테스토스테론의 혈청 수준은 나이가 들어감에 따라서 줄어들며, 이것은 인지에서의 변화와 관련된다. 쉐리어와 동료들(Cherrier et al., 2001)은 건강한 남성 노인을 대상으로 외인성 테스토스테론(exogenous testosterone, 주입된 테스토스테론-역주) 투여와 인지 능력 사이의 관계를 조사했다. 연구자들은 처치 집단을 대상으로 몸 속을 순환하는 전체 테스토스테론의 수준을 시작 시점으로부터 3주째에는 평균 130% 높였으며, 6주째에는 116% 높였다. 테스토스테론의 방향족화(aromatization)[11] 때문에, 처치 집단에서 에스트라디올(estradiol)[12]은 3주째에 평균 77% 증가했고, 6주째에는 73% 상승했다.

이렇게 테스토스테론 처치를 받은 노인들에게는 인지에서의 유의미한 개선이 관찰되었다. 공간 기억(보행 경로 기억하기), 공간 능력(블록 구성), 언어적 기억(짧은 이야기 회상)에서 그들의 출발점 수행(baseline evaluation) 및 플래시보 집단의 수행보다 더 향상된 것으로 나타났다. 비록 테스토스테론으로 하는 호르몬 처치가 노화로 인해 감소하는 창의성을 되살릴 수 있을지 분명히 밝혀낸 연구자는 아직 없지만, 그러한 처치는 성적 욕구를 증진시킬 수 있고 부작용은 없다.

---

11) 역주: 방향족 탄화수소를 만드는 반응(예: 테스토스테론이 안도로겐의 일종인 에스트라디올로 방향족화하는 것)(출처: 과학백과사전, 사이언스올, 2010)

12) 역주: 여성 호르몬의 하나로 암컷의 생식선을 발달시켜 2차 성징(性徵)을 나타내게 하며 포유류에서는 발정을 일으킴(출처: 과학백과사전, 사이언스올, 2010).

# 11
# 창의성을 북돋는 환경의 특성

## 아르키메데스의 '아하' 경험에 관한 오해

'아하' 경험에 관한 가장 유명한 이야기 중 하나는 목욕을 하던 중에 부력의 법칙을 발견하고 욕조에서 뛰쳐나오면서 "바로 이거야!"라고 외쳤다는 아르키메데스에 관한 이야기이다. 잘 알려져 있는 이런 이야기에 근거하여 많은 사람은 '창의적인 혁신이란 자동적으로 일어나는 신성한 영감과 같은 것'이라고 믿는다. 또한 어떤 사람들은 창의적인 혁신이 특별한 뇌를 가지고 있어 천재로 불리는 소수의 특별한 사람에게 한정된 재능이라고 믿는다.

여러 해 동안 내가 총괄해 왔던 박사후과정 연구장학금제는 연구 수행에 관한 임상적 훈련을 마친 내과 의사, 심리학자, 언어병리학자들을 훈련시키는 것에 주로 초점이 맞추어져 있었다. 이 연구 장학금제에 지원한 후보들은 면접에서 연구에 대한 소망을 표현하면서 걱정스러워하는 경우도 있었다. 왜냐하면 그들은 '아하' 경험을 한 적이 없었기 때문이다. 그리고 그들은 연구에 초점이 맞추어진 연구장학금제를 선택함으로써 많은 시간이 낭비될 수 있음을 두려워하고 있었다. 아마도 그들은 연구 대신 바로 실천에 들어가야 한다고 생각했던 것 같다.

대개 나는 그런 그들을 안심시키려고 했다. 나는 그들이 그동안 혁신적이지 못했던 이유가 의대를 다니고 인턴과 레지던트를 거치는 동안 먼저 아주 많은 정보를 학습해야 했고, 그런 다음에는 처방을 내리기 위한 수렴적 사고 사용법을 배워야 했기 때문이라고 말해 주려고 애썼다. 또한 나는 연구장학금제 훈련의 목적들 중 하나가 확산적 사고를 배우는 것이라고 설명해 주었다. 그리고 의학 분야에서 세부적인 지식들을 공부하고 습득한 후 환자를 진찰하고 주의 깊게 검사해 보면 변칙 사례들이 흔하다는 사실을 알게 되는 것은 특별한 일이 아니라고 설명했다.

그들은 이례적인 경우를 진찰한 후에는 그 변칙을 설명해 줄 가능한 가설들을 어떻게 만들어 낼지 배워야 한다. 그리고 그 가설들을 검증하기 위한 기술도 배워야 한다. 이전의 연구원들 중 몇몇이 다른 연구원들보다 창의적이었다고 할 수 있을지라도, 사실 모든 연구원은 어느 정도 창의적이었다.

19세기 말의 철학자였던 니체는 창의성에 대해 많은 글을 썼으며, 나는 그의 글을 즐겨 읽었다. 왜냐하면 그의 아이디어 중 여러 가지가 이 책에서 표현된 생각들과 매우 유사하기 때문이다. 예를 들면, 니체도 창의성은 훈련될 수 있다고 생각했다. 그는 특별히 소설을 쓰는 것에 관심이 있었다. 그는 다음과 같이 썼다.

　　훌륭한 소설가가 되기 위한 비결을…… 내놓기는 쉽다. 하지
만 그 비결을 실천하기 위해서는 누군가 "나는 소설 쓰기에 별로
재능이 없어."라고 말할 때 흔히 간과되곤 하는 노력이 전제되어
야 한다. 소설을 쓰기 위해서는 두 쪽이 채 안 되면서도 그 안에
있는 모든 단어가 명백하게 필요한 소설 초고들을 백 가지 정도
는 써 봐야 한다. …… 그리고 일화들을 가장 의미심장하고 효과
적인 형식으로 표현하는 방법을 알게 될 때까지 매일 일화들을
써 봐야 한다. …… 또한 사람의 유형과 성격을 모으고 묘사하는
일에도 지치면 안 된다. …… 우리는 무엇보다도 어떤 상황들을
다른 상황과 연결시켜야 하며 다른 상황들이 연결되는 것을 귀
로 들어야한다. 그 상황들로 인해 나타나는 결과가 어떤지를 알
아보기 위해 우리의 눈과 귀를 열어 놓은 가운데 말이다. ……
풍경화가처럼 여행도 해 봐야 한다. …… 마지막으로, 인간 행동
의 동기들을 성찰하며, 그 행동들을 설명해 주는 어떠한 표지판
들도 무시하지 말고, 밤낮으로 이러한 것들에 대한 수집가가 되
어야 한다. 여러 측면에서의 이러한 훈련을 수십 년 동안 지속해
야 한다. 그런 후에 그 작업장에서 창조되는 것은…… 그 단어에
꼭 들어맞을 것이다(de Botton, 2001 재인용).

토머스 쿤(1996)은 과학에 다음과 같이 두 가지 유형의 창의적인
행위들이 있다고 제안했다. 하나는 쿤이 아인슈타인, 멘델, 플레
밍, 다윈, 뉴턴의 중요한 발견들처럼 '패러다임적 변화'라고 부르는
것들이고, 다른 하나는 쿤이 '정규 과학(regular science)'이라고 말하

는 덜 중요한 발견들이다. 패러다임적 변화를 만들어 내는 사람들은 종종 천재라고 불리는데, 정규 과학을 수행하는 사람들은 그렇게 불리지 않는다. 쿤처럼 많은 사람은 이분법에 마음이 끌리지만, 창의적인 행위들의 질과 그와 같은 창의적 활동을 하고 있는 사람들은 사실상 연속선상에 있다. 모든 사람들이 문명을 변화시킬 만한 창의적인 행위들(패러다임적 변화들)을 해낼 수 있는 것은 아닐지라도, 우리 모두는 창의적인 행동을 할 수 있다. 비서로 채용되어 다른 사람들이 지시하는 메시지를 하루 종일 타이핑하는 사람도 자신의 집에 들여놓을 가구 또는 바닥재와 벽지를 고르는 일에 주말을 보낼 수 있다. 아마도 실내를 장식하는 일이 창의적인 행위임을 깨닫지 못하면서 말이다.

## 사회의 영향

많은 사람은 창의성이 특정 시대에, 특정 장소에서 번성하는 것 같다고 말한다. 내가 이 사실을 느끼게 된 첫 순간은 저명한 행동신경과학자이자 로체스터 의과대학의 전직 교수였던 밥 조인트(Bob Joynt)가 미국신경학회(American Academy of Neurology)에서 학회장 연설을 했을 때였다. 한때 미국 국립보건원(National Institutes of Health)에서는 임상 연구자들을 훈련시키는 신경학 프로그램을 위해 훈련 보조금을 제공했다. 그런데 어떤 까닭에선지 보건원에서는 이 프로그램에 대한 지원을 중단하기로 결정했다. 조인트 박사 및 관련자들은 이러한 기금의 고갈이 학문으로서의 신경학에 엄청난 손상을 줄 수도 있다고 생각했다.

아주 뛰어난 유머 감각을 지닌 조인트 박사는 현대 신경학 및 정
신의학의 창시자들 중 한 사람인 쟝 샤르코(Jean Charcot, 1825~
1893, 프랑스의 신경병리학자–역주)의 유명한 사진을 보여 주었다. 그
사진은 미국 국립보건원이 설립되기 전에 찍은 것이었다. 그 사진
은 샤르코의 많은 제자들—훗날 현대 정신의학의 창시자가 되는 지
그문트 프로이트와 신경학의 창시자가 되는 바빈스키(Babinski),[1)]
데제린(Dejerine) 등—이 쳐다보고 있는 가운데 환자를 검진하고
있는 샤르코의 모습을 보여 주고 있다. 조인트는 그 사진과 함께 편
지 한 통을 보여 주었다. 국립보건원이 샤르코에게 보낸 그 편지에
서는 프로이트, 바빈스키, 데제린 등을 해고하라고 했는데, 그 이유
는 샤르코의 훈련 프로그램 지원 기금이 고갈되어 가고 있었기 때
문이었다.

　나는 이들 현대 신경학 및 정신의학의 창시자 대부분이 파리에서
샤르코와 함께 시간을 보냈다는 사실에 충격을 받았다. 창의적인
사람들에게는 그들에게 필요한 기술들을 가르쳐 주는 멘토와 역할
모델들이 필요하다. 미국에도 현대 신경학을 책임지고 있는 세 명
의 멘토가 있었다. 데릭 데니–브라운(Derrick Denny-Brown), 레이
먼드 애덤스(Raymond Adams), 휴스턴 메릿(Houston Merritt)이 그들
이다. 이 세 사람은 각기 다른 메디컬센터(데니–브라운은 보스턴 시
립병원의 하버드 신경학단, 애덤스는 매사추세츠 종합병원, 메릿은 컬럼
비아 장로교병원)에서 신경학 프로그램을 개발했지만, 이들 모두는

---

1) 역주: 폴란드계 프랑스의 정신의학자로 1896년에 '바빈스킨 반사' 현상을 발표했으며
　그의 연구는 소뇌질환, 정신질환, 특히 히스테리에 중점을 두었음(출처: 과학백관사전,
　사이언스올, 2010; 간호학대사전, 한국사전연구사, 1996).

한때 보스턴 시립병원의 하버드 신경학단에 함께 있었다.

샤르코가 파리에서 가르치는 동안, 이 도시는 의학에 있어서 창의성의 중심지였을 뿐만 아니라, 미술과 창작을 포함한 여러 다른 영역에서도 창의성의 중심지였다. 파리가 문화의 중심지가 되기 수 세기 전에는 플로렌스(Florence, 이탈리아 중부의 도시–역주)가 문화의 중심지였다. 아테네와 같은 도시들이 예술, 건축, 철학의 중심지였던 고대(예: 기원전 500년)로 거슬러 올라가더라도, 한 도시가 여러 영역에서 창의성의 중심지가 되는 현상에 대한 예들을 쉽게 찾을 수 있다.

이러한 창의적인 중심지의 발달을 이끈 요소들이 무엇인지는 밝혀지지 않고 있지만, 여러 가지 가능한 설명이 있다. 첫 번째 이론은 그것이 단지 우연한 현상이라는 것이다. 그런데 앞에서 언급했듯이 이례적인 현상을 단지 우연이나 어떤 초자연적인 힘의 탓으로 돌린다면 변칙을 목격해도 창의적인 혁신으로 이어지지 않는다. 이들 중심지에 창의성이 휘몰아친 것을 설명할 수도 있는 두 번째 이론은 아리스토텔레스, 소크라테스, 플라톤과 같은 위대한 멘토들의 역할 때문이라는 것이다. 하지만 이들 중심지에서의 창의성이 특정한 영역에만 국한되지 않았다는 것이 관찰되면서, 이러한 멘토 이론의 설득력도 낮아지는 것 같다.

나는 앞에서 '매우 창의적인 사람이 되려면 충분한 지능을 가질 필요가 있다.'는 증거와 '매우 창의적이 되기 위해 필요한 지능의 정도는 아마도 창의성의 영역에 따라 다를 것이다.'라는 증거를 고찰한 바 있다. 인간은 생물체 중에서 높은 수준의 지능을 가지고 있지만, 매우 제한된 뇌의 능력과 낮은 지능을 가지고 있는 다른 생물체들은 집단으로서 매우 뛰어난 환경 적응력을 가지고 있다. 그리고 어떤 사람들은 환경에 적응하는 능력과 생존을 위한 능력을 지능의 한 형태로 여긴다. 이러한 기준이 적용되는 집단 지성의 아주 훌륭한 예는 개미 집단일 것이다.

고대 아테네 혹은 19세기의 파리와 같은 창의적 활동의 역사적인 중심지들 중 많은 곳에서는 동일한 영역의 창의적인 사람들 사이에 상당한 정도의 의사소통(아마도 대뇌반구 안에서의 여러 부위들 간 의사소통과 유사한)이 이루어졌다. 그리고 이 중심지들에서는 다른 영역들에서 활동했던 창의적인 사람들과의 의사소통(아마도 대뇌반구 사이의 의사소통과 유사한)도 이루어졌다. 자신들의 다양한 경험을 함께 나눌 수 있었던 다른 문화 출신의 사람들은 이 창의적인 중심지들의 환경을 더욱 풍부하게 만들었다.

내가 몸담고 있는 분야와 관련하여 19세기의 파리에서 있었던 가장 중요한 발견들 중 하나인 폴 브로카의 연구 보고가 그 예이다. 그는 대부분의 인간 뇌에서 왼쪽 대뇌반구가 언어를 조정하는 일에 우세하며, 왼쪽 대뇌반구의 앞쪽 부위가 언어 표현에 중요하다는 점을 실례를 들어 보여 주었다. 브로카는 인류학에 큰 관심을 가진 외과 의사였다. 브로카는 어떤 인류학 모임에서 이 분야의 아웃사이더였던 오뷔르탱(Auburtin)이 갈의 이론들 중 일부에 대해 벌였던 토론을 들었다. 갈은 인간 지식이 모듈식으로 저장되며 서로 다른 형태의 지식들은 뇌의 서로 다른 곳에 저장된다고 주장했다.

또 다른 중요한 진전은 인쇄기의 발명과 서로 가까이 살지 않는 사람들 사이에 의사소통이 가능하도록 만들어 준 신문의 발달이었다. 이러한 형태의 커뮤니케이션도 창의성을 향상시켰다. 우리 시대의 가장 흥분할 만한 발명들 중 하나는 인터넷이다. 왜냐하면 뇌량과 같은 뇌의 백질 통로들로 인해 뇌 안 모듈식 시스템들의 의사소통이 가능한 것처럼, 인터넷과 같은 시스템들은 세계 도처의 사람들에게 빠르게 의사소통할 수 있는 능력을 제공해 주기 때문이다. 종종 패러다임적 변화는 지식의 공유에 의해 이루어진다.

이 책의 이전 장들에서 나는 창의성에 있어서 중요한 것처럼 보이는 여러 요인들에 대해 말했다. 또한 '아마도 창의적인 중심지들이 발달하려면, 그 중심지들은 그곳에 사는 사람들의 창의성을 발달시킬 수 있는 능력을 키워 줄 필요가 있었다.'고 말했다. 창의성 발달의 첫 단계는 준비이며, 준비의 가장 중요한 부분은 교육이다. 그리고 역사적으로 이 창의적인 중심지들에서는 매우 우수한 교육이 이루어졌다.

서로 다른 경험, 사고, 표현 방법을 가지고 있는 사람들이 너그럽지 못한 사회 속에 놓여 있다면 자신들의 다름을 공유하지 않을 것이다. 독일은 나치 시대 이전에 위대한 작곡가, 작가, 과학자, 의사들이 많았던 역사를 가지고 있다. 나치가 독일과 오스트리아를 지배했던 시기에 미국과 영국에서는 의학 분야에서 항생제, 수술 후 빠른 걷기, 정맥주사액과 같은 대단한 진전이 있었다. 미국이 원자물리학을 발전시키는 동안에도 독일은 이민족에 대해 엄청난 옹졸함을 보여 주고 있었다. 총알 하나로 얼마나 많은 유대인을 죽일 수 있을까에 대한 발견 이외에는 과학적이거나 의학적 또는 예술적 진전이 빈약했다. 닐스 보어(Nils Bohr, 1885~1962, 덴마크의 물리학자로 1922년에 노벨상을 수상함-역주)와 함께 양자역학의 창시자인 하이젠베르크(Heisenberg, 1901~1976, 독일의 이론물리학자로 양자역학의 창시자-역주)가 나치 시대의 독일에 살았지만, 그는 그의 중요한 연구의 대부분을 나치 시대 이전에 수행했다.

나는 또한 창의적인 혁신의 행위를 하는 동안에 우리가 낮은 각성 상태에 놓여 있는 것은 도움이 된다고 말했다. 이와 같은 원리가 창의성의 중심지에서도 사실일 수 있다. 기근, 전쟁, 처형, 전염병의 시기에 살고 있는 사람들은 높은 각성 상태로 있게 되며, 종종 도망갈 준비를 하거나 싸울 준비를 하고 있게 된다. 역사를 통틀어서 창의성의 중심지들은 굶주림, 전염병 또는 전쟁이 없는 비교적 번성기에 놓여 있었다. 마지막으로, 창의성은 주로 내적인 보상에 대한 욕구에 의해 주로 동기화된다고 앞에서 언급했지만, 외적인 보상들이 창의적인 사람들을 더 격려할 수도 있다. 과거 창의적인 중심지들에서는 창의적인 사람들이 인정과 격려를 받았으며, 보상도 받았다.

## 창의성의 영역

통상 우리는 창의적인 시도들이 과학 및 예술과 같이 몇몇 영역에서만 일어날 수 있다고 생각한다. 하지만 사람들은 거의 모든 영역에서 크고 작은 창의적인 진전을 만들어 낼 수 있다. 그 예로 내가 운동하러 다니는 게인즈빌의 클레이 코트를 가진 테니스장에서 있었던 일을 이야기해 보고자 한다. 매일 아침 그 코트들에서 게임이 있기 전에 발달장애가 있는 한 젊은 남성이 커다란 빗자루로 그곳을 쓴다. 그 코트들을 쓸면, 코트 표면이 매끈하게 펴지게 되어 테니스공이 튕겨오를 때 그 궤도를 달라지게 할 수 있는 자국이나 흙덩어리가 생기지 않게 된다. 우리 테니스클럽의 한쪽에는 클레이 코트 세 개가 나란히 있는데, 코트들 사이에 펜스는 전혀 없다. 그 젊은이는 각 코트의 반쪽을 쓸고 나서 다른 반쪽으로 건너가 그곳을 쓴 후에 옆 코트로 이동한다.

　평소처럼 게임을 시작하기 전 그 젊은이가 일을 끝낼 때까지 기다리던 어느 날, 나는 그 젊은이가 비질하는 경로를 바꾸었음을 알아차렸다. 각 코트의 절반을 쓸고 나서 네트 건너 나머지 절반을 쓸지 않고, 세 코트의 같은 쪽 절반을 모두 쓴 다음에 네트 건너 세 코트의 나머지 절반을 모두 쓸었다. 이러한 변화는 그에게 시간을 절약할 수 있게 해 주었다. 왜냐하면 코트 하나씩을 쓸 때마다 네트를 건너가는 일은 작업을 느리게 만들었지만, 이제는 네트를 건너가는 횟수를 줄일 수 있게 되었기 때문이다. 비질과 라인 정리를 마친 후 그는 내게 와서 흥분된 목소리로 "박사님, 내가 어떻게 일했는지 보셨어요?"라고 말했다. 나는 고개를 끄덕였고, 그는 "와우, 이런 방식을 알아내게 되어 정말 기뻐요."라고 말했다. 그 후로 나는 판에 박히고 하찮은 일처럼 보이는 일을 수행하는 정신적으로 장애가 있는 사람일지라도 발견과 창의성의 기쁨을 경험할 수 있다고 생각하게 되었다.


## 문화적 영향과 종교적 영향


　많은 사람이 가지고 있는 가장 강하면서도 끊임없이 지속되는 갈망은 죽지 않는 것이다. 대략 25~30년 전 여러 실험실에서는 침팬지에게 몸짓 언어 혹은 아이콘 언어로 의사소통하는 법을 가르치고 있었다. 침팬지에게 아이콘 언어를 아주 성공적으로 가르치고 있었던 데이비드 프리맥(David Premack)이 플로리다 대학의 초빙교수로서 강의를 하러 온 적이 있다.

그의 강연과 저녁 식사가 끝난 후, 우리는 함께 파티에 참석하여 대화를 나누었다. 나는 그에게 "사람은 유일한 언어적 동물이며 이러한 언어 능력이 우리로 하여금 보편적인 지식을 공유하게 만들었습니다. 지금까지 오직 인간에게만 가용했던 이 지식을 만약 당신 또는 당신 실험실의 누군가가 침팬지들에게 제공한다면 그 침팬지들에게 어떤 일이 일어날까요?"라고 물었다.

또한 나는 그에게 "거의 모든 포유동물들도 자신이 죽을 수 있다 (can die)는 것을 알겠지만, 오직 지식을 공유할 수 있는 인간만이 우리가 반드시 죽을(will die) 것이라는 사실을 압니다. 죽음을 피할 수 없음을 알게 된 까닭은 우리가 언어적으로 의사소통하는 능력을 갖고 있기 때문입니다. 그렇다면 당신은 침팬지들에게 자신들이 언젠가는 죽어야 한다는 것을 가르칠 수 있다고 생각하십니까?" 라고 물었다. 그는 침팬지들에게 그 개념을 가르치는 것이 가능할지라도 자신은 그 일을 하지 않을 것이라고 답했다. 내가 그 이유를 묻자, 그는 농담을 섞어서 "아마도 우리 실험실의 침팬지들은 자신들이 언젠가 반드시 죽을 것이라는 사실을 알게 된다면, 전지전능한 침팬지의 동상을 거대하게 세울 수도 있습니다. 그런 다음 자신들의 영원불멸을 그 신에게 비느라고 깨어 있는 모든 시간을 보낼 것이고, 그것은 그들이 우리 실험에 참여하는 일을 막게 될 것이니까요."라고 말했다.

제임스 오스틴(James Austin)은 자신의 저서인『추구, 기회 그리고 창의성(Chase, Chance and Creativity)』에서 롤로 메이(Rollo May, 1975)의 말을 인용했다. 메이는 "창의성이 단지 우리의 젊음과 어린 시절의 순진한 자발성은 아니다. 창의성은 성인의 열정과도 결혼을 해야 하는데, 그것은 한 개인의 죽음을 초월하여 살아가는 열정이다."라고 말한 바 있다. 오스틴은 계속해서 "나에게 죽음은 도리어 삶의 한 사실로서 유용하다. 왜냐하면 죽음은 나의 창의적인 노력들에게 동기부여가 되는 절박감을 주기 때문이다. 나의 시간은 바닥이 나고 있다."라고 말했다.

사후 세계가 있다고 확신하는 사람들도 많이 있지만, 많은 이는 그저 모르는 일일 뿐이라고 말할 것이다. 따라서 많은 사람은 이 세상에서의 삶을 초월하여 살기 위해 이 세상에서 그들이 해 왔던 그 무언가를 원한다. 따라서 창의적인 행동은 그들이 육체적으로 사라진 후에도 그들의 영향력을 지속시킬 수 있는 주요한 수단들 중 하나가 되는 것이다.

아이젱크는 자신의 저서인 『천재(Genius)』(1995)에서 미국 인구의 오직 3%가 유대인이지만, 노벨상 수상자의 27%가 유대인이라고 말했다. 따라서 아이젱크에 의하면 어떤 사람이 기독교 가정 출신이거나 이슬람교도 가정 출신인 경우보다는 유대인 가정 출신일 때 노벨상을 받을 기회가 훨씬 크다. 아이젱크는 이와 같은 커다란 차이를 설명하기 위해 '문화에서의 차이'와 '지능에서의 차이'를 두 가지 가정으로 제시했다. 그는 유대인 아동들이 비유대인 아동들보다 더 높은 지능지수를 보이고 있으며, 유대인을 매우 창의적이게 만드는 것은 이렇게 더 높은 지능지수라는 사실을 보여 주는 연구들이 있다고 말함으로써 이와 같은 이례적인 현상에 대한 결론을 내렸다.

그러나 상관이 있다고 반드시 인과관계가 있다는 뜻은 아니다. 예를 들면, 키 큰 남자들이 입은 바지가 키 작은 남자들이 입은 바지보다 더 길다는 것이 긴 바지를 입어서 그들 키가 커졌음을 입증해 보이는 것은 아니다. 미국의 유대인들이 지능적이고 창의적인 것 같다는 관찰 결과는 유전학적으로 후손에게 유전되는 요소들(genetic-hereditary factors)과 관련이 없을 수도 있다. 즉 그보다는 '뇌에서의 생물학적 변화를 유발하는 문화적 요인들과 관련'이 될 수가 있는 것이다. 어째서 창의적인 시도들에 있어 유대인들이 더 높은 성공률을 가질 수 있는지에 대한 가능한 여러 이유에 대해 나는 다음 단락들에서 논의하고자 한다. 어쨌든 이러한 요소들은 유대인들에게만 한정된 것이 아니다.

지능과 관련하여, 어떤 사람의 지능이 유전적으로 완전하게 통제되지 않는다는 것을 우리는 알고 있다. 내가 의과대학에 다니던 시절에는 뇌가 성숙과 학습에 의해 변화된다는 점을 우리는 알고 있었지만 환경적 요소들이 뇌의 구조를 바꿀 수 있다고는 믿지 않았다. 이러한 믿음을 보여 주는 말로서, "뇌는 근육이 아니야."라는 표현을 우리는 종종 사용했다. 글자 그대로 뇌가 근육이 아니라는 이 표현은 여전히 옳지만, 지금은 환경(양육)이 뇌의 구조를 바꿀 수 있다는 강력한 증거가 존재한다.

환경의 영향에 대한 최초의 극적인 예들 중 하나는 로젠츠바이크와 베넷(Rosenzweig & Bennett, 1996)에 의해 실례로 제시되었다. 앞에서 말했듯이, 이 두 사람은 유전적으로 동일한 동물들이라도 풍부한 환경에서 자란 동물들이 풍부하지 않은 환경에서 자란 동물들보다 더 지적(문제해결이 나은)이었다는 사실을 자신들의 고전적인 연구에서 밝혀냈다. 이 동물들에 대한 부검에서 로젠츠바이크와 베넷은 풍부한 환경에서 자란 실험동물들의 대뇌피질 두께가 증가했음을 발견했는데, 이것은 시냅스적 접촉이 증가했음을 반영하고 있다. 현미경 검사에서 이 연구자들은 수상돌기(뉴런에서 뻗어나와 이웃 뉴런들과 연결되는 가지)의 수가 풍부한 환경에서 자란 실험동물들에게 더 많다는 점을 밝혀냈다. 이로써 지능의 연결성 가정(connectivity postulate of intelligence)에 대한 지지가 제공되었다. 신경망 연결에서의 이러한 증가가 학습 및 지식의 저장에 중요한 신경망 발달의 잠재력을 증가시킬 수 있었던 것이다.

유대교와 유대인 문화에서 읽기 능력은 매우 중요하다. 고대 이스라엘, 즉 디아스포라(diaspora)[2] 이전에서조차 거의 모든 유대인 아이들은 교육을 받았다. 그리고 소년들과 남성들의 문해력은 거의 보편적이었다. 왜냐하면 유대교 회당(사람들이 모이는 곳)에서 유대인들이 율법(성경 중 첫 다섯 권의 책들)을 읽는 것은 당연시되었기 때문이다. 디아스포라 동안에도 이 전통은 이어졌다. 따라서 읽기와 학습은 늘 유대인 문화와 유대교의 중요한 일부였다.

뇌에 질병이 없을지라도, 정신지체의 중요 원인들 중 하나가 되는 것은 감각 박탈(sensory deprivation, 감각 차단 또는 감각 상실증이라고도 함-역주)이다. 반면에 아동을 자극하고 교육하면, 그들의 뇌는 성장하며 그들의 뉴런망은 번창한다. 따라서 가능한 아동 모두에게 학습과 읽기를 요구하거나 지적 자극을 북돋우는 문화는 미래에 매우 지적이고 창의적인 경력을 가질 만한 사람들을 더 많이 생겨나도록 할 것이다.

미래 세대의 행동 방향에 영향을 줄 변화를 만들어 내려는 소망도 메시아 신앙이라는 개념과 연결되어 있다. 대부분의 크리스천들은 예수가 구세주라고 믿는데, 유대인들은 믿지 않는다. 일부 유

2) 역주: 흩어진 사람들이라는 뜻으로, 팔레스타인을 떠나 온 세계에 흩어져 살면서 유대교의 규범과 생활 관습을 유지하는 유대인을 이르던 말(출처: 표준국어대사전)인데 본문에서는 바빌론 유수 후의 유대인의 분산, 즉 다른 나라에서 살며 일하기 위한 유대인들의 이동을 의미함.

대인은 여전히 신성을 지닌 구세주를 기다린다. 하지만 많은 유대인들은 아무 힘없는 보통 사람들이 인간성을 변화시킬 수 있으며, 메시아 시대로의 접근을 도울 수 있다고 믿는다. 따라서 평범한 유대인을 위해 과학과 의학에 있어 창의성이 여전히 그들에게 요구된다. 그리고 메시아 시대를 위하여 일하는 것이 옳다고 믿는 많은 유대인은 죽음과 고통을 감소시키는 수단을 창조하는 일에 협조하려는 동기가 강하다.

어쨌든 많은 유대인이 고통, 고난, 죽음이 없는 메시아 시대를 마음속에 그리고 있을 뿐만 아니라, 아름다움과 기쁨으로 충만한 의미 있는 삶을 누리는 시대도 상상하고 있다. 희곡과 책을 쓰는 것, 음악을 작곡하는 것, 그림을 그리는 것과 같은 예술적인 노력들은 삶의 질을 향상시킬 수 있다. 따라서 유대인 아동들은 여러 가지 특별 레슨을 받으며, 메시아 시대로의 접근을 도울 수 있는 창의적인 직업을 가능한 한 갖도록 교육받는다.

유대인들의 창의성에 영향을 줄 수도 있는 다른 요소들도 있다. 다음은 그들의 문화를 잘 묘사하고 있다고 생각되는 유머이다. 어떤 한 비유대인이 유대인 친구들에게 질문을 하면, 그들은 종종 질문으로 대답을 한다는 것에 주목하게 되었다. 그래서 그 비유대인은 랍비인 유대인 친구에게 "랍비여, 유대인들이 질문에 대해서 질문으로 대답하는 이유를 말해 줄 수 있겠는가?"라고 물었다. 그러자 그 랍비는 "그렇게 하면 왜 안 되는가?"라고 대답했다.

많은 유대인 아동은 질문을 하도록 가정에서 교육받는다. 가장 중요한 명절들 중 하나인 유월절, 즉 해방절에도 이와 관련된 예가 있다. 가정 예배를 드리거나 성직자가 주도하는 많은 다른 종교 기념일과 달리 유월절은 저녁 식탁에서 가족끼리 갖게 된다. 이 예식의 가장 중요한 부분들 중 하나는 가장 나이 어린 아동이 "어째서 오늘은 다른 날과 달라요?"라고 물을 때이다. 질문을 하도록 길러진 사람들은 또한 답을 찾기를 원한다.

마지막으로, 창의적인 삶을 살아가는 유대인의 비율이 높을 수 있었던 추가적인 이유가 하나 더 있다. 나는 앞부분에서 창의성이 우울증 및 조울증과 같은 기분장애와 종종 관련이 있다는 증거에 대해 논했다. 레바브, 콘, 골딩과 와이즈먼(Levav, Kohn, Golding, & Weissman, 1997)은 기분장애가 가톨릭이나 개신교를 믿는 사람들보다 유대교도들에게서 유의미하게 더 일반적이라고 실례를 들어 제시했다.

## 창의적인 사람으로 훈련시키기

이 책에서 나는 창의적 산출에는 적어도 ① 준비, ② 혁신, ③ 검증 또는 산출과 같은 세 단계가 있다는 제안에 대해 언급했다. 이 절에서 나는 이들 각 단계에서 사람들을 훈련시키는데 도움이 될 수 있는 몇몇 전략에 대해 논의하려고 한다.

### 준비

창의적인 경력을 가질 수 있는 능력은 전적으로 유전적이지는 않은 것 같다. 재능은 물론이고 지능조차도 유전의 영향을 부분적으로 받지만 매우 창의적이었던 사람들의 부모들 대부분이 매우 창의적인 경력을 갖고 있었던 것은 아니다. 그리고 매우 창의적이었던 사람들의 자녀들 대부분도 특별한 창의성으로 특징지어지는 직업을 갖고 있지는 않았다. 따라서 창의적인 뇌의 개발은 아마도 유전과 양육 모두에 달려 있는 것 같다.

예전에는 오랫동안, 뇌의 연결성(connectivity)은 주로 유전적으로 통제되며, 이러한 연결 양상이 학습에 의해 강화되거나 약화될 수 있을지라도 전반적인 연결 패턴들은 변화될 수 없다고 여겨져 왔다. 19세기 말의 내과 의사이며 심리학자이자 철학자였던 윌리엄 제임스(William James, 1890)는 학습이 뇌의 연결성을 변화시킬 수도 있다고 처음으로 제안하였다. 하지만 제임스의 이러한 가정은 20세기 중반까지도 다루어지지 않았다. 그러다가 도널드 헵(Donald Hebb, 1949)[3]이 지식은 뉴런망에 있는 뉴런들 사이의 연결 강도의 변화에 의해 저장되며, 두 개의 뉴런이 동시에 점화되면 그 뉴런들 사이의 연결 강도는 증가한다(함께 점화되는 뉴런들은 서로 연결된다)고 제안했다.

윌리엄 제임스와 도널드 헵이 뇌가 경험에 의해 변화될 수 있다고 제안했지만, 생리학적 기법 및 뇌기능 영상을 사용하여 뇌의 구조가 감각경험들에 의해 변화될 수 있음을 실례로 보여 주게 된 것은 최근에 이르러서였다. 이와 같은 뇌 가소성의 실례를 보여 준 초기의 연구들 중 하나는 머제니치 등(Merzenich et al., 1984)의 원숭

---

3) 역주: 캐나다의 심리학자로 복잡한 두뇌 모델링에 대해 '커넥셔니즘(connectionism)' 이란 말을 처음으로 사용하였다. 중심적인 아이디어는 두 개의 뉴런 A, B가 서로 반복적이고 지속적으로 점화(firing)하여 어느 한쪽 또는 양쪽 모두에 어떤 변화를 야기한다면 상호 간의 점화의 효율(weight)은 점점 커지게 된다는 것인데 헵의 이러한 학습 규칙(헵 규칙)은 나중에 개발된 다른 신경망 모델들의 학습 규칙의 토대가 되었다 (출처: 실험심리학용어사전, 곽호완 외 4인, 시그마프레스, 2008).

이 연구였다. 이들 연구자는 원숭이의 손가락 각각을 자극함으로써 활성화되는 체감각피질(somatosensory cortex, 몸감각겉질이라고도 함-역주) 영역들에 대한 지도를 그려 냈다. 그런 다음에 그들은 원숭이의 손가락을 절단했다. 그리고 어느 한 손가락이 절단되기 전에 활성화되었던 뇌 영역이 손가락 절단 후에는 절단된 손가락의 옆 손가락이 자극을 받게 되면 함께 활성화된다는 것을 연구 결과로 보여 주었다. 그 외 다른 연구들도 자극과 연습에 의해 자극을 처리하는 대뇌피질 영역의 크기가 늘어날 수 있음을 보여 주었다(Recanzone, Schreiner, & Merzenich, 1993).

원숭이들을 대상으로 실시한 이 연구들은 훈련이 뇌를 변화시킬 수 있음을 보여 주고 있다. 그런데 내가 아는 바로는 창의적인 사람들을 가장 잘 길러 내는 방법에 관한 체계적인 연구는 없다. 특정 영역에서의 창의성 개발을 가장 잘 도울 수도 있는 자극화의 유형이 무엇인지 알려져 있지 않더라도, 우리는 뇌의 연결이 충분히 발달하기 위해서는 뇌가 자극받을 필요가 있음을 알고 있다. 따라서 모든 사람, 즉 젊은이, 중년 혹은 노인들 모두 자극받을 필요가 있다.

창의적인 사람이 되기 위해서는 각자가 선택한 창의성 영역에서 필요한 기술들을 습득할 필요가 있다. 하지만 창의적인 사람들은 종종 새로운 시각으로 문제들을 바라보게 되는데, 이는 저장된 지식과 전략들을 전통적인 방식과는 다르게 사용하여 문제들을 해결할 수 있기 때문이다. 따라서 훌륭한 교육은 창의적인 잠재력 개발에 매우 중요하다. 그리고 이러한 교육은 우수해지기를 원하는 특정 영역에 어느 정도 초점이 맞추어질 수도 있겠지만, 광범위한 영역에서도 이루어져야 한다. 오체(Ochse, 1990)는 매우 뛰어난 창의성을 보여 주었던 사람들 대부분이 전문적인 배경을 가진 출신이었음을 밝혀냈다. 일반적으로 전문적인 계층은 지적인 활동과 예술적인 활동을 가치 있게 여기며, 재능 있는 사람들을 격려하고, 교육뿐만 아니라 문화적 자극(독서, 대화, 문화적 이벤트, 여행)의 가치를 매우 중요하게 생각한다.

아이들의 뇌는 어른의 뇌보다 더 변화 가능성(가소성)이 있다는 증거가 있다. 예를 들면, 언어에 대해 왼쪽 대뇌반구가 우세한 아동들에게 심각한 신경학적 질병이 생겨 그들의 왼쪽 대뇌반구가 수술로 제거된 사례들에 관한 보고들이 있다(Hoffman, Hendrick, Dennis, & Armstrong, 1979; Smith & Sugar, 1975). 그 아이들은 언어 기능이 우세한 왼쪽 대뇌반구가 제거된 직후에 실어증을 갖게 되었지만, 남은 오른쪽 대뇌반구만을 이용해 언어 능력을 회복하였다. 일반적으로 왼쪽 대뇌반구가 손상되어 언어기능장애 혹은 실어증 상태에 놓이게 되었을 때, 손상되지 않은 오른쪽 대뇌반구가 손상된 왼쪽 대뇌반구의 언어 기능을 대신할 가능성은 나이가 들수록 줄어든다.

사춘기는 뇌의 가소성이 엄청나게 줄어드는 시기인 것 같다. 새로운 언어를 배워야 하는 나라로 이주해도 아동들은 자연스러운 억양으로 그 나라의 언어를 잘 배우는 것 같다. 하지만 사춘기 이후에 다른 나라로 이주한 청소년들은 종종 새로운 언어를 배우는 데 어려움을 겪게 되며, 약간 어색한 억양을 갖게 되기도 한다. 연구자들은 고운 소리로 노래하는 새(songbird, 명금이라고도 함—역주)를 대상으로 한 연구들에서도 이와 유사한 현상을 밝혀냈다. 노래를 배우기 위해 일부 새는 어린 시절에 아빠 새가 노래하는 것을 들어야 한다. 만약 아빠 새가 노래하는 것을 듣지 못하고 어린 시절을

지낸 후 나중에서야 아빠 새의 노래를 듣게 된다면, 그 새들은 노래를 배우지 못하게 된다.

이러한 유형의 연구들에 기초하여, 연구자들은 아동들에게 어느 한 영역에서의 기술들을 일찍 가르칠수록 그 영역에서 보다 뛰어난 재능을 갖게 될 가능성이 더 커진다고 믿는다. 한 영역에서 이른 나이에 훈련을 시작하고 학습에 초점을 두게 되는 것이 영재 개발로 이어질 수 있을지라도, 영재인 아동이 창의적인 경력까지 갖게 되는 일은 대체로 드물다. 아동기의 영재들이 일반적으로 창의적이지 않은 이유가 무엇인지는 알려져 있지 않다. 다만, 영재 아동들도 대부분 제한된 지식을 갖고 있다는 점이 그들이 창의적이기 어려운 이유를 설명해 줄 수 있다고 생각한다. 앞에서 나는 창의적인 혁신은 서로 다른 구성, 서로 다른 유형의 저장된 지식, 그리고 서로 다른 사고방식 및 문제해결방식의 네트워크를 동원하고 연합시키는 것을 포함한다고 말했다. 만약 어떤 사람이 특정한 영역으로만 자신의 지식을 제한한다면, 그 사람은 다양한 개념과 아이디어 사이의 연합을 형성할 수 없다.

많은 초등학교와 중학교는 읽기, 쓰기, 셈하기에 중점을 두고 있다. 이러한 기술들을 배우는 것도 중요하지만, 그 기술들은 직선적이며, 단정적이고, 초점 주의를 요구한다. 창의적인 시도들은 종종 전역 주의 시스템(global attentional system), 병렬 처리, 지속적인 추론을 요구한다. 대부분의 사람들에게 읽기, 쓰기, 셈하기는 왼쪽 대뇌반구에 의해 조정되지만, 시각적이며 정서적인 처리, 전역 주의, 지속적인 추론은 오른쪽 대뇌반구에 의해 조절된다. 오른쪽 대뇌반구의 인지적 능력이 충분히 발달하기 위해서는 오른쪽 대뇌반구가 자극을 받을 필요가 있다. 그런데 대부분의 전통적인 학교교육 방법이 뇌에서 정서적인 처리, 전역 주의, 지속적인 추론을 담당하는 부분을 자극하고 있는지에 대해서는 의심해 볼 여지가 있다.

학교 예산이 줄어들면, 학교 행정가들은 종종 미술과 음악 수업을 중단시킨다. 미술과 음악은 적어도 부분적으로는 오른쪽 대뇌반구에 의해 조정되는 것 같기 때문에 미술 선생님과 음악 선생님들은 대중에게 자신들이 오른쪽 뇌 교육에 책임이 있는 사람들임을 상기시켜 왔다. 하지만 학교에서 이 두 과목을 가르치는 일의 가치가 줄어들지도 모른다. 아동들이 이러한 과목과 관련된 수업에 드물게 노출되고 있으며, 그 두 과목은 부분적으로 왼쪽 대뇌반구에 의해 조절되기도 하기 때문이다. 과거 50년 동안 우리는 오른쪽 대뇌반구에 대해 많은 것을 알게 되었다. 그리고 오른쪽 대뇌반구가 왼쪽 대뇌반구와 함께 많은 창의적인 시도에 매우 중요하다는 것은 의심의 여지가 없다. 그런데 우리는 여전히 오른쪽 대뇌반구를 체계적으로 자극하고 교육하는 방법에 대해서 잘 모른다.

우리 프로그램에 들어온 박사후과정 동료들 대부분은 의과대학을 졸업하고 레지던트 훈련을 끝마쳤거나 박사학위(예: 심리학, 언어치료, 인류학)를 받았기 때문에 이미 준비가 된 상태였다. 하지만 그들에게 추가적인 준비가 필요하다면 우리는 교육 코스 혹은 개별 지도를 통해 그것을 제공할 수 있다. 또한 우리는 그들에게 가설 검증을 위해 사용되는 방법(예: 실험 설계와 자료 분석)과 결과물을 내놓기 위해 사용되는 방법(예: 보고서 작성과 논문 제출)을 가르칠 수도 있다. 내 생각에 우리는 또한 창의적인 혁신을 낳는 환경을 조성할 수 있다. 그렇지만 우리가 창의적인 과학자로서 성공적인 경력에 매우 중요한 인성 특성들을 계발시키는 일을 하기는 어렵다. 그들이 우리 실험실에 들어올 때 그러한 인성 특성들을 가지고 있어야 하는데, 그러한 특성들의 대부분은 유전적이거나 어릴 때 부모에 의해 길러지는 것이기 때문이다.

## 인성

뇌과학자로서 가장 총명하며 창의적인 학자들 중 한 사람인 월터 캐넌(Walter Cannon, 1965)은 창의적인 경력을 위해 어떤 인성 특성들이 매우 중요한지에 대해 언급한 적이 있다. 그리고 누군가가 준비, 혁신, 검증–산출에 필요한 기술들을 습득하기 전에라도 창의적인 경력을 원한다면, 다음과 같은 특성을 가져야 한다고 말했다.

① 임기응변의 재주가 있어야 한다. 즉, 고집스럽지 않아야 한다. 전두엽에 관한 내용을 다루었던 9장에서 나는 전두엽이 손상된 사람은 일단 어떤 문제에 대한 해결책이라고 생각하는 것을 찾아내면 그 전략들을 바꾸지를 못한다는 내용에 대해 설명했다. 임기응변의 재주가 있으려면 우리는 다양한 전략을 배우거나 개발할 수 있어야 하며, 어떤 전략이 성공적이지 못하면 다른 전략을 사용할 수 있어야 한다.

② 위험을 감수하는 사람이어야 한다. 위험 감수를 할 수 없는 사람들에 대한 가장 좋은 예는 아마도 강박장애로 고생하는 사람들일 것이다. 그들은 문이 열려 있는 위험을 용납하지 않아 문이 닫혀 있는지를 여러 번 확인할 것이다. 그들은 자신의 손 안에 세균이 묻게 될 수도 있는 위험 감수를 꺼리며 자주 손을 씻는다. 이런 유형의 반복적인 행동은 '전두엽–기저핵 네트워크'의 기능장애와 관련될 수도 있다. 따라서 많은 사

람은 위험 감수 능력이 이들 네트워크의 기능에 달려 있을 수
도 있다고 생각한다.

③ 호기심이 많아야 한다. 호기심 및 새로움을 탐색하고 추구하는
열망은 '전두엽-배쪽줄무늬체 시스템'의 기능일 수도 있다.

④ 솔직해야 한다. 루소(1762)는 "스스로 지어낸 거짓말보다 다
른 누군가에 의해 발견된 진실을 더 좋아하지 않는 사람들 중
현명한 사람은 결코 없다."라고 말한 적이 있다. 만일에 누군
가가 자신의 실수와 다른 사람의 발견을 알아차리지 못한다
면, 그들의 창의적인 경력은 끝날 것이다.

⑤ 만족감을 지연시킬 수 있어야 한다. 거의 모든 창의적인 작업
들은 시작 후 성공적으로 완료되기까지 시간이 걸린다. 전두
엽에 관한 장에서 말했듯이, 만족 지연과 관련된 목적 지향적
인 행동들을 수행하는 능력은 주로 전두엽의 기능이다.

⑥ 겸손함을 가지고 있어야 한다. 나는 이 '겸손'이란 용어에 대
해 캐넌이 의미했던 것은 '허세부리지 않음'이 아니었을까라
고 생각한다. 캐넌은 겸손이 중요하다고 생각했지만, 겸손하
지 않으면서 우쭐대는 매우 유명하고 창의적인 사람들이 많
다. 과학적인 이론의 목적은 '결국 틀린 것이라고 판명되는 것
(to eventually be proved wrong)'이며, 이것은 과학이 진보하는
수단이다. 그런데 허세를 부리거나 자부심이 가득한 사람들
은 자신이 틀렸다고 증명되는 것을 원하지도 좋아하지도 않
을 것이다. 하지만 때로는 '틀렸다는 것'이 우리로 하여금 배
움을 계속하도록 해 준다. 우리로 하여금 실수들로부터 배울
수 있도록 해 주는 것은 겸손을 실천하는 것이다. 실수로부터
배우는 것은 창의적인 시도들에 있어서 매우 중요하다.

## 시간적 여유

창의적인 혁신은 여러 요소에 의해 증진될 수 있는데, 그 첫 번째 요소는 환경이다. 앞에서 설명했듯이, 창의적인 혁신은 종종 창의적인 사람이 낮은 각성 상태에 놓여 있을 때 발생한다. 보스턴 시립 병원의 하버드 신경학 부서에서 레지던트와 연구 장학생을 끝마친 후 나는 바로 뉴햄프셔의 하노버에 위치한 다트머스 의과대학 및 히치콕 병원에 지원하게 되었다. 하노버는 아름다운 곳이었고, 나는 그곳에서 만난 사람들을 좋아했다.

그 병원에서 내게 자리를 제의했을 때, 나는 병원장에게 의사로서의 내가 할 일에 대해 의논하자고 말했다. 그는 내게 1주일에 5일, 아침 8시부터 오후 5시까지 외래환자를 진료하고, 진료 전과 후에는 입원환자들을 회진하고 상담할 수 있다고 말했다. 내가 연구 시간을 가질 수 있는지 물었을 때, 그는 주중에 회진 전후 시간을 활용할 수 있다고 말했다. 아울러 주말에는 진료가 없었기 때문에 나는 회진을 잡지 않는 경우 연구할 시간을 갖게 될 수 있었다.

나는 먼저 그에게 이런 자리를 제의한 것에 대한 고마움을 전했다. 그리고 내가 보스턴에서 시작한 연구를 계속하기 원하고, 연구를 위해 더 많은 시간이 정말로 필요하다고 설명했다. 다트머스 의과대학 사람들은 진심으로 나와 자신들이 동료가 되기를 원한다고 말해 주었으며, 그는 연구할 시간을 더 줄 수 있는지 알아보겠다고 말했다.

그다음 주에 그는 내게 전화를 해서 좋은 소식이 있다고 말했다. 히치콕 병원 이사회와 의과대학 교직원들이 나의 진료를 목요일 오후 3시에 끝내도록 해 줄 수 있다고 제안했다는 것이다. 나는 그의 수고에 매우 감사하지만, 다른 대학에서 일을 해야겠다고 말했다. 그는 "아, 당신은 다트머스로 출근하지 않는다면 하버드에서 일하겠군요. 행운을 빕니다."라고 말한 후 전화를 끊었다.

노먼 게슈윈드(Norman Geschwind)는 나에게 하버드 신경학 부서에 남아 있으라고 제안했지만, 나는 플로리다 대학에 있는 멜 그리어(Mel Greer)가 제안한 자리에 가기로 결심했다. 나는 플로리다 대학이 끌리는 이유가 많았는데, 플로리다 대학 신경학과 과장이었던 멜 그리어가 내 연구 시간을 늘 확실하게 충분히 보장해 주었다는 것이 가장 중요한 이유들 중 하나였다. 그 당시 나는 각성과 혁신 사이의 관계에 대해 알고 있는 것이 없었지만, 성공적인 연구자들은 통상 시간의 압박을 받고 있지 않다는 것은 알고 있었다.

앞에서 말했듯이, 플로리다에 온 이후로 나는 내과 의사, 심리학자, 언어병리학자로 하여금 신경심리학적 연구를 수행하도록 훈련시키는 박사후특별연구원 프로그램을 개발해 왔다. 나는 늘 이 사람들의 진료 활동이 그들 근무 시간의 25% 미만이 되도록 했다. 우리의 전임 동료들은 놀랄 만한 연구 경력을 가졌으며, 그런 경력을 계속 쌓고 있는 중이다. 그들의 성공 대부분은 열심히 연구하는 그들의 태도와 그들을 이 연구장학금제로 이끌었던 그들의 기술 및 재능과 관련된다.

하지만 연구장학금제 활동을 시작하기 전에 혁신적인 아이디어를 가지고 있던 이들은 거의 없었는데, 이것은 아마도 박사후과정 이전의 훈련 동안에 시간적인 압박을 받았던 것과 관련된 것 같다. 우리의 연구 동료들에게 연구하고, 토의하며, 혁신적인 아이디어들을 발전시킬 수 있는 자유 시간을 최대한 주는 것이 그들의 성공에 산파 역할을 했는지 확신하지는 못하지만, 나는 그것이 해를 주지는 않는다고 생각한다.

## 불안

창의적인 사람들은 그렇지 않은 사람들보다 더 불안할 수도 있다는 몇몇 증거가 있다(Ludwig, 1994). 슈워츠, 라이트, 쉰, 케이건과 라우치(Schwartz, Wright, Shin, Kagan, & Rauch, 2003)는 내성적인 기질을 갖고 있는 유아 및 아동들이 내성적인 기질을 갖는 어른으로 발달하는 경향이 있으며, 이들은 종종 새로운 사람을 만나는 것을 피하는 경향이 있고, 새롭고 익숙하지 않은 환경에 들어가는 것을 피한다는 연구 결과를 내놓은 바 있다.

반대로 내성적이지 않은 아동들은 새로운 사람들과 환경에 자연스럽게 접근하는 어른으로 성장한다. 정상적인 사람들에게 두려움의 감정이 발달하면, 그들의 편도체가 활성화된다. 슈워츠 등(2003)은 어린아이였을 때(두 살 무렵) 내성적이었던 성인들과 내성적이지 않았던 성인들에게 친숙한 얼굴들과 새로운 얼굴들을 보여 주면서 찍은 자기공명영상 활성화 양상을 비교하였다. 이 연구자들은 내성적인 집단이 친숙한 얼굴과 새로운 얼굴에 대해 편도체에서 더 차이 나는 자기공명영상 신호 반응을 보여 주었음을 밝혀냈다.

많은 창의적인 작가, 화가, 작곡가, 과학자는 하루의 많은 시간을 혼자 보낸다. 그리고 그들이 종종 자신들의 걸작을 발전시키는 것은 이 시간이다. 불안은 높은 수준의 노르에피네프린과 관련되며, 앞에서 말했듯이 높은 수준의 노르에피네프린은 창의적인 혁신을 억제할 수도 있다. 고독을 참아 내거나 심지어 즐기는 것을 부분적으로 설명해 주는 것은 아마도 상대적으로 활동 과잉인 편도체에

의해 유도되는 창의적인 인물의 이와 같은 내성적인 기질인 것 같
다. 창의적인 혁신이 가능한 시간은 불안이 거의 없으며 노르에피
네프린의 수준이 낮을 때인 바로 이 고독한 시간 동안이다.

　앞에서 말했듯이, 창의적인 사람들은 불안에 놓이는 경향이 있
다. 때때로 불안한 어린이들은 새로움(novelty)을 추구하지 않으
며, 새로움에 대한 열망이 거의 없다. 어떤 사람이 창의적인 경력을
갖고자 한다면, 새로움을 즐기고 그것을 열망하는 것을 배우는 일
이 매우 중요하다. 밀러, 버드, 주노와 내들러(Miller, Bard, Juno, &
Nadler, 1986)는 동물(침팬지) 혹은 아동들이 정신적인 괴로움을 불
러일으키는 낯선 환경에 놓인 상태에서 홀로 테스트를 받게 되면
극도의 정신적인 괴로움을 보이지만 애착 인물과 함께 있을 때는
거의 괴로움을 보이지 않는다는 것을 밝혀냈다.

　한 명의 연구자를 훈련시킬 때, 그 피훈련자가 발견의 기쁨을 겪
게 하는 것은 중요하다. 사람들은 연구 경력을 시작할 때 종종 성공
에 대해 걱정하며, 어려운 문제와 씨름을 하게 되는 것에 대해 불안
을 느낀다. 소크라테스가 "어떤 문제든지 가장 잘 공략하기에 충분
한 만큼 많은 조각들로 나누라. 그리고 가장 복잡한 조각들로 나아
가기 전에 이해하기 가장 쉬운 조각들을 먼저 검토하면서 분석 작
업을 시작하라."라고 제안한 것에 대해 나는 아주 훌륭한 충고라고
생각한다. 학생들이 기쁨을 경험하는 것을 도우려면 멘토는 소크
라테스의 충고를 따라야 할 뿐만 아니라, 불안을 느끼는 어린아이
의 부모처럼 종종 그들과 동행하여 그들이 발견 과정을 거치도록
도와야 한다.

　처음 우리의 박사후특별연구원 프로그램 동안 우리는 새 동료들
로 하여금 경험이 더 있는 동료들과 함께하도록 하거나, 가설이 이

미 설정되었지만 아직 검증되지 않은 연구 프로젝트에 몸담고 있는 교수들과 함께하도록 했다. 이러한 경험은 새 동료들에게 우리 연구에서 사용된 연구 방법의 일부를 가르치게 될 뿐만 아니라, 연구 결과가 분석된 후에 그들로 하여금 발견의 기쁨을 경험하게 한다. 신입들에게 부과되는 요구들은 크지 않기 때문에 그들의 불안은 줄어든다.

앞에서 말했듯이, 라몬 이 카할(Ramón y Cajal, 1898/1999)은 연구하는 동기 중 하나를 '발견 행위 그 자체와 연관된 희열로서 그 어떤 것과 비교할 수 없는 희열을 경험하고자 하는 열망'이라고 썼다. 따라서 우리의 목표는 우리 동료들이 연구에 탐닉하게 되는 것이다. 마치 '마약 밀매자'처럼 우리가 그들로 하여금 이와 같이 고귀한 습관의 스릴을 경험하게 만들지 않는 한, 우리는 그들이 연구에 탐닉하게끔 만들 수 없다.

# 참고문헌

Aboitiz, F., Scheibel, A. B., Fisher, R. S., & Zaidel, E. (1992). Individual differences in brain asymmetries and fiber composition in the human corpus callosum. *Brain Research, 598*(1-2), 154-161.

Alajouanine, T. (1948). Aphasia and artistic realization. *Brain, 771,* 229-241.

Albert, R. S., & Runco, M. A. (1999). A history of research on creativity. In J. Sternberg (Ed.), *Handbook of creativity.* New York: Cambridge University Press.

Amabile, T. M. (1983). *Social psychology of creativity.* New York: Springer-Verlag.

American Psychiatric Association. (1980). *Diagnostic and statistical manual of mental disorders* (3rd ed.). Washington, DC: Author.

American Psychiatric Association. (1994). *Diagnostic and statistical manual of mental disorders* (4rd ed.). Washington, DC: Author.

Andreasen, N. C. (1987). Creativity and mental illness: Prevalence rates in writers and their first-degree relatives. *American Journal of Psychiatry, 144*(10), 1288-1292.

Andreasen, N. C., & Glick, I. D. (1988). Bipolar affective disorder and creativity: Implications and clinical management. *Comprehensive Psychiatry, 29,* 207-217.

Arnsten, A. F. T., & Goldman-Rakic, P. S. (1984). Selective prefrontal cortical projections to the region of the locus coerulus and raphenuclei in the rhesus monkey. *Brain Research, 301,* 9-18.

Aston-Jones, G., Chiang, C., & Alexinsky, T. (1991). Discharge of locus coeruleus neurons in behaving rats and monkeys suggests a role in vigilance. *Progress in Brain Research, 88*, 501-520.

Austin, J. H. (2003). *Chase, chance, and creativity.* Cambridge, MA: MIT Press.

Balint, R. (1909). Seelenlahmung des "Schauens"optische Ataxie, raumliche Storung der Aufmerksamkeit. *Monatsschr Psychiatr Neuol, 25*, 57-71.

Banich, M. T., Heller, W., & Levy, J. (1989). Aesthetic preference and picture asymmetries. *Cortex, 25*(2), 187-195.

Bardo, M. T., Donohew, R. L., & Harrington, N. G. (1996). Psychobiology of novelty seeking and drug seeking behavior. *Behavioural Brain Research, 77*(1-2), 23-43.

Barrett, A. M., Beversdorf, D. Q., Crucian, G. P., & Heilman, K. M. (1998). Neglect after right hemisphere stroke: A smaller floodlight for distributed attention. *Neurology, 51*, 972-978.

Barron, F., & Harrington, D. M. (1981). Creativity, intelligence and personality. *Annual Review of Psychology, 32*, 439-476.

Bauer, R. M. (1984). Autonomic recognition of names ans faces in prosopagnosia: A neuropsychological application of the Guilty Knowledge Test. *Neuropsychologia, 22*(4), 457-469.

Bazil, C. W. (1999). Seizures in the life and works of Edgar Allan Poe. *Archives of Neurology, 56*(6), 710-743.

Beals, G. (1996). In Thomas Edison's Home Page: www.thomasedison.com.

Beauvois, M. F., & Saillant, B. (1985). Optic aphasia for colors and color agnosia: A distinction between visual and visual-verbal impairments in the processing of color, *Cognitive Neuropsychology, 2*, 1-48.

Bechara, A., Tranel, D., & Damasio, H. (2000). Characterization of the decision-making deficit of patients with ventromedial prefrontal cortex lesions. *Brain, 123*(11), 2189-2202.

Bechara, A., Tranel, D., & Damasio, H., & Damasio, A. R. (1996). Failure to respond automatically to anticipated future outcomes following damage to the prefrontal cortex. *Cerebral Cortex* , *6*(2), 215–225.

Benton, A. (1990). Facial recognition. *Cortex, 26*(4), 491–499.

Benton, A. Tranel, D. (1993). Visuoperceptual, visuospatial, and visuoconstructive disorders. In K. M. Heilman & E. Valenstein (Eds.), *Clinical neuropsychology.* New York: Oxford University Press.

Berg, E. A. (1948). A simple objective test for measuring flexibility in thinking. *Journal of General Psychology, 39,* 15–22.

Berridge, K. C. (2003). *Pleasures of the brain. Brain and Cognition, 52*(1), 106–128.

Beversdorf, D. Q., Hughes, J. D., Steinberg, B. A., Lewis, L. D., & Heilman, K. M. (1999). Noradrenergic modulation of cognitive flexibility in problem solving. *Neuroreport, 10*(13), 2763–2767.

Beversdorf, D. Q., Smith, B. W., Crucian, G., Anderson, J. M., Keillor, J., Barrett, A., Hughes, J., Felopulos, G. L., Bauman, B. L., Nadeau, S. E., & Heilman, K. M. (2000). Increase discrimination of "false memories" in autism spectrum disorder. *Proceedings of the National Academy of Sciences, 97*(15), 8734–8737.

Bihrle, A. M., Brownell, H. H., Powelson, J. A., & Gardner, H. (1986). Comprehension of humorous and nonhumorous materials by left and right brain–damaged patients. *Brain and Cognition, 5*(4), 399–411.

Bisiach, E., & Luzzati, C. (1978). Unilatreral neglect and representational space. *Cortex, 14,* 129–133.

Blonder, L. X., Bowers, D., & Heilman, K. M. (1991). The role of the right hemisphere on emotional communication. *Brain, 114,* 1115–1127.

Bogen, J. E., & Bogen, G. M. (1988). Creativity and the corpus callosum. *Psychiatric Clinics of North America, 11,* 293–301.

Borod, J. C., Rorie, K. D., Pick, L. H., Bloom, R. L., Andelman, F., Campbell, A. L., Obler, L. K., Tweedy, J. R., Welkowitz, J., & Silwinski, M. (2000).

Verbal pragmatics following unilateral stroke: Emotional content and valence. *Neuropsychology, 14*(1), 112-124.

Bower, D., Bauer, R. M., Coslett, H. B., & Heilman, K. M. (1985). Processing of faces by patients with unilateral hemispheric lesions. I. Dissociation between judgments of facial identity. *Brain and Cognition, 4,* 258-272.

Bower, D., Blonder, L. X., Feinberg, T., & Heilman, K. M. (1991) Differential impact of right and left hemisphere lesions on focal emotion and object imagery. *Brain, 114,* 1593-1609.

Bronowski, J. (1972). *Science and human values.* New York: Harper and Row.

Broome, D. M. W., Cheever, D. C., Hughes, J. D., & Beversdorf, D. Q. (2000). Effects of central and peripheral beta-blockers on noradrenergic modulation of cognitive flexibility. *Journal of Cognitive Neuroscience, 12,* S105.

Brownell, H. H., Potter, H. H., Bihrle, A. M., & Gardner, H. (1986). Inference deficits in right brain damaged subjects. *Brain and Language, 27,* 310-321.

Brownell, H. H., Simpson, T. L., Bihrle, A. M., Potter, H. H., & Gardner, H. (1990). Appreciation of metaphoric alternative word meanings by left and right brain-damaged patients. *Neuropsychologia, 28,* 375-383.

Burgess, P. W., Scott, S. K., & Frith, C. D. (2003). The role of the rostral frontal cortex (area 10) in prospective memory: A lateral versus medial dissociation. *Neuropsychologia, 41*(8), 906-918.

Campbell, D. T. (1960). Blind variation and selective retention in creative thought as in other knowledge processes. *Psychological Review, 67,* 380-400.

Cannon, W. (1965). The way of an investigator. New York: Hafner.

Cape, E. G., & Jones, B. E. (1998). Differential modulation of high-frequency gamma-electroencephalogram activity and sleep-wake state by noradrenaline and serotonin microinjections into the region of cholinergic basalis neurons. *Journal of Neuroscience, 18*(7), 2653-2666.

Carlsson, I., Wendt, P. E., & Risberg, J. (2000). On the neurobiology of creativity: Differences in frontal activity between high and low creative subjects. *Neuropsychologia, 38,* 873-885.

Carly, P. G., Golding, S. J. J., & Hall, B. J. D. (1995). Interrelationships among auditory and visual cognitive tasks: An event-related potential (ERP) study. *Intelligence, 21*(3), 297-327.

Casey, M. B., Nuttall, R. L., & Pezaris, E. (1997). Mediators of gender differences in mathematics college entrance test scores: A comparison of spatial skills with internalized beliefs and anxieties. *Developmental Psychology, 33*(4), 669-680.

Cattell, R. B. (1963). The theory of fluid and crystallized intelligence: Acritical experiment. *Journal of Educational Psychology, 54,* 1-22.

Cherrier, M. M., Asthana, S., Plymate, S., Baker, L., Matsumoto, A. M., Peskind, E., Raskind, M. A., Brodkin, K., Bremner, W., Petrova, A., LaTendresse, S., & Craft, S. (2001). Testosterone supplementation improves spatial and verbal memory in healthy older men. *Neurology, 57*(1), 80-88.

Choi, J., & Silverman, I. (2002). The relationship between testosterone and route-learning strategies in humans. *Brain and cognition, 50*(1), 116-120.

Christman, S. (1993). Handedness on musicians: Bimanual constraints on performance. *Brain and Cognition, 22,* 266-272.

Cloninger, C. R., Svrakic, D. M., & Przybeck, T. R. (1993). A psycho-biological model of temperament and character. *Archive of General Psychiatry, 50*(12), 975-990.

Collaer, M. L., & Nelson, J. D. (2002). Large visuospatial sex difference in line judgment: Possible role of attentional factors. *Brain Cognition, 49*(1), 1-12.

Contreras, D., & Llinas, R. (2001). Voltage-sensitive dye imaging of neocortical spatiotemporal dynamics to afferent activation frequency. *Journal of Neuroscience, 21*(23), 9403-9413.

Coren, S. (1995). Differences in divergent thinking as a function of handedness ans sex. *American Journal of Psychology, 108,* 311-325.

Corkin, S. (1968). Acquistion of motor skill after bilateral medial temporal lobe excision. *Neuropsychologia, 6,* 225-265.

Coslett, H. B. (2002). Simultanagnosia. In T. E. Feinberg & M. Farah (Eds.), *Behavioral neurology and neuropsychology.* New York: McGraw-Hill.

Cox, C. (1926). *The early mental traits of three hundred geniuses.* Stanford, CA: Stanford University Press.

Craig, J., & Baron-Cohen, S. (1999). Creativity and imagination in autism and Asperger syndrome. *Journal of Autism and Developmental Disorders, 29,* 319-326.

Csikszentmihalyi, M. (1996). *Creativity: Flow and the psychology of discovery.* New York: HarperCollins.

Damasio, A. R. (1996). The somatic marker hypothesis and the possible functions of the prefrontal cortex. *Philosophical Transactions of the Royal Society of London. Series B. Biological Science, 351*(1346), 1413-1420.

Damasio, A., Yamada, T., Damasio, H., Corbett, J., & McKee, J. (1980). Central achromatopsia: Behavioral, anatomic, and physiologic aspects. *Neurology, 30*(10), 1064-1071.

de Botton, A. (2001). *The consolations of philosophy.* New York: Vintage Books.

de Courten-Myers, G. M. (1999). The human cerebral cortex: Gender differences in structure and function. *Journal of Neuropathology and Experimental Neurology, 58*(3), 217-226.

Dejerine, J. J. (1891). Sur un cas de cecite verbal avec agraphie suivi d'autopsi. *Mémores de la Societéde Medicine, 3,* 197-201.

DeKosky, S. T., Heilman, K. M., Bowers, D., & Valenstein, E. (1980). Recognition and discrimination of emotional faces and pictures. *Brain and Language, 9,* 206-214.

Delis, D. C., Waper, W., Gardner, H., & Moses, J. A., Jr. (1983). The contribution of the right hemisphere to the organization of paragraphs. *Cortex, 19*, 43-50.

Denney, N. W. (1974). Evidence for developmental changes in categorization criteria for children and adults. *Human Development, 17*(1), 41-53.

Denney, N. W., Denney, D. R. (1982). The relationship between classification and questioning strategies among adults. *Journal of Gerontology, 37*(2), 190-196.

Denny-Brown, D., & Chambers, R. A. (1958). The parietal lobe and behavior. *Research Publications—Associations for Research in Nervous and Mental Disease, 36*, 35-117.

DeRenzi, E., & Spinnler, H. (1967). Impaired performance on color tasks in patients with hemispheric lesions. *Cortex, 3*, 194-217.

Deutsch, G., Bourbon, W. T., Papanicolaou, A. C., & Eisenberg, H. M. (1988). Visuospatial tasks compared via activation of regional cerebral blood flow. *Neuropsychologia, 26*(3), 445-452.

Devinsky, O., & Vazquez, B. (1993). Behavioral changes associated with epilepsy. *Neurologic Clinics, 11*(1), 127-149.

Diamond, M. C., Scheibel, A. B., Murphy, G. M., Jr., & Harvey, T. (1985). On the brain of a scientist: Albert Einstein. *Experimental Neurology*, 198-204.

Ditunno, P. L., & Mann, V. A. (1990). Right hemisphere specialization for mental rotation in normals and brain damaged subjects. *Cortex, 26*(2), 177-188.

Dolcos, F., Rice, H. J., & Cabeza, R. (2002). Hemispheric asymmetry and aging: Right hemisphere decline or asymmetry reduction. *Neuroscience and Biobehavioral Review, 26*(7), 819-825.

Drevets, W. C., Videen, T. O., Price, J. L., Preskorn, S. H., Carmichael, S. T., & Raichle, M. E. (1992). A functional anatomical study of unipolar depression. *Journal of Neuroscience, 12*(9), 3628-3641.

Duara, R., Grady, C., Haxby, J., Ingvar, D., Sokoloff, L., Margolin, R. A.,

Manning, R. G., Cutler, N. R., & Rapoport, S. I. (1984). Human brain glucose utilization and cognitive function in relation to age. *Annals of Neurology, 16*(6), 703-713.

Ducreux, D., Marsot-Dupuch, K., Lasjaunias, P., Oppenheim, C., & Fredy, D. (2003). Lyrical and musical auditive mental imagery in functional MRI. *Journal of Neuroradiology, 30*(1), 18-24.

Duffy, F. H., Albert, M. S., McAnulty, G., & Garvey, A. J. (1984). Age-related differences in brain electrical activity of healthy subjects. *Annals of Neurology, 16*(4), 430-438.

Dulawa, S. C., Grandy, D. K., Low, M. J., Paulus, M. P., & Geyer, M. A. (1999). Dopamine D4 receptor-knock-out mice exhibit reduced exploration of novel stimuli. *Journal of Neuroscience, 19*(21), 9550-9556.

Duncan, J., Seitz, R. J., Kolodny, J., Bor, D., Herzog, H., Ahmed, A., Newell, F. N., & Emslie, H. (2000). A neural basis for general intelligence. *Science, 289*(5478), 457-460.

Easterbrook, E. A. (1959). The effect of emotion on cue utilization and the organization of behavior. *Psychological Review, 66*, 183-201.

Edwards, B. (1999). *Drawing on the right side of the brain.* New York: Penguin-Putman.

Egaas, B., Courchesne, E., & Saitoh, O. (1995). Reduced size of corpus callosum in autism. *Archives of Neurology, 52*(8), 794-801.

Eisen, M. L. (1989). Assessing differences in children with learning disabilities and normally achieving students with a new measure of creativity. *Journal of Learning Disabilities, 22*(7), 462-464.

Eisenman, R., Grossman, J. C., & Goldstein, R. (1980). Undergraduate marijuana use as related to internal sensation novelty seeking and openness to experience. *Journal of Clinical Psychology, 36*(4), 1013-1019.

Elias, L. J., Saucier, D. M., & Guylee, M. J. (2001). Handedness and depression in university students: A sex by handedness interaction. *Brain and*

*Cognition, 46*(1-2), 125-129.

Eysenck, H. L. (1995). *Genius.* New York and Cambridge: Cambridge University Press.

Fankhauser, M. P., Karumanchi, V. C., German, M. L., Yates, A., & Karumanchi, S. D. (1992). A double-blind, placebo-controlled study of the efficacy of transdermal clonidine in autism. *Clinical Psychiatry, 53*(3), 77-82.

Farah, M. J. (1989). The neural basis of mental imagery. *Trends in Neuroscience, 12*(10), 395-399.

Feinberg, T. E., Rothi, L. J. G., & Heilman, K. M. (1986). Multimodal agnosia after a unilateral left hemisphere lesion. *Neurology, 36,* 864-867.

Fellerman, D. J., & Van Essen, D. C. (1991). Distributed hierarchical processing in the primate cerebral cortex. *Cerebral Cortex, 1*(1), 1-47.

Filipek, P. A., Richelme, C., Kennedy, D. N., & Caviness, V. S., Jr. (1994). The young adult human brain: An MRI-based morphometric analysis. *Cerebral Cortex, 4*(4), 344-360.

Foote, S. L., Berridge, C. W., Adams, L. M., & Pineda, J. A. (1991). Electrophysiological evidence for the involvement of the locus coeruleus in alerting, orienting, and attending. *Progress in Brain Research, 88,* 521-532.

Foundas, A. L., Faulhaber, J. R., Kulynych, J. J., Browning, C. A., & Weinberger, D. R. (1999). Hemispheric and gender differences in Sylvian fissure morphology: A quantitative approach using volumetric MRI. *Neuropsychiatry, Neuropsychology, and Behavioral Neurology, 12,* 1-10.

Foundas, A. L., Hong, K., Leonard, C. M., & Heilman, K. M. (1998). Hand preference and MRI asymmetries of the central sulcus. *Neuropsychiatry, Neuropsychology, and Behavioral Neurology, 11,* 65-71.

Foundas, A. L., Leonard, C. M., Gilmore, R. L., Fennell, E. M., & Heilman, K. M. (1994). Planum temporale asymmetry and language dominance. *Neuropsychologia, 32*(10), 1225-1231.

Foundas, A. L., Leonard, C. M., Gilmore, R. L., Fennell, E. M., & Heilman,

K. M. (1996). Pars triangularis asymmetry and language dominance. *Proceedings of the National Academy of Sciences, 93*, 719-722.

Freud, S. (1891). *Zur Auffasun der Aphasien. Eine Kritische Studie.* Vienna: Franz Deuticke.

Freud, S. (1959). The relation of the poet to daydreaming. In *Collected papers* (Vol. 4, pp. 173-183). London: Hogarth. (Original work published 1908).

Frost, J. A., Binder, J. R., Springer, J. A., Hammeke, T. A., Bellgowan, P. S., Rao, S. M., & Cox, R. W. (1999). Language processing is strongly left lateralized in both sexes: Evidence from functional MRI. *Brain, 122*(2), 199-208.

Galaburda, A., & Livingstone, M. (1993). Evidence for a magnocellular defect in developmental dyslexia. *Annals of the New York Academy of Sciences, 682*, 70-82.

Galton, F. (1978). *Hereditary genius.* New York: Julian Friedmann. (Original work published 1869).

Gardner, H. (1985). *Frames of mind.* New York: Basic Books.

Gardner, H. (1999). *Intelligence reframed: Multiple intelligences for the 21st century.* New York: Basic Books.

Geary, D. C., Saults, S. J., Liu, F., & Hoard, M. K. (2000). Sex differences in spatial cognition, computational fluency, and arithmetical reasoning. *Journal of Experimental Child Psychology, 77*(4), 337-353.

Geschwind, N. (1979). Behavioral changes in temporal lobe epilepsy. *Psychological Medicine, 9*(2), 217-219.

Geschwind, N., & Galaburda, A. M. (1985). Cerebral lateralization: Biological mechanisms, associations, and pathology. I and II. A hypothesis and a program for research. *Archives of Neurology, 42*, 428-459, 521-552.

Geschwind, N., & Levitsky, W. (1968). Human brain: Left right asymmetries in temporal speech region. *Science, 161*, 186-187.

Ghacibeh, G. A., & Heilman, K. M. (2003). Progressive affective aprosodia and prosoplegia. *Neurology, 60*(7), 1192-1194.

Gillberg, C., & Svennerholm, L. (1987). CSF monoamines in autistic syndromes and other pervasive developmental disorders of early childhood. *British Journal of Psychiatry, 151,* 89-94.

Goldstein, D., Haldane, D., & Mitchell, C. (1990). Sex differences in visual-spatial ability: The role of performance factors. *Memory and Cognition, 18,* 546-550.

Good, C. D., Johnsrude, I., Ashburner, J., Henson, R. N., Friston, K. J., & Frackowiak, R. S. (2001). Cerebral asymmetry and the effects of sex and handedness on brain structure: A voxel-based morphometric analysis of 465 normal adult human brains. *Neuroimage, 14*(3), 685-700.

Goodglass, H., & Kaplan, E. (2000). Boston Naming Test. Philadelphia, PA: Lippincott Williams & Wilkins.

Green, J., McDonald, W. M., Vitek, J. L., Evatt, M., Freeman, A., Haber, M., Bakay, R. A., Triche, S., Sirockman, B., & DeLong, M. R. (2002). Cognitive impairments in advanced PD without dementia. *Neurology, 59*(9), 1320-1324.

Grimshaw, G. M., Bryden, M. P., & Finegan, J. K. (1995). Relations between prenatal testosterone and cerebral lateralization in children. *Neuropsychology, 9*(1), 68-79.

Guilford, J. P. (1967). Creativity: Yesterday, today and tomorrow. *Journal of Creative Behavior, 1,* 3-14.

Guilford, J. P., & Christensen, P. W. (1973). The one way relationship between creative potential and IQ. *Journal of Creative Behavior, 7,* 247-252.

Guilford, J. P., Christensen, P. R., Merrifield, P. R., & Wilson, R. C. (1978). *Alternate uses: Manual of instructions and interpretation.* Orange, CA: Sheridan Psychological Services.

Gur, R. C., Alsop, D., Glahn, D., Petty, R., Swanson, C. L., Maldjian, J. A., Turetsky, B. I., Detre, J. A., Gee, J., & Gur, R. E. (2000). An fMRI study of sex differences in regional activation to a verbal and a spatial task. *Brain and Language, 74*(2), 157-170.

Gur, R. C., Mozley, P. D., Resnick, S. M., Gottlieb, G. L., Kohn, M., Zimmerman, R., Herman, G., Atlas, S., Grossman, R., & Berretta, D. (1991). Gender differences in age effect on brain atrophy measured by magnetic resonance imaging. *Proceeding of the National Academy of Sciences, 88*(7), 2845-2849.

Gur, R. C., Packer, I. K., Hungerbuhler, J. P., Reivich, M., Obrist, W. D., Amarnek, W. S., & Sackeim, H. A. (1980). Differences in the distribution of gray and white matter in human cerebral hemispheres. *Science, 207*(4436), 1226-1228.

Halpern, A. R. (2001). Cerebral substrates of musical imagery. *Annals of the New York Academy of Sciences, 930*, 179-192.

Halpern, D. F., Haviland, M. G., & Killian, C. D. (1998). Handedness and sex differences in intelligence: Evidence from the Medical College Admission Test. *Brain and Cognition, 38*(1), 87-101.

Hamsher, K., Capruso, D. X., & Benton, A. (1992). Visuospatial judgment and right hemisphere disease. *Cortex, 28*(3), 493-495.

Hamsher, K., Levin, H. S., & Benton, A. L. (1979). Facial recognition in patients with focal brain lesions. *Archives of Neurology, 36*(13), 837-839.

Happe, F., & Frith, U. (1996). "Theory of mind"in the brain: Evidence from a PET scan study of Asperger syndrome. *Neuroreport, 8*(1), 197-201.

Harlow, J. M. (1868). Recovery from passage of an iron bar through the head. *Proceedings of the Massachusetts Medical Society, 2*, 327-347.

Harris, I. M., Egan, G. F., Sonkkila, C., Tochon-Danguy, H. J., Paxinos, G., & Watson, J. D. (2000). Selective right parietal lobe activation during mental rotation: A parametric PET study. *Brain, 123*(1), 65-73.

Hasselmo, M. E., Linster, C., Patil, M., Ma, D., & Cekic, M. (1997). Noradrenergic suppression of synaptic transmission may influence cortical signal to noise ratio. *Journal of Neurophysiology, 77,* 3326-3339.

Hassler, M., & Gupta, D. (1993). Functional brain organization, handedness, and immune vulnerability in musicians and non-musicians. *Neuropsychologia, 31*(7), 655-660.

Head, H. (1926). *Aphasia and kindred disorders of speech.* New York: Macmillan Press.

Hebb, D. O. (1949). *The organization of behavior.* New York: Wiley.

Heilman, K. M. (2002). *Matter of mind.* New York: Oxford University Press.

Heilman, K. M., Nadeau, S. E., & Beversdorf, D. O. (2003). Creative innovation: Possible brain mechanisms. *Neurocase, 9,* 369-379.

Heilman, K. M., Schwartz, H. F., & Watson, R. T. (1978). Hypoarousal in patients with the neglect syndrome and emotional indifference. *Neurology, 28,* 229-232.

Heilman, K. M., & Valenstein, E. (2003). *Clinical neuropsychology.* New York: Oxford University Press.

Heilman, K. M., & Van den Abell, R. (1980). Right hemisphere dominance for attention: The mechanism underlying hemispheric asymmetries of inattention. *Neurology, 30,* 327-330.

Heilman, K. M., Watson, R. T., & Valenstein, E. (2003). Neglect and related disorders. In *Clinical neuropsychology.* New York: Oxford University Press.

Hering, R., Catarci, T., & Steiner, T. (1995). Handedness in musicians. *Functional Neurology, 10,* 23-26.

Herr, E. L., Moore, G. D., & Hasen, J. S. (1965). Creativity, intelligence and values: A study of relationships. *Exceptional Children, 32,* 414-415.

Hines, T. (1998). Further on Einstein's brain. *Experimental Neurology, 150,* 343-344.

Hoffman, B., & Dukas, H. (1972). *Albert Einstein: Creator and rebel.* New York: Viking Press.

Hoffman, H. J., Hendrick, E. B., Dennis, M., & Armstrong, D. (1979). Hemispherectomy for Sturge-Weber syndrome. *Childs Brain, 5*(3), 233-248.

Hopper, K. D., Patel, S., Cann, T. S., Wilcox, T., & Schaeffer, J. M. (1994). The relationship of age, gender, handedness and sidedness to the size of the corpus callosum. *Academic Radiology, 1*(3), 243-248.

Hou, C., Miller, B. L., Cummings, J. L., Goldberg, M., Mychack, P., Bottino, V., & Benson, D. F. (2000). Artistic savants. *Neuropsychiatry, Neuropsychology, and Behavioral Neurology, 13*(1), 29-38.

Hutt, S. J., Hutt, C., Lee, D., & Ounsted, C. (1965). A behavioral and electroencephalographic study of autistic children. *Journal of Psychiatric Research, 3*, 181-197.

Ishai, A., Ungerleider, L. G., & Haxby, J. V. (2000). Distributed neural systems for the generation of visual images. *Neuron, 28*(3), 979-990.

Jacobs, D. H., Adair, J. C., Williamson, D. J. G., Cibula, D. J., Na, D. L., Gold, M. G., Shuren, J., Foundas, A., & Heilman, K. M. (1999). Apraxia and motor-skill acquisition in Alzheimer's disease are dissociable. *Neuropsychologia, 37*, 875-880.

Jaeger, J. J., Lockwood, A. H., Van Valin, R. D., Jr., Kemmerer, D. L., Murphy, B. W., & Wack, D. S. (1998). Sex differences in brain regions activated by grammatical and reading tasks. *Neuroreport, 9*(12), 2803-2807.

James, W. (1890). *The Principle of psychology.* New York: Dover.

Jamison, K. R. (1989). Mood disorders and patterns of creativity in British writers and artists. *Psychiatry, 52*(2), 125-134.

Jancke, L., Schlaug, G., & Steinmetz, H. (1997). Hand skill asymmetry in professional musicians. *Brain and Cognition, 34*(3), 424-432.

Jausovec, N., & Jausovec, K. (2000). Differences in resting EEG related to ability. *Brain Topography, 12*, 229-240.

Johnson, M. K., & Raye, K. L. (1981). Reality monitoring. *Psychological*

*Review, 88*(1), 67-85.

Kantha, S. S. (1992). Albert Einstein's dyslexia and the significance of Brodmann area 39 of his left cerebral cortex. *Medical Hypotheses, 37,* 119-122.

Kaplan, J. A., Brownell, H. H., Jacobs, J. R., & Gardner, H. (1990). The effects of right hemisphere damage on the pragmatic interpretation of conversational remarks. *Brain and Language, 38,* 315-333.

Kapur, N. (1996). Paradoxical functional facilitation in brain behavior research: A critical review. *Brain, 119,* 1775-1790.

Katusic, S. K., Colligan, R. C., Barbaresi, W. J., Schaid, D. J., & Jacobsen, S. J. (2001). Incidence of reading disability in a population-based birth cohort, 1976-1982, Rochester, Minn. *Mayo Clinic Proceedings, 76*(11), 1081-1092.

Keenan, P. A., Ezzat, W. H., Ginsburg, K., & Moore, G. J. (2001). Prefrontal cortex as the site of estrogen's effect on cognition. *Psychoneuroendocrinology, 26*(6), 577-590.

Kegel-Flom, P., & Didion, C. J. (1995). Women, math, and test scores. *Science, 270*(5235), 364-365.

Kester, D. B., Saykin, A. J., Sperling, M. R., & O'Conner, M. J. (1991). Acute effect of anterior temporal lobectomy on musical processing. *Neuropsychologia, 29*(7), 703-708.

Kiloh, L. G. (1986). The epilepsy of Dostoevsky. *Psychiatric Developments,* 4(1), 31-44.

Kimura, D. (1999). *Sex and cognition.* Cambridge, MA: MITPress.

Kimura, D. (2002). Sex hormones influence human cognitive pattern. *Neuroendocrinology Letters, 23*(Suppl. 4), 67-77.

Kinsbourne, M. (1970). A model for the mechanism of unilateral neglect of space. *Transactions of the American Neurological Association, 95,* 143-146.

Kischka, U., Kammer, T., Maier, S., Weisbrod, M., Thimm, M., & Spitzer, M. (1996). Dopaminergic modulation of semantic network activation. *Neuropsychologia, 34,* 1107-1113.

Knott, V., Mahoney, C., & Evans, K. (2000). Pre-treatment EEG and its relationship to depression severity and paroxetine treatment outcome. *Pharmacopsychiatry, 6*, 201-205.

Koss, E., Haxby, J. V., DeCarli, C., & Schapiro, M. C. (1991). Patterns of performance preservation and loss in healthy aging. *Developmental Neuropsychology, 7*(1), 99-113.

Kosslyn, S. M. (1999). *Image and the brain.* Cambridge, MA: MIT Press.

Kuhn, T. S. (1996). *The structure of scientific revolutions* (3rd ed.). Chicago: University of Chicago Press.

Kulynych, J. J., Viadar, K., Jones, D. W., & Weinberger, D. R. (1994). Gender differences in the normal lateralization of the supratemporal cortex: MRI surface-rendering morphometry of Heschl's gyrus and the planum temporale. *Cerebral Cortex, 4*(2), 107-118.

Lang, A. R., Verret, L. D., & Watt, C. (1984). Drinking and creativity: Objective and subjective effects. *Addictive Behaviors, 9*(4), 395-399.

Lanthony, P. (1995). Left-handed painters. *Revue Neurologique, 151*(3), 165-170.

Lawrence, D. G., & Kuypers, H. G. (1968). The functional organization of the motor system in the monkey. I. and II. The effects of bilateral pyramidal lesions. *Brain, 91*(1), 1-14, 15-36.

LeBoutillier, N., & Marks, D. F. (2003). Mental imagery and creativity: A meta-analytic review study. *British Journal of Psychology, 94*(1), 29-44,.

Lee, D. J., Chen, Y., & Schlaug, G. (2003). Corpus callosum: Musician and gender effects. *Neuroreport, 14*(2), 205-209.

Leon, S., Heilman, K. M., Fuller, R., Kendall, D., Nadeau, S. E., Spevack, A. A., & Roth, L. J. G. (2003). Cognitive-cholinergic therapy of anomia in 6 cases of Alzheimer's disease. Presented at the Thirty-First Annual International Neuropsychological Society Conference, February 5-8, 2003, Honolulu, Hawaii. *Journal of the International Neuropsychological Society, 9*(2), 194.

Levav, I., Kohn, R., Golding, J. M., & Weissman, M. M. (1997). Vulnerability of Jews to affective disorders. *American Journal of Psychiatry, 154*(7), 941–947.

Levine, D. N., Warach, J., & Farah, M. J. (1985). Two visual systems in mental imagery: Dissociations of what and where in imagery disorders due to posterior bilateral lesions. *Neurology, 35*, 1010–1018.

Lewin, C., & Herlitz, A. (2002). Sex differences in facial recognition. *Brain and Cognition, 50*(1), 121–128.

Lewis, R. T. (1979). Organic signs, creativity, and personality characteristics of patients following cerebral commissurotomy. *Clinical Neuropsychologist, 1*, 29–33.

Lhermitte, F. (1986). Human autonomy and the frontal lobes. Part II. Patient behavior in complex and social situations: The "environmental dependency syndrome." *Annals of Neurology, 19*(4), 335–343.

Liepmann, H. (1920). Apraxia Ergebn. *Ges. Med., I*, 516–543.

Liotti, M., & Mayberg, H. S. (2001). The role of functional neuroimaging in the neuropsychology of depression. *Journal of Clinical and Experimental Neuropsychology, 23*, 121–126.

Lissauer, H. (1890). Ein Fall von Seelenblindheit nebst einem Beitrage zur Theori derselben. *Archiv fur Psychiatrie und Nervenkrankheiten, 21*, 222–270.

Livingstone, M. (2002). *Vision and art: The biology of seeing.* New York: Abrams.

Ludwig, A. M. (1994). Mental illness and creative activity in female writers. *American Journal of Psychiatry, 151*(11), 1650–1656.

Luria, A. R. (1968). *The mind of a mnemonist.* Cambridge, MA: Harvard University Press.

Luria, A. R. (1969). Frontal lobe syndrome. In P. J. Vinkin & G. W. Bruyn (Eds.), *Handbook of clinical neurology* (Vol. 2). Amsterdam: North

Holland Publishing.

Lynn, R. (1994). Sex differences in intelligence and brain size: A paradox resolved. *Personality and Individual Differences, 17,* 257-272.

Maki, P. M., Rich, J. B., & Rosenbaum, R. S. (2002). Implicit memory varies across the menstrual cycle: Estrogen effects in young women. *Neuropsychologia, 40*(5), 518-529.

Marr, D. (1982). *Vision: A computational investigation into the human representation and processing of visual information.* New York: Freeman.

Marshall, J. C., & Halligan, P. W. (1988). Blindsight and insight in visuo-spatial neglect. *Nature, 336*(6201), 766-767.

Martindale, C., & Greenough, J. (1973). The differential effect of increased arousal on creative and intellectual performance. *Journal of Genetic Psychology, 123,* 329-335.

Martindale, C., & Hasenfus, N. (1978). EEG differences as a function of creativity, stage of creative process and effort to be original. *Biological Psychiatry, 6,* 157-167.

Masure, M. C., & Benton, A. L. (1983). Visuospatial performance in left-handed patients with unilateral brain lesions. *Neuropsychologia, 21*(2), 179-181.

May, R. (1975). *The courage to create.* New York: Norton.

McCarley, R. W. (1982). REM sleep and depression: Common neurobiological control mechanisms. *American Journal of Psychiatry, 139,* 565-570.

McGlone, J. (1977). Sex differences in the cerebral organization of verbal functions in patients with unilateral brain lesions. *Brain, 100*(4), 775-793.

Meador, K. J., Ray, P. G., Echauz, J. R., Loring, D. W., & Vachtsevanos, G. J. (2002). Gamma coherence and conscious perception. *Neurology, 59*(6), 847-854.

Mednick, S. A. (1962). The associative basis of the creative process. *Psychological Review, 9,* 220-232.

Mellet, E., Tzourio-Mazoyer, N., Bricogne, S., Mazoyer, B., Kosslyn, S. M., & Denis, M. (2000). Functional anatomy of high-resolution visual mental imagery. *Journal of Cognitive Neuroscience, 12*(1), 98-109.

Merzenich, M. M., Nelson, R. J., Stryker, M. P., Cynader, M. S., Schoppmann, A., & Zook, J. M. (1984). Somatosensory cortical map changes following digit amputation in adult monkeys. *Journal of Comparative Neurology, 224*(4), 591-605.

Miller, A. I. (2000). *Insights of genius*. Cambridge, MA: MIT Press.

Miller, B. L., Boone, K., Cummings, J., Read, S. L., & Mishkin, M. D. (2000). Functional correlates of musical and visual ability in frontotemporal dementia. *British Journal of Psychiatry, 176*, 458-463.

Miller, B. L., Cummings, J., Mishkin, M. D., Boone, K., Prince, F., Ponton, M., & Cotman, C. (1998). Emergence of artistic talent in frontotemporal dementia. *Neurology, 51*, 978-982.

Miller, G. (2000). Evolution of human music through sexual selection. In N. L. Wallin, B. Merker, & S. Brown (Eds.), *The origins of music* (pp. 329-360). Cambridge, MA: MIT Press.

Miller, L. C., Bard, K. A., Juno, C. J., & Nadler, R. D. (1986). Behavioral responsiveness of young chimpanzees (*Pan troglodytes*) to a novel environment. *Folia Primatologica, 47*, 128-142.

Milner, B. (1962). Laterality effects on audition. In V. B. Mountcastle (Ed.), *Interhemispheric relations and cerebral dominance*. Baltimore: Johns Hopkins University Press.

Milner, B. (1974). *Hemispheric specialization: Scope and limits*. In F. O. Schmidt & F. G. Worten (Eds.), *The neuroscience third study program*. Cambridge, MA: MIT Press.

Milner, B. (1984). Behavioural effects of frontal-lobe lesions in man. *Trends in Neurosciences, 7*, 403-407.

Mishkin, M., & Ungerleider, L. G. (1982). Contribution of striate inputs to the visuospatial functions of parieto-preoccipital cortex in monkeys. *Behavioural Brain Research, 6*(1), 57-77.

Mittenberg, W., Seidenberg, M., O'Leary, D. S., & DiGiulio, D. V. (1989). Changes in cerebral functioning associated with normal aging. *Journal of Clinical and Experimental Neuropsychology, 11*(6), 918-932.

Morrison, J., & Foote, S. (1986). Noradrenergic and serotonergic innervation of cortical, thalamic and tectal visual structures in old and new world monkeys. *Journal of Comparative Neurology, 243*, 117-128.

Nauta, W. J. (1971). The problem of the frontal lobe: A reinterpretation. *Journal of Psychiatric Research, 8*(3), 167-187.

Newland, A. G. (1981). Differences between left- and right-handers on a measure of creativity. *Perceptual and Motor Skills, 53*, 787-792.

Nieber, D., & Schlegel, S. (1992). Relationships between psychomotor retardation and EEG power spectrum in major depression. *Neuropsychobiology, 25*, 20-23.

Nudo, R. J., Milliken, G. W., Jenkins, W. M., & Merzenich, M. M. (1996). Use-dependent alterations of movement representations in primary motor cortex of adult squirrel monkeys. *Journal of Neuroscience, 16*(2), 785-807.

Ochse, R. (1990). *Before the gates of excellence: The determinants of creative genius.* Cambridge, UK: Cambridge University Press.

Ongur, D., Ferry, A. T., & Price, J. L. (2003). Architectonic subdivision of the human orbital and medial prefrontal cortex. *Journal of Comparative Neurology, 460*(3), 425-449.

Ozturk, A. H., Tascioglu, B., Aktekin, M., Kurtoglu, Z., & Erden, I. (2002). Morphometric comparison of the human corpus callosum in professional musicians and non-musicians by using in vivo magnetic resonance imaging. *Journal of Neuroradiology, 29*(1), 29-34.

Pakkenberg, B., Pelvig, D., Marner, L., Bundgaard, M. J., Gundersen, H. J., Nyengaard, J. R., & Regeur, L. (2003). Aging and the human neocortex.

*Experimental Gerontology, 38*(1-2), 95-99.

Paradiso, S., Hermann, B. P., Blumer, D., Davies, K., & Robinson, R. G. (2001). Impact of depressed mood on neuropsychological status in temporal lobe epilepsy. *Journal of Neurology Neurosurgery Psychiatry, 70*(2), 180-185.

Parsons, L. M., & Osherson, D. (2001). New evidence for distinct right and left brain systems for deductive versus probabilistic reasoning. *Cerebral Cortex, 11*(10), 954-965.

Peterson, J. M. (1979). Left handedness: Differences between student artists and scientists. *Perceptual and Motor Skills, 48*, 961-962.

Pham, T. M., Ickes, B., Albeck, D., Soderstrom, S., Granholm, A. C., & Mohammed, A. H. (1999). Changes in brain nerve growth factor levels and nerve growth factor receptors in rats exposed to environmental enrichment for one year. *Neuroscience, 94*(1), 279-286.

Poincare, H. (1913). *The Foundations of science.* Lancaster PA: Science Press. Quoted by Martinbdale, C. (1999). Biological basis. of creativity. In R. J. Sternberg (Ed.), *Handbook of creativity.* New York: Cambridge University Press.

Plucker, J. A., & Renzulli, J. S. (1999). Experimental studies of creativity. In R. J. Sternberg (Ed.), *Handbook of creativity.* Cambridge, UK: Cambridge University Press.

Poldinger, W. (1986). The relation between depression and art. *Psychopathology, 19*, 263-268.

Post, F. (1994). Creativity and psychopathology: A study of 291 world-famous men. *British Journal of Psychiatry, 165*(2), 22-34.

Post, F. (1996). Verbal creativity, depression and alcoholism: An investigation of 100 American and British writers. *British Journal of Psychiatry, 168*, 545-555.

Potzl, O. (1928). *Die Optisch-agnostischen Storungen. Die verschieden*

Formen der Seelenblindheit. Leipzig, Vienna: Deutticke.

Pozzilli, C., Bastianello, S., Bozzao, A., Pierallini, A., Giubilei, F., Argentino, C., & Bozzao, L. (1994). No differences in corpus callosum size by sex and aging. A quantitative study using magnetic resonance imaging. *Journal of Neuroimaging, 4*(4), 218-221.

Rabinowicz, T., Dean, D. E., Petetot, J. M., & de Courten-Myers, G. M. (1999). Gender differences in the human cerebral cortex: More neurons in males; more processes in females. *Journal of Child Neurology, 14*, 98-107.

Ramachandran, V. S., & Hubbard, E. M. (2001). Synaesthesia: A window into perception, thought and language. *Journal of Consciousness Studies, 8*(12), 3-34.

Ramón y Cajal, S. (1999). *Advice for a young investigator* (N. Swanson & L. W. Swanson, Trans.). Cambridge, MA: MIT Press. (Original work published in 1898).

Rapcsak, S. Z., Gonzalez-Rothi, L. J., & Heilman, K. M. (1987). Apraxia in a patient with atypical cerebral dominance. *Brain and Cognition, 6*, 450-463.

Ratey, J. J., Bemporad, J., Sorgi, P., Bick, P., Polakoff, S., O'Driscoll, G., & Mikkelsen, E. (1987). Open trial effects of beta-blockers on speech and social behaviors in 8 autistic adults. *Journal of Autism and Developmental Disorders, 17*, 439-446.

Raymond, G. V., Bauman, M. L., & Kemper, T. L. (1996). Hippocampus in autism: A Golgi analysis. *Acta Neuropathologica, 91*, 117-119.

Read, D. E. (1988). Age-related changes in performance on a visual-closure task. *Journal of Clinical and Experimental Neuropsychology, 10*(4), 451-466.

Recanzone, G. H., Schreiner, C. E., & Merzenich, M. M. (1993). Plasticity in the frequency representation of primary auditory cortex following discrimination training in adult owl monkeys. *Journal of Neuroscience, 13*(1), 87-103.

Reuter-Lorenz, P. A., & Stanczak, L. (2000). Differential effects of aging on the functions of the corpus callosum. *Developmental Neuropsychology, 18*, 113-137.

Richards, R., Kinney, D. K., Lunde, I., Benet, M., & Merzel, A. P. (1988). Creativity in manic-depressives, cyclothymes, their normal relatives, and control subjects. *Journal of Abnormal Psychology, 97*, 281-288.

Ridderinkhof, K. R., Span, M. M., & van der Molen, M. W. (2002). Perseverative behavior and adaptive control in older adults: Performance monitoring, rule induction, and set shifting. *Brain and Cognition, 49*(3), 382-401.

Robertson, L. C., & Lamb, M. R. (1991). Neuropsychological contributions to theories of part/whole organization. *Cognitive Psychology, 23*(2), 299-330.

Rosenzweig, M. R. (1972). Brain changes in response to experience. *Scientific American, 226*(2), 22-29.

Rosenzweig, M. R., & Bennett, E. L. (1996). Psychobiology of plasticity: Effects of training and experience on brain and behavior. *Behavioural Brain Research, 78*, 57-65.

Ross, E. D. (1981). The aprosodias: Functional-anatomic organization of the affective components of language in the right hemisphere. *Archives of Neurology, 38*(9), 561-569.

Rousseau, J. J. (1762). *The social contract. Or principles of political right.* Translated by G. D. H. Cole, public domain.

Ryan, J. J., Sattler, J. M., & Lopez, S. J. (2000). Age effects on Wechsler Adult Intelligence Scale-III subtests. *Archives of Clinical Neuropsychology, 15*(4), 311-317.

Sachdev, H. S., & Waxman, S. G. (1981). Frequency of hypergraphia in temporal lobe epilepsy: An index of interictal behaviour syndrome. *Journal of Neurology, Neurosurgery and Psychiatry, 44*(4), 358-360.

Sackeim, H. A., Gur, R. C., & Saucy, M. C. (1978). Emotions are expressed more intensely on the left side of the face. *Science, 202*(4366), 434-436.

Saigusa, T., Tuinstra, T., Koshikawa, N., & Cools, A. R. (1999). High and low responders to novelty: Effects of a catecholamine synthesis inhibitor on novelty-induced changes in behaviour and release of accumbal dopamine. *Neuroscience, 88*(4), 1153-1163.

Schacter, D. L., Verfaellie, M., & Anes, M. (1997). Illusory memories in amnesic patients: Conceptual and perceptual false recognition. *Neuropsychology, 3,* 331-342.

Schacter, S., & Singer, J. E. (1962). Cognitive, social and physiological determinants of emotional state. *Psychology Review, 69,* 379-399.

Schinka, J. A., Letsch, E. A., & Crawford, F. C. (2002). DRD4 and novelty seeking: Results of meta-analyses. *American Journal of Medical Genetics, 114*(6), 643-648.

Schirillo, J. A. (2000). Hemispheric asymmetries and gender influence Rembrandt's portrait orientations. *Neuropsychologia, 38*(12), 1593-1606.

Schlaug, G., Jancke, L., Huang, Y., & Steinmetz, H. (1995). In vivo evidence of structural brain asymmetry is musicians. *Science, 267,* 699-701.

Schott, G. D. (1979). Some neurological observations on Leonardo da Vinci's handwriting. *Journal of the Neurological Sciences, 42*(3), 321-329.

Schultz, W., Tremblay, L., & Hollerman, J. R. (1998). Reward prediction in primate basal ganglia and frontal cortex. *Neuropharmacology, 37*(4-5), 421-429.

Schwartz, C. E., Wright, C. I., Shin, L. M., Kagan, J., & Rauch, S. L. (2003). Inhibited and uninhibited infants "grown up": Adult amygdalar response to novelty. *Science, 300*(5627), 1952-1953.

Segundo, J. P., Naguet, R., & Buser, P. (1955). Effects of cortical stimulation on electrocortical activity in the monkey. *Neurophysiology, 18,* 236-245.

Sergent, J. (1993). Music, the brain and Ravel. *Trends in Neuroscience, 16,* 168-171.

Servan-Schreiber, D., Printz, H., & Cohen, J. D. (1990). A network model of catecholamine effects gain signal to noise ratio and behavior. *Science, 249*, 892-895.

Shaywitz, B. A., Shaywitz, S. E., Pugh, K. R., Constable, R. T., Skudlarski, P., Fulbright, R. K., Bronen, R. A., Fletcher, J. M., Shankweiler, D. P., & Katz, L. (1995). Sex differences in the functional organization of the brain for language. *Nature, 373*(6515), 607-609.

Shepard, R. N., & Metzler, J. (1971). Mental rotation of three-dimensional objects. *Science, 171*, 701-703.

Simonton, D. K. (1994). *Greatness: Who makes history and why?* New York: Guilford.

Simonton, D. K. (1999). *Origins of genius: Darwinian perspectives on creativity.* New York: Oxford University Press.

Slaby, A. E. (1992). Creativity, depression and suicide. *Suicide and Life-Threatening Behavior, 22*, 157-166.

Smith, A., & Sugar, O. (1975). Development of above normal language and intelligence 21 years after left hemispherectomy. *Neurology, 25*(9), 813-818.

Soukhanov, A. H., & Ellis, K. (1988). *Webster's II: New Riverside university dictionary.* Boston: Houghton Mifflin.

Spearman, C. (1905). General intelligence: Objectively determined and measured. *American Journal of Psychology, 15*, 210-293.

Spearman, C. (1927). *The abilities of man.* London: Macmillian.

Speedie, L. J., Wertman, E., Tair, J., & Heilman, K. M. (1993). Disruption of automatic speech following a right basal ganglia lesion. *Neurology, 43*, 1768-1774.

Spitzka, E. A. (1907). A study of the brains of six eminent scientists and scholars belonging to the American Anthropometric Society: Together with a description of the skull of Professor E. D. Cope. *Transactions of the American Philosophical Society, 21*, 175-308.

Stanley, J. C. (1993). Boys and girls who reason well mathematically. *Ciba Foundation Symposium, 178,* 119-134.

Steinmetz, H., Staiger, J. F., Schlaug, G., Huang, Y., & Jancke, L. (1995). Corpus callosum and brain volume in women and men. *Neuroreport, 6*(7), 1002-1004.

Sternberg, R. J., & Lubert, T. I. (1995). *Defying the crowd: Cultivating creativity in a culture of conformity.* New York: Free Press.

Sternberg, R. J., & O'Hara, L. A. (1999). Creativity and intelligence. In R. J. Sternberg (Ed.), *Handbook of creativity* (pp. 251-272). New York: Cambridge University Press.

Stewart, C. A., & Clayson, D. (1980). A note on change in creativity by handedness over maturational time period. *Journal of Psychology, 104,* 39-42.

Storandt, M. (1977). Age, ability level, and method of administering and scoring the WAIS. *Journal of Gerontology, 32*(2), 175-178.

Strunz, F. (1993). Preconscious mental activity and scientific problem-solving: A critique of the Kekule dream controversy. *Journal of the Association for the Study of Dreams, 3*(4), 281-294.

Sullivan, E. V., Pfefferbaum, A., Adalsteinsson, E., Swan, G. E., & Carmelli, F. (2002). Differential rates of regional brain change in callosal and ventricular size. *Cerebral Cortex, 12,* 438-445.

Tang, Y. P., Shimizu, E., Dube, G. R., Rampon, C., Kerchner, G. A., Zhuo, M., Liu, G., & Tsien, J. Z. (1999). Genetic enhancement of learning and memory in mice. *Nature, 401*(6748), 63-69.

Tang, Y., Whitman, G. T., Lopez, I., & Baloh, R. W. (2001). Brain volume changes on longitudinal magnetic resonance imaging in normal older people. *Journal of Neuroimaging, 11*(4), 393-400.

Tankle, R. S., & Heilman, K. M. (1983). Mirror writing in right-handers and in left-handers. *Brain and Language, 19,* 115-123.

Tekin, S., & Cummings, J. L. (2003). Hallucinations and related conditions. In K. M. Heilman & E. Valenstein (Eds.), Clinical neuropsychology (4th ed., pp. 479-494). New York: Oxford University Press.

Terman, L. M. (1954). The discovery and encouragement of exceptional talent. *American Psychologist, 9,* 221-230.

Thayer, R. E. (1996). *The origins of everyday moods.* New York: Oxford University Press.

Thurstone, L. L. (1938). *Primary mental abilities.* Chicago: University of Chicago Press.

Torrance, E. P. (1974). The Torrance Test of Creative Thinking. Bensenville, IL: Scholastic Testing Service.

Torrance, E. P. (1975). Creativity research in education: Still alive. In I. A. Taylor (Ed.), *Perspectives in creativity* (pp. 278-296). Zurich: Aldine de Gruyter.

Torrance, E. P. (1988). The nature of creativity as manifest in its testing. In R. J. Sternberg (Ed.), *The nature of creativity* (pp. 43-74). New York: Cambridge University Press.

Tramo, M. J., Loftus, W. C., Stukel, T. A., Green, R. L., Weaver, J. B., & Gazzaniga, M. S. (1998). Brain size, head size and intelligence quotient in monozygotic twins. *Neurology, 50,* 1246-1252.

Treffert, D. A., & Wallace, G. L. (2002). Islands of genius. *Scientific American, 286,* 76-85.

Triggs, W. J., Calvanio, R., Macdonell, R. A., Cros, D., & Chiappa, K. H. (1994). Physiological motor asymmetry in human handedness: Evidence from transcranial magnetic stimulation. *Brain Research, 14; 636*(2), 270-276.

Trimble, M. R. (2000). Charles Lloyd: Epilepsy and poetry. *History of Psychiatry, 11*(Pt. 3, 43), 273-289.

Tucker, D. M., Watson, R. T., & Heilman, K. M. (1977). Discrimination and evocation of affectively intoned speech in patients with right parietal disease. *Neurology, 27,* 947-950.

Tupala, E., Kuikka, J. T., Hall, H., Bergstrom, K., Sarkioja, T., Rasanen, P., Mantere, T., Hiltunen, J., Vepsalainen, J., & Tiihonen, J. (2001). Measurement of the striatal dopamine transporter density and heterogeneity in type 1 alcoholics using human whole hemisphere autoradiography. *Neuroimage, 14*(Pt. 1, 1), 87-94.

Underwood, A. (2003, December 1). Real rhapsody in blue. *Newsweek,* p. 67.

Valenstein, E. S. (1973). *Brain control.* New York: Wiley Interscience.

Vargha-Khadem, F., Gadian, D. G., Watkins, K. E., Connelly, A., Van Paesschen, W., & Mishkin, M. (1997). Differential effects of early hippocampal pathology on episodic and semantic memory. *Science, 277*(5324), 376-380.

Volkow, N. D., Logan, J., Fowler, J. S., Wang, G. J., Gur, R. C., Wong, C., Felder, C., Gatley, S. J., Ding, Y. S., Hitzemann, R., & Pappas, N. (2000). Association between age-related decline in brain dopamine activity and impairment in frontal and cingulate metabolism. *American Journal of Psychiatry, 157*(1), 75-80.

von Helmholtz, H. (1896). *Vortrage und Reden.* Brunswick, Germany: Friedrich Vieweg.

Voyer, D., Voyer, S., & Bryden, M. P. (1995). Magnitude of sex differences in spatial abilities: A meta-analysis and consideration of critical variables. *Psychological Bulletin, 117*(2), 250-270.

Wallas, G. (1926). *The art of thought.* New York: Harcourt Brace. .

Warrington, E. K., & James, M. (1988). Visual apperceptive agnosia: A clinico-anatomical study of three cases. *Cortex, 24*(1), 13-32.

Waterhouse, B. D., & Woodward, D. J. (1980). Interaction of norepinephrine with cerebrocortical activity evoked by stimulation of somatosensory afferent pathways in the rat. *Experimental Neurology, 67,* 11-34.

Watson, R. T., & Heilman, K. M. (1981). Callosal apraxia. *Brain, 106,* 391-404.

Watson, R. T., Valenstein, E., Day, A., & Heilman, K. M. (1994). Posterior neocortical systems subserving awareness and neglect: Neglect after superior temporal sulcus but not area 7 lesions. *Archives of Neurology, 51,* 1014-1021.

Wechsler, D. (1981). *WAIS-R manual.* New York: Psychological Corporation.

Weinberger, D. R., Berman, K. F., & Zee, R. F. (1986). Physiologic dysfunction of dorsolateral prefontal cortex in schizophrenia. *Archives of General Psychiatry, 43,* 114-124.

Weisberg, R. W. (1986). *Creativity: Genius and other myths.* New York: W. H. Freeman.

Weisberg, R. W. (1994). Genius and madness? A quasi-experimental test of the hypothesis that manic depression increases creativity. *Psychological Science, 5,* 365-367.

Wilson, E. O. (1999). *Consilience.* New York: Random House.

Winner, E., von Karolyi, C., Malinsky, D., French, L., Seliger, C., Ross, E., & Weber, C. (2001). Dyslexia and visual-spatial talents: Compensation vs. deficit model. *Brain and Language, 76*(2), 81-110.

Wisniewski, A. B. (1998). Sexually-dimorphic patterns of cortical asymmetry, and the role for sex steroid hormones in determining cortical patterns of lateralization. *Psychoneuroendocrinology, 23*(5), 519-547.

Witelson, S. F. (1985). The brain connection: The corpus callosum is larger in left-handers. *Science, 229*(4714), 665-668.

Witelson, S. F (1991). Neural sexual mosaicism: Sexual differentiation of the human temporo-parietal region for functional asymmetry. *Psychoneuroendocrinology, 16*(1-3), 131-153.

Witelson, S. F., & Kigar, D. L. (1992). Sylvian fissure morphology and asymmetry in men and women: Bilateral differences in the relationship to handedness in men. *Journal of Comparative Neurology, 323,* 326-340.

Witelson, S. F., Kigar, D. L., & Harvey, T. (1999). The exceptional brain of

Albert Einstein. *Lancet, 353*, 2149-2153.

Wolff, U., & Lundberg, I. (2002). The prevalence of dyslexia among art students. *Dyslexia, 8*(1), 34-42.

Zangwell, O. L. (1966). Psychological deficits associated with frontal lobe lesions. *International Journal of Neurology, 5*, 395-402.

Zeki, S., Watson, J. D., Lueck, C. J., Friston, K. J., Kennard, C., & Frackowiak, R. S. (1991). A direct demonstration of functional specialization in human visual cortex. *Journal of Neuroscience, 11*(3), 641-649.

Zihl, J., von Cramon, D., & Mai, N. (1983). Selective disturbance of movement vision after bilateral brain damage. *Brain, 106*(2), 313-340.

Zuckerman, M. (1977). *Scientific elite: Nobel laureates in the United States.* New York: Free Press.

# 찾아보기

## 인명
----

Alajouanine, T. 194

Archimedes 301

Aristoteles 119, 222, 306

Binet, A. 52

Bremer, F. 102

Broca, P. 60, 61, 68, 69, 70, 72, 74, 143, 144, 163, 307

Brodmann, K. 65, 66

Campbell, D. T. 43, 44, 115

Cannon, W. 322, 323

Cattell, R. B. 53, 54, 287

Coleridge, S. T. 33, 36

Copernicus, N. 28

Corkin, S. 107, 108

Csikszentmihalyi, M. 25, 267, 268

Da Vinci, L. 41, 139, 140

Darwin, C. R. 23, 43, 46, 141, 266, 285, 303

Dostoevsky, F. 198, 200

Einstein, A. 23, 28, 45, 46, 60, 94, 95, 96, 97, 98, 103, 104, 105, 116, 186, 208, 209, 303

Eysenck, H. L. 46, 169, 170, 171, 173, 221, 222, 312

Fitzgerald, F. S. 33

Freud, S. 125, 126, 198, 226, 231, 249, 305

Gage, P. 262, 263, 265

Galilei, G. 28

Gall, F. 67, 68, 69, 74, 176

Gardner, H. 25, 60, 61, 86, 163, 164, 165

Golton , F. 24

Guilford, J. P. 26, 27, 52, 61, 99, 279

Harvey, T. 95

Hebb, D. O. 54, 317

Hubbard, E. M. 106

Jackson, J. H. 266
James, A. 311
James, W. 260, 278, 317

Kinsbourne, M. 81
Kosslyn, S. M. 116, 119, 132
Kuhn, T. S. 25, 32, 33, 47, 48, 66, 67, 303, 304

Lashley, K. 72
Livingstone, M. 39, 41, 42, 211
Ludwig, van B. 33
Luria, A. R. 146, 215, 216, 273

May, R. 311
Mendel, G. 30, 31, 32, 303
Michelangelo, B. 44, 115, 140, 286
Milner, B. 87, 147, 279
Mozart, W. A. 33

Newton, I. 28, 94, 221, 225, 248, 303

O'Hara, L. A. 49, 51, 52

Picasso, P. R. 33, 46, 60, 210, 249
Plato 306
Poincare, H. 98, 221, 231, 247

Raffaello, S. 140

Ramachandran, V. S. 106
Ramón y Cajal, S. 64, 220, 245, 246, 247, 328
Rembrandt, H. van R. 33
Rousseau, J. J. 323

Simonton, D. K. 22, 24, 43, 44, 53, 169, 170, 195, 222, 231, 283, 284, 285
Skinner, B. F. 231, 249
Socrates 306, 327
Spearman, C. 55, 58, 61
Steinbeck, J. E. 33
Sternberg, R. J. 48, 51, 52, 255, 257

Tchaikovsky, P. I. 33
Thales 29, 45
Thurstone, L. L. 61
Torrance, E. P. 27, 52, 279

Vincent, van G. 25, 33
von Helmholtz, H. 45, 48
Vonnegut, K. 33

Wallas, G. 45, 48, 49, 230
Wernicke, K. 61, 70, 71, 72, 73, 74, 91, 145
Wilson, E. O. 44, 45

## 내용
----

2-1검사(2-1 test)  273

**A**
akinetopsia  123
alexia  103

**F**
fMRI  74

**L**
L-도파  227

**N**
NMDA 이온 채널  59

**ㄱ**
각성  172, 221
간질  145, 195
감각 박탈  314
감각 정보  75
감각연합피질  258, 297
감마 주파수  230
거대세포  182
결정성 지능  53, 287
고랑  75
공감각  105, 106
과학적 창의성  33
교차실어증  180
구  75
귀인 이론  260

기능적 영상화 기법  293
기능적 자기공명영상  74
기분장애  239
기저핵  86, 111

**ㄴ**
난독증  23, 104, 211
내분비계  259
내장 피드백 이론  260
내장감각신경  258
내적 보상 시스템  255
내적 언어  145
내측 전전두피질  256
네이본 도형  88
노르에피네프린  171, 326
뇌간  68
뇌교  280
뇌대사율  57
뇌량  68, 75, 175
뇌전도  221
뇌졸중  145
뉴런  54

**ㄷ**
다른 용도 검사  26
다운증후군  214
다중양식 영역  94
다중지능  60
대뇌반구  68
대뇌피질  68

도파민 110
독창성 27
동기 265
동작맹 123
두정엽 75
등쪽 경로 125
등쪽 경로 어디 시스템 42, 43, 133

ㅁ

망막 42
모노아민 242
무엇 시스템 182
무쾌감증 261
문제해결 117

ㅂ

발달성 난독증 23
발달성 난산증 23
발달성 언어장애 23
발달적 언어장애 211
발린트 증후군 123
배쪽 경로 125
배쪽 경로 무엇 시스템 42, 133
배쪽줄무늬체 252
백질 104, 290, 296
백질병변 290
베르니케 실어증 194
베르니케 영역 83
변연계 258
보상 262
보스턴 명명검사 19, 272
복측(배쪽)피개부 252
부화 48, 230

불안 326
불안장애 171
브로카 실어증 194
브로카 영역 83, 85

ㅅ

사건 관련 전위 56
상향식 처리 236
새발톱피질 119
색채실인증 134
선택적 주의 237
성 호르몬 188
성 191
성기능저하증 190
셈장애 23
소세포 183
손 사용 선호성 144, 146
수렴적 사고 28, 276
수상돌기 64
수상돌기 가지내기 289
수초 104
시각 연합영역 79
시각실인증 125
시냅스 55, 64
시상 75, 112
시상하부 259
신경성장인자 57
신경아교세포 103, 186
신경전달물질 65
신체표지가설 260
실어증 319
실어증 장애 71
심상 115, 119, 130

**ㅇ**

아밀로이드 289

아하 경험 301

안드로겐과 189

안와전두피질 256

알츠하이머병 19, 109, 176

양전자 방사 단층 촬영법 58, 74

어디 시스템 182

언어기능장애 319

에스트로겐 189

연합 학습 60

연합성 시각실인증 79

연합성 실인증 127

연합성 인식 불능증 78

열 75

예술적 창의성 33

오른손잡이 141, 175

오른쪽 대뇌반구 152

와다 검사 92

외적 보상 시스템 255

왼손잡이 139, 175

왼쪽 대뇌반구 152

우울증 171, 200, 243, 260

운동불능증 148

원격연합검사 99

웩슬러 성인용 지능검사 23, 287

위스콘신 카드분류검사 278, 279

유동성 지능 53, 287

유전자 31

유창성 27

융통성 27

의지 상실증 262

이랑 75

인지적 융통성 54, 239

일화적 기억 107

읽기장애 23, 103

**ㅈ**

자극 양식−특화 기억 불능증 78

자기공명영상 73, 290

자율신경계 259

자폐증 24, 213, 239

작동기억 24, 58

전대상회 243

전두엽 58, 75

전두엽 기능 결함 291

전두엽 기능장애 272

전역 주의 88

절차적 기억 107

점화현상 226

정교성 27

정신분열증 222

조울병 222

조울증 171

주의력결핍장애 211

중뇌 252

중심와 42

중추신경계 242, 266

지각 119

지능 22

지능지수 23, 53

집행기능 58

**ㅊ**

창의성 21

천재 22

청각 연합영역 79
청반 236
초점 주의 84, 88, 236, 237
촉각 연합영역 79
추동 265
추상세포 102
축삭돌기 64
측두엽 39, 75


ㅋ

카테콜아민 171, 218
컴퓨터 단층 촬영 73, 290
킨즈본 205


ㅌ

테스토스테론 189, 298
토랜스 창의적 사고 검사 27
통각성 실인증 126
통일장이론 45
퇴행성 치매 176


ㅍ

파킨슨병 110

패러다임 25
편도체 258, 326
편측 공간 무시 204
편측공간무시 232
피크병(Pick's disease) 275


ㅎ

하이퍼그라피아 201
하향식 처리 236
학습장애 211
해마 108, 198
행동주의 231
허혈성 탈수초화 290
헵의 법칙 59
혼란 변수 180
홉킨스 언어학습검사 272
확산적 사고 26, 28, 151, 276, 278
회 75
회백질 296
후두엽 39, 75
흑질 252

# 저자 소개

케네스 M. 하일먼(Kenneth M. Heilman)은 1963년에 버지니아 대학교에서 의학박사 학위를 받았다. 그는 1990년에 플로리다 대학교에서 제임스 E. 룩스 주니어(The James E. Rooks, Jr.)가 지원하는 신경학 교수직을 부여받았고, 1998년에는 신경학 우수 교수 칭호를 얻었다. 현재 동 대학교의 기억과 인지장애 병원장 및 알츠하이머병 센터장이며, 말콤 랜들 재향군인 의료센터(Malcolm Randall Veterans Affairs Medical Center)의 신경학 과장으로 재직 중이다.

하일먼이 갖고 있는 임상 및 연구의 주요 관심사는 인지 및 행동신경학이다. 특히 그는 주의, 정서, 숙련운동 기능에 관심을 갖고 있다. 과거 30년 동안 그는 400편 이상의 논문과 저서를 써 왔다. 아울러 하일먼은 인지행동신경학회(Cognitive Behavioral Neurological Society)와 국제신경심리학회(Interational Neuropsychological Society)의 학회장을 역임했다. 또한 플로리다 대학교 연구재단 교수였고, 임상 연구상을 받았으며, 신경학에 대한 연구 및 교육적 기여를 인정받아 인지 및 행동 신경학회(Society for Cognitive and Behavioral Neurology)로부터 우수 공로상을 받은 바 있다. 하일먼의 임상 기술들은 『Best Doctors in America』와 『America's Top Doctors』 등 여러 서적에서 계속 인정받아 왔다.

# 역자 소개

◉ 조주연Cho, Joo-Yun

서울대학교 사범대학 교육학과 및 동 대학원 졸업 후 미국 오리건 대학교에서 교육신경학으로 박사학위를 취득하였다. 서울대학교 사범대학 부설 여자중학교 교사, 국립교육평가원 교수를 거쳐 서울교육대학교 교수로 재직 중이며 서울교육대학교 교육연구원장, 교육연수원장을 역임하고, 현재 대학도서관장으로 있다. 한국초등교육학회 회장을 역임하였다.

주요 논문
인지과학적 발견에 기초한 주의집중 방략(1996)
학습 및 기억에 대한 인지과학적 발견의 교육적 적용(1998)
뇌과학에 기초한 창의성 교육의 원리와 방향(2001)
두뇌과학에 기초한 초등학교 감성교육 수업모형 개발 연구(2001) 외 다수

주요 저ㆍ역서
교육과정과 수업(공저, 교육과학사, 2006)
효과적인 교수법(공역, 아카데미프레스, 2006)
교사의 성공적 대화법(역, 시그마프레스, 2007)
학부모의 성공적 대화법(역, 시그마프레스, 2007) 외 다수

⊙ 김종안Kim, Jong-An

성균관대학교 생명과학과 및 동 대학원 교육학과 졸업 후 교육심리학 박사학위를 취득하였다. 서울특별시교육청 관내 중등 교사, 장학사, 교감, 교장, 교육연구관을 역임하였고, 현재 창의성교육 전문가 · 교육신경학자로 활동하며 서울교육대학교 교육전문대학원에 출강하고 있다.

주요 논문

우뇌-경험 프로그램을 통한 창의성 증진에 관한 실험적 연구(1987)

통합적 접근에 기초한 아동의 창의성 측정 도구 개발(1998)

초등 아동용 창의적 인성검사의 타당화 연구(2000) 외 다수

주요 저 · 역서

잃어버린 진주, 당신의 오른쪽 뇌(저, 심지, 1989)

아! 좋은 생각, 오른쪽 뇌(저, 길벗, 1993)

오른쪽 뇌를 생각하는 지혜로운 우리 엄마(역, 고도컨설팅그룹출판부, 1994)

상식 밖의 뇌, 생활 속의 뇌(역, 고도컨설팅그룹출판부, 1995) 외 다수

# 뇌과학자가 들려주는 창의성의 비밀
## Creativity and the Brain

2019년  3월 15일  1판  1쇄 발행
2023년  3월 20일  1판  3쇄 발행

지은이 • Kenneth M. Heilman
옮긴이 • 조주연 · 김종안
펴낸이 • 김 진 환
펴낸곳 • (주)**학지사**
　　　　　04031 서울특별시 마포구 양화로 15길 20 마인드월드빌딩 5층
대표전화 • 02) 330-5114　　　팩스 • 02) 324-2345
등록번호 • 제313-2006-000265호
홈페이지 • http://www.hakjisa.co.kr
페이스북 • https://www.facebook.com/hakjisabook

ISBN  978-89-997-1773-4　03180

정가 **15,000원**

출판미디어기업 **학지사**

간호보건의학출판 **학지사메디컬** www.hakjisamd.co.kr
심리검사연구소 **인싸이트** www.inpsyt.co.kr
학술논문서비스 **뉴논문** www.newnonmun.com
원격교육연수원 **카운피아** www.counpia.com